钱基博 著

中国文学史

新校本

中

九州出版社　全国百佳图书出版单位　台海出版社

第五编　近古文学下

第三章　北宋

第一节　发凡

宋之文章，大端不出二者，而推其原皆出于唐：其一原出李商隐；自宋初西昆之杨亿、刘筠、钱惟演以迄宋氏庠、祁兄弟、夏竦、胡宿、王珪，词取妍华而不免庸肤，此承唐人之颓波，而未能出新意者也。其一原本韩愈；自宋初柳开、穆修以迄石介、尹洙、苏舜钦、欧阳修、梅尧臣、王安石、曾巩、苏洵及其子轼、辙兄弟、秦观、张耒、黄庭坚、陈师道，气必疏快而力祛茂兴，此发宋文之机利，而以殊于唐格者也。诗古文然，推之于四六及词，亦无不然。其中欧、苏、曾、王，与唐之韩、柳，并称唐宋八大家，为后世言古文者之所宗。然惟欧阳修，碑传议论，兼能并擅。苏氏轼、辙，策论得欧阳之明快，而碑传殊无体要。曾巩、王安石，碑传同欧阳之峻洁，而议论未能警发。曾巩、王安石，以平实发浩瀚，得西汉董仲舒刘向之意；此宋人之学汉人文也。苏洵以廉悍为疏纵，有先秦孟轲韩非之风；此宋人之学周人文也。学焉而皆得古人之所近。惟欧阳修之容与闲易，苏轼之条达疏畅，虽是急言竭论，而无艰难劳苦之态；大而万言之书，短则数行之记，一以自在出之，抑扬爽朗，行所无事；此则宋人之所特长，而开前古未有之蹊径者也。然欧阳修早习四六以取科第，而排比绮靡，心有不慊；遂以古文之顿挫，用之俪体之整对，而异军别张，语必老到，无一毫妩媚之态；妙造自然，无用事用句之癖。他日见苏轼四六，亦谓其不减古文。盖尚议论，有气焰，与古文同一机抒也，而于是宋四六之体以成。诗则欧阳修以韩学杜，以文为诗，仗气爱奇。而苏轼抑扬爽朗，天生一枝健笔，有必达之辞，无难显之情，意到笔随，无不如己所欲出。而以俗为雅，以故为新，苏轼为其易，黄庭坚为其难；苏轼抒以疏快，黄庭坚欲为生拗；而要之以文为诗，以韩学杜，则固一脉相衍。于是宋诗之体以成。词则欧阳修以蜀词化南唐，抒深婉以疏俊，清新闲逸。而苏轼抗首高歌，蹊径尽脱，以散行纵横之笔，盘屈而为词，跌宕俊迈，不可以方物，一变唐五代之旧格，而浸浸乎以文为词，于是宋词之体以成。然则有宋文学之所以继往开来，而自成一代者，欧阳修、苏轼，或推之，或挽之，后先济美以有成功也。特是诗古文词，虽代变生新，而体犹袭唐。独经义之体，前无所因，始王安石，实为创格。盖古人说经，汉注唐疏，诵数以为功，援引以有据，或伤破碎，罕会其旨；而安石则以古文阐经义，清空辨折，纬以论议，不为训诂章句，通而已。盖元明清三朝科举取士之所昉，而八股文之开山也。俯仰千古，洵足以睥睨汉唐而无怍。以金人南下以牧马，高宗渡江而偏安，不竞于南风，而王业替矣。然而文章未衰，济济多士，有文士，有学者，而斐然述作，不离苏轼。文士自汪藻、綦崇礼、孙觌以迄洪氏适、迈、周必大，皆以四六擅声；而开合动荡，虽谨四六之格令，而以议论为波澜；盖衍欧苏而不同西昆。而汪藻之奏议杂记，綦崇礼之论兵，抑扬爽朗，尤见其用力于苏者深也。学者则朱熹敦曾巩之平实，而微伤缓懦；陆九渊有苏轼之明快，而无其警辟。其他如金华、永康、永嘉学者之吕祖谦、陈亮、陈傅良、叶适辈，不谈心性，而侈经世，考古今成败，议论波澜，全是苏门法脉矣；固不仅词之有辛弃疾，诗之有陆游也。朱熹尤恶苏学，然辞而辟之，未能廓如也。一时学者翕然风从，而蜀士尤盛，至为之语曰："苏文熟，吃羊肉；苏文生，吃菜羹。"播诵人口，施及蛮貊。女真崛起，骑射纵横，亦既荡覆神州，奄有河洛；顾以能篡宋朝之治统，而不能夺苏氏之文统，一道同风，诗则苏诗，文则苏文，词则苏词，润色伧荒，波澜莫二也。於戏，异已。

第二节　杨亿附刘筠　钱惟演　夏竦　宋氏庠、祁晏氏殊、幾道附胡宿　王珪

宋太祖少时受学于辛文悦，咏日有诗曰："欲出未出光辣达，千山万山如火发。须臾走向天上来，赶却流星赶却月。"国史润色之作两语曰："未离海峤千山黑，才到天心万国明。"词气卑弱，不如原作雄老多矣。及以武人为于大君，首用文吏而夺武臣之权，欲以文治销兵气。尤好读书，每曰："宰相须用读书人。"其后太宗、真宗在藩邸，已有好学之名。而太宗崇尚儒术，听政之暇，以观书为乐，置翰林侍读学士以备顾问。真宗克绍先志，兼置侍讲学士，且因内阁以设职名，俾鸿硕之士，更直迭宿，相与从容讲论。自来儒臣显荣，未有越于宋代者也。杨

亿宏词博学，首出冠时；遂扬温李之余藻，而称一代之宗匠焉。

杨亿，字大年，建州浦城人。七岁，能属文，对客谈论，有老成风。十一岁，太宗闻其名，召对，试诗赋五篇，下笔立成。太宗深加赏异，授秘书省正字，谓曰："卿久离乡井，得无念父母乎？"对曰："臣见陛下，一如见父母。"上叹赏久之，令读书秘阁，献《二京赋》，命试翰林，赐进士第，迁光禄寺丞，时年二十一岁。以启谢执政曰："朝无绛灌，不妨贾谊之少年。坐有邹枚，未害相如之末至。"辞翻空而易奇，诵者称其警切。属三月后苑曲宴，而亿不得预，以诗贻同馆诸公曰："闲戴宫花满鬓红，上林丝管侍重瞳。蓬莱咫尺无由到，始信仙凡自不同。"诸公不敢匿，即时进呈。上讶有司不即召。宰相言："旧制：未贴职者不预。"即以亿直集贤院，免谢，令预曲宴。真宗以皇太子尹开封，邸中书疏，悉亿草定。及即位，累拜左司谏，知制诰，为翰林学士；作内外制，当时制诰，盖少其比。朝之近臣，凡有除命，愿出其手，俟其当直，即乞降命，故润笔之人，多于众人，盖故事为当笔者专得。亿以伤廉，乃乞与同列均分。才思敏捷，及其作文，则与门人宾客饮博，投壶弈棋，笑语喧哗，而不妨构思。以小方纸细书，挥翰如飞，文不加点；每盈一纸，则令门人传录，往往疲于奔命，顷刻数千言。真宗以辽人入寇，御之澶渊；而亿守处州，未之从也，乃上《驾幸河北起居表》曰：

> 毳幕稽诛，銮舆顺动。羽卫方离于象魏，天威已震于龙荒。慰边氓徯后之心，增壮士平戎之气。臣闻涿鹿之野，轩皇所以亲征；单于之台，汉帝因之耀武。用歼夷于凶丑，遂底定于边陲。五材并陈，盖去兵之未可；六龙时迈，固犯顺以必诛。矧朔漠余妖，腥膻杂类，敢因胶折之候，辄

为鸟举之谋。固已命将出师，擒俘献馘。虽夺名王之帐，未焚老上之庭；是用亲御戎车，躬行天讨，劳军细柳之壁，巡狩常山之阳。师人多寒，感恩而皆同挟纩；匈奴未灭，受命而孰不忘家。行当肃静塞垣，削平夷落，枭冒顿之首，收督亢之图；使辽阳八州之民，得闻声教；榆关千里之地，尽入提封。蛇豕之穴悉降，干戈之事永戢。然后登临瀚海，刻石以铭功；陟降云亭，泥金而典礼；远追八九之迹，永垂亿万之年。臣忝守方州，莫参法从，空励请缨之志，惭无扈跸之劳，唯聆三捷之音，远同百兽之舞。

其为文，一以李商隐为宗，传有《武夷新集》二十卷，铺张排比，妍炼稳称，好用事，而深警不足。惟《论灵州事宜疏》，缅缅千言，感慨激切，虽骈俪犹存，而波澜尽遒。《驾幸河北起居表》《贺刁秘阁启》，亦于妍炼稳称之中，有抑扬爽朗之致，不徒为丽词碌碌。诗亦取材务博赡，炼辞务精整；而在两禁之日，与同馆刘筠、钱惟演、惟济、张咏、丁谓等十七人，以新诗更相属和；而亿编叙之，题曰《西昆酬唱集》，分上下二卷，得五七言律绝诗二百四十七首。大抵音节圆谐而不取高亮，字句妍华而未能清新，其源出李商隐。然商隐词为妍华，而尽有寄托；此则巧用文字而务为整炼；动辄用事，兴托不奇，号西昆体。而后进效之，乃至多窃取商隐诗句以为夸饰。尝内宴，优人有为商隐者，衣服败裂，告人曰："吾为诸馆职挦扯至此。"闻者大噱。然如亿七言律《咏汉武》一诗曰：

蓬莱金阙浪漫漫，弱水回风欲到难。光照竹宫劳夜拜，露浥金掌费朝餐。力通青海求龙种，死讳文成食马肝。待诏先生齿编贝，那教索米向长安。

言外寄托,不仅善于用事,虽商隐无以过也。其他摘句,如亿《代意》曰:"易变肯随南地橘,忘忧虚对北堂萱。"《馆中新蝉》曰:"贵伴金貂尊汉相,清含珠露怨齐王。"《明皇》曰:"河朔畔臣惊舞马,渭桥遗老识真龙。"《无题》曰:"只待倾城终未笑,不曾亡国自无言。"《成都》曰:"漫传西汉祠神马,已见南阳起卧龙。"刘筠《南朝》曰:"钟声但恐严妆晚,衣带那知敌国轻。"《咏鹤》曰:"养气自怜鸡善胜,全身却许雁能鸣。"《咏荷》曰:"已有万丝能结怨,不须千盖强障羞。"借事抒慨而不乏兴象,虽用故事,何害为佳也。又如刘筠《夕阳》曰:"塞迥横烟紫,江清照叶丹。"钱惟演《秋夕池上》曰:"丛暗禽栖密,松疏露下凉。"并不用事,而自然妍华。三人者,领袖西昆,名章迥句,处处间起;岂必死著商隐句下讨生活。而亿《武夷集》中诗,亦尽有不用事而高浑警切者;如五言律《至郡累旬恶风》,有句曰:"大木行将拔,繁云黯不开。"可谓朴老。而五言排律《到郡满岁自遣》一诗曰:

  迢递分符竹,因循度岁华。地将鲸海接,路与凤城赊。触石云频起,衔山日易斜。潮平聚渔市,木落见人家。吏隐偏知幸,民谣岂敢夸。无嫌句漏僻,且得养丹砂。

尤极清旷秀爽之致;岂得以浮华纂组一笔抹杀之哉。亿以文章幸于真宗;而在学士院,忽夜召见于一小阁,既见,赐茶,从容顾问。久之,出文稿数箧以示曰:"卿识朕书迹,皆朕自起草,未尝命人代作也。"亿惶然不知所对,顿首再拜而出,乃知为人所譖,由是佯狂。当时学者翕然宗之。而博览强记,尤长典章制度;时多取正,喜诲诱后进,以成名者甚众。人有片辞可记,必为讽诵,手集当时之作,为《笔苑时文录》数千篇。

  刘筠,字子仪,大名人。举进士,累官翰林学士承旨,兼龙图阁直学士。文善对偶，尤工为诗，初为杨亿所识拔，后遂与齐名，时号杨刘。历事真宗仁宗，三入翰林，意不怿，赋诗曰："蟠桃三窃成何味，上尽鳌峰迹转孤。"移疾不出。朝士问候者继至，询之；曰："虚热上攻。"一客笑曰："只消一服清凉散。"意谓擢两府始得用青凉伞也。夏竦与筠同在翰林，而筠为先达。仁宗即位，擢竦为枢密副使，骤登两府。筠益不平，作《堠子诗》曰："空呈厚貌临官道，更有人从捷径过。"

夏竦，字子乔，江州德安人。父承皓，与辽人战死；录竦为润州丹阳县主簿。竦资性明敏，为文章典雅藻丽，举贤良方正，寻擢中书舍人。奉诏使辽，辞不行，其表曰："义不戴天，难下穹庐之拜；礼当枕块，忍闻夷乐之声。"既以文学起家有名，一时朝廷大典策，累以属之；而挟数倾侧，世以为奸邪，屡遭抨弹；因作诗《寄知谏院张升》曰："弱羽惊弦势未安，孤飞殊不碍鹓鸾。黄金自有双南价，莫与游人作弹丸。"累官枢密使，封英国公，卒谥文庄；传有《文庄集》三十六卷。清人《四库提要》称"其文章词藻赡逸，风骨高秀，饶有燕许气象"。今观其诗藻丽而乏兴象；文则典雅而不警切；一同杨亿之西昆，而病亦如之；风骨不飞，何能高秀，所以词藻赡而不逸。诗之差有兴象而耐吟讽者，如七言古《黄鹤楼歌》；五言律《野步》、《鉴湖晚望》、《舟行即事》、《桐柏观》、《虎丘僧舍闲望》；五言长律《晚晴》；七言律《江城秋思》、《金陵》、《题东林寺》、《话道》十一篇，特为秀爽，于集中为别调。文则《上章圣皇帝乞应制举书》、《上开封府廉宪书》，气调岸异。《曹参守职论》、《开东阁论》，议论警快。《琼台双阙铭》、《三井铭》，辞意深警。而骈文如《青州到任谢上表》、《辞刑部尚书表》、《谢授刑部尚书表》、《孟州到任谢上表》、《辞兼侍中表》、《谢男安期加职表》、《乞依谏官抗议表》，差能于典雅出感慨，以偶对为顿挫。其他碌碌，未能称是也。

钱惟演，字希圣，吴越忠懿王钱俶之子也，从俶归朝。以博学能文辞，召试学士院。真宗称善，命直秘阁，修《册府元龟》，诏与杨亿分为之序。累官枢密使，加同中书门下平章事，卒谥文僖。所著《典懿集》三十卷，文辞清丽，名与杨亿刘筠相上下。而杨刘之后，兄弟竞爽，回翔馆阁，以演西昆之绪者，莫如宋氏庠、祁为一时之秀焉。

宋庠，原名郊，字公序；弟祁，字子京；安州安陆人。夏竦守安州，庠、祁兄弟尚布衣，竦异待之，命作《落花》诗。庠一联曰："汉皋佩冷临江失，金谷楼空到地香。"祁一联曰："将飞更作回风舞，已落犹存半面妆。"竦曰："咏落花而不言落，大宋当状元及第，又风骨秀重，异日当作宰相。小宋非所及，然亦须登严近。"庠，天圣初，举进士，开封试，礼部，皆第一。祁与兄庠同举进士；而礼部奏名，祁第一，庠第三。章献太后方称制，不欲以弟先兄，乃擢庠第一，而置祁第十。人呼曰二宋，以大小别之。庠累官枢密使，封莒国公，卒谥元宪；传有《元宪集》三十六卷，妍炼稳称，其诗盖出杨亿。惟杨亿华贵之词，一味雍容。庠则温雅之中，饶有凄惋。录五言古及五言律。

五言古如《秋晚禁庐独坐》曰：

> 霜日薄西牖，境寂趣自闲。风篁宿天籁，海碧沉云山。宫树未全落，栖乌相与还。心疑蹈虚宇，迹乃尘清班。自顾丘壑志，何施轩冕颜？终当谢绯服，戢翼榆枋间。

又《登大明寺塔》曰：

故岁摇落时，凭高望扬越。流光不我与，复此值凋节。孤塔踞层冈，仙盘涌濠穴。病足攀危梯，寸晷或三歇。浩荡佛界宽，凌兢客心折。远岫几培塿，空江一明灭。海日栖檐题，霜风语铃舌。荒墟自今古，大块靡封埒。豁若醯覆开，醒如豆聪撒。哀哉人间世，小智互纷结；豕虱论是非，蛮蜗定雄杰。伥伥百代俗，唧唧九流说；推致无穷中，秋毫共飘瞥。圣人小天下，乐意遗来哲。矧余蒙鄙姿，轻蹈荣利辙；涸浊六尘并，欢欨太和泄。薄言真境游，追悟生理缺。洗心刻来哲，回步惩曩跌。甘露多余滋，圣关有幽镝。咄嗟朝市人，此路非尔蹴。

五言律如《相州春日》曰：

北土无繁卉，空亭有暝阴。狂飞憎野絮，多舌恨春禽。地燥山如朽，池寒水不深。生平箕颍志，轩冕独何心。

耐人咀咏，转有在怅惘不甘中者。其他五言古如《正月望夕供养太阿罗汉画像作》、《啸台》、《海外遇寒食因发家书想望松楸不能自理偶成此诗示儿子》、《左散骑常侍东海徐公》、《岁晚许昌城隅登楼作》、《岁晏出沐感事内讼》一首、《京师故僚以余退居近畿数赐存问因叙怀自感》、《念衰》二首、《湖山》、《壬子岁四月甲申夜纪梦》、《过曹氏坟庵在灉皖间蜀僧修静自天柱退居于此》、《去年三月禊饮池上岁月易得忽复暮春因再宴僚属作》、《汉将》三首，七言古如《正月望夜闻影灯之盛斋中孤坐因写所怀》，五言律如《过璨师房》、《秋日小雨后作》、《小圃雨霁》、《淮上》、《秋圃感物》、《秋湖上晚景》四首、《和中丞晏尚书西园晚秋怀寄》、《孟津岁晚》十首之五、《春晦小雨》、《春夕》,七言律如《晚坐观风亭》三首之一、《府斋秋日》、《北台》、《新春雪霁坐郡圃池上》二首之二、《晚春出郭游北山佛寺》、《晚泊白村登舟回望因成拙句寄淮阳龙图王给事》、《题高明堂后池杂景》二首之一、《秋出近郊》,五言长律如《都下灯夕》、《游大明寺郡楼望嵩少作》、《宿鹿门寺》、《后园秋物》、《东园吏隐》、《登龟山上方寺》、《夏日对雨》、《访宋氏溪园》、《夜出芙蓉堂》,五言绝如《坐池上看水偶成五绝》之一之三,七言绝如《和中丞晏尚书忆谯涡》二首之一《读史》二首《新岁霁雪到西湖作》三首,皆含清迥于瑰丽,以绚烂出凄怆。大抵七言不脱西昆之窠臼,五言能嗣盛唐之遒浑。其他摘句:五言如"岸阔烟无著,窗虚日易明","斜日红初敛,晴山翠欲流","露浓蝉始罢,风急燕犹飞","不雨云中薄,澄沙水自微","江柳寒阴瘦,畦蔬晚叶肥","蓬乱将风野,禽稀欲雪天","雾来灯似湿,萤过草疑燃","春色无情老,宵云有恨低","晓山天外紫,秋日雾中寒","木老争侵日,花寒各媚秋","竹雨无情碧,荷烟底事深","高云收雨意,淡日作秋光","山晴岩独雾,林暑涧常秋","乱流横掠野,残日倒穿林","野鸟千声异,江芜一色匀","左手螯初美,东篱菊尚开",七言如"林间幽鸟自相语,水上落花何处来","风径舞花催暮色,雨梁归燕说春愁","风定草烟还阙殿,云开山色始归楼","压岸晚阴云著野,蘸渠春色柳随人","新笋偶随枯条出,野花闲抱老藤开","戏蝶有时飞自远,野禽终日语无情",无不造语新警,体物浏亮;而抒以温丽,不为寒瘦。所为文如赋、颂、表、状、内外制诏、祭文、祝文、连珠等体,皆骈文,几占集之十八;而札子、答内降手诏、行状、墓志、序、记、碑铭、论、说之属,则寓骈于散,颇臻遒变。赋如《幽窗赋》、《登应州古城赋》,颂如《乾元节作圣寿颂》、《维摩经诸品颂》,

表如《扬州谢到任表》《再入参乞罢免重任表》《乞致仕表》《乞罢枢相表》《乞罢相表》,札子如《贤良等科廷试设次札子》《封畿札子》《论蠲除杂税札子》,诏如《赐西平王赵元昊诏》,墓志铭如《宋故推诚翊戴功臣赠侍中曹公墓表》《故朝奉郎济阳江府君墓志铭》《宋故朝请大夫尚书工部郎中彭城刘府君墓志铭》,序如《送河南法掾张子野序》《诸山留题王氏中隐堂诗序》,或以排比出轶宕,或含顿挫于温润。而《宋故推诚翊戴功臣赠侍中曹公墓志铭》,骈俪犹存,波澜极遒。其辞曰:

宋有忠勋之臣曰武威曹公,在天圣中,以宿将持节,分督河北军事,屯中山。庚午春正月乙卯,寝疾,薨于位,寿五十八。讣闻,天子震悼,不视崇德朝两日。以黄门监玺书告第,走命中谒者护其枢还京师。后九年,宝元之己卯,其孤等始以龟筮之吉,归窆封树。有诏鸿胪亚卿典丧事,奉常易其名曰武穆。冬十月乙酉,具卤簿鼓吹,葬公及其嫡冯掖夫人潘氏于南洛阳之金谷乡尹村原,从大墓,且言顺也。先是其家合官牒世谱,以状咨史氏,请辞刻石。让不遂,乃绌而叙焉。

公讳玮,字宝臣。其先,晋有清河太守泓,去官寄孥,始为郡姓。后裔再徙,占数真定之灵寿。曾祖讳业,祖讳芸,并遭时俶扰,仕本州为牙门大校,职以世及,功缘地偏,阴迈德美,储为庆灵。以至烈考枢密使累赠太师尚书令谥武惠讳彬,以明允笃诚,道参运始,禽吴馘蜀,助平天下,翊亮三圣,卒为元老。谠谋帷幄,溢动旂常,生极师臣之尊,没从大享之配,显扬追贵,为时第一。逮公之克济世美,及昆弟宗门之贵,交荷恤典,丛于先报;故今繇祖而上,皆赠太师尚书令;又封曾祖于荣,大父于越,俱为国公;曾祖妣张氏,祖妣李氏,皆累封齐韩二国太夫人。祢庙自始虆饰以济阳郡,再易冀鲁,并为真王;妣高氏及二刘氏,又别以秦齐陈三国为汤沐。

公即武惠王之第四子也,承是休烈,生而歧嶷,童龀英发,雅为先王所器。至道初,以任为西头供奉官,合门祇候。党项余种李继迁,盗弄朔方兵,穿塞首鼠,疆吏不能制。时武惠握机政,太宗面访雄俊以置边琐。久之,辄以公应诏。帝喜曰:"卿有祁午,安遑遑更索耶?"即日召见,命有司加显秩以俟遣。武惠固辞,乃以本职试守陇西郡,年甫十九。公自以见知于父子之际,又为明主所拔擢,感激忠孝,遂摅才蕴;由廷臣凡八迁至客省使。其间带高英康三州刺史、团练防御使各一,浒领华州,一降容州,皆为观察使,进主镇国彰化二军节度观察留后,昭武彰武两军节度使。其化条所莅,则戍镇戎军,守渭、邠、秦、莱、青、天雄、孟、兖七藩;而渭、天雄皆再。其瑞璋之总,则环庆、真定、泾原三路皆为兵马都钤辖,鄜延路为副都部署,环庆、真定两路,并为都部署。国论所咨,则领宣徽南北院使,署枢密院事。命秩之备,则阶三品,勋二品,视官帝傅,兼亚丞相,书社六千三百,实干一千六百,以四字为功号,烜赫光耀,冠映侯籍。迹公之策名展体,服劳中外,为国方召,多本西略。

初,继迁逋诛浸久,劫群羌为支辅,苛征暴戮,人思自拔。公之扞萧关也,尽条恩诏绥怀之意,以檄诸部。部人得书,皆东向感泣,或率众内属,奸党始离。寇略河湟,诸戎归重弗戒。公短兵鏖石门川上,狡众殆歼。赵德明初丧凶父，有首罪称藩之请。公以天厌余孽，宜时平荡，愿帅一队，缚竖子以衅鼓，驿书言状，虑密计周。时朝议前已许降，谋弗果用。扬珠玛哈之族，合万余落，乞援内徙。诸将惶惑，未知所受。公独抚其使，自将劲骑薄天都山，凡三日，尽拥其众，按道徐还，中外服其勇。再守渭也，古哩羌寇掠不已；公率所部合支军趣武延咸泊川，鼓行夹击；诸帐皆溃，系牛絷马以万计，遂破灭之。又袭叛姓巴勒臧于平凉，剪其巢窟；自是属国者倚汉与天等矣。镇天水也，植置勒斯赉初盛，挟李遵妖妄，自谓吐蕃贵重，当雄西域，稍并他部，恣睢塞外；遵乃傍缘故事，上书求赞普之号。公密疏以《春秋》许外夷者不一而足。今二羌乌合，而所希无法；宜黜桀骜以尊国防。真宗纳焉，但授遵保顺节度制。后果窥伺边隙，包藏祸心，迫胁小种，扇动豪帅，连营方阵，号称十万，乘虚内奰，浸淫于三都之谷。公率军整旅，背城逆战，斩首千级，获利器杂畜三万计，追北至敦煌。骁将马布扎尔耻败负力，复屯野吴。公遣死士数百，夜捣其垒，自相蹂殪；群丑遂奔。古哩羌阴谋累年，规败疆事；先其未发，扫平庐栅；因是西南诸姓，皆纳款辕门。遵赉震怖，遁还故碛，不敢弯弓而取当。此式遏制胜之大较。

故事，边民挟弓矢，皆应募为奔命，斗劳赏薄，人情弗惬。公建言能垦境上旷土者蠲其租，春秋耕敛，出州兵以护作；而战者忘死矣。渠率内属，恩隆无等；公请百帐以上比古帕主，次比营司马赞书，拜授列为王官；而来者知劝矣。黠羌杀人，辄以羊马自赎；公按律令除其弊，犯华人者，论杀之，余从其俗，而刑无颇矣。秦人田讼，弥岁不解，曹吏投隙，窜易版书。公审其宿奸，一取质剂为验；亡契者，贷其负，使得自占，收脱户千六百，租钱四百万。台符宣告州郡以为后式，而文无害矣。此威怀安利之凡最。若其按秦汉旧迹，因长城之堑，稍筑坞堠以殊内外，斥境千里，建笼竿之壁，列弓门十寨，迭为藩蔽。班赏格，饰门具，缮梁表道，屯田足食，迄今为保障之利者，不可悉纪。

公之在关陇，以威名庄重，渊回山立，累功懋赏，皆即拜稍迁，倚而不召者，岁逾二纪。至于丁外内艰，泣血委印绶，率以墨缞夺服。天禧中，始有下邽观风之拜，犹副戎柄。时三陲宁晏，外虞讫息，佥以公壮猷盛烈，当敷及天下，于是有留使宣猷之授，入管枢极。公既践修世范，知无不为，秉义据正，勤劳夙夜，海内抗颂，归《缁衣》之美。终以勋高地逼，更由总管之任，出临西夏。逸党乘胜，又以容山之拜，徙守东藩。圣上始初清明，诛放憸猾，不俟辩谤，浸还旧物，莫营丘，藩全魏，养成明律，兴护北方。再陟斋坛，终屏王室。洪棱劲节，久而弥厉。方且桓圭皁马，伫来朝之仪，彤弓雕戈，将蕃锡之典，昊天不吊，歼良奄及，此哲侯所以深闻辇之悼，邦人所以寄成蹊之泣者已。

呜呼！公之材之劭，本沈雄而施事干；然承藉先训，济之谦悫，保功约己，未尝有过。临政精悍，不独以军旅从事，故数佩州组，皆以最闻。大指道威信，必赏罚，以军之严移于郡则肃然畏，以郡之爱移于军则薰然和。伍符吏牍，参行不愆，古名将之烈，公优为之。前后褒勤赏捷，受方底书者以数十。若其询逮兵策，则宝跗细札，委曲纤悉，甚者手诏往反，如宣帝问后将军故事，决而后已。在常赵感疾方革；营卒以常过干军禁，左右劝宽其罚。公曰："以病易守，非吾节也！"卒置殊死。故公之约，所守如介石；公之重，所至为长城；言料敌，则焯龟；语应变，则奏刀。用能英声茂绩，超盖前代，行均椒兰之芬，威无藜藿之采，有由然也。论者犹以羌浑右鄙，事微敌脆，不足畅桓桓之举；睥睨幽朔，悲歌慷慨，常谓禅姑衍、铭燕然者，复何人哉！时方弭兵，公亦赍志，此又谋夫壮士击剑长怀而不能已也。

继室曰沈氏，今号吴兴郡夫人，故相仆射伦之孙，光禄少卿继宗之女。三子：长曰傕，任礼宾副使。次日倚，终内殿崇班。曰俟，为供备库副使。噫，门阀隆贵，蝉联鱼贯，以功名世家者，今无偶矣。游谈故老，尚将传而不泯，又况图金刻，期陵岸，则公之终誉，其有既乎！铭曰：

岩岩常山，灵气磅礴。植为豪英，拔秀辽廓。洸洸侍中，实本浑鬻；纂服肖善，自箕而弓。武惠知子，献之天辰。弗啬家宝，用参国器。党项猖狂，扰我西疆。公冠未升，戍于秦凉。治兵刺部，或征或抚。游魂残孽，莫敢余侮。媟媟大酋，交兵结仇。率尔蕃部，搏我边州。公计先定，聊秉武节。螳臂蛙趺，卒染车辙。蕃族震携，款塞就羁。灭烽卧龙，帝曰来归。计功酬绩，大使方伯。乃干鸿枢，柔惠正直。间因逸废，旋陟旧勋。三偃大藩，再帅中军。屏于北道，威声偃草。公侯干城，宜寿宜考。耳顺未逾，与世长违；彻我金汤，帝曰予思。貂冕衮裶，哀荣并至。宠葬周原，陪先洛涘。俨画柳兮彷徉，公将儦兮幽堂。惟松楸兮嗣世，尚桥梓于家王。

夹叙夹议，随提随顿，奇偶错综，而无偶不奇，复语单势，厚集其气，而声彩炳焕，尤为一集之胜焉。

祁与兄庠,皆以文学显,而祁尤能文,善议论,然清约庄重不及庠。庠天资忠厚,近之,和气拂然袭人;而祁则英采秀发。累官工部尚书,翰林学士承旨,卒谥景文,传有《景文集》六十二卷。其诗文温文尔雅,以典丽出清新,近同西昆,上追温李,以远溯燕许,而推本徐庾。集中为《石太傅墓志》曰:"天子好文学,而虢略杨亿以雄浑革五代之弊。公与中山刘筠,颍川陈越,推而肆之,故天下靡然变风。"又《石少师行状》曰:"亿工文章,采缛闳肆,汇类古今,气象魁然如贞元元和,以此倡天下而为之师。公与刘陈诸公推毂趣和之,既乃大变;景德祥符间,号令彬彬,谓之尔雅;而五代之气尽矣。"推挹如不容口,平日蕲尚可知;所以诗好用事,词取妍华,亦如兄庠之同西昆;顾不如庠之恻怆有味外味。五言古如《长葛道中作寄侍读梅给事》、《秋香亭》、《清涟亭》、《春集东园诗赋得笋字》、《和登山城望京邑》、《次陕郊》、《杂咏》三首之二三、《湖山》、《杨秘校秋怀》三首之三、《度飞石岭》、《晓过二里山》、《常山杨氏有二怪石》、《风雨》、《秋兴》、《杂兴》四首之一二三、《揽镜》、《岁丰》,七言古如《拟东武曲》二首、《少年行》,五言律如《学舍直归晚霁》三首之三、《同张子春淮上作》、《东亭》、《游海云寺》、《闰月晦日舟中》三首之一、《晚眺城隅》、《晚意》、《黄花道》,七言律如《假节》,五言长律如《上春晦日到西湖呈转运叔文学士》、《三泉县龙洞》、《晚秋西园》,七言绝如《郡圃》诸作,语警而意辟,不徒为浮音飘渺。其他摘句,五言如"林静来晨燎,江喧入夜涛","树花红暗淡,城草绿陂陀","天缺云来暗,风微鸟去轻","岸石危相倚,桥嘶暮不流","斜阳挂高柳,落日淡遥城","林烟昏午日,柳影压池天","滩声逢石怒,山气附林昏","翠沉遥岭树,红敛瞑蔌花","暂云消树影,骤雨发荷香","断烟随鸟远,寒叶向人疏","影深天在底,红乱日摇痕","茂草平无际,残花惨更妍","荒藤依树老,残芰听波浮","轻风生树态,暖日淡云容","高树足危响,寒花无媚姿","林暖树改色,山晴云弄姿","水绕溪初浪,林乾籁自声","钿崒峰头碧,霞皱荔子丹","澄江限天阔,孤鹜透霞来","岸静鱼跳月,林喧鸟避蒿","树合天疑窄,川回地忽平","寒云终不雨,危叶自多声","树老经唐日,碑残刻汉年","归舟一叶小,秋水两崖深","草平天一色,风暖燕双高","乔柯寒自籁,荒菊晚犹花","春容来迥野,天脚入平芜","世态同波荡,交情敌酒浓"。七言如"头白羞论天下事,眼青欣举故人杯","天上有星宁免客,人间无地可埋忧","万里碧云随望合,半规红日有情低","骤生溪水迎人远,自喜林花索露开","溪态澄明初毕雨,日痕清澹不成霞","晓风递暖何妨细,宿雨留云未许高","翠含山气犹疑夜,紫动林梢已放春","故园丛菊无人赏,露压风欺只有花"诸句;言外有寄托,事外有兴象。文则骈文如《圆丘赋》、《皇帝后苑燕射赋》、《右史苑蒲桃赋》、《代章集贤让拜相第二表》、《代杨太尉让加节度使第一表》、《代杨太尉让枢密使第一表》、《第二表》、《代杨枢密让上皇太后第一表》、《代孙侍郎谢加龙图阁学士表》第二首、《代昭文为飞蝗乞罢第一表》、《代人陈情表》、《和戎论》、《送张都官知兖州序》、《春日同赵侍禁游白兆山寺序》、《凝碧堂记》、《蜀人李仲元赞并序》、《对太学诸生文》、《回郑资政书》、《上张太傅书》、《上吕相公书》、《回吕太傅书》二首、《上侍讲孙贰卿书》、《上端公启》、《代人求荐》、《代张相公乞致仕第四表》、《第六表》、《谢御笔批表》、《代昭文相公乞罢免第三表》、《代杨枢密让邑封第二表》、《代薛参政乞致仕上皇帝第一表》诸作,摄得事切,炼得意警;偶对之中，尽有顿挫。古文如《郭正不应为嫁母持服状》、《上便宜札子》、《送刁君绩序》、《送杜偶罢举北归序》、《送同年吴昌卿之上元序》、《送英州理掾诗序》、《相国张公听普印昕师弹琴诗序》、《庆历兵录序》、《山东德州重修鼓角楼记》、《寿州重修浮桥记》、《许州长葛县尉厅壁记》、《西斋休偃记》、《君山养猿记》、《故丞相文正王公碑阴记》、《鲁两生赞》、《平津侯东阁赞并序》、《严遵赞》、《论文帝不能用颇牧》、《萧望之论》、《酺说》、《王杲卿字说》、《杨太尉神道碑》、《范阳张公神道碑铭》、《张文懿公士逊旧德之碑》、《荆王墓志铭》、《防御使进封饶阳侯墓志铭》、《皇从兄赠虔州观察使墓志铭》、《李郡王墓志铭》、《文正王公墓志铭》、《仆射孙宣公墓志铭》、《文宪章公墓志铭》、《石太傅墓志铭》、《高观文墓志铭》、《杨太尉墓志铭》、《胡府君墓志铭》、《陇西郡君李氏墓志铭》、《故赠太师章公夫人张氏墓志铭》、《李郡王行状》、《孙仆射行状》、《杨太尉行状》、《石少师行状》、《冯侍讲行状》诸作，典制详核而不为诵数；辞笔疏快而能为和雅。碑志之作，尤为擅胜；如《张文懿公士逊旧德之碑》、《皇从兄赠虔州观察使墓志铭》、《李郡王墓志铭》，议叙兼行，奇偶错综。录《皇从兄赠虔州观察使墓志铭》曰：

> 秦悼王之穆曰广陵郡王，王之合曰南阳郡君张夫人，有子八房。嫡房曰赠虔州观察使。曾祢不书，尊帝也。王讳不书，著也。公名承睦，以皇根之茂，天跗之华，芳酎烈饪，遂用蕃衍。直质而不辂，逊志而自修，斤斤奉法，日以饬厉，守贵而无骄色，处乐而无流心。自右侍禁，践八官，而至左领军彭州团练使。朝家厚宗室，悉留京师；虽疏爵而王，列藩而侯，揭节而使，佩印而相，未有就国

而操事也。不就国，则亲亲之谊，戚而弗疏；不操事，则优优之禄，肆而弗畏。有如公高冠大带，朝殿阢之下；量币黄流，祀家寝之庭；资忠移孝，靡有罪悔，奚其为政而后谓之功业哉？命之弗谌，享年四十有八。天子辍朝，行临吊之礼；中人奉诏，护丧窆之事；出中帑以禭之，厩廉车以饰之。棺于寝阶，殡于兰若，须时也。后三年，藏直甲申，分遣使者启载柩，卜夏四月癸卯，还葬汝州之梁县，以夫人陇西郡君董氏祔焉。男六人：克顺，克戒，太子右卫率府率。克协，克凝，克伸，右监门卫率府副率。克蠡，右内率府副率。有诏史臣铭其圹。铭曰：

郁郁芊芊，惟汝阳兮。若斧若堂，从家王兮。子也承祀，其代昌兮。

矜重而跻雄矫，排奡而兼温润。《张文懿公士逊旧德之碑》，大篇浟浟，雄茂蟠注，笔力足与庠《宋故推诚翊戴功臣赠侍中曹公墓志铭》相配，弟兄竞爽；盖兼权于庾信韩愈两家碑志，交袪所蔽，而力湔缛藻，亦排矿气，不竞不绿以别出队仗者也。顾祁语于人曰："余少为学，无师友，家贫无书，计粟米养亲，绍门阀耳。年二十四，以文投故相夏公，公奇之以为必取甲科，吾亦不知果是欤。天圣甲子，从乡贡试礼部；故龙图刘公叹所试辞赋，大称之朝；吾始自淬厉。年过五十，被诏作《唐书》，尽见前世诸著，乃知文章之难。取视五十以前所为文，赧然汗下，必欲烧弃。"撰《唐书》，务为艰涩，又删除骈体一字不登。大抵祁之为文，有《唐书》之文，有本集之文。本集之文，杨亿之后劲也；《唐书》之文，韩愈之嗣响也；固未可等眸齐观。如《唐书·外戚列传叙》曰：

凡外戚成败，视主德何如。主贤，则共其荣；主否，则先受其祸。故太宗检贵幸，裁赏赐，贞观时内里无败家。高中二宗，柄移艳私，产乱朝廷；武韦诸族，毫婴颈血，一日同污钺刃。玄宗初年，法行近亲，里表修敕。天宝夺明，委政妃宗，阶召反虏，遂丧天下；杨氏之诛，噍类不遗。盖数十年之宠，不偿一日之惨；甲第厚赀，无救同坎之悲，宁不哀哉！代德而降，阉尹参燮；后宫虽多，无赫赫显门，亦无刀锯大戮。故用福甚者得祸酷，取名少者蒙责轻，理所固然。若乃长孙无忌之功，武平一之识，吴溆之忠，弗缘内宠者，自见别传云。

又《酷吏列传叙》曰：

太宗定天下，留心听断，著令州县论死三覆奏，京师五覆奏。狱已决，尚芊然为彻膳止乐；至晚节，天下刑几措。是时州县有良吏，无酷吏。武后乘高中懦庸，盗攘天权，畏下异己，欲胁制群臣，榴剪宗支，故纵使上飞变、构大狱。时四方上变事者，皆给公乘，所在护送，至京师，禀于客馆；高者蒙封爵，下者被赉赐，以劝天下。于是索元礼、来俊臣之徒，揣后密旨，纷纷并兴，泽吻磨牙，噬绅缨若狗豚然；至叛骴臭达道路，冤血流离刀锯；忠鲠贵强之臣，朝不保昏，而后因以自肆，不出帏闼，而天命已迁，犹虑臣下弗惩，而六道使始出矣。

至载初，右台御史周矩谏后曰："凶人告讦，遂以为常。推劾之吏，以崄责痛诋为功；凿空投隙，相枒以残，泥耳笼首，枷楔兼暴，拉胁签爪，县发熏目，号曰狱持。昼禁食，夜禁寐，敲扑撼摇，使不得瞑，号曰宿囚。人苟赊死，何求不得。陛下不谅,试取告牒判无验者,使推其情,有司必上下其手,希合盛旨。今举朝胁息,谓陛下朝与为密,夕与为雠,一罹摄逮,便与妻子决。且周用仁昌,秦用刑亡,惟陛下察之。"后寤,狱乃稍息,而酷吏浸浸以罪去。天宝后,至肃代间,政颣事丛,奸臣作威,渠憸宿狡,颇用惨刻奋;然不得如武后时敢搏鸷杀戮矣。呜呼!非吏敢酷,时诱之为酷。观俊臣辈怵利放命,内怀滔天,又张汤郅都之土苴云。

造辞措以生拗,用字不嫌涩僻,务为劖削,以蕲矜重;其原出于韩愈《曹成王》、《许国公》、《贞曜先生》诸碑志,盖衍韩愈之一体;而与集中文之丽典同杨亿者异趣。但好用奇字,往往以更易旧文。欧阳修与共修撰,病之而不敢言,乃书"宵寐匪祯,扎闼洪庥"八字以戏之。祁不知其戏己,问此二语何出?当作何解?修言:"此即公撰《唐书》法也。宵寐匪祯者,谓夜梦不祥也;扎闼洪庥者,谓阖宅大吉也。"祁不觉大笑。祁晚年知成都,带《唐书》于本任刊修;每宴罢,开寝门,垂帘燃二椽烛,媵婢夹侍,和墨伸纸,远近皆知为尚书修《唐书》,望之如神仙焉。顾性轻侠,方仁宗时,祁为翰林学士;而晏殊当国,爱祁之才,欲朝夕相见,遂税一宅于旁近,延居之,其亲密如此。遇中秋启宴,召祁,出妓乐,饮酒赋诗,达旦方罢。翌日罢相,而祁草制,颇极诋斥,至云"广营产以殖货,多役兵而规利"。方其得意疾书,昨夕余醒犹在。左右观者皆骇叹。而殊出知颍州,每愤士风凋落。营妓刘苏哥有所誓约,而其母禁之;方春物暄妍,驰马出郊,登高冢瞻望,长痛遂卒。殊得报,以诗吊之曰:"苏哥风味逼天真,恐是文君向上人。何日九原芳草绿,大家携酒哭青春。"而系以序曰:"士大夫受人盼睐,随燥湿变渝如翻覆手,曾狂女子不若。"盖意指祁云。

　　晏殊，字同叔，抚州临川人。七岁能属文。真宗以神童召，与进士千余人并试殿廷。殊神气不慑，援笔立成。赐同进士出身，累拜集贤殿学士，同平章事，兼枢密使。为文章赡丽，应用不穷，尤工为诗，闲雅有情思。卒谥元献，传有《晏元献遗文》一卷，《珠玉词》一卷。其文妍练稳称，大抵衍杨亿之西昆；而喜歌冯延巳词，及所自作，得其绵丽。如《浣溪沙》曰：

　　　　一曲新词酒一杯，去年天气旧亭台。夕阳西下几时回。　　无可奈何花落去，似曾相识燕归来。小园香径独徘徊。

又《雨中花》曰：

　　　　剪翠妆红欲就，折得清香满袖。一对鸳鸯眠未足，叶下长相守。　　莫傍细条寻嫩藕，怕绿刺胃衣伤手。可惜许月明风露好，恰在人归后。

融情入景，秀极成韵，馨烈所扇，遂为北宋倚声家开山。而殊爱才如不及。相传游大明寺，见王琪诗，大赏之，召至同步池上。时春晚有落花；殊曰："每得句或弥年不能对；即如'无可奈何花落去'，至今未能对。"琪应声曰："似曾相识燕归来。"遂辟荐馆职也。两语亦见赋所七言律《假中示判官张寺丞王校勘》诗；不厌重出，可想见其得意；然婉丽自是词境，入诗不如入词也。

　　晏幾道，字叔原，晏殊幼子。以能词象贤，传有《小山词》一卷；而视乃翁，深婉同，而所以为深婉者不同：殊之体轻，而幾道之体重；殊之语秀，而幾道之语挚；殊之笔直，而幾道之笔曲。如《临江仙》曰：

梦后楼台高锁，酒醒帘幕低垂。去年春恨却来时，落花人独立，微雨燕双飞。　　记得小蘋初见，两重心字罗衣。琵琶弦上说相思。当时明月在，曾照彩云归。

又《南乡子》曰：

花落未须悲，红蕊明年又满枝。唯有花间人别后，无期，水阔山长雁字迟。　　今日最相思。记得攀条话别离。共说春来春去事，多时，一点愁心入翠眉。

皆极郑重殷勤之笔，而有绰约轻盈之致，化堆垛为烟云，以沈著为闲雅。如《更漏子》曰：

欲论心，先掩泪，零落去年风味。闲卧处，不言时，愁多只自知。　　到情深，俱是怨，惟有梦中相见。犹似旧，奈人禁。偎人说寸心。

又《菩萨蛮》曰：

相逢欲话相思苦，浅情肯信相思否？还恐谩相思，浅情人不知。　　忆曾携手处，月满窗前路。长到月来时，不眠犹待伊。

皆极浑脱浏亮之笔，而抒宛转难言之隐，掬肺肝如话言，以浅率为真挚。至如《鹧鸪天》曰：

十里楼台倚翠微，百花深处杜鹃啼。殷勤自与行人语，不似流莺取次飞。　　惊梦觉，弄晴时。声声只道不如归。天涯岂是无归意？争奈归期未可期。

又《阮郎归》曰：

旧香残粉似当初，人情恨不如。一春犹有数行书，秋来书更疏。　衾凤冷，枕鸳孤，愁肠待酒舒。梦魂纵有也成虚，那堪和梦无。

皆极生拗曲折之笔，而传细意熨贴之情，意以折而深，笔以拗而警。大抵几道之所以胜乃翁者，在以沈著为闲雅，则凝而不佻；以浅率为真挚，则淡而可味；以曲折为深婉，则遒而能警。后出居上，父不如子；词之有晏氏父子，犹古文之有苏氏父子矣。

晏殊工台阁之文，顾特以词著。晋陵胡宿、华阳王珪稍后出，亦工台阁之文，而名与宋氏庠祁相参伍。仁宗朝，相继知制诰，朝廷大典册，多出两人手，而宿辈行为先。

胡宿，字武平，晋陵人。英宗朝累拜枢密副使，卒谥文恭，有《文恭集》四十卷。《四库提要》称："当时文格未变，尚沿四六骈偶之习。而宿于是体尤工，所为朝廷大制作，典重赡丽，上法六朝。于韵语最长五七言律，其波澜壮阔，而结响宏远，亦可直造盛唐阃阈；洵足雄视一时，迥出杨亿、钱惟演诸人之上。"今观其诗文，咸尚整对，而好为妍练，不脱杨亿、钱惟演诸人之窠臼；然必谓其"典重赡丽，上法六朝；五七言诗直造盛唐阃阈，雄视一时"，则为誉过其实。其诗风骨高秀胜于夏竦，差为赡而能逸；而不如宋庠之耐人咀咏。宋庠以温丽出凄怆；宿则含清迥于妍华，故当警于夏竦，浅于大宋。五言古如《杂兴》、《怨诗初调示庞主簿及邓治中》；五言律如《山居》，力跻清遒，一洗铅华；然必誉其"波澜壮阔，而结响宏远"，则殊未能。文则独工碑志行状，运偶于奇，寓议于叙，如《赠太尉文肃郑公墓志铭》、《太傅致仕邓国公张公行状》，泱泱大篇，语繁不杀，而其气安雅，其笔遒重，足与宋氏庠、祁骈美，而当"波澜壮阔，结响宏远"之誉。其他《宋故奉直郎守侍御史王公墓志铭》《赠吏部侍郎蒋公神道碑》，亦皆叙次有法，生平如睹，而以轶荡顿挫之笔出之，洵足雄视一代矣。至于四六骈偶之文，占集之十九，或铺张而失之弩骞，或寂寥而窘于边幅，典而不重，丽亦未赡，警切尚逊夏竦，雍容不如二宋，更何能望六朝，未见于是体尤工也。

王珪，字禹玉，华阳人，仁宗以知制诰，为翰林学士；历英宗至神宗，迁学士承旨，典内外制十八年，累拜参知政事，进同中书门下平章事，集贤殿大学士，封岐国公。卒谥文。珪以文学进，流辈咸共推许其文宏侈瑰丽，自成一家，有《华阳集》四十卷。《四库提要》谓："其文章气象宏达，词笔典赡，足继二宋后尘。至其诗以富丽为主，捴藻敷华，细润熨贴。"而《四库简明目录》则曰："珪不出国门，坐致卿相，无壮游胜览，拓其心胸；亦无羁恨哀吟，形于笔墨，故其文多台阁之体，其诗善言富贵。"晏殊尝览李庆孙富贵诗，有"轴装曲谱金书字，树记花名玉篆牌"之句，笑曰："此乞儿相。余每言富贵，不言金玉锦绣，唯说气象。"而好事者传珪为诗，喜用金玉珠璧字，以为富贵，谓之至宝丹。乃至有人云："诗能穷人，且试作些富贵语看，如何？"思索数日，得一联云："胫胫化为红玳瑁，眼睛变作碧琉璃。"谈者以为笑也。今观珪诗之言富贵者，莫如七言《宫词百绝》，捴藻敷华，极是细润熨贴。录十二绝，辞曰：

  小雨霏微润绿苔，石栏红杏傍池开。一枝插向银瓶里，捧进君王玉殿来。

  燕子初来语更新，一声声报内家春。遥闻春苑樱桃熟，先进金盘奉紫宸。

　　选进仙韶第一人,才胜罗绮不胜春。重教按舞桃花下,只踏残红作地裀。

　　禁籞春来报踏青,御池波漾碧涟轻。内人争送秋千急,风隔桃花闻笑声。

　　碧桃花下试柸棋,误算筹先一著低。输却钿钗双翡翠,可胜重劝玉东西?

　　禁里春浓蝶自飞,御蚕眠处弄新丝。碧窗尽日教鹦鹉,念得君王数首诗。

　　斗草深官玉槛前,青蒲如箭荇如钱。不知红药栏杆曲,日暮何人落翠钿。

　　夜深独倚栏干角,玉笛横吹弄月明。余响度云无处觅,人间闻得两三声。

　　数骑红妆晓猎还,销金罗袜镂金环。伴伴走马穿花过,拂拭雕弓对御弯。

　　钓线沉波漾翠舟,鱼争芳饵上龙钩。内人急捧金盘接,拨剌红鳞跃未休。

　　大家装着斗时宜,独自寻常拂淡眉。为染浅黄衫子色,金盆添水看鹅儿。

　　銮舆昨夜宿郊坛,月淡风低彩内寒。密写销金红榜字,宫中日日报平安。

歌舞升平,写得皇家富贵气象出;而传神阿堵,不在金玉珠璧字也。其他五言古如《和景彝消扶出者》,七言古如《和梅圣俞感李花》,五言律如《梅花》、《喜雪》、《郊外》、《发会同馆》、《和人闻雁》二首,七言律如《书四望亭》《金陵怀古》二首、《三乡怀古》、《工部尚书致仕王懿敏公挽词》、《赠侍中李良定公挽词》诸作；所以耐人咀诵者，乃不在典重高华，细意妍练；而在沉郁顿挫，老笔纷披。至于摘句如七言律《琼林苑御筵奉送致政太师潞国文公归西洛》，有句云"古来少有三师退，天下曾将大器安"，如椽之笔，正不必以"捣藻敷华"为贵。而"星薄漏稀犹不寐，寒声通夕战疏桐"，"枕上月华清到晓，簟间风意冷如秋"，"舟中月白寒江阔，马上风酸紫塞长"，"霜天夕霁丹枫老，水国秋深紫蟹肥"，"今日对花不成饮，春愁已与草俱长"等句，尽有"羁恨哀吟，形于笔墨"，而恻恻动人，正不必以善言富贵为至宝丹也。文则奏表、内外制、册文、祝文、祭文、贺词、启，皆骈文，自是台阁之体；然多寂寥短章，不见所谓"闳侈瑰丽"。而内外制不拘属对，颇如元稹之"追用古道"。如《赐台谏官诏》、《皇长子颖王顼乞班在富弼允弼允良下不允诏》、《宰臣韩琦免恩命不允诏》、《起复文彦博免恩命不允诏》、《翰林学士欧阳修乞洪州不允诏》、《知定州张方平免恩命乞侍养不允诏》、《邵亢乞外郡第二札子不允诏》、《赐欧阳修乞退不允批答》、《赐曾公亮免南郊恩命第二表不允断来章批答》、《右正言知制诰蔡襄可起居舍人制》、《屯田郎中詹庠可都官郎中制》、《降授朝奉郎徐峣特复朝散郎致仕制》，皆以古文出之；其辞简切，其气疏宕，岂必以"闳侈瑰丽"为大手笔。及其为古文，如《御制龙图天章观三圣御书诗序》、《送太子少保致仕李柬之归西京诗序》、《送刑部侍郎致仕李受归庐山诗序》，雍容揄扬而出以跌宕昭彰。其他如《追封成国程公坦神道碑》、《夏文庄公竦神道碑》、《狄武襄公青神道碑》、《庞庄敏公籍神道碑》、《高烈武王琼神道碑》、《高穆武王继勋神道碑》、《贾文元公昌朝墓志铭》、《唐质肃公介墓志铭》、《邵安简公亢墓志铭》、《梁庄肃公适墓志铭》、《王懿敏公素墓志铭》、《赵康靖公概墓志铭》、《赠左谏议大夫吕公公绰墓志铭》、《翰林侍读学士贾君黯墓志铭》、《朝奉郎蒲君慎密墓志铭》、《朝散大夫晁君仲衍墓志铭》、《朝请大夫薛公季卿墓志铭》、《朝奉郎郑君民度墓志铭》、《知郑州寇公平墓志铭》、《朝奉郎李君丕旦墓志铭》、《秘书省著作佐郎郑君民彝墓志铭》、《宗室赠右领军卫将军墓志铭》、《宗室南阳侯墓志铭》、《宗室追封宣城郡公墓志铭》、《宗室博陵侯墓志铭》、《宗室广平侯墓志铭》、《宗室追封楚国公墓志铭》、《宗室洋州侯墓志铭》、《宗室高密郡公墓志铭》、《宗室追封博平郡王谥安恭墓志铭》、《宗室追封彭城郡公墓志铭》、《宗室追封相王谥孝定墓志铭》、《宗室左武卫大将军均州防御使殇子墓记》、《丹阳郡夫人李氏墓志铭》、《寿安县太君吕氏墓志铭》、《赵宗旦妻贾氏墓志铭》、《永寿郡太君朱氏墓志铭》，纡徐委备而能为条达疏畅。辞达而情昭，气舒而韵流，虽不如欧阳修之风神骀荡，而实同欧阳修之意思安闲；随笔曲注，若无意为文，而引物连类，不烦绳削而自合。而碑志之作，尤为冠绝；所叙皆同时朝贵，虽谀墓之文，而得失互见；其有事涉数人，往往事略于此而文著于彼，是非较然不掩，焯有史法；其言详而核，信而达。读《宋史》夏竦、狄青、庞籍、宋庠、高琼、贾昌朝、邵亢、梁适、王素、赵概、贾黯诸传，皆袭珪碑志之文。乃知珪之所为焯然自成一家者，在当日流辈之所推，虽是台阁体之"闳侈瑰丽"，而千古信史之所系，实在碑志文之详畅练核。《四库提要》及《简明目录》云云，特囿于一时流辈之所推许，而不免寻声逐响之谈也。如以台阁体之"闳侈瑰丽"而论，则肤词滥调，不如二宋警切多矣。

第三节　林逋附潘阆　种放　魏野　寇准附赵湘

宋初之诗，一为台阁贵人之诗，润色升平，词取妍华，杨亿为之弁冕，而刘筠、钱惟演以盛羽翼。一为江湖散人之诗，装点山林，格尚清迥；潘阆开其前路，而种放、魏野、林逋以播声气。而逋妻梅子鹤，尤以擅誉千古云。

潘阆，自号逍遥子，太谷人，既而移家钱唐。生于五代，及见宋兴，赋诗曰："莫嗟黑鬓从头白，终见黄河到底清。"为时所诵。翰林学士宋白赠以诗曰："宋朝归圣主，潘阆是诗人"，其见许也如是。传有《逍遥集》一卷；其为诗以清炼出幽峭，五言律尤工。如《夏日宿西禅》曰：

> 此地绝炎蒸，深疑到不能。夜凉如有雨，院静若无僧。枕润连云石，窗明照佛灯。浮生多骨贱，时日恐难胜。

又《岁暮自桐庐归钱唐晚泊渔浦》曰：

> 久客见华发，孤棹桐庐归。新月无朗照，落日有余辉。渔浦风水急，龙山烟火微。时惊沙上雁，一一背南飞。

凄神寒境；观集中《叙吟》曰："发任茎茎白，诗须字字清"，宗旨可见。王禹偁叙其诗，以"寒苦清奇"赞之。顾狂放不羁，仍五代游士之余习，尝为诗曰："散拽醉僧来蹴踘，乱拖游女上秋千"，此其自叙之实也。后以附会奸相卢多逊，太宗既逐多逊，购捕阆甚急，乃变姓名，僧服入中条山。有友许洞，亦狂士也，嘲以歌曰："潘逍遥，平生志气如天高；倚天大笑无所惧，天公嗔尔口呶呶。罚教临老头，补衲归中条。我愿中条山神镇常在，驱雷叱电依前赶出这老怪。"会赦出，送信州安置。潘阆才气自喜，奔走公卿而不得富贵；种放肥遁鸣高，啸傲山林而卒跻显仕；亦有遇有不遇也。

种放，字明逸，河南洛阳人；往来嵩华间，慨然有山林意；既而隐终南豹林谷之东明峰，多为歌诗，有句云"看云时独坐"。太宗征之，令本州给装钱三万赴阙。放诣府受金治行，过友人张贺。贺曰："君今赴召，不过得一簿尉耳；不如称疾，俟再召而行，当得好官。"即托贺草章奏称疾，转居穷僻，而名益高。至真宗特诏征起，以幅巾见，长揖宰相。杨亿嘲曰："不把一言裨万乘，只叉双手揖三公。"即日授左司谏，直昭文馆，累拜工部侍郎。禄赐既优，晚节颇饰舆服，于长安广置良田，门人族属，依倚恣横。时议浸薄之，乃求还山。上命设筵禁廷，命廷臣赋诗以宠其行。翰林学士杜镐辞不能诗，诵《北山移文》一过。放不怿曰："野人焉知大丈夫之出处哉！"种放既以朊仕而堕高节，魏野遂终遁放而称贞隐。真宗祀汾阴，登山，望林麓间有亭槛，问曰："何所？"左右对："隐士魏野草堂。"遣往召。野方鼓琴，教鹤舞，闻使至，遂抱琴逾垣遁去。而王嗣宗守长安，以放骄倨，遂上疏言："陛下召魏野，野闭门避匿；而放阴结权贵以自荐达"，以为放不如野也。

魏野，字仲先，陕州人。嗜吟咏，不求闻达。居州之东郊，手植竹树，清泉环绕，傍对云山，凿土袤丈，曰乐天洞，前为草堂，弹琴其中。好事者多载酒肴从之游，啸咏终日。宰相王旦从东封泰山回过陕，野献诗曰："圣朝宰相年年出，公在中书十二秋。西祀东封俱已了，好来相伴赤松游。"旦遂袖此诗求退。寇准以宰相出知陕州，敦先施之礼。野献诗曰："有官居鼎鼐，无地起楼台。未暇瞻珪璧，先蒙话草莱。"其诗传播漠北。真宗末年，契丹使至，询译者曰："那个是'无地起楼台'相公？"时准方居散地，即起镇北都，而延野为上客。北都有妓女，美貌而举止生硬，人谓之生张八。因府会，准令乞诗于野。野援笔曰："君为北道生张八，我是西州熟魏三。莫怪樽前无笑语，半生半熟未相谙。"诵者大笑。传有《东观集》十卷。观其五言律上寇准，以谒庐见下士；七言绝上王旦，以招隐为颂德。其辞若亢，其心则谀。即五言律《闲居书事》"无才动圣君，养拙住山村"，《述怀》"有名闲富贵，无事小神仙"之句，愈说脱屣富贵，愈见萦情好爵；口角津津，如见肺肝。惟《寻隐者不遇》一绝曰：

寻真误入蓬莱岛，香风不动松花老。采芝何处未归来，白云满地无人扫。

辞意洒然，令人神往。其他如《书友人屋壁》有"洗砚鱼吞墨，烹茶鹤避烟"之句，别致逸情，殊亦隽语。野在日，名重于林逋；而身后装点湖山，流风余韵，供人题咏，则不及逋。逋诗笔之清，过于魏野；而言下清，言外俗，则无不同。

林逋，字君复，杭州钱唐人。结庐西湖之孤山。常畜两鹤，纵之则飞入云霄，盘旋久之，复入笼内。逋常泛小艇游西湖诸寺。有客至，则一童子出应门，延客；为开笼放鹤，良久，逋必棹小舟返，盖常以鹤飞为验也。性爱梅花，有"疏影横斜水清浅，暗香浮动月黄昏"之句；又曰："幸有微吟可相狎，不须檀板共金樽。"人谓其妻梅子鹤，以状高致。真宗闻其名，赐粟帛，诏长吏岁时劳问。自为墓于其庐侧，临终为诗，有"茂陵他日求遗稿，犹喜曾无封禅书"之句。州为上闻，仁宗嗟悼，赐谥和靖先生。传有《和靖诗集》四卷。而检集中篇什，以诗与一时名公酬唱，往往以物外鸿冥之人，而作世故周旋之语；

如《送僧休复之京师》云"到京当袖刺,馆阁尽名公",《寄吴肃秀才》云"明年重访旧,身带桂枝香",《知县李太博替》云"相门如有相,他日愿持衡",《送范仲淹寺丞》云"黼座垂精正求治,何时条对召公车",《送史宫赞兰溪解印归阙》云"东南出宰才居最,畴为言扬向玉阶",《送楚执中随侍入蜀》云"他日林间无所望,只求金榜看嘉名",如此之类,不可胜举;口角津津,令人作呕。而《杂兴》四首之三云"一关兼是和云掩,敢道门无卿相车",《小隐》云"鲁望无来已百年,又生吾辈在林泉。谁知隐遁为高尚,敢道文章到圣贤",沾沾自喜,情溢纸墨。长揖公卿,妆点湖山,而诵其诗,想见其为人;身冷眼热,遂开后来山人无数法门;而逋其典型也。其诗工于写景,趣味澄夐,特衍司空图、方干一脉,以上追贾岛、姚合;下开晚宋四灵。七言不如五言。五言律如《湖楼晚望》曰:

　　湖水混空碧,凭阑凝睇劳。夕寒山翠重,秋净鸟行高。远意极千里,浮生轻一毫。丛林数未遍,杳霭隔渔舠。

又《秋日西湖闲泛》曰:

　　水气并山影,苍茫已作秋。林深望见寺,岸静惜移舟。疏苇先寒折,残虹带夕收。吾庐在何处?归兴起渔讴。

又《湖村晚兴》曰:

　　沧洲白鸟飞,山影落晴晖。映竹犬初吠,弄舡人合归。水波随月动,林翠带烟微。寺近疏钟起,萧然还掩扉。

七言绝如《水亭秋日偶书》曰:

巾子峰头乌臼树,微霜未下已先红。凭阑高看复低看,半在石池波影中。

又《竹林》曰:

寺篱斜夹千梢翠,山径深穿万箨乾。却忆贵家厅馆里,妆墙时画数茎看。

又《送易师还金华》曰:

吟卷田衣岁向残,孤舟夜泊大江寒。前岩百本长松色,及早还来带雪看。

又《小舟》曰:

舷低冷戛荷千柄,底舠斜穿月半轮。一笠一蓑人稳坐,晚风萧飒弄青蘋。

兴象清远,格律老成。而颇善发端,读之神往。如五言《上湖闲泛舣舟石函因过下湖小墅》曰:"平皋望不极,云树远依依",《中峰》曰"中峰一径斜,盘折上幽云",《山中冬日》曰"残云照篱落,空山无俗喧",《西湖与性上人话别》曰"秋山与湖山,远近如相送",七言《溪上春日》曰"一池春水绿于苔,水上花枝竹间开",意趣洒然,起得浑脱。其他摘句,五言如"片月通萝径,幽云在石床","鹤闲临水久,蜂懒采花疏","秋阶响松子,雨壁上苔衣","南廊一声磬,斜照独凝思","早烟村意远,春涨岸痕深","破林霜后月,孤寺水边山","静钟浮野水,深寺隔春城","石莎无雨瘦,秋竹共蝉清",七言如"春水净于僧眼碧,晚山浓似佛头青","秋棱瘦出无多寺,古翠浓连一半云","鱼觉船行沉草岸,犬闻人语出柴扉","林藏野路秋偏静,水映渔家晚自寒",又如五言"樵当云外见","一径草盘青","溪寒石色深",七言"雨敲松子落琴床","苍烟和树晚来浓","屋檐斜入一枝低",皆幽而得趣,淡而不枯。独以"疏影横斜水清浅,暗香浮动月黄昏"咏梅得名;王居卿谓:"咏杏与桃李皆可。"苏轼应曰:"可则可,但桃杏李不敢承当耳。"

魏野、林逋身栖山林,而诗多世故周旋之语,令人作呕;不如寇准位兼将相而诗含怅惘不甘之意,耐人咀咏。

寇准,字平仲,华州下邽人。太平兴国间举进士,累拜参知政事,年三十余。太宗语人曰:"寇准,好宰相;但太少耳。"历相太宗、真宗,官至尚书右仆射、集贤殿大学士;寻得罪贬窜以死,追谥忠愍。传有《寇忠愍诗集》三卷。元方回作《罗寿可诗序》,称宋刬五代旧习,有白体、昆体、晚唐体;而列准于晚唐,与潘阆、魏野、林逋、赵湘并称。今按魏野、林逋以秀炼出澄夐,颇近姚合;而准则以婉丽为恻怆,差似杜牧。五言律如《秋思》曰:

  秋气动天地,恍然情未穷。故园应坠叶,昨夜又西风。白草侵危堞,寒涛接远空。撘颐当此景,无语夕阳中。

七言律如《秋日》曰:

  江天物候潜衰变,气爽初疑夏景余。雨渍乱苔侵古壁,风飘红叶满荒渠。晚云连岳幽藏寺,秋水澄江静见鱼。蝉惊一鸣无所恨,绿槐金蕊任萧疏。

五言绝如《春昼》曰:

午昼花阴静,春风数蝶飞。坐来生远思,深院燕初归。

七言绝如《书河上亭壁》曰:

堤草惹烟连野绿,岸花轻雨压枝红。年来多病辜春醉,惆怅河桥酒旆风。

又《早春》曰:

溪水觉暖微函碧,山杏经春半吐红。不向此时拚一醉,到头无计奈春风。

又《柳》曰:

丝翠最宜经宿雨,絮飞争忍逐香尘。帘垂独院无人处,一树风摇日午春。

又《江上》曰:

古岸萧萧闻去雁,平芜杳杳更斜晖。空江极目望不尽,枫叶半红人未归。

其他五言律如《春日登楼怀归》、《书山馆壁》、《暮秋感兴》、《夜坐有怀寄张士逊》、《题巴东寺》,七言律如《秋晚闲书》,五言绝如《偶书》、《杜陵》、《有寄》,七言绝如《南阳春日》、《秋日晚晴池上作》、《秋霁》,无不诗情凄婉,风华掩映。大抵准之同于杨亿者妍华,而不同者恻怆;异于魏野、林逋者恻怆,而不异者清澈。至于摘句,五言如"寒沙明夕照,败叶惊秋风","沙溪洁细流,庭木惊疏翠","暖觉寒冰销,静闻檐溜滴","河流经陕狭,山色入秦高","村迥遥峰出,溪明返照侵","众木雕寒色，空江喷暮声"，"泉声飞石壁，星影动林梢"，"梧桐疏影老，蟋蟀乱声秋"，"滩急舟难渡，山高日易斜"，"水净澄秋色，山高见夕阳"，"蝉稀疏叶盖，雨歇片云闲"，七言如"深秋寒气侵灯影，半夜疏林起雨声"，"牢愁闻雨眠疏屋，归梦随云澈故林"，"白鸟静投沙浦去，落花闲逐野泉来"，"人静独闻幽鸟语，风来时有好花香"。同一写景，而魏野、林逋幽适，准则凄惋；魏野、林逋清削，准则壮阔。野、逋刻炼为晚唐之遗，而准温丽有盛唐之意，未可以一例视之也。其门生范雍集录准诗，序称其平昔酷爱王右丞、韦苏州诗吟味。然酷爱之，吟味之，而不必即似之。王右丞、韦苏州诗清适无牢愁之意，情景两闲，林逋差为得似；而准则绮靡缘情，风华含凄，盖得杜甫之一体，而于杜牧为近者焉。

赵湘，字巨源，华州人。进士甲科，累官集贤院学士。传有《南阳集》六卷。其文力扫排偶而抒以瑰玮，如皇甫湜之敩韩愈。诗则优赡婉凄，不如魏野之清适，而亦不同其寒瘦。五言律如《寄杨垍》曰：

闭门苔自长，春恨极天涯。落日山横水，空城雨过花。断狂曾避蝶，多病更闻蛙。江上无消息，风吹渡柳斜。

《答徐本》曰：

天远草离离，秋霖寄信迟。相思逢叶尽，独坐听蝉悲。岳色寒前见，松心雪后知。频招犹未至，时复见清辞。

风情凄惋，格律高浑，颇有盛唐之风；而于寇准为近。大约宋初诗人，西昆而外，寇准、赵湘为一类，以温丽为恻怆，杜牧之遗音也。潘阆、种放、魏野、林逋为一类，以瘦炼出清新，姚合之嗣响也。

第四节　王禹偁附柳开　尹洙附穆修　苏舜钦　石介

方杨亿以西昆一体，穷态极妍，扬声台阁；而异军突起以开古文之风者，管城梁周翰，虞乡高锡，大名柳开，宗城范杲，习尚淳古，齐名友善，当时有高梁柳范之称；而开尤笃意真古。

柳开，字仲涂；幼颖锐。天水赵生，老儒也，持韩愈文数十篇相授曰："质而不丽，意若难晓，子详之何如？"开一览不能舍，叹曰："唐有斯文哉！其余不足观也。"因名肩愈，字绍元；肩愈者，肩随韩愈也；绍元者，绍柳宗元也。乃以撰述为志，博采世之逸事，居魏郭之东，著《野史》，自号东郊野夫，作《东郊野夫传》。年逾二十，慕文中子王通续经，且不得见，故经籍之篇，有亡其辞者，辄补之，自号补亡先生，作《补亡先生传》；乃改名开，字仲涂，意谓开古圣贤之涂，系之己也。应举时，以文章投主司于帘下，凡千轴，载以独轮车，引试衣襕，自拥车入，欲以此骇众取举。时张景能文有名，唯袖一书帘前献之。主司大称赏，擢优等。时人为之语曰："柳开千轴，不如张景一书。"而开举开宝六年进士，历典州郡。至真宗朝，官至如京使。传有《河东先生集》十六卷。虽气矜之隆，文未能称；气欲以驶其辞，辞未能达其意，叙事不具本末，议论难寻意绪，气尽雄矫，语转晦盲。惟碑志之文，皆学韩愈之涩体，尚有端绪可寻，而不失盘硬之致；故当雄于皇甫湜，驽于孙樵。雄于皇甫者，以字句不襞积，而气足以驶其辞也。驽于孙樵者，以意绪欠分晓，而辞未足副其意也。开尚气自信，好谈兵，其人颇似杜牧。特牧偶傥，而开矜诞；牧之文肆以畅，开之文肆以涩耳。开才不如牧之大，气不如牧之华。向以为骈文之绘章饰句者，意或不达；古文之气充辞沛者，理无不足；观于杜牧、柳开而知其不然。杜牧辞畅而意不足，有笔仗而无精意。开则笔峭而辞不透，有劲气而无达识；气爽语涩，三反难晓。然有宋一代，首倡韩愈，而以振五代之懦靡者，开实为之先导也。开之以盘硬拗涩学韩愈而伤于晦也，不如王禹偁之以明白晓畅学韩愈而为其易。

王禹偁，字元之，济州巨野人。七岁能文。宰相毕士安为州从事，闻其家以磨面为生，呼令作磨诗。禹偁不思，即应曰："但存心里正，无愁眼下迟。若人轻着力，便是转身时。"士安大奇之，留于子弟间讲学。一日，太守席上出诗句"鹦鹉能言争似凤"。坐客皆未有对。士安写之屏间；禹偁书其下"蜘蛛虽巧不如蚕"。士安叹曰："经纶之才也。"遂加以衣冠，呼为小友。太平兴国间举进士，历事太宗真宗，累官翰林学士，工部刑部郎中，知制诰，出知黄州。传有《小畜集》三十卷，《外集》七卷。其诗不为西昆之妍华，亦非韩孟之生拗；而五言古抑扬讽谕，颇参香山之容易；七言古放浪纵恣，亦得太白之俊逸；五七言律绝，则以秀爽为坦迤，与司空图、方干一脉相承；不苟为雕缛，而亦力矫涩艰。古文则一宗韩愈，不能敩其闳深奥衍，而特出以平易疏畅，盖衍李翱之一体，俯仰雍容，不似柳开有矜心作意之态。如《送李学士序》曰：

> 唐韦处厚由考功员外郎出刺盛山，为诗十二章，当时名士自元白而下皆和之。韩文公为之序，以为考功显曹，盛山僻郡，非处厚道胜自遣，不能乐于诗什，流播编简，

以为美谈。司封李学士当以文行策名江左。上即位之二祀，锁厅举进士，中甲科，在馆殿十余年；其间司外计，与大郡，亦多矣。又以名曹史职，出佐庐江；而怡然自得，何道胜之若是耶？将见乎吟咏江山，传闻辇毂，俾朝之名士若元白者，属和成集。某，希韩者也，愿为序以继其美。告行有期，聊以为送。

又《黄州新建小竹楼记》曰：

> 黄冈之地多竹，大者如椽。竹工破之，刳去其节，用代陶瓦；比屋皆然，以其价廉而工省也。予城西北隅，雉堞圮毁，蓁莽荒秽；因作小楼二间，与月波楼通。远吞山光，平挹江濑，幽阒辽夐，不可具状。夏宜急雨，有瀑布声；冬宜密雪，有碎玉声；宜鼓琴，琴调虚畅；宜咏诗，诗韵清绝；宜围棋，子声丁丁然；宜投壶，矢声铮铮然；皆竹楼之所助也。
>
> 公退之暇，披鹤氅衣，戴华阳巾，手执《周易》一卷，焚香默坐，销遣世虑；江山之外，第见风帆沙鸟，烟云竹树而已。待其酒力醒，茶烟歇，送夕阳，迎素月，亦谪居之胜概也。彼齐云落星，高则高矣；井干丽谯，华则华矣；止于贮妓女、藏歌舞，非骚人之事，吾所不取。
>
> 吾闻竹工云："竹之为瓦，仅十稔；若重覆之，得二十稔。"噫！吾以至道乙未岁自翰林出滁上，丙申移广陵，丁酉又入西掖，戊戌岁除日有齐安之命，己亥闰三月到郡。四年之间，奔走不暇，未知明年又在何处，岂惧竹楼之易朽乎？幸后之人与我同志，嗣而葺之，庶斯楼之不朽也。咸平二年八月十五日记。

造端置辞，焯有意度，一唱三叹，敷腴温润。其他碑传如《有巢氏碑》、《前普州刺史康公预撰神道碑》、《宣徽南院使镇州都部署郭公墓志铭》、《谏议大夫臧公墓志铭》、《故侍御史累赠太子少师李公墓志铭》、《殿中丞赠太常少卿桑公神道碑铭》、《右卫将军秦公墓志铭》、《殿中丞赠户部员外郎孙府君墓志铭》、《监察御史朱府君墓志铭》、《唐河店妪传》、《滁州伍伯马进传》，杂记如《待漏院记》、《野兴亭记》，书如《荐丁谓与薛太保书》、《上许殿丞论榷酒书》、《与冯伉书》，赠序如《送牛冕序》、《送柳宜通判全州序》、《送翟骧序》，箴如《端拱箴》；急言竭论，而容与闲易，有一唱三叹之致；往复百折，而条达疏畅，无艰难劳苦之态；此欧阳修之所擅长，抑王禹偁为之前导。而生平持论，欲以易道易晓学韩愈，不贵语艰而义奥；谓："文，传道而明心也；古圣人不得已而为之也。其人能一乎心，至乎道，修身则无咎，事君则有立。及其无位也，惧乎心之所有，不得明乎外；道之所蓄，不得传乎后；于是乎有言焉；又惧乎言之易泯也，于是乎有文焉。信哉，不得已而为之也。既不得已而为之，又欲乎句之难道耶？又欲乎义之难晓耶？必不然矣。请以六经明之：《诗》三百篇，皆俪其句，谐其音，可以播管弦，荐宗庙；人人之所熟也。《书》者，上古之书，二帝三王之世之文也，言古文者无出于此；则曰'惠迪吉，从逆凶'，又曰'德日新，万邦惟怀，志自满，九族乃离'。在《礼·儒行》者，夫子之文也；则曰：'衣冠中，动作慎，大让如慢，小让如伪。'在乐，则曰：'鼓无当于五声，五声不得不和；水无当于五色，五色不得不彰。'在《春秋》，则全以属辞比事为教，不可备引焉。在《易》，则曰：'乾道成男，坤道成女。日月运行，一寒一暑。'夫岂句之难道耶？夫岂义之难晓耶？今为文而舍六经，又何法焉？若第取其《书》之所谓'吊由灵',易之所谓'朋合簪'者,模其语而谓之古,亦文之弊也。近世为古文之主者,韩吏部而已；吾观吏部之文,未始句之难道也,未始义之难晓也。吏部曰'仆之为文,意中以为好者,人必以为恶焉。或时应事作俗,下笔令人惭,及示人,人即以为好'者；此盖唐初之文,有六朝淫风,有四子艳格。至贞元元和间,吏部首唱古文,人未之从；故吏部意中自是,而人能是之者,百不一二；下笔自惭,而人是之者,十有八九；故吏部有是叹也。今吏部自是者,著之于集矣；自惭者,弃之无遗矣。仆独意《祭裴少卿文》在焉。其略云'儋石为之储,不供于私室；方丈之食,每盛于宾筵',此必吏部自惭,而当时人好之者也。又谓'汉朝人莫不能文,独司马相如、刘向、扬雄为之最',是谓用功深,其收名远者。数子之文,班固取之,列于《汉书》；若相如《上林赋》、《喻蜀》、《封禅文》,刘向《谏山陵》,扬雄《议边事》,曷尝语艰而义奥乎！谓功用深者,取其理之当尔；非语迂义暗而谓之功用也。"然而韩愈之文,亦自有难有易：如《原道》、《原性》、《原毁》、《杂说》、《师说》、《讳辨》、《张中丞传后序》、《祭十二郎文》、《柳子厚墓志铭》、《殿中少监马君墓志》、《南阳樊绍述墓志铭》、《祭鳄鱼文》,振笔直书,跌宕昭彰；谓之易也,不亦宜乎！如《汴州东西水门记》、《郓州谿堂诗序》、《祭河南张员外文》、《曹成王碑》、《试大理评事王君墓志铭》、《贞曜先生墓志铭》、《平淮西碑》、《南海神庙碑》、《柳州罗池庙碑》、《许国公神道碑铭》、《送穷文》,硬语盘空,生峭拗挟；谓之难者,则亦有焉。韩门弟子,学焉而皆得其性之所近；皇甫湜、孙樵为其难,李翱为其易。原远而末益分,柳开为其难,穆修为其易；宋祁为其难,欧阳修为其易；而首倡易之一说,以开欧、苏、曾、王之风者,不得不推禹偁为开山。自称希韩；而骈文亦间为之，集中《右卫上将赠侍中宋公神道碑》，奉敕撰，缃缃五千言，尽是偶对，不害纵放；陵云健笔，往往振绝；顿挫清壮，亦杰制乎！顾独以韩文为天下倡焉。

于时，天下之言文章者，方为杨亿之学，务于言语声偶摘裂号为时文以相夸尚，未知为古文。郓州穆修乃继柳开而起，为诗古文，传有《河南穆公集》三卷。诗以清炼为工，不以妍华为美，与司空图方干一脉相承；然逊其冥搜物象，有爽致而无远韵。文则与柳开同出韩愈；而柳开之笔生拗，媲于孙樵；穆修之气清畅，差似李翱；然不能创意造言，笔似达而意不达，两人者不同病而同蔽；所以明而未融，陈理义不能明当，存置取舍繁简廉肉不能不失法，吐辞雅驯不能不芜也。

穆修，字伯长。真宗东封，诏举齐鲁经行之士，赐修进士出身，调泰州司理参军。负才与众龃龉，人欲与交，往往拒斥，遂穷以死。然一时士大夫称能文者，必曰穆参军。开封苏舜元、舜钦，河南尹源、洙，兄弟从修游，为古歌诗杂文；而尹源以古文，苏舜钦以诗，尤为欧阳修所称，有盛誉。

尹洙，字师鲁；少与兄源俱以儒学知名。天圣二年进士，累官右司谏，知渭州。仁宗在位十余年，天下久太平无事，以兵言者为妄人。独洙论兵，作《叙燕》、《息戍》二篇，以为武备不可弛也。既而元昊以西夏僭号为寇，凡五六岁，洙未尝不在兵间，故其议论益精密，而于西边尤习，述战守胜败，尽当时利害，无靡词，无溢气，而不同杜牧之浮夸。传有《河南先生集》廿七卷。宋之为古文而学韩愈者，至王禹偁而辞以舒，逮于洙而体以严。王禹偁不能敦愈之闳深奥衍，而出以平易疏畅，开欧阳修之逸；洙则不能为愈之雄怪矫变，而特为简直峭拗,开王安石之峻;各得愈之一体。集中诗五七言朴率无味;惟四言《皇雅》十首,叙次昭代之文治武烈,体峻而辞简,如《天监》曰:

> 《天监》,受命也。自梁至于周,兵难不息;宋受命,统一万方焉。
>
> 天监下民,乱靡有定。甚武且仁,祚厥真圣。仁实怀徕,武以执竞。匪虔匪刘,拯我大命。
>
> 自昔外禅,月经日营;令以挟制,政以阴倾。帝初治兵,志勤于征;奄受神器,匪谋而成。
>
> 淮潞弗虔,卒污叛迹。戎辂戒严,皇威有赫。彼寇诖民,吾勇其百。殄厥渠魁,贷其反侧。
>
> 帝朝法官,左右宗公。忮夫悍士,以雍以容。尔居尔室,尔工尔农;既息既养,惟天子功。

又《耆武》曰:

> 《耆武》,受俘也。命将伐南海,平金陵,俘二主以献。
>
> 耆武定功,时惟二方:淮服其义,海南遂荒。孰扉而戾,孰暴而猖?自底不谌,乃终灭亡。
>
> 帝戒二俘,同即尔诛!予惟民无辜,休息是图。时其辑矣,宁威独夫!
>
> 帝嗟污邦,久罹于兵。或暴下以征,或斁虐以刑。予命中典,协于国经。民服德音,室家以宁。

模雅范颂而语能朴老,笔臻遒变,足以追配韩愈之《元和圣德诗》、《平淮西碑》,而别出一格。至于《送光化县李庠序》曰:

自西师之兴，金帛粮糗之积，凡资于兵者，其费益广；铁革干羽之用，凡须于兵者，其取益夥。费之广，则吏之聚敛者进焉；取之夥，则吏之干力者进焉。上任其能，下收其功；自监司所部及于郡县，由初仕至于久吏宿官，莫不以是为吏之优，为政之先。于是吏之强者益肆，弱者亦趋；甚者不恤困穷，不察有无，殚利以夸精，严期以名勤。有以治体为言者，必诋之曰："方事之艰，当求所以富国强兵之要；乌体之为哉！"故吏益材而民益愁；为吏者宁当然耶？

连君，君子人也，其仕五岁矣。予质其为吏之术，大概本于仁而达下之情。其于民也，知利之与宽之而已，职事无废也，期会无失也。考于古之为吏者，当以良称，而于今未得以材名也。噫！沿古未尝无兵也，国家仁育天下几百年；今一方兵兴，其资于民、役于民者，必视其货力，与之约束，岂重扰哉。而下之愁叹者，吏为之也。吏岂喜扰耶？亦欲以材自名而利其进也。是故奖材吏，则士益偷；贵良吏，则民遂其生。惟君子不可以利回；故乐与连君尽其说。

理达辞举，瘦硬而绰有议论，健举而不为肆快。其他论说如《兵制》，奏议如《论命令恩宠赐与三事疏》、《论朝政宜务大体疏》、《论朋党疏》，书启如《答黄秘丞书》、《上京兆杜侍郎启》、《上吕相公书》、《贺枢密副使富谏议启》、《贺兖州杜相公书启》，序如《送王胜之赞善序》、《浮图秘演诗集序》、《送随县尉李康侯序》、《送浮图回光序》诸篇，仿此。又如《题祥符县尉厅壁记》曰：

> 夏侯之纯为祥符尉。尹某尝至其治舍，观其决事，虑精而气果。凡事可否，当在已，无细大必行；行之，未尝报挫。县治都门外，所部多贵臣家。尉小官，能指置一如志，且有治称；难乎哉！前世赤县治京师，不以城内外为限，制事广而势任亦重。尉主大盗，又于县为剧官。今京城中，禁军大将领兵徼巡，衢市之民，不复知有赤县，此乃因循仪制，岂前世法哉。予既美之纯之政，且叹其不得尽其官之所掌，故书之于壁。

体峻辞足，简严而毕见情事，约举而不为疏漏。其他传状如《中大夫守太子宾客分司西京谢公行状》，碑志如《故龙图阁直学士朝散大夫刘公墓表》、《故大中大夫王公墓志铭》、《故三班奉职尹府墓志铭》、《故将作监主簿陈君墓志铭》、《故永安县君李氏墓志铭》、《故夫人王氏墓志铭》、《故乡贡进士谢君墓志铭》、《赠太常博士赵公墓志铭》、《故供备库使银青光禄大夫张公墓志铭》、《故朝散大夫陈公墓志铭》、《故夫人黄氏墓志铭》、《故金紫光禄大夫李公墓志铭》、《故大中大夫赠太傅韩公墓志铭》、《故西京左藏库使银青光禄大夫王公墓志铭》、《故金紫光禄大夫张公墓志铭》、《故朝奉郎司封员外郎张公墓志铭》、《故将仕郎任君墓志铭》诸篇，仿此。

  洙少有高识，不逐时辈，从穆修游，力为古文；而洙深于《春秋》，故其文简严，精于耦，核于事。方钱惟演之为西京留守也，欧阳修为推官，而洙为户曹参军。惟演起双桂楼，命二人为记。修文先成，凡千余言。洙曰："某止用五百字。"修服其简古，自此始学为古文。而修之得韩文，自洙。洙殁，修为志墓，论其文曰"简而有法"。或疑"师鲁文章，不合只著一句道了"。

修辨之曰："简而有法，在孔子六经中，惟《春秋》可当之；其他经非孔子自作，文章虽有法而不简也。修于师鲁之文不薄矣。"洙之为文，与修同出韩愈，而修之神圆，洙之体方；修之意茹，洙之气敛。修之为文，其辞舒，其意茹，以涵泳见致；然涵泳中有其简老，如《尹师鲁墓志铭》及《五代史》，是也。洙之为文，其辞尽，其气敛，以峭简见劲；然峭简中不废唱叹，如《浮图秘演诗集序》、《送随县尉李康侯序》、《题祥符县尉厅壁记》，是也。洙之为《浮图秘演诗集序》，似有意与修争能；而修撰《尹师鲁墓志铭》，亦有意乎洙之简而敩其所为；古贤以文会友之相观而善如此。

苏舜钦，字子美，状貌瑰伟，与兄舜元亦从穆修游，为古歌诗杂文；时人颇共非笑之，而舜钦不顾也。仁宗初，玉清昭应宫灾；舜钦年二十一，诣登闻鼓，上《火疏》。寻举进士，以极言时政得失，贵臣侧目。累官集贤校理，监进奏院。会祀神，辄用鬻故纸公钱，召妓乐，会宾客；御史劾，除名。寓苏州，买水石，作沧浪亭，卒以废死。有《苏学士集》十六卷。欧阳修序其端曰："子美之齿少于余，而余学古文，反在其后。"集中书如《应制科上省使叶道卿书》、《答马永书》、《答杜公书》，奏议如《乞纳谏书》、《代杜公谢官表》、《代杜公求退第二表》、《第四表》，记如《并州新修永济桥记》、《沧浪亭记》、《苏州洞庭山水月禅院记》，碑志如《处士崔君墓志》、《太原郡太君王氏墓志》、《两浙路转运使司封郎中王公墓表》，行状如《赠太子太保韩公行状》、《朝奉大夫赐紫金鱼袋王公行状》，祭文如《哀穆先生文》；峭直同尹洙，而峻洁不如；清畅似穆修，而深切过之，其原出于李翱。而《宋史·穆修传》，则节用舜钦《哀穆先生文》也。至其《代杜公谢官》、《求退》诸表，虽铺张排比，语仍俪体；而明白晓畅，力漰缛语；一味清劲，特为深切，其原出于陆贽。录《代杜公谢官表》曰：

> 两贡露奏，乞回命书；沓降玉音，不谅血恳。勉尔玺绂，安敢为荣。窃以宰相之任，臣实知之：盖以师表外廷，丹青万务，天下之所想望，王者之所仰成。上则调阴阳之惨舒，外则镇蛮夷之桀猾；置大器于颠危之外，纳生民于仁寿之中。必惟其人，乃可致此。是故峻其名数，宠之等威，黄阁黑幡，葱珩赤绂，或延登受策，或御坐为起，是国之所委者大，则礼之所属也隆。遇任既殊，责望宜厚。
>
> 臣立性褊直，有不可移之资；临事迂疏，必无能成之策。尘污近辅，贻诮多方；绩效不扬，讥议上彻。居常悚栗，日俟窜投。而陛下收臣于贱朽之中，拔臣于毁谤之内；以谓石庆老而弥谨，赵禹孤而能立，掩阙失而不问，惟忠鲠之是称。屡于中闱，亲被盛指；退自省阅，但增震惊。日月之光，下烛于蔀室；云雷之泽，遽发于枯荄；虽至糜躯，何报厚渥。敢不尽疲驽之力，宣宽大之恩；绝纤介之私回，讲长久之利疢。不敢惜死，唯知自公。苟晚节之或渝，必神明之所殛。上陈天览，安敢空言。

杜公者，其妇翁宰相杜衍也。唐人作四六者，多用古人语及广引故事以炫博学、夸多闻；而不思述事不畅，抒意不透；汲其流者，西昆也。其间陆贽始变格为清空辨折；至宋苏轼波澜遂畅，委曲旁达，成宋四六之一体；而首开风气以发其机者舜钦。舜钦既放废不用，则发愤为歌诗；其原出于李白，湔西昆台阁之妍靡，而返之浑；异江湖散人之瘦炼，而放以豪；感激顿挫，发其郁积。五言古如《感兴》曰：

謩说圣所择，愚谋帝不罪。况乎言有文，白黑时利害。前日林书生，自谓胸臆大，潜心撼世病，荣成谓可卖，投颡触谏函，献言何耿介？云："昨见凶星，上帝下警戒。意若日昏拯，出处恣蜂虿。安坐弄神器，开门纳珍贿。宗支若系囚，亲亲礼日杀。大臣尸其柄，咋舌希龙拜。速速伐虎丛，无使自沉瘵。陛下幸察之，聪明即不坏。如忽贼臣言，不瞬防祸败。"一封朝飞入，群目已睚眦。力夫暮塞门，执缚不容唶，十手捽其胡，如负杀人债。幽诸死牢中，系灼若龟蔡，亦既下风指，黥而播诸海，长途万余里，一钱不得带，必令朝夕间，渴饥死于械。从前有口者，蹢脂气如鞴。独夫已去除，易若吹糠粺。奈何上帝明，非德不可盖。倏忽未十旬，炎官下其怪，乙夜紫禁中，一燎不存芥。天王下床走，仓猝畏挂碍，连延奋寝廷，顽失若空寨。明朝黄纸出，大赦遍中外。嗟乎林书生，生命不可再；翻令凶恶囚，累累受恩贷。

七言古如《城南归值大风雪》曰：

一夜大雪风喧豗，未明跨马城南回。四方迷惑共一色，挥鞭欲进还徘徊。旧时崖谷不复见，纵有直道令人猜。低头抢朔风，两眼不敢开。时时偷看问南北，但见白羽之箭纷纷来。既以脂粉傅我面，又以珠玉缀我腮。天公似怜我貌古，巧意装点使莫偕。欲令学此儿女态，免使埋没随灰埃。据鞍照水失旧恶，容质洁白如婴孩。虽然外饰得暂好，自觉面目如刀裁。又不知胸中肝胆挂铁石，安能柔软随良媒？世人饰诈我尚笑，今乃复见天公乖。应时降雪故大好，慎勿改易吾形骸。

又《往王顺山值暴雨雷霆》曰：

苍崖六月阴气舒，一霍淫雨如绳粗。霹雳飞出大壑底，烈火黑雾相奔趋。人皆喘汗抱树立，紫藤翠蔓皆焦枯。逡巡已在天中吼，有如上帝来追呼。震摇巨石当道落，惊噪时闻虎与貙。俄而青巅吐赤日，行到平地晴如初。回首绝壁尚可畏，吁嗟神怪何所无。

七言绝如《初晴游沧浪亭》曰：

夜雨连明春水生，娇云浓暖弄阴晴。帘虚日薄花竹静，时有乳鸠相对鸣。

跌宕昭彰而不为钩棘，风华旷真而出以感慨，自谓宗李白，而实同白居易之学杜。其他五言古如《蜀士》、《舟中感怀寄馆中诸君》、《送安素处士高文悦》、《依韵和胜之暑饮》、《和邻几登繁台塔》、《滞舟》、《夏热昼寝感咏》、《游山》、《金山寺》，七言古如《庆州败》、《蓝田悟真寺作》、《赠释秘演》、《中秋夜吴江亭上对月怀前宰张子野及寄君谟蔡大》、《越州云门寺》、《依韵和伯镇中秋见月九日遇雨之作》、《和子履雍家园》、《和永叔琅邪山庶子泉阳冰石篆诗》、《黄雍于西安修水之侧起佚老亭以奉亲》、《永叔石月屏图》、《演化琴德素高因为作歌以写其意》，五言律如《春日晚晴》、《独游辋川》，七言律如《游洛中内》、《宿华严寺与友生会话》、《夏中》、《答和叔春日舟行》、《和彦猷晚宴明月楼》二首、《晚泊龟山》，七言绝如《夏意》、《淮中晚泊犊头》、《暑中闲咏》诸篇，咸可诵览。盖宋诗至舜钦而后矫靡为雄，变仄以大，其气疏，其辞放。善草书，每酒酣落笔，争为人所传。而斥死，士论惜焉。

尹洙以文，苏舜钦以诗文，固为于举世不为之时，挽西昆之颓波，导欧苏之前驱，而未及有所议论。独为放言高论，诵说韩愈以盛斥杨亿者，石介也。

石介，字守道，兖州奉符人。学《春秋》于泰山孙复；复坐则立，升降则扶。二十六岁，举进士甲科，垢面跣足，躬耕徂徕山之麓，世称之曰徂徕先生。召入国子监直讲。是时兵讨元昊久无功，海内重困，仁宗奋然，思欲振起威德，宰相吕夷简、枢密使夏竦先后罢；而杜衍、章得象、晏殊、贾昌朝、范仲淹、富弼、韩琦，俱起执政；欧阳修、余靖、王素、蔡襄，并为谏官。介跃然喜曰："此盛事也！"乃作《庆历圣德颂》曰：

> 三月二十一日，大昕，皇帝御紫宸殿，朝百官，相得象、殊；拜竦枢密使；夷简以司徒归第。二十二日，制命昌朝参知政事，弼枢密副使。二十六日，敕除修、靖、素并充谏官。四月八日，皇帝御紫宸殿，朝百官，拜衍枢密使；仲淹、琦枢密副使；乃用御史中丞拱宸，御史遨，御史平，谏官修、靖十一疏，追竦枢密使敕。十三日，敕又除襄为谏官。天地人神，昆虫草木，无不欢喜皇帝退奸进贤，发于至聪，动于至诚，奋于睿断，见于刚克，陟黜之明，赏罚之公也。上视汉、魏、隋、唐、五代，凡千五百年，其间非无圣神之主，盛明之时；未有如此选人之精，得人之多，进人之速，用人之尽。实为希阔殊尤，旷绝盛事。在皇帝之德之功，为卓荦瑰伟，神明魁大。古者一云气之祥，一草木之异，一蹄角之怪，一羽毛之瑞，当时群臣犹且浓墨大字，金头钿轴以称述颂美时君功德，以为无前之休，丕天之绩。如仲淹、弼，实为不世出之贤；求之于古，尧则

夔龙，舜则稷契，周则闳散，汉则萧曹，唐则房魏；陛下有之。诸臣亦皆今天下之人，望为宰相谏官者；陛下尽用之。此比云气、草木、蹄角、羽毛之异，万万不侔；岂可翻无歌诗雅颂以播吾君之休声烈光，神功圣德，刻于琬琰，流于金石，告于天地，奏于宗庙，存于万千年而无穷尽哉？臣实羞之。

臣尝爱慕唐大儒韩愈为博士日，作《元和圣德颂》千二百言，使宪宗功德赫奕炜烨，照于千古；至今观之，如在当日。陛下今日功德，无让宪宗。臣文学虽不逮韩愈，而亦官于大学，领博士职；歌诗赞颂，乃其职业；窃拟于愈，辄作《庆历圣德颂》一首，四言，凡九百六十字；文辞鄙俚，固不足以发扬臣子之心，亦欲使陛下功德赫奕炜烨，照于千古，万千年后观之如在今日也。臣不胜死罪。臣贱无路以进，姑藏诸家以待乐府之采焉。

于维庆历，三年三月。皇帝龙兴，徐出闱闼，晨坐太极，昼开阊阖，躬揽贤英，手锄奸桹。大声沨沨，震摇六合。如乾之动，如雷之发。昆虫蟠蠋，妖怪藏灭。同明道初，天地嘉吉。初闻皇帝，戚然言曰："予父予祖，付予大业。予恐失坠，实赖辅弼。汝得象、殊，重慎徽密。君相予久，予嘉君伐。君仍相予，笙镛斯协。昌朝儒者，学闻该洽。与予论政，傅以经术。汝贰二相，庶绩咸秩。

"惟汝仲淹，汝诚予察。太后乘势，汤沸火热。汝时小臣，危言鲠业；为予司谏，正予门闑；为予京兆，玺予谯说。贼叛于夏，往予式遏。六月酷日，大冬积雪；汝暑汝寒，同于士卒。予闻心酸，汝不告乏。

"予明得弼，予心弼悦。弼每见余，无有私谒；以道辅予,弼言深切。予不尧舜,弼自答罚。谏官一年,奏疏满箧。侍从周岁,忠力尽竭。契丹亡义,梼杌饕餮,敢侮大国,其辞慢悖。弼将予命,不畏不慑。卒复旧好,民得食褐。沙碛万里,死生一节。视弼之肤,霜剥风裂;观弼之心,炼金锻铁。宠名大官,以酬劳渴。弼辞不受,其志莫夺。惟仲淹、弼,一夔一契。天实赉予,予其敢忽?并来弼予,民无瘥札。"

曰:"衍汝来,汝予黄发。事予二纪,毛秃齿豁。心如一兮,率履弗越。遂长枢府,兵政毋蹶。予早识琦,琦有奇骨。其器魁礴,岂视居楔;其人浑朴,不施刻刷。可属大事,敦厚如勃。琦汝副衍,知人予哲。

"惟修、惟靖,立朝谠谠;言论磥砢,忠诚特达。禄微身贱,其志不怯。尝诋大臣,亟遭贬黜,万里归来,刚气不折;屡进直言,以补予阙。素相之后,含忠履洁。昔为御史,几叩予榻。至今谏疏,在予箱匣。襄虽小臣,名闻予彻。亦尝献言,箴予之失。刚守粹恳,与修俦匹。并为谏官,正色在列。予过汝言,无钳汝舌。"

皇帝明圣,忠邪辨别。举擢俊良,扫除妖魃。众贤之进,如茅斯拔;大奸之去,如距斯脱。"上倚辅弼,司予调燮;下赖谏诤,维予纪法;左右正人,无有邪孽。予望太平,日不逾浃。"皇帝嗣位,二十二年。神武不杀,其默如渊。圣人不测,其动以天。赏罚在予,不失其权。恭己南面,退奸进贤。知贤不易,非明不得。去邪惟艰,惟断乃克。明则不贰,断则不惑。既明且断,惟皇之德。群下踧踖,重足屏息;交相告语,曰:'惟正直;毋作侧僻,皇帝汝殛!'诸侯危栗,堕玉失舄;交相告语:"皇帝神明。

四时朝觐，谨修臣职。"四夷走马，坠镫遗策，交相告语："皇帝神武。解兵修贡，永为属国。"皇帝一举，群臣愯焉，诸侯畏焉，四夷服焉。臣愿陛下，寿万千年。

众贤尤颂范仲淹、富弼；大奸以斥夏竦；而斥竦一节文一百九十二字，以时忌删去；序称"九百六十字"，遂余七百六十八字也。颂出，竦切齿恨。而孙复见之曰："子祸始此矣！"于是党论起，而人多侧目。范仲淹谓韩琦曰："为此怪鬼坏事也。"顾仁宗方信用，思有以撼而未得其机；以苏舜钦、范仲淹之所荐，而杜衍婿也，乃以事中舜钦，坐监进奏院祀神，奏用市故纸钱会客为自盗，除名。舜钦负才望，所会客皆一时名士，悉坐贬逐；而后侧目者喜曰："一网尽之矣！"介以杜衍、韩琦荐，累迁太子中允，直集贤院；而亦不安其位，求出通判濮州，未赴，反徂徕以死。夏竦言于仁宗曰："介实不死，北走契丹矣。"寻有旨编管介妻子于江淮；又出中使与京东部刺史发介棺以验虚实；而吕夷简不可，乃止。传有《徂徕集》二十卷。

介之学，出于孙复，而加以过僻。介之文，原于韩愈，而益为狂傲；讦以为直，敢发高论，以圣贤自许，亦以圣贤许人；以矜诞为颂谀，以排偶利驰骤，时纵恣而不悛，烦文以相假，盛气以相陵，烈于情，疏于理，语无检制，漫为糅杂，而纵横排纛，气矜之隆，其原出于韩门弟子之皇甫湜；方其得意疾书，亦尽有兀傲排荡之致，洋溢行墨，令人意移。如《怪说》中《录微者言》、《辨惑》、《贤李》、《庆历圣德颂》、《祭孔中丞文》、《赵延嗣传》，错综震荡，独以劲语蟠泊，会而终于篇；而宋一代钩党之祸，遂以《庆历圣德颂》阶之厉焉。

于时，穆修、尹洙、苏舜钦、欧阳修，相继倡古文以变西昆体，学者翕然从之；其有为杨亿、刘筠之西昆体者，人戏之曰："莫太昆否？"石介深嫉杨刘，以为文章之弊，作《怪说》三篇以与佛老并排。其持论以为：

> 唐之初，承陈隋剥乱之后，余人薄俗，尚染齐梁流风，文体卑弱，气质丛脞，犹未足以鼓舞万物，声明六合。逮章武皇帝负羲轩之姿，怀唐虞之材，卓然起立于轩墀之上；以武功戡定海内，刮疵剔瑕，乾清坤宁；以文德化成天下，惊蛰烛幽，雷动日烜。韩吏部愈应期会而生，学独去常俗，直以古道在己，乃《空桑》《云和》千数百年希阔泯灭已亡之曲，独唱于千万人间，众人耳惯所听，惟郑卫滤懑之声；忽然闻其太古之上，无为之世，雅颂正始之音；恍惚茫昧，如丧聪，如失明，有骇而急走，有陋而窃笑，有怒而大骂，丛聚嘲噪，万口应答，声无穷休。爱而喜，前而听，随而和者，惟柳宗元、皇甫湜、李翱、李观、李汉、孟郊、张籍、元稹、白乐天，数十子而已。吏部志复古道，奋不顾死，虽摈斥摧毁，日百千端，曾不少改所守；数十子亦皆协赞附会，能穷精毕力，效吏部之所为；故以一吏部，数十子力，能胜百万千人之众人，能起三数百年之弊。唐之文章，所以坦然明白，揭于日月，浑浑灏灏，浸如江海，同于三代，驾于两汉者，吏部与数十子之力也。

> 本朝文章，视唐差劣。自翰林杨公唱淫辞哇声，变天下正音；四十年眩迷盲惑，天下瞆瞆晦晦，不闻有雅声。今之为文，其主者，不过句读妍巧，对偶的当而已；极美者，不过事实繁多，声律调谐而已。雕镂篆刻伤其本，浮华缘饰丧其真，于教化仁义，礼乐刑政，则缺然无仿佛者。昔

杨翰林欲以文章为宗于天下，穷态极妍，缀风月，弄花草，淫巧侈丽，浮华纂组，刊镂圣人之经，破碎圣人之言，离析圣人之意，蠹伤圣人之道，使天下不为《书》之典谟，《诗》之雅颂，《春秋》之经，《易》之十翼，而为杨亿之穷妍极态，缀风月，弄花草，淫巧侈丽，浮华纂组，其为怪也大矣。

于是新进后学，不敢复为杨刘体；则介之力也。翰林学士张方平者，尝劾罢夏竦，以高节为直臣；而雅不喜介，谓狂谲盗名。过友人，见案头有介书，曰："何为与此狂生游！"问："前日狂生以羔雁聘之不受；何不吃了羊，着了绢，一任作怪？何足与之较辞受义理也。"独欧阳修极口称之，屡形文墨，殁志其墓，至以孔孟为况。顾以介作书狂怪，点画任意，直者为斜，方者为圆；而曰我第行尧舜周孔之道，不妨自我作古，独贻书相规，谓"居太学，以教人为师，当履中道，秉常德；不宜好异取高，以惊世人而惑后生"云。

第五节　欧阳修　梅尧臣　张先　柳永　刘氏敞、攽

柳开、穆修、尹洙、石介，后先接踵，诵说韩文；然未能变韩文之格而为宋文也。若其创意造言，变韩文之格以自名家，而开宋文者，盖造端于王禹偁，而大成于欧阳修。

欧阳修，字永叔，庐陵人。四岁而孤；叔父晔任随州推官，而侍母往依焉。母氏郑，以荻画地，教以作字。及其稍长而家无书读，就闾里士人借而抄读，往往抄未毕而已成诵。过随州大姓李氏家，见有弊筐贮故书在壁间，发而视，乃《韩愈文集》六卷也，然颠倒脱落无次序，乞诸李氏而董理之。见其雄博而

深厚，叹曰："学者当至于是而止尔！"天圣七年，补国子监生，是年取解，明年南省试皆第一；擢进士甲科，充西京留守推官。时钱惟演为西京留守，以文学仕至贵显，所至多招集文士；而尹洙、梅尧臣，皆在幕府，未尝责以吏职，遂以诗古文日夕与修礴切。因出所藏《昌黎集》而补缀之，求人家所有旧本而校定之，笃嗜不厌。已而有诏戒天下学者尽为古文，独修古文传播四方，模楷群伦；皆以为两汉后五六百年，有韩愈；愈而后又数百年而修继出；柳宗元、李翱、皇甫湜之徒，不足多也。仁宗擢修以谏官知制诰；故事，必试而后命。帝曰："修之文章何待试。"累迁翰林学士。其学推韩愈孟轲以达于孔氏，著礼乐仁义之实，以合于大道。其文引物连类，折之于至理，辨明而曲畅，峻洁而舒迟，变动往来，有驰有止，而皆中于节，使人喜慕而不厌，天下翕然推服以为宗师。

眉山苏洵以文为贽，而先以书至曰："孟子之文，语约而意尽，不为巉刻斩绝之言，而其锋不可犯。韩子之文，如长江大河，浑浩流转，鱼鼋蛟龙，万怪惶惑，而抑遏蔽掩，不使自露，而人自见其渊然之光，苍然之色，亦自畏避不敢逼视。执事之文，纡余委备，往复百折，而条达疏畅，无所间断；气尽语极，急言竭论，而容与闲易，无艰难劳苦之态。此三者，皆断然自为一家之文也。惟李翱之文，其味黯然而长，其光油然而幽，俯仰揖让，有执事之态。陆贽之文，遣言措意，切近的当，有执事之实。而执事之才，又自有过人者；盖执事之文，非孟子韩子之文，而欧阳子之文也。"论者以为允。

于时，士子尚为险怪奇涩之文，号太学体；拟为石介而过也。及修以翰林学士知嘉祐二年贡举，痛排抑之，务求平淡典要。苏氏轼、辙，洵之子也，出于西川，人无知者，一旦拔在高等。

榜出，士人纷然惊怒，聚噪于马首。其后稍稍信，而五六年间，文格遂变而复古，则修之力也。累拜枢密副使，参知政事，与韩琦同心辅政。初奉敕撰《唐书》，成纪十卷，志五十卷，表十五卷。而列传则宋祁撰，诏以体例不一而命修看详改定。修受命，退而曰："宋公于我为前辈。且人所见不同，岂可悉如己意！"于是一无窜易。书成奏御。旧制，惟署官最高者一人，修官高当署。修曰："宋公于传功深日久，岂可掩夺！"于是纪、志、表署修，而列传署祁。宋庠闻之，叹曰："自古文人好相陵掩。此事前所未有也。"生平于物无所嗜，独好收蓄古文图书，集三代以来金石铭刻而为之考题。成《集古录》一千卷，以校正史传百家之讹谬。晚年自号六一居士，曰："吾《集古录》一千卷，藏书一万卷，有琴一张，有棋一局，而当置酒一壶，吾一人老于其间，是谓六一。"自为传以刻石。卒，谥文忠，传有《欧阳文忠公集》一百五十三卷，又撰《五代史记》七十四卷，并行于世。

其为文章，苍坚雄遒，力模韩愈者，集中如《本论上》、《集古录目序》、《与张秀才第一书》、《送曾巩秀才序》、《送田画秀才宁亲万州序》、《送陈经秀才序》、《送杨子聪户曹序》、《送廖倚归衡山序》、《王彦章画像记》、《菱溪石记》、《丛翠亭记》、《祭苏子美文》，皆是。而《本论上》模韩愈《原道》，《与张秀才第一书》模《答窦秀才书》，《送廖倚归衡山序》模《送廖道士序》，《王彦章画像记》模《张中丞传后序》，《祭苏子美文》模《祭柳子厚文》，尤其辙迹显然者。特其文学韩愈而能自出变化。韩愈之不可及者在雄快而发以重难；而修之不可及者，在俊迈而出之容易。韩愈雄其辞，沛其气，举重若轻；修则舒其气，暇其神，以重驭轻。韩愈风力高骞，修则风神骀荡；然备尽众体，变化开合，因物命意，各极其工，而不可以一格拘，此所以不可及也。

碑传之文，随事曲注，而工为提掇，跌宕昭彰，大含细入，不矜愈之奇辞奥句。集中如《桑怿传》、《司封员外郎许公逊行状》、《赠兵部侍郎阎公象神道碑铭》、《赠司空兼侍中文惠陈公尧佐神道碑铭》、《资政殿学士户部侍郎文正范公仲淹神道碑铭》、《赠太师中书令程公天球神道碑铭》、《太尉文正王公旦神道碑铭》、《赠司空兼侍中晏公殊神道碑铭》、《忠武军节度使同中书门下平章事武恭王公德用神道碑铭》、《石曼卿延年墓表》、《胡先生瑗墓表》、《集贤校理丁君宝臣墓表》、《孙明复先生墓志铭》、《尹师鲁洙墓志铭》、《赠中书令谥文简程公琳墓志铭》、《赠吏部尚书正肃吴公育墓志铭》、《赠右谏议大夫孙公甫墓志铭》、《梅圣俞尧臣墓志铭》、《徂徕石先生介墓志铭》、《集贤院学士刘公敞墓志铭》，及《五代史》谢彦章、郭崇韬、安重诲、周德威、孔谦、张延朗、刘延朗、任圜、赵凤、桑维翰、景延光、范延光、安重荣、安从进、杨光远、冯道、李琪、卢文纪、马裔孙、刘岳、和凝诸传，《伶官传》，其可诵者也。录《石曼卿墓表》曰：

> 曼卿，讳延年，姓石氏，其上世为幽州人。幽州入于契丹，其祖自成，始以其族间走南归。天子嘉其来，将禄之；不可，乃家于宋州之宋城。父讳补之，官至太常博士。幽燕俗劲武，而曼卿少亦以气自豪，读书不治章句，独慕古人奇节伟行非常之功，视世俗屑屑，无足动其意者。自顾不合于时，乃一混于酒，然好剧饮大醉，颓然自放，由是益与时不合。而人之从其游者，皆知爱曼卿落落可奇，而

不知其才之有以用也。年四十八，康定二年二月四日，以太子中允秘阁校理，卒于京师。曼卿少举进士不第，真宗推恩三举进士，皆补奉职。曼卿初不肯就。张文节公素奇之，谓曰："母老，乃择禄耶？"曼卿矍然起就之，迁殿直。久之，改太常寺太祝，知济州金乡县。叹曰："此亦可以为政也。"县有治声。通判乾宁军。丁母永安县君李氏忧，服除，通判永静军，皆有能名。充馆阁校勘，累迁大理寺丞，通判海州，还为校理。庄献明肃太后临朝，曼卿上书请还政天子。其后太后崩，范讽以言见幸，引尝言太后事者遽得显官，欲引曼卿，曼卿固止之，乃已。

自契丹通中国，德明尽有河南而臣属，遂务休兵养息，天下晏然，内外弛武三十余年。曼卿上书言十事，不报。已而元昊反，西方用兵，始思其言，召见，稍用其说，籍河北河东陕西之民，得乡兵数十万。曼卿奉使籍兵河东，还，称旨，赐绯衣银鱼。天子方思尽其才，而且病矣。既而闻边将有欲以乡兵捍贼者，笑曰："此得吾粗也。夫不教之兵，勇怯相杂；若怯者见敌而动，则勇者亦率而溃矣。今或不暇教，不若募其敢行者，则人人皆胜兵也。"其视世事，蔑若不足为；及听其施设之方，虽精思深虑，不能过也。状貌伟然，喜酒自豪，若不可绳以法度。退而质其平生趣舍大节，无一悖于理者。遇人无贤愚，皆尽忻欢；及可否天下是非善恶，当其意者无几人。其为文章，劲健称其意气。有子济、滋。天子闻其丧，官其一子，使禄其家。既卒之三十七日，葬于太清之先茔。其友欧阳修表于其墓曰：

呜呼曼卿！宁自混以为高，不少屈以合世，可谓自重之士矣。士之所负者愈大，则其自顾也愈重；自顾愈重，则其合愈难。然欲与共大事，立奇功，非得难合自重之士，不可为也。古之魁雄之人，未始不负高世之志，故宁或毁身污迹，卒困于无闻；或老且死而幸一遇，犹克少施于世。若曼卿者，非徒与世难合，而不克少有所施，亦其不幸不得至乎中寿，其命也夫，其可哀也夫！

韩愈碑志，苍坚迈古，然文而非史。独修据事直书，词无钩棘，不乖传体，而可入史；特出笔虽坦易，而下语极矜慎。集中《与杜䜣论祁公墓志书》云："修文字简略，止记大节，期于久远，恐难满孝子意。范公家神刻，为其子擅自增损；尹氏子卒请韩太尉别为墓表；以此见朋友门生故吏，与孝子用心常异。然能有意于传久，则须纪大而略小，所纪事皆录实有稽据，皆大节，与人之所难者。其他常人所能者，在他人更无巨美，不可不书；于公为可略者，皆不暇书。"又《与渑池徐宰书》云："《范文正公神道碑》述吕公夷简事，于范公见德量包宇宙，忠义先国家；于吕公事各纪实，则万世取信。非如两仇相讼，各过其实，使后世不信，以为偏辞也。"又有《论尹师鲁墓志》一文，阐所以作志之意，中有云："述其文，则曰'简而有法'；此一句，在孔子六经，惟《春秋》可当之，其他经非孔子自作文章，故虽有法而不简也，修于师鲁之文不薄矣。而世之无识者，不考文之轻重，但责言之多少，云'师鲁文章，不合著一句道了'。若言古文自师鲁始；则前有穆修辈先达甚多，不敢断自师鲁始也。偶俪之文，苟合于理，未必为非，故不是此而非彼也。"可以想见下笔慎重，称量以出，不苟徇子孙之意，以为谀墓之文。《宋史》将相大臣如王旦、陈尧佐、晏殊、胡宿、范仲淹、王德用、杜衍、王尧臣、吴育、余靖、杜杞、蔡襄；儒林宿学如孙复、石介、胡瑗、石延年、尹源、尹洙、刘敞、苏舜钦诸传，多采修文。而薄物细故，随事赋形，如《砚谱》之简而流韵，《洛阳牡丹记》之琐而成章，老笔纷披，亦复卓然史裁，如网在纲，有伦有脊，不下《五代史》也。

论说之文，因事抒议，而工于辨析，条达疏畅，理惬情餍，不同愈之盛气强辩；如《朋党论》、《为君难论》上下、《言西边事宜第一状》、《论契丹争地界状》、《论台谏官唐介等宜早牵复札子》、《上范司谏书》及《五代史宦者传论》，其可诵者也。录《朋党论》曰：

> 臣闻朋党之说，自古有之，惟幸人君辨其君子小人而已。大凡君子与君子以同道为朋，小人与小人以同利为朋，此自然之理也。然臣谓小人无朋，惟君子则有之，其故何哉？小人所好者禄利也，所贪者财货也，当其同利之时，暂相党引以为朋者，伪也；及其见利而争先，或利尽而交疏，则反相贼害，虽其兄弟亲戚，不能相保；故臣谓小人无朋，其暂为朋者伪也。君子则不然：所守者道义，所行者忠信，所惜者名节。以之修身，则同道而相益，以之事国，则同心而共济，终始如一，此君子之朋也。故为人君者，但当退小人之伪朋，用君子之真朋，则天下治矣。

> 尧之时，小人共工驩兜等四人为一朋，君子八元八凯十六人为一朋。舜佐尧，退四凶小人之朋，而进元凯君子之朋，尧之天下大治。及舜自为天子，而皋、夔、稷、契等二十二人，并列于朝，更相称美，更相推让，凡二十二人为一朋；而舜皆用之，天下亦大治。《书》曰："纣有臣亿万，惟亿万心。周有臣三千，惟一心。"纣之时，亿

万人各异心，可谓不为朋矣，然纣以亡国。周武王之臣，三千人为一大朋，而周用以兴。后汉献帝时，尽取天下名士囚禁之，目为党人；及黄巾贼起，汉室大乱，后方悔悟，尽解党人而释之，然已无救矣。唐之晚年，渐起朋党之论；及昭宗时，尽杀朝之名士，咸投之黄河，曰："此辈清流，可投浊流。"而唐遂亡矣。

夫前世之主，能使人人异心不为朋，莫如纣；能禁绝善人为朋，莫如汉献帝；能诛戮清流之朋，莫如唐昭宗之世；然皆乱亡其国。更相称美推让而不自疑，莫如舜之二十二臣，舜亦不疑而皆用之，然而后世不诮舜为二十二人朋党所欺，而称舜为聪明之圣者，以能辨君子与小人也。周武之世，举其国之臣，三千人共为一朋；自古为朋之多且大，莫如周，然周用此以兴者，善人虽多而不厌也。夫兴亡治乱之迹，为人君者可以鉴矣。

修之为论，互殊类使之相勘，序异端使不相乱。而韩愈则烦辞以相假，盛气以相陵，巧譬以相炫，关人之口，夺人之心，使不及思。韩愈以雄肆骋意气，辩之强，争之疾；修则寓辨折于激昂，辩之明，引之达。韩愈汲孟轲七篇之流，修则为眉山三苏之宗。如《鉴画》曰：

萧条淡泊，此难画之意，画者得之，览者未必识也。故飞走迟速，意浅之物易见，而闲和严静，趣远之心难形。若乃高下向背，远近重复，此画工之艺尔，非精鉴者之事也。善言画者，多云鬼神易为工，以为画以形似为难，鬼神人不见也。然至其阴威惨淡，变化超腾，而穷奇极怪，使人见辄惊绝；及徐而定视，则千状万态，笔简而意足，是不亦为难哉。

宋画贵形似，元画尚写意；"笔简而意足"，此元画之所以别开生面，而殊于宋也，其义乃自修发之。他如论《易》不信"系辞"，论《诗》不徇"大小序"，论《春秋》不信三"传"，虽论议不必尽是，而意到笔随，无不理达辞举，足以自伸其说。苏洵称其"急言竭论，而容与闲易，无艰难劳苦之态"。又谓"遣言措意，切近的当"。此苏氏父子之所长，而实导源于修也。然修之为文，尤工唱叹。或低徊往复，发人深慨，如《五代史·伶官传序》曰：

> 呜呼，盛衰之理，虽曰天命，岂非人事哉！原庄宗之所以得天下，与其所以失之者，可以知之矣。世言晋王之将终也，以三矢赐庄宗而告之曰："梁，吾仇也。燕王，吾所立；契丹与吾约为兄弟；而皆背晋而归梁。此三者，吾遗恨也。与尔三矢，尔其无忘乃父之志！"庄宗受而藏之于庙。其后用兵，则遣从事以一少牢告庙，请其矢，盛以锦囊，负而前驱，及凯旋而纳之。方其系燕父子以组，函梁君臣之首，入于太庙，还矢先王而告以成功，其意气之盛，可谓壮哉。及仇雠已灭，天下已定，一夫夜呼，乱者四应，仓皇东出，未及见贼，而士卒离散；君臣相顾，不知所归，至于誓天断发，泣下沾襟，何其衰也！岂得之难而失之易欤，抑本其成败之迹而皆自于人欤？

> 《书》曰："满招损。谦受益。"忧劳可以兴国，逸豫可以亡身，自然之理也。故方其盛也，举天下之豪杰，莫能与之争；及其衰也，数十伶人困之，而身死国灭，为天下笑。夫祸患常积于忽微，而智勇多困于所溺，岂独伶人也哉！

其他如集中《释秘演诗集序》、《释惟俨文集序》、《江邻几文集序》、《尚书屯田员外郎张君谷墓表》、《河南府司录张君汝士墓表》、《张子野墓志铭》、《黄梦升墓志铭》、《送杨寘序》、《秋声赋》、《祭石曼卿文》，皆是也。然亦有抑扬咏叹之作，优游缓节，而特出于模韩愈者；如《渤海县太君高氏墓碣》之模韩愈《殿中少监马君墓志》，是也。或雍容揄扬，系人思慕；如《丰乐亭记》曰：

> 修既治滁之明年夏，始饮滁水而甘；问诸滁人，得于州南百步之近。其上丰山，耸然而特立；下则幽谷，窈然而深藏；中有清泉，滃然而仰出。俯仰左右，顾而乐之。于是疏泉凿石，辟地以为亭，而与滁人往游其间。滁于五代干戈之际，用武之地也。昔太祖皇帝，尝以周师破李景兵十五万于清流山下，生擒其将皇甫晖、姚凤于滁东门之外，遂以平滁。修尝考其山川，按其图记，升高以望清流之关，欲求晖凤就擒之所，而故老皆无在者，盖天下之平久矣。
>
> 自唐失其政，海内分裂，豪杰并起而争，所在为敌国者，何可胜数。及宋受天命，圣人出而四海一，向之凭恃险阻，划削消磨，百年之间，漠然徒见山高而水清，欲问其事而遗老尽矣。今滁介于江淮之间，舟车商贾四方宾客之所不至；民生不见外事，而安于畎亩衣食，以乐生送死，而孰知上之功德，休养生息，涵煦百年之深也？修之来此，乐其地僻而事简，又爱其俗之安闲。既得斯泉于山谷之间，乃日与滁人仰而望山，俯而听泉，掇幽芳而荫乔木，风霜冰雪，刻露清秀，四时之景，无不可爱。又幸其民乐其岁

物之丰成,而喜与予游也。因为本其山川,道其风俗之美,使民知所以安此丰年之乐者,幸生无事之时也。夫宣上恩德以与民共乐,刺史之事也,遂书以名其亭焉。

其他如《醉翁亭记》、《有美堂记》、《相州昼锦堂记》、《洛阳牡丹记》、《泷冈阡表》皆是也。悲愉如量,因事抒感,神韵欲流,最旷而逸。至其于《五代史》,发论必以"呜呼";曰:"此治乱世之书也!"作文成,揭之壁间,朝夕改定;手写《秋声赋》凡数本。而韩琦索为《相州昼锦堂记》,起"仕宦至将相,富贵归故乡。"琦得之大喜。后数日,修复遣使别以本至,曰:"前有未是!"琦再三玩之,但于"仕宦""富贵"下,各添一"而"字。每诏学者曰"著撰苟多,他日更自精择,少去其繁,则峻洁矣。然不必勉强。勉强简节之,则不流畅;须待自然之至。然作文之体,初欲奔驰,久当收节,使简重严正;或时肆放以自舒,勿为一体,则尽善矣。"晚年自窜定平生所为文,用思甚苦。其夫人止之曰:"何自苦如此。尚畏先生嗔耶?"修笑曰:"不畏先生嗔,却怕后生笑。"自谓:"平生作文,多在三上,乃马上、枕上、厕上也;盖惟此尤可以属思尔。"文章擅天下,而乐成人之美;谓:"所作古文,惟师鲁一见,展卷疾读,五行俱下,便晓人深处。"一时朋侪,论文推服尹洙;而论诗则推苏舜钦、梅尧臣,以谓:"子美笔力豪隽,以超迈横绝为奇;圣俞覃思精微,以深远闲澹为意,各极其长。"而尧臣为难知。赋诗赞之曰:"子美气尤雄,万窍号一噫。有时肆颠狂,醉墨洒滂沛,譬如千里马,已发不可杀。盈前尽珠玑,一一难拣汰。梅翁事精切,石齿漱寒濑。作诗三十年,视我犹后辈。文辞愈清新,心意虽老大。有如妖韶女,老自有余态。近诗尤古硬,咀嚼苦难嘬。又如食橄榄，真味久愈在。苏豪以气轹，举世徒惊骇。梅穷独我知，古货难今卖。"所以称许之者如此。

梅尧臣，宣城人，圣俞其字也。工诗而未为人知，以叔父学士询荫为河南主簿。钱惟演留守西京，特嗟赏之，为忘年交，引与酬唱，一府尽倾。欧阳修特以诗相切磋。尧臣语之曰："诗家虽主意，而造语亦难。若意新语工，得前人所未道者，为善也；必也状难写之景，如在目前；含不尽之意，见于言外，然后为至矣。贾岛云：'竹笼拾山果，瓦钵担石泉'，姚合云：'马随山鹿放，鸡逐野禽栖。'等是山邑荒僻，官况萧条，不如'县古槐根出，官清马骨高'为工也。"修曰："语之工者固如是；状难写之景，含不尽之意，何诗为然？"尧臣曰："作者得于心，览者会以意，殆难指陈以言也，虽然，亦可略道仿佛。若严维'柳塘春水慢，花坞夕阳迟'，则天容时态，融和骀荡，岂不如在目前乎？又若温庭筠'鸡声茅店月，人迹板桥霜'，贾岛'怪禽啼旷野，落日恐行人'，则道途辛苦，羁旅愁思，岂不见于言外乎？"修曰："韩退之笔力无施不可；而尝以诗为文章末事，有句云'余事作诗人'。然其资谈笑，助谐谑，叙人情，状物态，一寓于诗而曲尽其妙；此在雄文大手，固不足论。而余独爱其工于用韵。盖其得韵宽，则波澜横溢，泛入旁韵，乍还乍离，出入四合，殆不可拘以常格；如《此日足可惜》之类。得韵窄，则不复旁出，而因难见巧，愈险愈奇，如《病中赠张十八》之类，譬之善驭良马者，通衢广陌，纵横驰逐，惟意所之；至于水曲蚁封，疾徐中节，而不少蹉跌，乃天下之至工也。"尧臣戏曰："史言退之为人木强；若宽韵可自足而辄旁出；窄韵难独用而反不出，岂非拗强而然欤！"坐客皆为之笑也。大臣屡荐尧臣宜在馆阁；召试，赐进士出身，累官尚书都官员外郎，预修《唐书》。

为人仁厚乐易，未尝忤于物；至其穷愁感愤，有所骂讥笑谑，一发于诗；然用以为欢而不怨怼。篇章流传；有人得西南夷布弓衣，馈修；而视其织文，乃尧臣诗句也，大喜，制为琴囊。修赋诗有曰："韩孟于文词，两雄力相当。寂寥二百年，至宝埋无光。郊死不为岛，圣俞发其藏。患世不愈出，孤吟在号霜。"盖以其诗原出孟郊也。传有《宛陵先生集》六十卷，而《诗集》占五十九卷。五言瘦硬而腴，其原自出孟郊；而悍怒以诡，则上攀韩愈；跌宕而昭，旁参白居易。五言古如《夏夜小亭有怀》曰：

西南雨气浓，林上昏月色。寒影不随人，寥寥空露白。

又《过小石潭》曰：

树老石连潭，潭深烟翠入。群鱼石下游，独鸟潭上立。泉暖草长绿，山高风自急。徘徊兴不穷，苔屐云沾湿。

此则拗瘦清腴，原出孟郊。其他五言古如《岭云》、《林翠》、《少林寺》、《辘轳道》、《自峻极中院步登太室中峰》、《登太室中峰》、《往东流江口寄内》、《寓言》、《云外庵》、《和持国石藓》、《拟水西寺东峰亭九咏》之《垂涧藤》《林中翠》《阴崖竹》三首，五言律如《田家》、《鲁山山行》，五言绝如《和资政侍郎湖亭杂咏绝句》十首之《远山》《莲塘》《渔潭》三绝、《杂诗绝句》十七首，皆是也。至于五言古如《同谢师厚宿胥氏书斋闻鼠甚患之》曰：

灯青人已眠，饥鼠稍出穴，掀翻盘盂响，惊聒梦寐辍；唯愁几砚扑，又恐架书啮。痴儿效猫鸣，此计诚已拙。

七言古如《秋雨篇》曰：

秋雨一向不解休，连昏接晨终穷秋。梅生不量仰天问，神官夜梦言语周：日月是天之两目，忽然生翳无药瘳；只知泪滴为赤子，赤子岂劳天公忧？天公哭霹霹，洒涕落九州。地祇不敢安，泥潦已没头。乃因从容告神官：后稷今在帝所不？从前后稷知稼穑，曾以筋力亲田畴。曷不告帝且辍泣，九谷正熟容其收？早时不泣此时泣，忧我欲活反扼喉。神官发怒髭奋虯，下土小臣安预谋！翻然惊觉汗交流，树上已听鸣鹈鸠。

此则悍肆俶诡，上攀韩愈。其他五言古如《希深惠书言与师鲁永叔子聪幾道游嵩因诵而韵之》、《猛虎行》、《范饶州坐中客语食河豚鱼》、《春雪》、《饮刘原父家原父怀二古钱劝酒》、《送下第亲旧》、《依韵和原父新置盆池》、《初冬夜坐忆桐城山行》、《两日苦风思江南》、《饮韩仲文家》、《送韩八太祝归京师求医》、《裴如晦自河阳至同韩玉汝谒之》、《戊子三月二十一日殇小女称称》三首、《夜泊虹县同施景仁太博河上纳凉书事》、《淮岸》、《和晚花》、《答宣城张主簿遗鸦山茶次其韵》、《杂兴》二首、《寄李献甫》、《西施》、《闵冢》、《五月十日雨中饮》、《答孙直言都官卷》、《观邵不疑学士所藏名书古画》、《表臣斋中阅画而饮》、《送王介甫知毗陵》、《永叔内翰见索谢公游嵩书感叹》、《永叔内翰见过》，七言古如《永叔寄澄心堂纸二幅》、《送师厚归南阳会天大风遂宿高阳山寺》、《醉中留别永叔子履》、《回自青龙呈谢师直》、《寄题千步院兼示谭上人》、《同蔡君谟江邻几观宋中道书画》、《观何君宝画》、《观杨之美画》、《二十四日江邻几邀观三馆书画》、《答宋学士次道寄澄心堂纸百幅》、《睡意》、

《咏欧阳永叔文石砚屏》第一首、《依韵和永叔澄心堂纸答刘原父》、《送通判黄国博入浙》、《潘歙州寄纸三百番石砚一枚》、《送方进士游庐山》、《设脍示坐客》、《胡公疏示祖择之卢氏石诗和之》、《赠张伯益》、《高车再过谢永叔内翰》、《重赋白兔》、《和江邻几学士画鬼拔河篇》,五言律如《入满浦》、《淮阴侯庙》,七言律如《东溪》,皆是也。五言古如《子美次道师厚登天清寺塔》曰:

二三君少壮,走上浮图巅,何为苦思我,平步犹不前?苟得从而登,两股应已挛。复想下时险,喘汗头目旋。不如且安坐,休用窥云烟。

七言古如《十一日垂拱殿起居闻南捷》曰:

二月雪飞鸡狗狂,锦衣走马回大梁。入奏邕州破蛮贼,绛袍玉座开明堂。腰佩金鱼服金带,榻前拜跪称圣皇。一朝严气变和气,泮涣大号诏四方。将军曰青才且武,先斩逗挠兵后强。从来儒帅空卖舌,未到已愁茆叶黄。徘徊岭下自称疾,诏书切责强起当。因人成功喜受赏,亲戚便拟封侯王。昔日苦病今不病,铜鼓弃掷无镖枪。

此则跌宕昭彰,旁参白居易。其他五言古如《游龙门自潜溪过宝应精舍》、《望芒砀山》、《一日曲》、《桓妒妻》、《寄题梵才大士台州安隐堂》、《相逢》、《送刘定贤良下第赴广陵令》、《送周介之学士通判定州》、《赠狄梁公十二代孙国宾》、《汝州王待制以长篇劝予复饮酒因谢之》、《许发运待制见过夜话》,七言古如《妾薄命》、《啼乌》、《送罗职方知秀州》、《次韵奉和永叔谢王尚书惠牡丹》,五言律如《新晴》,皆是也。宋初诗人,台阁之昆体，专宗李商隐，其气靡。山林之处士，不出姚合，其势仄。自苏舜钦始窥李杜，而宋诗之势始雄，气始舒。至梅尧臣专攻韩孟，而宋诗之体始峻，笔始遒。

欧阳修与苏梅过从久，其诗出入二家；则以舜钦豪放之笔，抒尧臣瘦炼之句；而敦李白之振奇，同韩愈之傲诡；非不欲为李也，欲为李而仅得韩也；人巧可阶，天才难为也。五言古如《自菩提步月归广化寺》曰：

春岩瀑泉响，夜久山已寂。明月净松林，千峰同一色。

五言绝如《和圣俞百花洲》曰：

野岸溪几曲，松蹊穿翠阴。不知芳渚远，但爱绿荷深。
荷深水风阔，雨过清香发。暮角起城头，归桡带明月。

此清炼似梅尧臣，而原出郊岛之寒瘦。其他五言古如《上方阁》、《宿广化寺》、《下牢溪》、《游琅琊山》、《幽谷泉》、《秋晚凝翠亭》、《秋怀》第二首、《寄圣俞弹琴效贾岛体》、《折刑部海棠戏圣俞》二首、《寄题刘羲叟家园效圣俞体》、《聚星堂前紫微花》、《夜闻风声有感奉呈原父圣俞》、《奉答原父九月八日见过会饮之作》、《二室道》、《自峻极中院步登太室中峰》、《玉女窗》、《天门泉峻极寺中峰》、《庭前两好树》、《新开棋轩呈元珍表臣》、《行次叶县》、《古瓦砚》、《送蟾上人游天台》、《幽谷晚饮》、《竹间亭》第二首、《拒霜花》、《晚步绿阴园遂登凝翠亭》，七言古如《归云洞》、《琅琊溪》、《石屏路》、《二月雪》、《双井茶》、《寄圣俞》，五言律如《广爱寺》、《劳停驿》、《初春》，七言律如《冬后三日陪丁元珍游东山寺》，五言长律如《初晴独游东山寺五言六韵》《定力院七叶木》，七言长律如《夷陵书事定谢三舍人》、

《寄梅圣俞夷陵作》,皆是也。五言古如《题滁州醉翁亭》曰:

四十未为老,醉翁偶题篇。醉中遗万物,岂复记吾年。但爱亭下水,来从乱峰间,声如自空落,泻向两檐前;流入岩下溪,幽泉助涓涓。响不乱人语,其清非管弦。岂不美丝竹?丝竹不胜繁。所以屡携酒,远步就潺湲。野鸟窥我醉,溪云留我眠,山花徒能笑,不解与我言。惟有岩风来,吹我还醒然。

七言古如《嘲少年惜花》曰:

纷纷红蕊落泥沙,少年何用苦咨嗟。春风自是无情物,肯为汝惜无情花?今年花落明年好,但见花开人自老。人老不复少,花开还更新。使花如解语,应笑惜花人。

又《晋祠》曰:

古城南出十里间,鸣渠夹路何潺潺。行人望祠下马谒,退即祠下窥水源。地灵草木得余润,郁郁古柏含苍烟。并儿自古事豪侠,战争五代几百年;天开地辟真主出,犹须再驾方凯旋。顽民尽迁高垒削,秋草自绿埋空垣。并人昔游晋水上,清镜照耀涵朱颜。晋水今入并州里,稻花漠漠浇平田。废兴仿佛无旧老,气象寂寞余山川。惟存祖宗圣功业,干戈象舞被管弦。我来览登为叹息,暂照白发临清泉。鸟啼人去庙门闿,还有山月来娟娟。

此俊逸似苏舜钦,而原出李杜之豪放。其他五言古如《哭曼卿》、《送杨辟秀才》、《班班林间鸠寄内》、《暮春有感》、《留题镇阳潭园》、《读圣俞蟠桃诗寄子美》、《怀嵩楼晚饮示徐无党无逸》、

《飞盖桥玩月》、《送张洞推官赴永兴经略司》、《感兴》五首、《感事》四首、《南獠》、《送李太傅知冀州》、《读梅氏诗有感示徐生》、《偶书》，七言古如《镇阳残杏》《洛阳牡丹图》《沧浪亭》《新霜》二首、《丰乐亭小饮》、《四月九日幽谷见绯桃盛开》、《希真堂东手种菊花十月始开》、《赠无为军李道士》二首、《食糟民》《寄圣俞》、《赠沈遵》、《答圣俞莫饮酒》、《思白兔杂言戏答公仪忆鹤之作》、《戏答圣俞》、《醉翁吟赠沈博士》、《谢观文王尚书惠西京牡丹》、《奉答原父见过宠示之作》、《明妃曲和王介甫作》、《再和明妃曲》、《哭舜俞》、《鹎鵊词》、《明妃小引》、《忆焦陂》、《赠许道人》、《戏赠》、《春日西湖寄谢法曹歌》、《答谢景山遗古瓦砚歌》、《和对雪忆梅花》、《送韩子华》、《寿楼》，七言律如《戏答元珍》、《答通判李太博》、《和韩学士襄州闻喜亭置酒》、《唐崇徽公主手痕和韩内翰》、《送润州通判屯田》、《和刘原父平山堂见寄》，皆是也。至五言古如《忆山示圣俞》曰：

> 吾思夷陵山，山乱不可究，东城一堠余，高下渐冈阜。群峰迤逦接，四顾无前后。忆尝只吏役，巨细悉经觏。是时秋卉红，岭谷堆缬绣。林枯松鳞皴，山老石脊瘦。断径履颓崖，孤泉听清溜。深行得平川，古俗见耕耨。涧荒惊麏奔，日出飞雉鸲。盘石屡攲眠，绿岩堪解绶。幽寻叹独往，清兴思谁侑。其西乃三峡，险怪愈奇富：江如自天倾，岸立两崖斗。黔巫望西属，越岭通南奏；时时县楼对，云雾昏白昼。荒烟下牢戍，百仞寒溪漱。虾蟆喷水帘，甘液胜饮酎。亦尝到黄牛，泊舟听猿狖。巉巉起绝壁，苍翠非刻镂。阴岩下攒丛，岫穴忽空透。遥岑耸孤出，可爱欣欲就。惟思得君诗，古健写奇秀。

今来会京师，车马逐尘辔。颓冠各白发，举酒无翠袖；繁华不可慕，幽赏亦难邁。徒为忆山吟，耳热助嘲诟。

七言古如《黄牛峡祠》曰：

大川虽有神，淫祀亦其俗。石马系祠门，山鸦噪丛木。潭潭村鼓隔溪闻，楚巫歌舞送迎神。画船百丈山前路，上滩下峡长来去。江水东流不暂停，黄牛千古长如故。峡山侵天起青嶂，崖崩路绝无由上；黄牛不下江头饮，行人惟向舟中望。朝朝暮暮见黄牛，徒使行人过此愁。山高更远望犹见，不是黄牛滞客舟。（语曰："朝见黄牛，暮见黄牛；一朝一暮，黄牛如故。"言江恶难行，久不能过也。）

此以舜钦之俊迈，而抒梅氏之瘦峭。其他五言古如《登绛州富公嵩巫亭示同行者》、《水谷夜行寄子美圣俞》、《清明风雨三日不出因书所见呈圣俞》、《书怀感事寄梅圣俞》、《会峰亭》，七言古如《会饮圣俞家有作兼呈原父景仁圣从》、《归雁亭》，皆是也。五言古如《猛虎》曰：

猛虎白日行，心闲貌扬扬。当路择人肉，罴猪不形相。头垂尾不掉，百兽自然降。暗祸发所忽，有机埋路傍；徐行自踏之，机翻矢穿肠。怒吼震林丘，瓦落儿堕床。已死不敢近，目睛射余光。虎猛恃其外，爪牙利钩铓。人形虽赢弱，智巧乃中藏。恃外可摧折，藏中难测量。英心多决烈，自信不猜防。老狐足奸计，安居穴垣墙。穷冬听冰渡，思虑岂不长？引身入扱中，将死犹跳踉。狐奸固堪笑，猛虎诚可伤。

七言古如《百子坑赛龙》曰：

> 嗟龙之智谁可拘，出入变化何须臾。坛平树古潭水黑，沉沉影响疑有无。四山云雾忽昼合，瞥起直上拿空虚。龟鱼带去半空落，雷鞭电走先后驱。倾崖倒涧聊一戏，顷刻万物皆涵濡。青天却扫万里静，但见绿野如云敷。明朝老农拜潭侧，鼓声坎坎鸣山隅。野巫醉饱庙门阖，狼藉乌乌争残余。

此为李白之振奇，而同韩愈之傲诡。其他五言古如《金鸡五言十四韵》、《送荥阳魏主簿》、《自枝江山行至平陆驿五言二十四韵》、《答苏子美离京见寄》、《思二亭送光禄谢寺丞归滁阳》、《和徐生假山》，七言古如《绛守居园池》、《啼鸟》、《菱溪大石》、《紫石屏歌》、《葛氏鼎》、《吴学士石屏歌》、《盘车图》、《于刘功曹家见杨直讲女奴弹琵琶戏作呈圣俞》、《有赠端溪绿石枕蕲州竹簟呈原父圣俞》、《盆池》、《鬼车》、《感二子》、《送子野》、《石篆诗》，皆是也。七言绝则不为韩愈之拗强傲诡，而同白居易之乐易旷真；如《丰乐游春》三首、《画眉鸟》、《寄谢晏尚书二绝》、《鱼》、《鹭鸶》是也。录《鱼》曰：

> 秋水澄清见发毛，锦鳞行处水纹摇。岸边人影惊还去，时向绿荷深处跳。

又《鹭鸶》曰：

> 激石滩声如战鼓，翻天浪色似银山。滩惊浪打风兼雨，独立亭亭意愈闲。

以其才大而功深，无所不学，无所不似。大抵以中唐晚唐之清炼，祛盛唐之浮廓；而以盛唐中唐之豪荡，舒晚唐之危仄。由修而拗怒，则为黄庭坚，为陈师道；由修而舒坦，则为苏轼，为陆游。诗之由唐而宋，惟修管其枢也。修于唐诗最推李白，以谓："杜甫于白，得其一节而精强过之，至于天才自放，非甫可到也。"特文则宗韩愈而能变韩愈，诗亦推李白而不似李白。文虽力矫昆体，而诗不废昆体。集中诗如《双桂楼》、《钱相中伏日池亭宴会分韵》、《留守相公移镇汉东》五言长律三篇，皆为钱惟演酬唱而作，依然昆体，然犹少作也。及其与王珪同为翰林学士，故事，进春帖子，自皇后贵妃以下诸阁皆有。是时张贵妃薨，封温成皇后，而阁未废。词臣阙而不进。仁宗不怿，宣索。珪仓卒不知所措。修曰："某有一首。"从容挥翰，辞曰：

忽闻海上有仙山，烟锁楼台日月闲。花下玉容长不老，只应春色胜人间。

既进，上大喜。珪拊修背曰："君文章真含香丸子也！"顾此首集中不见。而集中载《春帖子》、《端午帖子》之作，无不词取妍华而有兴象，知用力于昆体者深尔。

修诗文皆变当时旧格，惟词为小技，与晏殊同出南唐，蹊径已变，而规模未大。然思路甚隽，而笔意有二：有冶丽同晏殊，而特为深婉以开秦观者。如《生查子》曰：

去年元夜时，花市灯如昼。月到柳梢头，人约黄昏后。
今年元夜时，月与灯依旧。不见去年人，泪满春衫袖。

又《南歌子》曰：

凤髻金泥带，龙纹玉掌梳，走来窗下笑相扶，爱道：

"画眉深浅入时无?" 弄笔偎人久,描花试手初,等闲妨了绣工夫,笑问:"双鸳鸯字怎生书?"

有空灵出韦庄,而抒以疏俊以开苏轼者,如《长相思》曰:

花似伊,柳似伊,花柳青春人别离,低头双泪垂。 长江东,长江西,两岸鸳鸯两处飞,相逢知几时!

又《渔家傲》曰:

花底忽闻敲两桨,逡巡女伴来寻访。酒盏旋将荷叶当。莲舟荡,时时盏弃生红浪。 花气酒香清厮酿,花腮酒面红相向。醉倚绿阴眠一晌。惊起望,船头搁在沙滩上。

大抵晏词婉丽,尚是晚唐之风流;而欧笔屈折,已开苏词之跌宕。盖以南唐而参《花间》,此风气之有开必先也。

张先,字子野,吴兴人。为都官郎中,从修及晏殊游。尝为殊序《珠玉词》,而亦以词自喜。有客谓先曰:"人皆谓公张三中,即'心中事'、'眼中泪'、'意中人'也。"先笑曰:"何不目我为张三影?"客不晓。先曰:"'云破月来花弄影','娇柔懒起,帘压卷花影','柳径无人,堕飞絮无影';此皆余平生所得意也。"传有《张子野词》二卷。所为丽而能朗,疏而不快,不失修及晏殊之温婉,而以开柳永苏轼之警新;宋词之变,先管其枢。如《菩萨蛮》曰:

牡丹含露真珠颗,美人折向帘前过。含笑问檀郎:"花强妾貌强?" 檀郎故相恼,刚道花枝好。"花若胜如奴,花还解语无?"

又《更漏子》曰：

> 锦筵红，罗幕翠，侍燕美人姝丽。十五六，解怜才，劝人深酒杯。　　黛眉长，檀口小。耳畔向人轻道："柳阴曲，是儿家。门前红杏花。"

其词有酝藉处，亦有警发处；然酝藉不减晏欧，而警发处却俊雅耐吟味，不如苏轼之豪放，亦异柳永之亵诨。

柳永，初名三变；崇安人，景祐元年进士，官至屯田员外郎，世号柳屯田。而永为举子时，好狭斜游，善为歌词。教坊乐工，每得新腔，必求永为词，谐婉动人，有井水处，即能歌讽。苏轼拈出"霜风凄紧，关河冷落，残照当楼。"曰："唐人佳处，不过如此！"传有《乐章集》一卷。其词善于铺叙，羁旅行役，情文相生，尤为悱恻！如《昼夜乐》曰：

> 洞房记得初相遇，便只合长相聚。何期小会幽欢，变作别离情绪。况值阑珊春色暮，对满目乱花狂絮。直恐好风光，尽随伊归去。　　一场寂寞凭谁诉，算前言总轻负。早知恁地难拼，悔不当初留住。其奈风流端正好，更别有系人心处。一日不思量，也攒眉千度。

又《定风波》曰：

> 自春来、惨绿愁红，芳心是事可可。日上花梢，莺穿柳带，犹压香衾卧。暖酥销，腻云䯺。终日厌厌倦梳裹。无那。恨薄情一去，音书无个。　　早知恁般么。悔当初、不把雕鞍锁。向鸡窗只与，蛮笺象管，拘束教吟哦。镇相随，莫抛躲。针线闲拈伴伊坐。和我。免使少年光阴虚过。

又《少年游》曰：

　　日高花谢懒梳头。无语倚妆楼。修眉敛黛，遥山横翠，相对结春愁。　　王孙走马长秋陌，贪迷恋少年游。似恁疏狂，费人拘管，争似不风流。

此为思妇楼头设想也。如《雨霖铃》曰：

　　寒蝉凄切，对长亭晚骤雨初歇。都门帐饮无绪，方留恋处，兰舟催发。执手相看泪眼，竟无语凝噎。念去去千里烟波，暮霭沉沉楚天阔。　　多情自古伤离别，更那堪冷落清秋节。今宵酒醒何处？杨柳岸晓风残月。此去经年，应是良辰好景虚设。便总有千种风情，更与何人说。

又《六幺令》曰：

　　澹烟残照，摇曳溪光碧；溪边浅桃深杏，迤逦染春色。昨夜扁舟泊处，枕展当滩碛。波声渔笛，惊回好梦，梦里欲归归不得。　　展转翻成无寐，因此伤行役。思念多媚多娇，咫尺千山隔。都为深情密爱，不忍轻离拆。好天良夕，鸳帷寂静，算得也应暗相忆。

又《凤衔杯》曰：

　　追悔当初辜深愿，经年价两成幽怨。任越山吴水，似屏如障，堪游玩。奈独自慵抬眼。　　赏烟花，听弦管，图欢笑，转加肠断。总时展丹青，强拈书信，频频看，又争似亲相见。

又《八声甘州》曰：

> 对萧萧暮雨洒江天，一番洗清秋。渐霜风凄紧，关河冷落，残照当楼。是处红衰绿减，苒苒物华休。惟有长江水，无语东流。　不忍登高临远，望故乡渺邈，归思难休。叹年来踪迹，何事苦淹留。思佳人妆楼颙望，误几回天际识归舟。争知我倚栏杆处，正恁凝眸。

此以行役羁旅言之也。如怨如慕，只是实说；语语本色，却是字字旖旎。宜其流传人口，一时称俊。然闺房狎媟，不宜实说，而有本色描写，迹近诲淫者。如《斗百花》曰：

> 满搦宫腰纤细。年纪方当笄岁。刚被风流沾惹。与合垂杨双髻。初学严妆，如描似削身材，怯雨羞云情意。举措多娇媚。
> 争奈心性，未会先怜佳婿。长是夜深，不肯便入鸳被。与解罗裳，盈盈背立银釭，却道你但先睡。

又《菊花新》曰：

> 欲掩香帷论缱绻，先敛双蛾愁夜短。催促少年郎，先去睡鸳衾图暖。　须臾放了残针线，脱罗裳恣情无限。留着帐前灯，时时看伊娇面。

尽是实话，殊嫌秽口。以视欧阳修词之闺情冶思，犹托之兴象，而出以酝藉者，殊为好色而淫也。相传苏轼在玉堂日，有士善歌，因问我词何如柳七。对曰："柳郎中词，只合十七八女郎，执红牙板，歌'杨柳岸晓风残月'。学士词，须关东大汉，铜琵琶，铁绰板，唱'大江东去'。"轼为之绝倒。其实轼寓意高远，运笔雄矫，一洗绮罗香泽之态，寄慨无端，岂可与永之词相提并论。永之词,有轼之警新而逊其豪放;永不过浪子狭斜,轼自有才人抱负。而如永《斗百花》、《菊花新》等词,亦岂可以付十七八女郎,执红牙板歌,得无羞口耶?风斯下矣。张先与永齐名,而时以先不及永。然永笔警而意佻,不如先之词雅而韵高!虽同一闺帷婎婳之词,然先风情而无伤雅道,疏俊而饶能酝藉,意思安闲,于欧阳修为近,岂如永之好色而淫者哉。

刘敞,字原父,号公是,新喻人。登庆历六年进士上第。望欧阳修稍后出,而同为仁宗侍臣,学问文章,势不相下,然相重也。修称敞"议论宏博,词章烂然"。而敞亦谓修"学该古今,穷极贯变"。及修参知政事,言于宰相韩琦,欲以敞为翰林学士,而仁宗大渐,未之果也。敞累官集贤院学士,传有《公是集》五十四卷。其诗五七言古,跌宕昭彰而嫌未郁厚;五言律,五七言绝,凄惋清新而未臻老健。辞笔之豪放,意趣之渊永,未足与欧阳修颉颃以拔帜易帜。而近体不如古体,七律尤逊五律;大抵五七言古亦出杜甫,五七言绝颇参王韦,而浑脱浏亮,不如东坡;生拗遒变,又异山谷;在宋诗中,不足名家。文则波澜气象,远胜于诗,亦以无意与欧苏争能,气平而文缓,意度安闲。如《送福州文学蜀人范宗韩序》曰:

> 盖君子之仕也,辞贵不辞贱,辞富不辞贫。夫文学之位,可谓贱矣,其禄可谓贫矣,是范生所得辞也。范生,蜀人,为古文章有名。或荐于上,上以福州文学处之。于是携其妻东南出巴峡以趋海滨。呜呼!太平以来,治贵和同,四方之士,未有特超而起者也。及其多事,而年少群不逞之人,逃奔蛮夷,为之谋主,以病中国。由是隐居之贤,以名高见疑,稍稍就吏矣。其禄虽宠,囚之实也;其籍虽仕,

窜之实也；岂可谓非命也哉！

吾尝游福州，识张宜，太和诩诩，老儒也。其为人介而不别，同而不流；是以不为世俗知，而不为世俗患。子往从之乎，又何陋哉？

渟泓含蓄，波澜自然。又《先秦古器记》曰：

先秦古器十有一物，制作精巧，有款识，皆科斗书，为古学者莫能尽通。以他书参之，乃十得五六。就其可知者，校其世，或出周文武时，于今盖二千有余岁矣。嗟乎！三王之事，万不存一；《诗》、《书》所记，圣王所立，有可长太息者矣，独器也乎哉！兑之戈，和之弓，离磬崇鼎，三代传以为宝；非赖其用也，亦云上古而已矣。孔子曰："多见而识之，知之次也。"众不可概，安知天下无能尽辨之者哉？使工模其文，刻于石，又并图其象，以俟好古博雅君子焉。终此意者，礼家明其制度，小学正其文字，谱牒次其世谥，乃为能尽之。

欧阳修纂《集古录》，以史传证碑石；敞作《先秦古器记》，以经学辨彝器；遂为金石之学所托始。而敞言"礼家明其制度，小学明其文字，谱牒次其世谥"，遂发钟鼎考证之阃奥矣。又《皇侄孙故右内率府副率叔舍石记》曰：

太子右内率府副率叔舍，上之再从侄孙。曾祖曰德彝，昭德军节度使兼中书令，颍川郡王。祖曰承锡，左屯卫大将军，楚州团练使。父克辟，右千牛卫将军。母曰吴氏，陈留县君。嘉祐元年十一月己丑，生于官邸；二年四月，以宗室长子赐名，为太子右内率府副率；四年六月甲子，以疾卒,厝奉先佛寺。五年十月,葬汝州梁县。

　　古之道,天下无生而贵者,故虽王者之子,犹胜衣冠而后爵之。然亦任以事,责以职,时有不能以恩全者矣。国朝变此制,公族虽疏远,皆以官禄富贵之,而终不任以事,使之必全,其待长嫡又加异。故叔舍未至能言而官矣。然亦夭阏早死,岂固有命耶?谨记。

不过一宗室之四岁下殇耳,而今古异制,即于言下见得,可当一篇《宋史·宗室传序》读,绝大史识,而全篇不足二百言。其他如《处士号议》、《为政》、《言畏》、《上仁宗论睦亲不当建神御殿》、《上仁宗论温成立忌》、《论让官疏》、《论契丹告哀》、《送江邻几序》、《送苏安上序》、《送王生序》、《送杨郁林序》、《送邵贤良序》、《送焦千之序》、《送潘况序》、《送从兄赴选序》、《送新安尉张诜序》、《皇兄赠昭化军节度使追封祁国公承裔墓志铭》、《皇侄孙赠右武卫大将军叔詹墓志铭》、《皇侄孙故内率府副率叔闻石记》、《皇侄曾孙太子右内率府副率持之石记》、《贞观刀记》、《杂录》,辞不铿訇,而自然朗畅,惬理餍心,其原盖出于《礼记》。大抵风神不如欧阳修之骀宕,议论不如苏氏父子之澜翻,体气不如曾王之峻茂,而特以从容中道,不大声以色。碑传之叙次有史裁,制诰之殷勤得古意,赋表书启四六之爽切无肤辞,足以抗行欧阳修而无愧色。至于设《侯公说辞》、《寓辩》之模《战国策》,《拟朝廷报契丹书》之模汉文《与赵佗书》,《谕客》之模东方朔《客难》、扬雄《解嘲》,《王配于京赋》之雍容揄扬,仿佛汉赋;《送王舒序》、《送湖南运使慎学士序》之遒茂古健,依仿汉文;似自振厉,若欲以警发时人愤愤者。然其议论亦欲匡时拂俗,以礥切当世士大夫;特出以从容讽议，而不为急言遏论耳。

刘攽，字贡父，号公非，敞弟，与敞同年登进士第。诗学中唐，出入刘白，爽朗有时似香山，警炼亦或似梦得；然气体差似，而秀发不足，盖才有以限之。文亦醇粹明白，不为雄夸澶漫之谈，亦无摇曳侧媚之态。而才调特胜乃兄；然亦以才调胜乃兄，而不安于平实，转不如乃兄之意度安详；其为得失与苏氏轼辙相反。辙之所以不如轼者，为才调不如，而不足于警快也。攽之所以不如敞者，以才调稍胜，而不安于平实也。传有《彭城集》四十卷。至南宋吕祖谦纂《宋文鉴》，多录刘氏敞、攽文，浸媲欧、苏、曾、王。朱熹、叶适，咸亟称之；于是敞、攽之文大显。今观敞、攽之文，抑遏掩蔽，伏其光气，自于欧、苏、曾、王以外，别一蹊径；然必欲抗之，以为突过欧、苏、曾、王，私心殊未谓然。何者？欧阳修神暇而趣永，二刘则度安而韵不流。三苏气骏而才雄，二刘则气弩而才亦逊。曾王体舒而气峻，二刘则体舒而不气峻。特自以才力之不如，知所短而不犯，不能渊永而为明白，不能雄骏而为平正，不能峻遒而为委备；所以韵不如欧阳之流，才不如三苏之大，体不如曾王之峻，而无害为善用其短。欧、苏、曾、王善用其长，而二刘善用其短，此所以别出蹊径，而卒无以相胜也。

第六节　苏洵　苏轼附秦观　黄庭坚　陈师道　张耒　晁补之　李廌　苏辙附子孙

苏洵，字明允，眉山人。以文章游欧阳修之门，而二子轼、辙，受知为弟子。顾文章体势，与修不同。修好为不尽，而苏洵父子则肆为尽。洵尤峻健，不同修之优游。洵兄涣，登进士第。而洵放废，至二十五岁，始发愤为学。举进士及茂才异等，皆不中程。乃悉焚囊所为文，闭户读书，遂通六经百家之说，而大肆其力于文章。诗人之优柔，骚人之精深，孟韩之温淳，迁固之雄刚，孙吴之简切，投之所向，无不如志。常以为："董生得圣人之经，其失也流而为迁。晁错得圣人之权，其失也流而为诈。有二子之才而不流者，其惟贾生乎。"盖以贾生自许也。下笔千言，而未为世知。知雅州雷太简独知之，以书荐之成都尹张方平。方平读其文，以为似司马子长，资之携二子轼、辙游京师。以文谒欧阳修，且自叙生平而媵以书曰："洵少年不学，生二十五岁，始知读书从士君于游。年既已晚，而又不遂刻意厉行，以古人自期；而视与己同列者皆不胜己，则遂以为可矣。其后困益甚，然后取古人之文而读之，始觉其出言用意，与己大别。时复内顾自思其才，则又似夫不遂止于是而已者。由是尽烧囊时所为文数百篇，取《论语》、《孟子》、韩子及其他圣人贤人之文，而兀然端坐，终日以读之者七八年矣。方其始也，入其中而惶然，博观于其外而骇然以惊。及其久也，读之益精，而其胸中豁然以明，若人之言固当然者。然犹未敢自出其言也。时既久，胸中之言日益多，不能自制，试出而书之，已而再三读之，浑浑乎觉其来之易矣。然犹未敢自以为是也，执事观其如何？"修以为贾谊、刘向不能过，且语之曰："子之《六经论》，荀卿子之文也。"上其所著《几策》、《权书》、《衡论》二十二篇。既出，士大夫争传之，一时学者竞效苏氏为文章，其名翕然！群公执政待以上客。会重阳，韩琦置酒私第，惟修与一二执政，洵以布衣参其间，都人以为异礼。席间作诗，洵有"佳节已从愁里过，壮心时向醉中来"，其意气尤不少衰。而琦方为枢密使。

时军政久弛,将骄卒惰,欲裁以法。洵探琦意,乃上书曰:

> 太尉执事:洵著书无他长,及言兵事,论古今形势,至自比贾谊。所献《权书》,虽古人已往成败之迹,苟深晓其义,施之于今,无所不可。昨因请见,求进末议,太尉许诺。谨撰其说,言语朴直,非有惊世绝俗之谈,甚高难行之论。太尉取其大纲,而无责其纤悉。

> 盖古者非用兵决胜之为难,而养兵不用之可畏。今夫水,激之山,放之海,决之为沟塍,壅之为沼沚,是天下之人能之。委江河,注淮泗,汇为洪波,潴为太湖,万世而不溢者,自禹之后,未之见也。夫兵者,聚天下不义之徒,授之以不仁之器,而教之以杀人之事。夫惟天下之未安,盗贼之未殄,然后有以施其不义之心,用其不仁之器,而试其杀人之事。当是之时,勇者无余力,智者无余谋,巧者无余技,故其不义之心,变而为忠,不仁之器,加之于不仁,而杀人之事,施之于当杀。及夫天下既平,盗贼既殄,不义之徒聚而不散,勇者有余力,则思以为乱;智者有余谋,则思以为奸;巧者有余技,则思以为诈;于是天下之患杂然出矣。盖虎豹终日而不杀,则跳踉大叫以发其怒;蝮蝎终日而不螫,则噬啮草木以致其毒;其理固然,无足怪者。

> 昔者刘项奋臂于草莽之间,秦楚无赖子弟千百为辈,争起而应者,不可胜数;转斗五六年,天下厌兵,项籍死而高祖亦已老矣。方是时,分王诸侯,改定律令,与天下休息;而韩信黥布之徒,相继而起者七国;高祖死于介胄之间,而莫能止也;连延及于吕氏之祸,讫孝文而后定。是何起之易而收之难也?刘项之势,初若决河,顺流而下,

诚有可喜；及其崩溃四出，放乎数百里之间，拱手而莫能救也。呜呼！不有圣人，何以善其后？

太祖太宗躬擐甲胄，跋涉险阻，以斩刈四方之蓬蒿；用兵数十年，谋臣猛将满天下。一旦卷甲而休之，传四世而天下无变。此何术也？荆楚九江之地，不分于诸将；而韩信黥布之徒，无以启其心也。虽然，天下无变，而兵久不用，则其不义之心，蓄而无所发；饱食优游，求逞于良民；观其平居无事，出怨言以邀其上；一日有急，是非人得千金，不可使也。往年诏天下缮完城池，西川之事，洵实亲见。凡郡县之富民，举而籍其名，得钱数百万，以为酒食馈饷之费。杵声未绝，城辄随坏；如此者数年而后定。卒事，官吏相贺，卒徒相称，若战胜凯旋而待赏者。比来京师，游阡陌间，其曹往往偶语无所讳忌。闻之土人，方春时尤不忍闻，盖时五六月矣！会京师忧大水，锄耰畚筑，列于两河之壖；县官日费千万；传呼劳问之声，不绝者数十里，犹且睍睍狼顾，莫肯效用。且夫内之如京师之所闻，外之如西川之所亲见，天下之势，今何如也。

御将者，天子之事也。御兵者，将之职也。天子者，养尊而处优，树恩而收名，与天下为喜乐者也，故其道不可以御兵。人臣执法而不求情，尽心而不求名，出死力以捍社稷，使天下之心系于一人，而己不与焉；故御兵者人臣之事，不可以累天子也。今之所患，大臣好名而惧谤，好名则多树私恩，惧谤则执法不坚。是以天下之兵豪纵至此，而莫之或制也。顷者狄公在枢府，号为宽厚爱人，狎昵士卒，得其欢心，而太尉适承其后。彼狄公者，知御外之术，而不知治内之道，此边将才也。古者兵在外，爱将军而忘天子；在内，爱天子而忘将军；爱将军，所以战；爱天子，所以守。狄公以其御外之心，而施诸其内。太尉不反其道，而何以为治？或者以为兵久骄不治，一旦绳以法，恐因以生乱。昔者郭子仪去河南，李光弼实代之，将至之日，张用济斩于辕门，三军股栗。夫以临淮之悍，而代汾阳之长者；三军之士竦然如赤子之脱慈母之怀，而立乎严师之侧，何乱之敢生？且夫天子者，天下之父母也。将相者，天下之师也。师虽严，赤子不敢以怨其父母；将相虽厉，天下不敢以咎其君，其势然也。天子者，可以生人，可以杀人。故天下望其生。及其杀之也，天下曰是天子杀之，故天子不可以多杀。人臣奉天子之法，虽多杀，天下无所归怨，此先王所以威怀天下之术也。

伏惟太尉思天下所以长久之道，而无幸一时之名；尽至公之心，而无恤三军之多言。夫天子推深仁以结其心，太尉厉威武以振其惰。彼其思天子之深仁，则畏而不至于怨；思太尉之威武，则爱而不至于骄。君臣之体顺，而畏爱之道立。非太尉，吾谁望耶？

琦见之大骇，惧其文播而三军哗也，谢不欲再见，微以咎修。而富弼当国，尤不乐之，曰："此君专劝人杀戮立威，岂得直如此要官做！"久之无成而归。累年始得召试策论舍人院，辞不至。而《上皇帝书》，指陈政事得失，缅缅五千言。执政欲不次用之。富弼持不可曰："姑少待之！"乃除试秘书省校书郎。时韩琦已为相，洵上书琦，诉贫且老，不能从州县待改官，譬豫章橘柚，非老人所种；且言："天下官，岂以某故而冗耶？"修亦为言，乃以为霸州文安县主簿，与陈州项城令姚辟，同修太常因革礼。而王安石亦以修荐为知制诰，议论高奇，方谈经术，见洵文，诋曰:"此战国之文尔。"洵闻之,大恨。会张方平亦为安石所排,二人者,素相善也,洵乃作《辨奸论》,谓:"今有人口诵孔老之言,身履夷齐之行,收召好名之士、不得志之人,相与造作言语,私立名字,以为颜渊孟轲复出;而阴贼险狠,与人异趣。夫面垢不忘洗,衣垢不忘浣,人之情也。今也衣臣虏之衣,食犬彘之食,囚首丧面而谈诗书,此岂其情也哉!凡事之不近人情者,鲜不为大奸慝!"盖以斥安石,献之方平,而不以示修。安石微知之,益不快,而两家之隙,遂不可解也。洵有《嘉祐集》二十卷;为文章特工议论,如《几策》之《审势》《审敌》,《权书》之《心术》、《法制》、《强弱》、《攻守》、《六国》、《项籍》,《衡论》之《御将》、《广士》、《养才》、《申法》、《议法》,六经之《易》、《乐》、《诗》、《春秋》四论,《史论》上中下,《谏论》上下,《管仲论》《明论》、《上韩枢密书》、《上田枢密书》、《上王长安书》、《上欧阳内翰第一书》、《苏氏族谱引》,指事类情,袅娜百折,烟波无限,令人往复而不厌。其学原本兵家之权谋,法家之刑名,而抒以纵横家之捭阖,切事情,明是非,其笔力一出一入,王安石目为战国之文,可谓知言。特以清畅肆辨折,而不为《国策》苏张之瑰夸。同一抵掌而谈,纵横跌宕,而一雄丽,一清遒;纵笔所之,风驰雨骤,极挥斥之致,而机势圆转如辘轳。同韩愈之驰骋雄迈,而无其沉浸酣郁;此所以为宋人之文也。然洵之文,有学韩愈而极神似者:《张益州画像记》,有意为愈之峻重而不为驰骋,仿佛《柳州罗池庙碑》、《郓州溪堂诗序》笔意。《木假山记》,有意为愈之盘郁而力跻诡变,仿佛《送廖道士序》、《蓝田县丞厅壁记》笔意。而《送石昌言为北使引》、《名二子说》,亦得韩愈欹崎之致;知其用力于韩者深也。特其所以异军突起而成一家之言者,自在《策论》;观之上古,验之当世,参以人事，而察盛衰之理，审权势之宜，洞爽轩辟。而晓畅戎机，尤善论兵；如《权书》之《心术》曰：

> 为将之道，当先治心；泰山崩于前而色不变，麋鹿兴于左而目不瞬，然后可以制利害，可以待敌。凡兵上义，不义，虽利勿动；非一动之为害，而他日将有所不可措手足也。夫惟义，可以怒士，士以义怒，可与百战。凡战之道：未战养其财，将战养其力，既战养其气，既胜养其心。谨烽燧，严斥堠，使耕者无所顾忌，所以养其财。丰犒而优游之，所以养其力。小胜益急，小挫益厉，所以养其气。用人不尽其所欲为，所以养其心。故士常蓄其怒，怀其欲而不尽；怒不尽，则有余勇；欲不尽，则有余贪。故虽并天下而士不厌兵，此黄帝之所以七十战而兵不殆也。不养其心，一战而胜，不可用矣。凡将欲智而严，凡士欲愚。智则不可测，严则不可犯，故士皆委己而听命，夫安得不愚？夫惟士愚而后可与之皆死。凡兵之动，知敌之主，知敌之将，而后可以动于险。邓艾纵兵于穴中，非刘禅之庸，则百万之师，可以坐缚，彼固有所侮而动也。故古之贤将，能以兵尝敌，而又以敌自尝，故去就可以决。
>
> 凡为将之道：知理而后可以举兵，知势而后可以加兵，知节而后可以用兵。知理则不屈，知势则不沮，知节则不穷。见小利不动，见小患不避，小利小患不足以辱吾技也，夫然后可以支大利大患。有以养技而自爱者，无敌于天下，故一忍可以支百勇，一静可以制百动。兵有长短，敌我一也。敢问：吾之所长，吾出而用之，彼将不与吾校；吾之所短，吾蔽而置之，彼将强与吾角，奈何？曰：吾之所短，吾抗

而暴之，使之疑而却；吾之所长，吾阴而养之，使之狎而堕其中。此用长短之术也。善用兵者，使之无所顾，有所恃。无所顾，则知死之不足惜；有所恃，则知不至于必败。尺棰当猛虎，奋呼而操击；徒手遇蜥蜴，变色而却步，人之情也；知此者可以将矣。袒裼而按剑，则乌获不敢逼；冠胄衣甲据兵而寝，则童子弯弓杀之矣。故善用兵者以形固。夫能以形固，则力有余矣。

词约而意赅，天下之兵说，皆归其中，盖孙武以来所未见也。《六经论》，于经术甚疏，而《易》《乐》《诗》三论，持论不根，一说以臆；读之娓娓，若人之言固当然者。特以洞明世故，惬理餍情，而行文纵横，往往空中布景，绝处逢生，令人有陵云御风之意。欧阳修态有余妍，洵则笔有余劲。而《上韩枢密书》、《上欧阳内翰第一书》，得《国策》之雄诙，参《韩非》之峭劲，肆意有所作，而语有断制，出入西汉贾、晁，雄放当为宋人书中第一云。洵为人聪明辨智，遇人气和而色温，而好为策谋，务一出己见，不肯蹑故迹。谈兵尤喜自负，慨然有志于功名者也。顾不遇而肆之为文章；每于其穷达得丧，忧叹哀乐，念有所属，必发之于此。于古今治乱兴坏，是非可否之际，意有所择，亦必发之于此。于应接酬酢万事之变者，虽错出于外，而用心于内者，未尝不在此也。盖少或百字，多或千言，其指事析理，引物托喻，侈能尽之约，远能见之近，大能使之微，小能使之著，烦能不乱，肆能不流，而要由于笔力之劲以跻乎此。二子轼、辙，兄弟竞爽，以济厥美；而轼之才尤大。

苏轼，字子瞻，聪明天成。父游学四方，而母氏程亲授以书；闻古今成败，辄能语其要，读《后汉书》，至《范滂传》，问于母曰："儿若为滂，夫人亦许之乎？"母曰："儿为滂，吾独不能为滂母耶！"因抚轼喜曰："吾有子矣。"既而父命从同学刘巨学。巨赋《鹭鹚诗》，末云："渔人忽惊起，雪片逐风斜。"轼曰："断章无归宿，曷若'雪片落蒹葭'？"巨，宿儒也，乃惊谢曰："吾非若师。"及冠，学通经史，属文日数千言。嘉祐二年，试礼部。欧阳修实知贡举，而梅圣俞为之佐。疾时文之磔裂，士风之诡异，乃擢轼、辙高第以式多士。而圣俞得轼卷《刑赏忠厚之至论》，以为其文似孟子，呈修。修诵至"皋陶曰杀之三，尧曰宥之三"，按曰："此出何书？"圣俞曰："何须出处！"欲置第一；而修疑其客曾巩所为，抑为第二。复以《春秋》对义，擢第一。轼诣谢。圣俞问："皋陶三杀，尧三宥，出何书也？"轼徐曰："想当然耳！"既而诣修，修亦问，轼曰："事在《三国志·孔融传》注。"修检之无有，再问，轼曰："曹操以袁熙妻赐子丕。孔融曰：'昔武王以妲己赐周公。'操问何经见？融曰：'以今日之事观之，意其如此！'尧、皋陶之事，某亦意其如此。"修退而大惊曰："此人可谓善读书，善用书，吾当避此人出一头地。"顾轼终身服膺于修，每语人："欧阳公，天人也，恐未易过。非独不肖所不敢当也；天之生斯人，意其甚不易；非且使之休息千百年，恐未能复生斯人也。"及修以直言荐轼兄弟，而同召试者甚多。宰相韩琦语客曰："二苏在此，而诸人亦敢与之较试，何也？"其言传，而不试去者，盖十八九矣。时仁宗春秋高，策试举人罢朝，而色喜，告皇后曹氏曰："朕今日得才士二人，曰苏氏轼、辙；然吾老矣，虑不能用。将以遗子孙，不亦可乎！"历事仁宗、英宗、神宗、哲宗，累官端明殿翰林侍读学士。中间以与王安石议论不合，乃作《荀卿论》以相讥切。又发愤言："文字之衰，未有如今日者也，其源实出于王氏。王氏之文未必不善也,而患在于好使人同己。自孔子不能使人同,颜渊之仁,子路之勇,不能以相移,而王氏欲以其学同天下。地之美者,同于生物,不同于所生;惟荒瘠斥卤之地,弥望皆黄茅白苇,此则王氏之同也。"遂遘党祸,屡遭贬逐,才起而卒仆;至哲宗绍圣改元,贬知英州,移惠州、琼州;赦还,提举玉局观,故有苏学士、苏玉局之称。传有《东坡全集》一百十五卷。初好贾谊、陆贽书,论古今治乱,不为空言。既而读《庄子》,喟然叹曰:"吾昔有见于中,口未能言;今见《庄子》,得吾心矣!"既以刺新法流弊而谪居黄州,杜门深居,驰骋翰墨,其文一变,如川之方至。而后读释氏书,深悟实相,参之孔孟,博辩无碍,浩然其无涯也。其思想出入佛老,旁参名法纵横。而为文章不拘一格,大体可得而论者有二:

其一调适而邕遂,抒其胸次之高旷;如《滟滪堆赋》、《黠鼠赋》、《前赤壁赋》、《后赤壁赋》、《醉白堂记》、《喜雨亭记》、《超然台记》、《宝绘堂记》、《墨宝堂记》、《放鹤亭记》、《思堂记》、《文与可筼筜谷偃竹记》、《石钟山记》、《游桓山记》、《睡乡记》、《画水记》、《方山子传》、《韩幹画马赞》、《石室先生画竹赞》、《答李廌书》第二首《日喻》、《怪石供》等篇,博揽物态,清旷自怡。而短札小记,涉笔成趣,著墨不多,自然韵流;如《与毛维瞻尺牍》曰:

> 岁行尽矣,风雨凄然。纸窗竹屋,灯火青荧,时于此间,得少佳趣。无由持献,独享为愧。想当一笑也。

又如《题凤翔东院王画壁》曰:

> 嘉祐癸卯上元夜,来观王维摩诘笔。时夜已阑,残灯

耿然，画僧踽踽欲动，恍然久之。

又如《记承天寺夜游》曰：

> 元丰六年十月十二日夜，解衣欲睡，月色入户，欣然起行。念无与为乐者，遂至承天寺，寻张怀民。怀民亦未寝，相与步于中庭。庭下如积水空明，水中藻荇交横，盖竹柏影也。何夜无月？何处无竹柏？但少闲人如吾两人耳。

盖欧阳修工于唱叹，虽颂美之文，亦发以唱叹；而轼则好为嬉笑，虽羁愁之文，亦出以嬉笑；萧然物外，逸趣横生，栩栩焉神愉而体轻，令人欲弃百事而从之游焉。

其一深切以往复，发其议论之宏辩，如《秦始皇帝论》、《魏武帝论》、《伊尹论》、《管仲论》、《孙武论》上下、《乐毅论》、《荀卿论》、《韩非论》,《留侯论》、《贾谊论》、《鼌错论》、《霍光论》、《大臣论》上下、《论武王》、《屈到嗜芝论》、《论战国养士》、《论秦》、《论鲁隐公》、《论隐公里克李斯郑小同王允之》、《论孔子》、《论周东迁》、《论商鞅》、《论始皇汉宣李斯》、《策略》、《策别》之《课百官》《决壅蔽》《专任使》《无责难》《无沮善》《均户口》《教战守》《去奸民》《倡勇敢》九篇、《策断》、《上神宗皇帝书》、《徐州上皇帝书》、《代张方平谏用兵书》、《代李琮论京东盗贼状》、《上富丞相书》、《上韩太尉书》、《上刘侍读书》、《应制举上两制书》等篇，指陈利害，议论出入今古，事核理当，而笔力雄伟，抒词高朗，极纵荡变化之能，不可羁勒；而落韵甚轻，若行所无事；如《论战国养士》曰：

> 春秋之末，至于战国，诸侯卿相，皆争养士；自谋夫说客谈天雕龙坚白同异之流，下至击剑扛鼎鸡鸣狗盗之徒，

莫不宾礼；靡衣玉食，以馆于上者，何可胜数。越王勾践有君子六千人。魏无忌、齐田文、赵胜、黄歇、吕不韦皆有客三千人，而田文招致任侠奸人六万家于薛，齐稷下谈者亦千人，魏文侯、燕昭王、太子丹皆致客无数。下至秦汉之间，张耳、陈余号多士，宾客廝养，皆天下豪杰，而田横亦有士五百人，其略见于传记者如此。度其余，当倍官吏而半农夫也。此皆奸民蠹国者，民何以支，而国何以堪乎？苏子曰：此先王之所不能免也。国之有奸也，犹鸟兽之有猛鸷，昆虫之有毒螫也。区处条理，使各安其处，则有之矣；锄而尽去之，则无是道也。吾考之世变，知六国之所以久存，而秦之所以速亡者，盖出于此，不可以不察也。

夫智、勇、辨、力，此四者，皆天民之秀杰者也，类不能恶衣食以养人，皆役人以自养者也。故先王分天下之富贵，与此四者共之。此四者不失职，则民靖矣。四者虽异，先王因俗设法，使出于一：三代以上出于学，战国至秦出于客，汉以后出于郡县吏，魏晋以来出于九品中正，隋唐至今出于科举。虽不尽然，取其多者论之。六国之君虐用其民，不减始皇二世。然当是时，百姓无一人叛者，以凡民之秀杰者，多以客养之，不失职也。其力耕以奉上，皆椎鲁无能为者，虽欲怨叛而莫为之先，此其所以少安而不即亡也。始皇初欲逐客，用李斯之言而止。既并天下，则以客为无用；于是任法而不任人，谓民可以恃法而治；谓吏不必才，取能守吾法而已。故堕名城，杀豪杰；民之秀异者散而归田亩。向之食于四公子、吕不韦之徒者，皆安归哉？不知其能槁项黄馘以老死于布褐乎？抑将辍耕太息以俟时也？秦之乱虽成于二世，然使始皇知畏此四人者，有以处之，使不失职；秦之亡，不至若是速也。纵百万虎狼于山林而饥渴之，不知其将噬人，世以始皇为智，吾不信也。

楚汉之祸，生民尽矣，豪杰宜无几。而代相陈豨，从车千乘；萧曹为政，莫之禁也。至文景武之世，法令至密，然吴濞、淮南、梁王、魏其、武安之流，皆争致宾客；世主不问也。岂惩秦之祸，以为爵禄不能尽縻天下士，故少宽之，使得或出于此也邪？若夫先王之政则不然，曰：君子学道则爱人，小人学道则易使也。呜呼，此岂秦汉之所及也哉！

又如《策别》之《倡勇敢》曰：

臣闻战以勇为主，以气为决。天子无皆勇之将，而将军无皆勇之士。是故致勇有术。致勇莫先乎倡，倡莫善乎私。此二者，兵之微权；英雄豪杰之士所以阴用而不言于人，而人亦莫之识也。臣请得以备言之。

夫倡者何也？气之先也。有人人之勇怯，有三军之勇怯。人人而较之，则勇怯之相去，若楚与楹。至于三军之勇怯则一也，出于反覆之间，而差于毫厘之际，故其权在将与君。人固有暴猛兽而不操兵，出入于白刃之中而色不变者，有见虺蜴而却走，闻钟鼓之声而战栗者，是勇怯之不齐至于如此。然间阎之小民，争斗戏笑，卒然之间，而或至于杀人。当其发也，其心翻然，其色勃然，若不可以已者；虽天下之勇夫，无以过之。及其退而思其身，顾其妻子，未始不恻然悔也。此非必勇者也，气之所乘，则夺其性而忘其故。故古之善用兵者,用其翻然勃然于未悔之间;而其不善者,沮其翻然勃然之心,而开其自悔之意,则是不战而先自败也。故曰致勇有术,致勇莫先乎倡。均是人也,皆食其食,皆任其事。天下有急,而有一人焉,奋而争先,而致其死,则翻然者众矣。弓矢相及,剑楯相搏,胜负之势,未有所决,而三军之士,属目于一夫之先登,则勃然者相继矣。天下之大,可以名劫也;三军之众,可以气使也。谚曰:"一人善射,百夫决拾。"苟有以发之,及其翻然勃然之间而用其锋,是之谓倡。

倡莫善乎私,天下之人,怯者居其百,勇者居其一,是勇者难得也。捐其妻子,弃其身以蹈白刃,是勇者难能也。以难得之人,行难能之事,此必有难报之恩者矣。天子必有所私之将,将军必有所私之士,视其勇者而阴厚之。人之有异材者,虽未有功,而其心莫不自异;自异而上不异之,则缓急不可以望其为倡。故凡缓急而肯为倡者,必其上之所异也。昔汉武帝欲观兵于四夷,以逞其无厌之求,不爱通侯之赏,以招勇士;风告天下,以求奋击之人,卒然无有应者。于是严刑峻法,致之死地,而听其以深入赎罪,使勉强不得已之人,驰骤于死亡之地;是故其将降而兵破败,而天下几至于不测。何者?先无所异之人,而望其为倡,不亦难乎?私者,天下之所恶也,然而为己而私之,则私不可用;为其贤于人而私之,则非私无以济。盖有无功而可赏,有罪而可赦者,凡所以愧其心而责其为倡也。

天下之祸莫大于上作而下不应,上作而下不应,则上亦将穷而自止。方西戎之叛也,天子非不欲赫然诛之;而将帅之臣,谨守封略,外视内顾,莫有一人先奋而致命,而士卒亦循循焉莫肯尽力。不得已而出，争先而归。故西戎得以肆其猖狂，而吾无以应，则其势不得不重赂而求和。其患起于天子无同忧患之臣，而将军无腹心之士。西师之休十有余年矣，用法益密，而进人益难；贤者不见异，勇者不见私，天下务为奉法循令，要以如式而止。臣不知其缓急，将谁为之倡哉！

其长处在援引史实，属辞比事，尤善譬喻，巧于构想。他人所百思不到者，既读之，而适为人人意中所有。轩爽洞达，如与晓事人语，表里粲然，中边俱澈。苏洵以申韩之峭刻，变苏张之纵横，其气放，其笔拗；轼则以庄生之骀宕，化孟子之激切，其辞达，其势旷。苏洵瘦硬通神，轼则潇洒自得。

所为骈文委曲旁达，亦有议论波澜；内外制如《范子渊知峡州敕》、《杨王子二人荆王子七人并远州团练使敕》、《赐新除依前中大夫尚书右丞王存辞免恩命不允断来章批答》第二首、《赐新除知枢密安焘辞免恩命不许断来章批答》第一首，表奏如《谢中书舍人表》第二首、《代滕达道湖州谢上表》、《乞校正陆贽奏议上进札子》，书启如《谢制科启》二首、《谢王内翰启》、《贺欧阳少师致仕启》、《答王幼安宣德启》，祭文如《祭欧阳文忠公文》、《祭欧阳仲纯父文》，抑扬爽朗，一变西昆杨刘拘对组俪之习，欧阳修称其"四六述叙，委曲精尽，始得斯人，及见为幸"。其原出于陆贽。虽是四六述叙，而明切事情，卷舒自在，则与策论波澜莫二。

若其书牍之不为四六者有二：其一急言竭论，有识有笔，同策论之气体；如《上富丞相书》《上韩太尉书》《上王兵部书》、《上刘侍读书》、《上知府王龙图书》、《上梅直讲书》、《应制举上两制书》，抗其气，振其辞，于文章为健笔，于书简实非体；而唐宋八家书之入文集者皆如此；虽似有识有笔，而实不情不理。其一随事抒怀，不衫不履，乃书简之正宗；如《与谢民师推官书》、《答张文潜县丞书》、《答李廌书》第二首、《答舒尧文尺牍》第二首、《答毕仲举尺牍》第一首是也。如《答谢民师书》：

> 文理自然，姿态横生。孔子曰："言之不文，行之不远。"又曰："辞达而已矣。"夫言止于达意，疑若不文；是大不然。求物之妙，如系风捕影，能使是物了然于心者，盖千万人而不一遇也；而况使了然于口与手者乎？是之谓辞达。辞至于能达，则文不可胜用矣。扬雄好为艰深之词，以文浅易之说；若正言之，则人人知之矣。此正所谓"雕虫篆刻"者。其《太玄》、《法言》，皆是类也；而独悔于赋，何哉？

昔韩愈喜称扬雄，为文章力摹心追；而轼则以"艰深""文浅易"讥之，不以奇字奥句为尚，此宋文之所以异于唐文，而轼之别出于韩愈以自名家者也。然轼之文，工于策论，疏于碑传。策论则横放侧出，实能以条鬯臻雄恣，焯有波澜。碑传则平铺直叙，未能以振提出精神，实伤冗絮。惟《表忠观碑》气跻苍坚，辞能劲敛，卓荦为杰，集中之冠；其次《万石君罗文传》，仿韩愈《毛颖传》，虽逊其古茂而得其波澜。又次则《富郑公神道碑》、《代张文定公作故龙图阁学士滕公墓志铭》、《代张文定公作赵康靖公神道碑》，虽差有振提，而已伤烂漫。至于《陈公弼传》、《司马温公行状》、《范景仁墓志铭》、《张文定公墓志铭》、《赵清献公神道碑》，虽为《宋史》诸传所本，而辞繁不杀，不知所以裁之，刺刺生厌。独《亡妻王氏墓志铭》，絮而不冗，澹而能挚。

《杂记》记先夫人不残鸟雀，亦臻简永。条达是其所长，简老独为所短，可以抒议论，而不可以作碑传。尝自诩："作文如行云流水，行乎所不得不行，止乎所不得不止；嬉笑怒骂，皆成文章。""凡人文字，务使平和，至足之余，溢为奇怪，盖出于不得已尔。""昔之为文者，非能为之为工，而不能不为之为工。"而诫："少年为学，每读一书，当作数过尽之。书富如入海，百货皆有之；人之精力，不能兼收尽取，但得其所欲求者耳。故愿学者每次作一意求之，如欲求古人兴亡治乱，圣贤作用，但作此意求之，勿生余念。又别作一次求事迹故实，典章文物之类，亦如之。他皆仿此。此虽迂钝，而他日学成，八面受敌，与涉猎者不可同日而语。"盖亦自道所得焉。

诗于宋为一代宗。陈师道谓："其诗初学刘禹锡，晚学李太白。"朱弁《曲洧旧闻》则引《参寥子》语，亦称轼早年致力禹锡。今观其诗学陶潜，学李白，学杜甫，学王维，学韦应物，学韩愈，学孟郊，学柳宗元，学白居易，皆有辙迹可寻；独不见所谓学刘禹锡。而按之轼生平议论，诗推陶潜，推杜甫，推韦应物、柳宗元；而亦不及刘禹锡。以谓：

> 吾于诗人无所好，独好渊明诗。渊明作诗不多，然质而实绮，癯而实腴；自曹、刘、鲍、谢、李、杜诸人，皆莫及也。予尝论书：以谓钟王之迹，萧散简远，妙在笔画之外。至唐颜柳，始集古今笔法而尽发之，极书之变；天下翕然以为宗师，而钟王之法益微。至于诗亦然：苏李之天成，曹刘之自得，陶谢之超然，盖亦至矣。而李太白、杜子美，以英玮绝世之姿，陵跨百代，古今诗人尽废；然魏晋以来，高风绝尘，亦少衰矣。李杜之后，诗人继作，

虽间有远韵，而才不逮意。独韦应物、柳宗元，发纤秾于简古，寄至味于澹泊，非余子所及也。唐末司空图崎岖兵乱之间，而诗文高雅，犹有承平之遗风。自论其诗以为得味外味。"绿树连村暗，黄花入麦稀。"此句最好。又云"棋声花院静，幡影石坛高"；吾尝游五老峰，入白鹤院，松阴满庭，不见一人，惟闻棋声；然后知此句之工也，但恨其寒俭有僧态。杜子美云"暗飞萤自照，水宿鸟相呼"，"四更山吐月，残夜水明楼"，则才力富健，去表圣之流远矣。今《太白集》中有《归来乎》、《笑矣乎》及《赠怀草书》数诗，决非太白作；盖唐末五代间，贯休、齐己辈诗也。余旧在富阳，见国清院太白诗，绝凡近；过彭泽唐兴院，又见太白诗，亦非是。良由太白豪俊，语不甚择，集中往往有临时卒然之句，故使妄庸敢尔。若杜子美，世岂有伪撰者耶？李白诗飘逸绝尘而伤于易，学之者又不至，玉川子是也；然犹有可观者。诗须要有为而作。用事当以故为新，以俗为雅。好奇务新，乃诗之病。柳子厚诗，晚年极似陶渊明，知诗病者也。柳子厚诗在陶渊明下，韦苏州上。退之豪放奇险则过之，而温丽静深不及也。所贵乎枯澹者，谓其外枯而中膏，似澹而实美；渊明、子厚之流是也。若中边皆枯澹，亦何足道？佛云："如人食蜜，中边皆甜。"人食五味，知其甘苦者皆是；能分别其中边者，百无一二也。（按以上引文见《书黄子思诗集后》，《书司空图诗》《书李白集》等合编。）

天性洒脱，清旷自怡；及自为诗，学杜不得其沉郁，学韩又难为生划，而以白香山之容易，抒柳子厚之秀澹，上窥陶彭泽之旷真，旁参李太白之豪俊，其辞则跌宕昭彰，其境则清深旷邈，而托之禅悦，焯有理趣。五言古如《书焦山纶长老壁》曰：

> 法师住焦山，而实未尝住。我来辄问法，法师了无语。法师非无语，不知所答故。君看头与足，本自安冠屦。譬如长鬣人，不以长为苦；一旦或人问，每睡安所措，归来被上下，一夜无著处，展转遂达晨，意欲尽镊去。此言虽鄙浅，故自有深趣。持此问法师，法师一笑许。

又《开先漱玉亭》曰：

> 高岩下赤日，深谷来悲风。擘开青玉峡，飞出两白龙；乱沫散霜雪，古潭摇清空，余流滑无声，快泻双石谼。我来不忍去，月出飞桥东，荡荡白银阙，沉沉水晶宫。愿随琴高生，脚踏赤鲩公。手持白芙蕖，跳下清泠中。

又书《晁补之所藏与可画竹》三首曰：

> 与可画竹时，见竹不见人。岂独不见人，嗒然遗其身。其身与竹化，无穷出清新。庄周世无有，谁知此凝神！
> 若人今已无，此竹宁复有？那将春蚓笔，画作风中柳。君看断崖上，瘦节蛟蛇走。何时此霜竿，复入江湖手？
> 晁子拙生事，举家闻食粥。朝来又绝倒，谀墓得霜竹。可怜先生盘，朝日照苜蓿。吾诗固云尔，可使食无肉。

又《书鄢陵王主簿所画折枝》二首曰：

> 论画以形似，见与儿童邻。赋诗必此诗，定非知诗人。诗画本一律，天工与清新。边鸾雀写生，赵昌花传神。何

如此两幅，疏淡含清匀。谁言一点红，解寄无边春。

瘦竹如幽人，幽花如处女。低昂枝上雀，摇荡花间雨。双翎决将起，众叶纷自举。可怜采花蜂，清蜜寄两股。若人富天巧，春色入毫楮。悬知君能诗，寄声求妙语。

七言古如《泗州僧伽塔》曰：

我昔南行舟系汴，逆风三日沙吹面。舟人共劝祷灵塔，香火未收旗脚转。回头顷刻失长桥，却到龟山未朝饭。至人无心何厚薄，我自怀私欣所便。耕田欲雨刈欲晴，去得顺风来者怨；若使人人祷辄遂，造物应须日千变。我今身世两悠悠，去无所逐来无恋。得行固愿留不恶，每到有求神亦倦。退之旧云三百尺，澄观所营今已换。不嫌俗土污丹梯，一看云山绕淮甸。

又《舟中夜起》曰：

微风萧萧吹菰蒲，开门看雨月满湖。舟人水鸟两同梦，大鱼惊窜如奔狐。夜深人物不相管，我独形影相嬉娱。暗潮生渚吊寒蚓，落月挂柳看悬蛛。此生忽忽忧患里，清境过眼能须臾。鸡鸣钟动百鸟散，船头击鼓还相呼。

又《大风留金山两日》曰：

塔上一铃独自语，明日颠风当断渡。朝来白浪打苍崖，倒射轩窗作飞雨。龙骧万斛不敢过，渔艇一叶从掀舞。细思城市有底忙，却笑蛟龙为谁怒。无事久留童仆怪，此风聊得妻孥许。㶚山道人独何事，半夜不眠听粥鼓。

五言律如《大秦寺》曰：

　　晃荡平川尽，坡陁翠麓横。忽逢孤塔迥，独向乱山明。信足幽寻远，临风却立惊。原田浩如海，滚滚尽东倾。

七言律如《与毛令方尉游西菩提寺》曰：

　　路转山腰足未移，山清石瘦便能奇。白云自占东西岭，明月谁分上下池。黑黍黄粱初熟后，朱柑绿橘半甜时。人生此乐须天付，莫遣儿郎取次知。

又《书普慈长老壁》曰：

　　普慈寺后千竿竹，醉里曾看碧玉椽。倦客再游行老矣，高僧一笑故依然。久参白足知禅味，苦厌黄公聒昼眠。惟有两株红百叶，晚来犹得向人妍。

七言绝如《题西林壁》曰：

　　横看成岭侧成峰，远近高低各不同；不识庐山真面目，只缘身在此山中。

又《春日》曰：

　　鸣鸠乳燕寂无声，日射西窗泼眼明。午醉醒来无一事，只将春醉赏春晴。

又《惠崇春江晚景》曰：

　　竹外桃花三两枝，春江水暖鸭先知。蒌蒿满地芦芽短，正是河豚欲上时。

又《书李世南所画秋景》曰：

野水参差落涨痕，疏林欹倒出霜根。扁舟一棹归何处？家在江南黄叶村。

其他五言古如《李氏园》、《和子由闻子瞻将如终南太平宫溪堂读书》、《扶风天和寺》、《和子由记园中草木》十首、《别岁寄子由》、《许州西湖广陵会三同舍刘莘老》、《送岑著作》、《宿临安净土寺》、《自净土步至功臣寺》、《焦千之求惠山泉诗》、《秋怀》二首、《九日湖上寻周李二君不见君亦见寻于湖上以诗见寄明日乃次其韵》、《金山寺与柳子玉饮大醉卧宝觉禅榻夜分方醒书其壁》、《僧惠勤初罢僧职》、《游灵隐高峰塔》、《新城陈氏园次晁补之韵》、《出城送客不及步至溪上》第一首、《庐山卢敖洞》、《和顿教授见寄用除夜韵》、《西斋》、《京师哭任遵圣》、《答任师中家汉公》、《雨中过舒教授》、《中秋月》三首、《送参寥师》、《人日猎城南会者十人以"身轻一鸟过枪急万人呼"为韵得鸟字》、《罢徐州往南京马上走笔寄子由》五首、《游惠山》三首、《赠钱道人端午遍游诸寺得禅字》、《与客游道场何山得鸟字》、《送孙著作赴考城兼寄钱醇老李邦直二君于孙处有书见及》、《与王郎昆仲及儿子迈绕城观荷花登岘山晚入飞英寺分韵得月明星稀》四首、《御史台榆槐竹柏》四首、《定惠院颙师为余竹下开啸轩》、《冬至日赠安节》、《栖贤三峡桥》、《建昌李野夫公择故居》、《初别子由至奉新作》、《徐大正闲轩》、《金山妙高台》、《书王定国所藏王晋卿画著色山》二首、《文登蓬莱阁下弹子涡作诗遗垂慈堂老人》、《故周茂叔先生濂溪》、《题杨次公春兰》、《袁公济和刘景文登介亭诗复次韵答之》、《熙宁中轼通守此郡除夜直都厅囚系皆日暮不得返舍因题一诗于壁》、《九月十五日观月听琴西湖示坐客》、《泛颍》、《欧阳季默以油烟墨二丸见饷各长寸许戏作小诗》、《送运判朱朝奉入蜀》、《和陶饮酒》之第一、三、四、八、十三五首、《送蒋颖叔帅熙河》、《东府雨中别子由》、《谢运使仲适座送王敏仲北使》、《过庐山下》、《廉泉》、《碧落洞》、《峡山寺》、《白水山佛迹岩》、《和陶归园田居》六首、《雨后行菜圃》、《行琼儋间肩舆坐睡梦中得句云"千山动鳞甲万谷酣笙钟"觉而遇清风急雨戏作》、《安期生》、《午窗坐睡》、《藤州江下夜起对月赠邵道士》,七言古如《王维吴道子画》、《谢苏自之惠酒》、《腊日游孤山访惠勤惠思二僧》、《雨中游天竺灵感观音院》、《和蔡准郎中见邀游西湖》第二首、《游径山》、《和欧阳少师寄赵少师次韵》、《往富阳新城李节推先行三日留风水洞见待》、《法惠寺横翠阁自普照游二庵》、《和钱安道寄惠建茶》、《青牛岭高绝处有小寺人迹罕到》、《听贤师琴》、《留别释迦院牡丹呈赵倅》、《次韵僧潜见赠》、《次韵答舒教授观余所藏墨》、《九日黄楼作》、《李思训画长江绝岛图》、《登云龙山》、《百步洪》二首、《次韵秦大虚见戏耳聋》、《定惠院寓居月夜偶出》、《寓居定惠院之东杂花满山有海棠一株土人不知贵也》、《和蔡景繁海州石室》、《自兴国往筠宿石田驿南二十五里野人舍》、《寄吴德仁兼简陈季常》、《送杨杰登州海市》、《送陈睦知潭州》、《送表弟程六知楚州》、《赵令宴崔白大图幅径三丈》、《次韵子由书李伯时所藏韩幹马》、《庆源宣义王丈以累举得官为洪雅主簿雅州户掾有书来求红带作诗为戏》、《书王定国所藏烟江叠嶂图》、《寄蔡子华》、《喜刘景文至》、《次前韵送刘景文》、《轼在颍州与赵德麟同治西湖未成改扬州三月十六日湖成德麟有诗见怀次其韵》、《召还至都门先寄子由》、《次韵吴传正枯木歌》、《书晁说之考牧图后》、《鹤叹》、《子由新修汝州龙兴寺吴画壁》、《清远舟中寄耘老》、《寓居合江楼》、《十一月二十六日松风亭下梅花盛开》、《荔枝叹》、《独觉》,五言律如《游鹤林招隐》二首、《雨晴后步至四望亭下鱼池上遂自乾明寺东冈上归》二首、《倦夜》,七言律如《和子由渑池怀旧》、《楼观》、《是日宿水陆寺寄北山清顺僧》第二首、《秀州报本禅院乡僧文长老方丈》、《夜至永乐文长老院文时卧病退院》、《过永乐文长老已卒》、《寄黎眉州》、《同年王中甫挽词》、《和晁同年九日见寄》、《予以事系御史台狱作诗遗子由》、《初到黄州》、《正月二十日往岐亭郡人潘古郭三人送余于女王城东禅庄院》、《太守徐君猷通守孟亨之皆不饮酒以诗戏之》、《正月二十日与潘郭二生出郊寻春忽记去年是日同至女王城作诗乃和前韵红梅》第一首、《次韵子由送千之侄》、《送贾讷倅眉》第二首、《次韵刘景文见寄》,七言绝如《陌上花》等篇；言景如画,言情如话,不须矜才使气,兴会所到,险境发以雄,精理透之显；而行所无事,意思闲暇,舒以养气,显以发奥,四通六辟,使人心神融释；凡经史传记百家之言,信手拈来,无不贯穿协合,尽是毫飞墨喷,自然水到渠成,脱然畦封,似不经意而出；然句如坚城,而气极和厚；盘硬而不入于生涩,流宕而不落于率易,此所以卓然名家为不可及也。然亦有顿挫沉郁,酷似杜甫者,五言古如《八阵碛》、《白帝庙》、《神女庙》、《夜行观星》、《岘山》、《颍大夫庙》、《次韵子由论书》、《真兴寺阁》、《是日至下马碛憩于北山僧舍有阁曰怀贤南直斜谷西临五丈原诸葛孔明所从出师也》、《登常山绝顶广丽亭》、《赠狄崇班季子》、《冬至日赠安节》,七言古如《辛丑十一月十九日既与子由别于郑州西门之外马上赋诗一篇寄之》、《秦穆公墓》、《欧阳少师令赋所蓄石屏》、《游金山寺》、《自金山放船至焦山》、《孙莘老求墨妙亭诗》、《铁沟复赠乔太博》、《韩幹马十四匹》、《赠写御容妙善师》、《次韵答刘泾》、《携妓乐游张山人园》、《答范淳甫》、《虢国夫人夜游图》，五言律如《过巴东县不泊闻颇有莱公遗迹》、《鳊鱼》、《中隐堂诗》第二首，七言律如《次韵颜长道送傅倅》、《次韵穆父尚书侍祠郊丘引满醉吟》，是也。亦有诙诡生拗，颇学韩愈者，五言古如《诅楚文》，七言古如《石鼓歌》、《无锡道中赋水车》、《和李邦直沂山祈雨有应》、《郭祥正家醉画竹石壁上郭作诗为谢且遗二古铜剑》，是也。亦有瘦硬峭炼，偶似孟郊者，五言古如《读孟郊诗》二首、《次韵仲殊雪中游西湖》第一首，是也。三者皆集中之变体，而要非轼乐易坦荡之本来云。

宋词自晏殊婉丽开宗，瓣香南唐。欧阳修虽有疏俊，而未极豪放。至轼出，始摆脱婉转绸缪之态，创为激越之声调，抗首高歌，横放杰出。如《水龙吟》曰：

古来云海茫茫，蓬山绛阙知何处？人间自有赤城居士，龙蟠凤举。清净无为，坐忘遗照，八篇奇语。向玉霄东望，蓬莱晻霭，有云驾，骖风驭。　　行尽九州四海，笑纷纷落花飞絮。临江一见谪仙风采，无言心许。八表神游，浩然相对，酒酣箕踞。待垂天赋就，骑鲸路稳，约相将去。

又《水调歌头》曰：

明月几时有？把酒问青天；不知天上宫阙，今夕是何年？我欲乘风归去，又恐琼楼玉宇，高处不胜寒。起舞弄清影，何似在人间！　　转朱阁，低绮户，照无眠。不应有恨，何事长向别时圆？人有悲欢离合，月有阴晴圆缺，此事古难全。但愿人长久，千里共婵娟。

又《念奴娇》之《赤壁怀古》曰：

> 大江东去，浪淘尽千古风流人物。故垒西边，人道是三国周郎赤壁。乱石穿空，惊涛拍岸，卷起千堆雪。江山如画，一时多少豪杰。　遥想公瑾当年，小乔初嫁了，雄姿英发，羽扇纶巾，谈笑间强虏灰飞烟灭。故国神游，多情应笑我早生华发。人间如梦，一樽还酹江月。

又《念奴娇》之《中秋》曰：

> 凭高眺远，见长江万里云无留迹。桂魄飞来，光射处，冷浸一天秋碧。玉宇琼楼，乘鸾来去，人在清凉国。江山如画，望中烟树历历。　我醉拍手狂歌，举杯邀月，对影成三客。起舞徘徊风露下，今夕不知何夕。便欲乘风翻然归去，何用骑鲸翼。水晶宫里，一声吹断横笛。

又《哨遍》之《春词》曰：

> 睡起。画堂银蒜押帘，珠幕云垂地。初雨歇，洗出碧罗天，正溶溶养花天气。一霎晴风回芳草，荣光浮动，卷皱银塘水。方杏靥匀酥，花须吐绣，园林翠红排比。见乳燕捎蝶过繁枝，忽一线炉香逐游丝。昼永人闲，独立斜阳，晚来情味。　便乘兴携将佳丽，深入芳菲里。拨胡琴语，轻拢慢撚总伶俐。看紧约罗裙，急趣檀板，霓裳入破惊鸿起。颦月临眉，醉霞横脸，歌声悠扬云际。任满头红雨落花飞坠，渐鸦鹊楼西玉蟾低，尚徘徊未尽欢意。君看今古悠悠，浮幻人间世；这些百岁光阴几日？三万六千而已。醉乡路稳不妨行，人生但要适情耳。

苏轼之于欧阳修,犹欧阳修之于晏殊,皆由门下开拓,不拘师法。而欧之境,去晏未远;苏之笔,视欧益豪。词之有苏轼,犹诗之有李白,往往高举无前,以歌行纵横之笔,盘屈而为词,跌宕排奡,一变晚唐五代之旧格,遂为辛弃疾一派开山。而清人刘熙载《词概》,则谓:"太白《忆秦娥》声悲壮。晚唐五代惟趋婉丽,至东坡始能复古。后世论词者或转以东坡为变调;不知晚唐五代,乃变调也。"然轼之词,非尽大笔淋漓,亦有赋情婀娜。如《定风波》之《感旧》曰:

> 莫怪鸳鸯绣带长,腰轻不胜舞衣裳。薄幸只贪游冶去,何处?垂杨系马恣轻狂。　　花谢絮飞春又尽,堪恨,断弦尘管伴啼妆。不信归来但自看,怕见,为郎憔悴却羞郎。

又《江城子》之《悼亡》曰:

> 十年生死两茫茫。不思量,自难忘,千里孤坟无处话凄凉。纵使相逢应不识,尘满面,鬓如霜。　　夜来幽梦忽还乡:小轩窗,正梳妆;相顾无言,惟有泪千行。料得年年肠断处,明月夜,短松冈。

又《虞美人》曰:

> 冰肌自是生来瘦,那更分飞后。日长帘幕望黄昏,及至黄昏时候转销魂。　　君还知道相思苦,怎忍抛奴去?不辞迢递过关山,只恐别郎容易见郎难。

又《贺新郎》之《夏景》曰:

> 乳燕飞华屋。悄无人桐阴转午,晚凉新浴。手弄生绡

白团扇,扇手一时似玉。渐困倚孤眠清熟。帘外谁来推绣户,枉教人梦断瑶台曲。又却是、风敲竹。　石榴半吐红巾蹙。待浮花浪蕊都尽,伴君幽独。浓艳一枝细看取,芳心千重似束。又恐被秋风惊绿。若待得君来,向此花前对酒不忍触。共粉泪,两簌簌。

虽是情辞缠绵,依旧阵仗纵横;天生一枝健笔,有必达之辞,无难显之情。而性喜宏奖,一时文士,多游其门。分宁黄庭坚、高邮秦观、淮阴张耒、巨野晁补之,称苏门四学士;益以彭城陈师道、济南李廌,称苏门六君子。黄庭坚年最长,少东坡九岁,秦观少庭坚三岁,张耒少观三岁,陈师道、晁补之皆少耒一岁,诸子年龄才调皆相伯仲。而秦观之诗之词,黄庭坚之文之诗,皆欲别出于轼以自名一家。

秦观,字少游,一字太虚。少豪俊慷慨,溢于文词,举进士不第。强志盛气,二十四岁读兵家书,以为与己意合也。闻苏轼为时文宗,欲往游其门,未果。会轼自杭倅移知密州,道经扬州;观预作轼笔语题一寺中。轼见之,大惊,自念:"无此也,而何辞笔之似也?"大惑不解。及晤知庐州孙觉,出观诗词数百篇,读之曰:"向书壁者,必此郎也。"遂结神交。二十九岁谒轼于彭城。轼每叹"少游文章如美玉无瑕。琢磨之功,殆未有出其右者"。三十七岁始登元丰八年进士第,调定海主簿,蔡州教授。元祐初,以贤良方正荐于朝,除太学博士,校正秘书省书籍,迁正字,而复为兼国史院编修官。绍圣改元,轼既贬逐;观坐党籍,累谪郴州,编管横州,又徙雷州。徽宗立,复官宣德郎,放还,至藤州,游华光亭,为客道梦中长短句,索水欲饮;水至,笑视而死。先自制挽词,其语甚哀。年五十三。轼闻叹曰："哀哉，世岂复有斯人乎！"传有《淮海集》十七卷，《后集》二卷，《词》一卷，《补遗》一卷，《续补遗》一卷。

秦观久从轼游，而诗与词皆别于轼以自成家。文则议论得轼之疏快，而碑传胜轼之冗絮；如《鲜于子骏行状》、《故龙图阁直学士中大夫赐紫金鱼袋李公常行状》、《陈偕传》、《魏景传》、《李状元墓志铭》、《庆禅师塔铭》、《葛宣德墓铭》、《泸州使君任公墓表》，不矜奇字奥语，亦不刻意构画其事；而用笔有提挈，叙事有裁断，洁净而具本末，坦迤而有波澜，俨然欧阳修义法；而不似轼之平铺直叙，徒乱人意。至于《高无悔所藏尺牍跋》、《录壮愍刘公遗事》，则尤生气奋动，笔力崭然，足称其人之生平，卓荦为杰，不懈而能追古，如韩愈《张中丞传后序》、欧阳修《王彦章画像记》之所为，看似莽苍而实瘦炼，尤非轼所能及也。虽其游戏之作，如《眇倡传》、《清和先生传》，亦复含茹吞吐，滂沛寸心；虽气溢墨外，笔力不敢望韩愈，而韵流简中，辞意庶几希欧阳。然观之文，有刻意模韩愈者，如《清和先生传》模韩愈《毛颖传》，《五百罗汉图记》模韩愈《画记》，其辙迹显然者也。其后吕本中尝言："少游尝从东坡游，而其文字乃自学西汉。"今观其文虽不及西汉，而要非轼一家所能限。惟其为赋，为四六，以议论出波澜，为跌宕为昭彰；为书，为策论，以往复尽情事，以明快跻深切，洞爽轩辟，此则轼之家法，而观衍其气体。赋如《寄老庵赋》、《叹二鹤赋》，四六如《代答范相公尧夫启》，书如《上王岐公论荐士书》，策如《安都》、《官制上》、《财用上》，论如《石庆论》、《李陵论》、《司马迁论》、《韩愈论》，其尤可诵者也。观其陈古以监今，惬理而餍情，策论一体，尤嗣轼法。而辞主于达，气异其激；俊迈轶荡，虽不如轼之澜翻不竭，而醇粹明白，意尽则言止，亦无轼好尽之累。至于《龙井题名记》，潇洒自得；《闲轩记》，倜傥不群，乐易旷真，亦得轼之一体。而《祖氏先茔芝记》，低徊咏慕，唱叹尽致；《送钱秀才序》，纡徐委备，自在流韵；则又优游缓节，欧阳之逸调焉。其论文以为：

> 有论理之文，有论事之文，有叙事之文，有托词之文，有成体之文。探道德之原，述性命之情，发天人之奥，明死生之变，此论理之文，如列御寇庄周之所作是也。别白黑，切事情，要其归宿，决其嫌疑，此论事之文，如苏秦张仪之所作是也。考同异，次旧闻，不虚美，不隐恶，人以为实录，此叙事之文，如司马迁班固之所作是也。原本山川，极命草木，比物属事，骇耳目，变心意，此托词之文，如屈原宋玉之所作是也。钩列庄之微，挟苏张之势，撼班马之实，猎屈宋之英，本之以《诗》《书》，折之以孔氏，此成体之文，韩愈之所作是也。盖前之作者多矣，而莫有备于愈。后之作者亦多矣，而无以加于愈。然则列、庄、苏、张、班、马、屈、宋之流，其学术才气皆出于愈之文；犹杜子美之于诗，积众家之长，适当其时而已。昔苏武李陵之诗长于高妙，曹植刘桢之诗长于豪逸，陶潜阮籍之诗长于冲澹，谢灵运鲍照之诗长于峻洁，徐陵庾信之诗长于藻丽。于是杜子美者，穷高妙之格，极豪逸之气，包冲澹之趣，兼峻洁之姿，备藻丽之态，而诸家之作所不及；然不集诸家之长，杜氏亦不能独至于斯也，岂非适当其时故耶？孟子曰："伯夷，圣之清者也。伊尹，圣之任者也。柳下惠，圣之和者也。孔子，圣之时者也。孔子之谓集大成。"呜呼，

杜氏、韩氏，亦集诗文之大成者也！

聪明天生，而学成于自力。自称："少时读书，一见辄能诵。暗疏之，亦不甚失。然负此自放，喜从滑稽饮酒者游，旬朔之间，把卷无几日，故虽有强记之力，而常废于不勤。比数年来，发愤自惩艾，悔前所为，而聪明衰耗，殆不如曩时十一二。每阅一事，必寻绎数终，掩卷茫然，辄复不省。故虽有勤苦之劳，而常废于善忘。比读齐史，见孙搴《答邢词》云'我精骑数千，足敌君羸卒数万'，心善其说，因取经传子史事之可为文用者，得若干条，勒为若干卷，题曰《精骑集》。既从轼兄弟游，而深窥其学，得其所以为人；谓：苏氏之道，最深于性命自得之际；其次则器足以任重，识足以致远；至于议论文章，乃其与世周旋至粗者也。中书轼之道，如日月星辰，经纬天地，有生之类，皆知仰其高明。补阙辙则不然，其道如元气行于混沦之中，万物由之而不自知也；故中书自谓'吾不及子由'，仆窃以为知言。"顾观之策论，最为类轼；而观之诗词，则绝异轼。诗律体不如古休，七古不如五古。律诗尽有妍丽，而气调少弩。七古绰有气调，而意思不警。七古惟《赠女冠畅师》、《送乔希圣》、《宿金山》三篇，可诵。五古如《泊吴兴观音院》《寄曾逢原》《田居》四首、《送李端叔从辟中山》、《和王忠玉提刑》、《病犬》、《幽眠》、《次韵参寥莘老》、《荷花》，多可诵者；而蹊径与轼五古绝不同。轼以疏澹为旷真，以坦迤出跌宕，由韦以希陶；观则以妍丽为清新，以追琢出秀爽，学柳以变谢；此其较也。至于词则思路之隽，略似欧；阵仗之雄，不如苏；而特寓深婉于疏俊，以妍媚出沉郁。如《捣练子》曰：

心耿耿，泪双双。皓月清风冷透窗。人去秋来宫漏永，夜深无语对银釭。

又《如梦令》曰：

> 门外绿阴千顷，两两黄鹂相应。睡起不胜情，月到碧梧金井。人静人静，风弄一枝花影。

又《虞美人》曰：

> 行行信马横塘畔，烟水秋平岸。绿荷多少夕阳中，知为阿谁凝恨背西风。　红装艇子来何处？荡桨偷相顾。鸳鸯惊起不无愁，柳外一双飞去却回头。

又《南歌子》曰：

> 香墨弯弯画，燕脂淡淡匀。揉蓝衫子杏黄裙，独倚玉阑无语点檀唇。　人去空流水，花飞半掩门。乱山何处觅行云，又是一钩新月照黄昏。

境由静而得深，情以婉而得挚，此中有人，呼之欲出。特晏欧有艳词而无村语，东坡有豪语而无俚词，而村语俚词，不嫌入词，自秦观始。如《品令》曰：

> 幸自得。一分索强，教人难吃。好好地恶了十来日。恰而今、较些不？　须管啜持教笑，又也何须胳织。衠倚赖脸儿得人惜。放软顽、道不得。

又《品令》曰：

> 掉又矁。天然个品格。于中压一。帘儿下时把鞋儿踢。语低低，笑咭咭。　每每秦楼相见，见了无限怜惜。人

前强不欲相沾识。把不定、脸儿赤。

又《满园花》曰：

> 一向沉吟久。泪珠盈襟袖。我当初不合苦撋就。惯纵得软顽，见底心先有。行待痴心守。甚揾著脉子，倒把人来僝僽！近日来非常罗皂丑。佛也须眉皱。怎掩得众人口。待收了孛罗，罢了从来斗。从今后。休道共我，梦见也不能够。

语不讳俗，融裁一片，纵笔挥洒，如弹丸脱手，几开元曲之蹊径矣。此自来词家所无，而轼虽豪放，未尝有此也。然观之于轼，终身服膺。而黄庭坚则颇树赤帜，每曰"盖有文章妙一世，而诗句不逮古人者"，以讥轼也。及轼之殁，庭坚在南康落星寺，闻之痛惜。已而顾寺僧，拈几上香合在手曰："此香匲子，自此却属老夫矣。"

黄庭坚，字鲁直；举进士，调叶县尉。熙宁初，举四京学官，第文为优，教授北京国子监。留守文彦博才之，留再任。苏轼尝见其诗文，以为"超轶绝尘，独立万物之表；世久无此作"。由是声名始振。及轼为侍从，举庭坚自代，至云："瑰伟之文，妙绝当世。孝友之行，追配古人。"哲宗即位，以秘书省校书召至京师；寻除神宗实录院检讨官，集贤校理；累迁著作佐郎、起居舍人。轼知贡举，举庭坚为佐，亦如欧阳修之于梅尧臣也。既坐党籍，以修史失实谪涪州别驾，黔州安置，移戎州。徽宗即位，召起吏部员外郎，未赴，再贬宜州，卒以斥死。生而奇逸通脱，五岁已诵五经。一日，问其师曰："人言六经，何独读其五？"师曰："《春秋》不足读。"庭坚曰："是何言也？

既曰经，何得不读！"十日成诵，无一字遗。七岁，能作《牧童》诗；八岁，作诗送人赴举曰："送君归去玉帝前。若问旧时黄庭坚，谪在人间今八年。"二十二岁，以英宗治平三年丙午，赴乡举。诗题《野无遗贤》，主文衡者庐陵李询读其诗，有句云："渭水空藏月，傅岩深锁烟。"批云："此人不惟文理冠场，异日当以诗名擅四海。"既而之京师，于相国寺得宋祁《唐书》稿一册，归而熟观之，由是文章日进；此无他，见其窜易句字，与初造意不同，而识其用意所起故也。三十六岁，官太和令，将之任，而其舅氏李常以提点淮南西道刑狱自同安来，相见于舒州之皖口，遂游三祖山山谷寺，而爱其石牛洞之胜，有诗云："司命无心播物，祖师有记传衣。白云横而不度，高鸟倦而犹飞。"因自号山谷道人。传有《山谷内集》三十卷,《外集》十四卷,《别集》二十卷,《词》一卷,《简尺》二卷。其文以朴老而臻密栗，诚学韩愈而遗貌取神者也。顾诗独为世传诵，以与轼相配，称曰苏黄。顾轼则谓："每见鲁直诗，无不绝倒；然能绝倒者，已是可人。如蟠蜂江瑶柱格韵高绝，盘餐尽废。然不可多食。多食，则发风动气。"而庭坚独自负诗人之奇，诏人作诗，以谓："举一纲而张万目，盖以俗为雅，以故为新；百战百胜，如孙吴之兵；棘端可以破镞，如甘蝇飞卫之射，此诗人之奇也。"盖自道功力所到，以俗为雅，以故为新；锻炼勤苦，尤工用事，剪裁镕铸，点化无痕。其文有《寄洪甥驹父》一书，谓："自作语最难。老杜作诗，退之作文，无一字无来处。盖后人读书少，故谓韩杜自作此语。古之能为文章者，真能陶冶万物；虽取古人之陈言，入于翰墨，如灵丹一粒，点铁成金也。"然毕生功力，尽于下语；炼句而未能炼意，语新而意伤木；用事而或艰用笔，事融而笔未浑；所以势峻而或仄，笔老而不到。大抵古人文字，有辞达而意不警者，杜牧之古文是也。有笔老而意欠到者，黄庭坚之诗是也。就其可诵，笔老而到者，五言古如《阻风铜陵》曰：

> 顿舟古铜官，昼夜风雨黑。洪波崩奔去，天地无限隔。船人谨维笮，何暇思挂席。凭江裂嵌空，中有暗水滴；洞视不敢前，潭潭蛟龙宅。网师登长鱣，贾我腥釜鬲；斑斑被文章，突兀啄三尺；言语竟不通，喰喁亦何益；魁梧类长者，卒以筌饵得；浮沉江湖中，波友永相失，有生甚苦相，细大更啖食。安得无垢称，对榻忘语默。

又《劳坑入前城》曰：

> 刀坑石如刀，劳坑人马劳。窈窕篁竹阴，是常主逋逃。白狐跳梁去，豪猪森怒嘷。云黄觉日瘦，木落知风饕。轻轩息源口，饭羹煮溪毛。山农惊长吏，出拜冢骚骚。借问淡食民，祖孙甘铺糟；赖官得盐吃，正苦无钱刀。

又《题竹石牧牛》曰：

> 野次山峥嵘，幽篁相倚绿。阿童三尺棰，御此老觳觫。石吾甚爱之，勿遣牛砺角。牛砺角尚可，牛斗残我竹。

七言古如《上大蒙笼》曰：

> 黄雾冥冥小石门，苔衣草路无人迹。苦竹参天大石门，虎远兔蹊聊倚息。阴风搜林山鬼啸，千丈寒藤绕崩石。清风源里有人家，牛羊在山亦桑麻。向来陆梁嫚官府，试呼使前问其故。衣冠汉仪民父子，吏曹扰之至如此。穷乡有米无食盐，今日有田无米食（史注云：无米食，当作无食

米)。但愿清官不爱钱,长养儿孙听驱使。

又《常父答诗有"煎点径须烦绿珠"之句复次韵戏答》曰:

小鬟虽丑巧妆梳,扫地如镜能检书。欲买娉婷供煮茗,我无一斛明月珠。知公家亦阙扫除,但有文君对相如。政当为公乞如愿,作笺远寄宫亭湖。

又《赠送张叔和》曰:

张侯温如邹子律,能令阴谷黍生春。有齐先君之季女(埙字叔和,洛中人张焘龙图之后,娶山谷季妹),十年择对无可人。箕帚扫公堂上尘,家风孝友故相亲;庙中时荐南涧蘋,儿女衣袴得补纫。两家俱为白头计,察公与人意甚真。吏能束缚老奸手,要使鳏寡无孼呻。但回此光还照己,平生倦学皆日新。我提养生之四印,君家所有更赠君。百战百胜,不如一忍;万言万当,不如一默。无可简择眼界平,不藏秋毫心地直。我肱三折得此医,自觉两踵生光辉。团蒲日静鸟吟时,铲薰一炷试观之。

又《薄薄酒》二章曰:

薄酒可与忘忧,丑妇可与白头。徐行不必驷马,称身不必狐裘。无祸不必受福,甘餐不必食肉。富贵于我如浮云,小者谴诃大戮辱。一身畏首复畏尾,门多宾客饱僮仆。美物必甚恶,厚味生五兵;匹夫怀璧死,百鬼瞰高明。丑妇千秋万岁同室,万金良药不如无疾。薄酒一谈一笑胜茶,万里封侯不如还家。

薄酒终胜饮茶,丑妇不是无家;醇醪养生等刀锯,深山大泽生龙蛇。秦时东陵千户食,何如青门五色瓜?传呼鼓吹拥部曲,何如春雨一池蛙?性刚太傅促和药,何如羊裘钓烟沙?绮席象床雕玉枕,重门夜鼓不停挝;何如一身无四壁,满船明月卧芦花?吾闻食人之肉,可随以鞭朴之戮;乘人之车,可加以铁钺之诛。不如薄酒醉眠牛背上,丑妇自能搔背痒。

五言律如《谢王炳之惠石香鼎》曰:

薰炉宜小寝,鼎制琢晴岚。香润云生础,烟明虹贯岩。法从空处起,人向鼻头参。一炷听秋雨,何时许对谈?

又《嘲小德》曰:

中年举儿子,漫种老生涯。学语啭春鸟,涂窗行暮鸦。欲瞋王母惜,稍慧女兄夸。解著《潜夫论》,不妨无外家。

七言律如《次韵裴仲谋同年》曰:

倾盖春风汝水边,客床相对卧僧毡。舞阳去叶才百里,贱子与公俱少年。白发齐生如有种,青山好去坐无钱。烟沙篁竹江南岸,输与鸬鹚取次眠。

又《宿广惠寺》曰:

鸦啼残照下层城,僧舍初寒夜气清。风乱竹枝垂地影,霜干桐叶落阶声。不遑将母伤今日,无以为家笑此生。都下苦无书信到,数行归雁月边横。

又《次韵元翁从王夔玉借书》曰:

> 为吏三年弄文墨,草莱心径失耕锄。常思天下无双祖,得读人间未见书(《后汉书·黄香传》京师号曰"天下无双,江夏黄童"。肃宗诏香诣东观读所未尝见书)。公子藏山真富有,小儒扪腹直空虚。何时管钥入吾手,为理签题扑蠹鱼。

又《和高仲本喜相见》曰:

> 雨昏南浦曾相对,雪满荆州喜再逢。有子才如不羁马,知公心是后雕松。闲寻书册应多味,老傍入门似更慵。何日晴轩观笔砚,一尊相属要从容。

庭坚七言律,中二联多兀傲不调平仄;然其笔端,实无丝毫俗韵,盖学杜得其一体。在杜如"爱汝玉山草堂静,高秋爽气相鲜新;有时自发钟磬响,落日时见渔樵人","锦官城西生事微,乌皮几在还思归;昔去为忧乱兵入,今来惟恐邻人非",不过百首之一二。而在庭坚,则十首之三四焉。七言绝如《上萧家峡》曰:

> 玉笋峰前几百家,山明松雪水明沙。趁墟人集春蔬好,桑菌竹萌烟蕨芽。

又《考试局与孙元忠博士竹间对窗夜闻元忠诵书声调悲壮戏作竹枝歌三章和之》曰:

> 南窗读书声吾伊,北窗见月歌竹枝。我家白发问乌鹊,他家红妆占蛛丝。
>
> 屋山啼乌儿当归,玉钗胃蛛郎马嘶。去时灯火正月半,阶前雪销萱草齐。
>
> 勃姑夫妇喜相唤,街头雪泥即渐干。已放游丝高百尺,不应桃李尚春寒。

又《戏答陈季常寄黄州山中连理松枝》二首曰：

故人折松寄千里，想听万壑风泉音。谁言五鬣苍烟面，犹作人间儿女心。

老松连枝亦偶然，红紫事退独参天。金沙滩头锁子骨，不妨随俗暂婵娟。

其他五言古如《溪上吟》、《次韵时进叔二十六韵》、《薛乐道自南阳来入都留宿会饮作诗饯饮》、《奉答子高见赠十韵》、《奉和王世弼寄上七兄先生用其韵》、《古诗二首上苏子瞻》、《丙寅十四首效韦苏州》、《次韵谢外舅病不能拜复官夏雨眠起之什》、《次韵奉送公定》、《次韵公定世弼登北都东楼》四首、《寄南阳谢外舅》、《赋未见君子忧心靡乐八韵寄李师载》之见心靡三韵、《以同心之言其臭如兰为韵寄李子先》之同心臭如兰五韵、《见子瞻粲字韵诗和答三人四返不困而愈崛奇辄次韵寄彭门》三首之二、《再和寄子瞻闻得湖州》、《春游》、《次韵感春》五首之三四五、《圣柬将寓于卫将乞食于齐有可怜之色再次韵感春五首赠之》之一二五、《送张沙河游齐鲁诸邦》、《再和答为之》（君勿嘲广文起句）、《次韵叔父夷仲送夏君玉赴零陵主簿》、《次韵伯氏长芦寺下》、《赠别李端叔》、《贵池》、《庚寅乙未犹泊大雷口》、《乙未移舟出口》、《灵龟泉上》、《发舒州向皖口道中作寄李德叟》、《过致政屯田刘公隐庐》、《次韵章禹直开元寺观画壁》、《寄陈适用》、《和孙公善李仲同金樱饵唱酬》二首之一、《题高君正适轩》、《癸丑宿早禾渡僧舍》、《宿观山》、《乙卯宿清泉寺》、《己未过太湖僧寺得宗汝为书寄山蓣白酒长韵诗寄答》、《庚申宿观音院》、《金刀坑迎将家待追浆坑十余户山农不至因题其壁》、《和答魏道辅寄怀》十首、《食笋》十韵、《读方言》、《送彦孚主簿》、《过家》、《明叔知县和示过家复次韵》、《铜官县望五松山集句》、《寄耿令几父过新堂邑作乃几父旧治之地》、《奉和文潜赠无咎篇末多见及以既见君子云胡不喜为韵》、《次韵答邢惇夫》、《和邢惇夫秋怀》十首之七八、《谢公定和二范秋怀五首邀余同作》之一三四、《子瞻诗句妙一世乃云效庭坚体盖退之喜效孟郊樊宗师之比以文滑稽恐后生不解故次韵道之》、《次韵张仲谋过酺池寺斋》、《次韵子瞻送顾子敦河北都运》二首、《送张天觉得登字》、《咏伯时画太初所获大宛虎脊天马图》、《咏伯时画冯登世所画大宛象龙图》、《清人怨戏效徐庾慢体》三首、《戏答俞清老道人寒夜》三首、《赠秦少仪》、《次韵谢黄斌老送墨竹十二韵》、《用前韵谢子舟为余作风雨竹》、《次韵答斌老病起独游东园》二首《又和》二首《又答斌老病愈遣闷》二首《次韵杨明叔见饯》十首、《以古铜壶送王观复》、《次前韵谢与迪惠所作五幅》、《题李亮功戴嵩牛图》、《次韵徐仲车喜董元达访之作南郭篇四韵》、《次韵仲车为元达置酒四韵》、《颜徒贫乐斋》二首、《道中闻松声》、《游愚溪》、《以柳子茶瓶寄德孺》二首，七言古如《清江引》、《还家呈伯氏》、《次韵谢子高读渊明传》、《次韵子瞻春菜》、《和谢公定征南谣》、《戏赠彦深》、《次韵晁补之廖正一赠答诗》、《赠张仲谋》、《阻水泊舟竹山下》、《长句谢陈适用惠送吴南雄所赠纸》、《送范德孺知庆州》、《送谢公定作竟陵主簿》、《答王道济寺丞观许道宁山水图》、《次韵子瞻和子由观韩幹马因论伯时画天马》、《送刘道纯》、《送薛乐道知郧乡》、《次韵王炳之惠玉版纸》、《博士王扬休碾密云龙同事十三人饮之戏作》、《答黄冕仲索煎双井并简扬休》、《戏答陈元舆》、《戏答赵伯充劝莫学书及为席子泽解嘲》、《观伯时画马》、《次韵子瞻以红带寄王宣义》、《听宋宗儒摘阮歌》、《和子瞻戏书伯时画好头赤》、《姨母李夫人墨竹》二首、《老杜浣花溪图引》、《送曹子方福建路运判兼简运使张仲谋》、《送少章从翰林苏公余杭》、《戏咏子舟画两竹两鸲鹆》、《送石长卿太学秋补》、《和王观复洪驹父谒陈无己长句》、《题子瞻画竹石》、《题莲华寺》、《武昌松风阁》、《次韵文潜》、《书磨厓碑后》、《明远庵》、《和范信中寓居崇宁遇雨》二首之二、《对酒歌答谢公静》、《走答明略适尧民来相约奉谒故篇末及之》、《答明略并寄无咎》、《赠赵言》、《再用旧韵寄孔毅父》、《寄题安福李令爱竹堂》、《戏和于寺丞乞王醇老米》、《送王郎以团茶洮州绿石砚赠无咎文潜》、《再答元舆》、《次韵答曹子方杂言》、《戏答欧阳诚发奉议谢余送茶歌》，五言律如《呻吟斋睡起五首呈世弼》、《次韵刘景文登邺王台见思》五首，七言律如《寄怀公寿》、《闰月访同年李夷伯子真于河上子真以诗谢次韵》、《次韵寅庵》四首之三四《赠答晁次膺》、《题落星寺》四首之一二三、《登快阁》、《送刘季展从军雁门》二首之一、《寄黄几复》、《懋宗奉议有佳句咏冷庭叟野居庭坚于庭叟有十八年之旧故次韵赠之》、《次韵黄斌老晚游池亭》二首、《河舟晚饮呈陈说道》、《次韵李任道晚饮锁江亭》、《再次韵兼简履中南玉》三首、《次韵杨君全送酒》、《追和东坡壶中九华》、《梦中和觞字韵》、《次韵德孺惠贶秋字之句》，五言绝如《和凉轩》二首，七言绝如《和陈君仪读太真外传》五首《和李才甫先辈快阁》五首、《酴醾》《戏和舍弟船场探春》二首《自门下后省归卧酺池寺观卢鸿草堂图》、《六月十七日昼寝梦李白诵竹枝词三叠》、《上南陵陂》、《次韵任道食荔支有感》三首、《病起荆江亭即事》十首之二五六七八、《谢答闻善二兄九绝句》、《病来十日不举酒》二首、《题小景扇》、《鄂州南楼书事》四首、《寄黄龙清老》三首、《戏简朱公武刘邦直田子平等篇》，避熟避易，力求生峭，而时出妍媚，虽籍苏门而不用苏法。苏轼以旷见真，以坦为激，以透能警；庭坚则以清为奥，以生出新，以涩作健；而"以故为新，以俗为雅"，其说实本苏轼而别出蹊径。苏近于欧，黄则似梅。苏轼以韦学陶，以白学杜，而间参以韩孟；庭坚以谢化孟，以韩学杜，而亦或用韦白。庭坚与秦观五言皆致力于二谢，而秦媲于柳，黄化以孟。尝曰："宁律不谐而不使句弱，用字不工，不使语俗；此庾开府之所长也。然有意于为诗也，犹恨雕琢功多耳。但熟观杜子美到夔州后古律诗，便得句法，简易而大巧出焉，平淡而山高水深，似欲不可企及。文章成就，更无斧凿痕，乃为佳耳。"然庭坚未泯釜凿，实伤雕琢；而其好用事以语僻难晓，则与西昆不同体而同蔽。西昆丽典新用，特以比兴为妍；庭坚整语碎用，欲以翦裁出奇。西昆比引有迹，庭坚点化无痕；此其所自得意而能胜一筹者也。

惟庭坚之诗出杜甫，以融裁为捃摭，不免巧琢；而庭坚之文效韩愈，以瘦硬出老成，却能浑化。序跋如《小山集序》、《庞安常伤寒论后序》、《道臻师画墨竹后序》、《题自书卷后》、《题东坡书道术后》、《题东坡所作马券》、《跋相鹤经》、《跋陷蕃王太尉家书》、《跋王荆公书陶隐居墓中文》、《跋张龙阁家问》、《跋秦氏所置法帖》、《书陶渊明责子诗后》、《跋刘梦得竹枝歌》、《跋子瞻木山诗》、《跋子瞻送二侄归眉诗》、《书王元之竹楼记后》、《书筠州学记后》、《题韩忠献诗杜正献草书》、《书刘景文诗后》、《书欧阳子传后》、《书所作官题诗后》、《跋招清公诗》、《题意可诗后》、《书林和靖诗》、《书邢居实南征赋后》、《跋王慎中胡筎集句》、《跋高子勉诗》、《题王观复所作文后》、《跋王介甫帖》、《书王荆公赠俞秀老诗后》、《跋俞秀老清老诗颂》、《书陈亚之诗后》、《书鲜洪范长江诗后》、《跋元圣庾清水岩记》、《题校诗图后》、《题渡水罗汉画》、《跋浴室院画六祖》、《题七才子画》、《题济南伏胜图》、《题赵公佑画》、《题摹燕郭尚父图》、《题明皇真妃图》、《题辋川图》、《书王荆公骑驴图》、《书刘壮舆漫浪图》、《题李伯时画天女》、《题崔白画风竹上鸲鹆》、《题东坡像》、《题画山水图》、《问画娘子军胡骑后》、《跋仁上座橘洲图》、《题惠崇九鹿图》、《题陈自然画》、《题徐巨鱼》、《书土星画》、《题画醉僧图》、《题宗室大年画小山丛竹永年画狗》、《题太宗皇帝御书》、《又跋兰亭》、《书右军文赋后》、《题瘗鹤铭后》、《题乐毅论后》、《题东方朔画赞后》、《题法帖》、《题绛本法帖》、《书遗教经后》、《题蔡致君家庙堂碑》、《题徐浩碑》、《题杨凝式书》、《跋张长史千字文》、《题颜鲁公帖》、《题颜鲁公麻姑仙坛记》、《书徐浩题经后》、《跋翟公巽所藏石刻》、《跋王立之诸家书》、《跋李后主书》、《跋李伯时所藏篆戟文》、《跋洪驹父诸家书》、《题东坡字后》、《跋东坡水陆赞》、《跋东坡书》、《跋东坡墨迹》、《题东坡小字两轴卷尾》、《跋东坡帖后》、《跋东坡书帖后》、《跋东坡论笔》、《跋东坡书远景楼赋后》、《书摹拓东坡书后》、《跋为王圣予作字》、《书缯卷后》、《跋自临东坡和陶渊明诗》、《跋自所书与宗室景道》、《跋与徐德修草书后》、《书自作草后》、《自评元祐间字》、《跋与张载熙书卷尾》、《跋旧书诗卷论黔州时字》、《跋湘帖群公书》、《跋五宰相书》、《跋常山公书》、《跋舅氏李公达所宝二帖》、《跋周子发帖》、《题王荆公书后》、《跋王才叔书》、《跋米元章书》、《跋王晋卿书》、《跋李康年篆》、《书家弟幼安作草后》、《跋淡墨砚铭》、《题传神》、《跋范文正公帖》、《跋范文正公书伯夷颂》、《书徐德占题壁后》、《跋王荆公禅简》、《跋匹纸》、《书枯木道人赋后》、《书梵志翻著袜诗》、《题刀镊民传后》，赠序如《李大耕大猎字序》、《书药说遗族弟友谅》、《书赠俞清老四首》、《书赠韩琼秀才》、《书赠福州陈继月》、《书赠晁师》，书如《答王子飞书》、《与王子予书》、《答洪驹父书》三首之二三，碑志如《朝请郎知吉州毕公墓志铭》《西头供奉官潮州兵马监押尹君墓志铭》、《左藏库使知宣州党君墓志铭》、《太子中允致仕陈君墓志铭》、《萧济父墓志铭》、《王力道墓志铭》、《刘道原墓志铭》、《张大中墓志铭》、《刘咸临墓志铭》、《杨宽之墓志铭》、《全州盘石庙碑》、《圜明大师塔铭》、《法安大师塔铭》、《非熊墓铭》、《叔父和叔墓碣》、《章明扬墓碣》，杂记如《自然堂记》、《书吴无至笔》、《书侍其瑛笔二则》、《书小宗香》、《书幽芳亭》、《书壶中九华山石》，颂赞如《具茨颂》、《曹侯善政颂》、《清闲处士颂》，祭文如《代赵枢密祭韩康公文》、《祭姚大夫文》、《祭李承议文》，咸可诵览。其中碑志同昌黎之坚卓，而力祛奥僻；短题小记似东坡之诙诡，而特为简峻。东坡文章疏快，而骨力不免缓懦；庭坚骨力坚卓，而辞笔特以峻重；盖亦有意异军突起，而以自别于苏门者也。生平读书作文，用力甚勤，所以诏学者曰：

> 古人有言："并敌一向，千里杀将。"要须心地收汗马之功，读书乃有味；弃书策而游息，书味犹在胸中，久之，乃见古人用心处；如此则尽心于一两书，其余如破竹节，皆迎刃而解也。自作语最难。老杜作诗，退之作文，无一字无来处；盖后人读书少，故谓韩杜自作此语耳。古之能为文章者，真能陶冶万物，虽取古人之陈言，入于翰墨，如灵丹一粒，点铁成金也。文章为儒者末事，然素学之，不可不知其曲折。至于推之使高，如泰山之崇崛，如垂天之云；作之使雄壮，如沧江八月之涛，海运吞舟之鱼，又

不可守绳墨,令俭陋也。凡作一文,皆须有宗有趣;终始关键,有开有合;如四渎虽纳百川,或汇而为广泽,汪洋千里,要自发源注海耳。刘勰论文章之难,云"意翻空而易奇,文征实而难工",此语亦是。沈谢辈为儒林宗主时,好作奇语,故后生立论如此。好作奇语,自是文章病;但当以理为主,理得而辞顺,文章自然出群拔萃。观杜子美到夔州后诗,韩退之自潮州还朝后文章,皆不烦绳削而自合矣。往年尝问东坡作文章之法,东坡云:"但熟读《礼记·檀弓》,当得之。"既而取《檀弓》读数百过,然后知后世作文章不及古人之病,如观日月也。文章自建安以来,好作奇语,故其气象衰薾,其病至今犹在。唐惟陈伯玉、韩退之、李习之,近世惟欧阳永叔、王介甫、苏子瞻、秦少游,乃免此病耳。东坡文章妙天下,其短处在好骂,慎勿袭其轨也。

盖洞明古今文章利钝,所以不懈而及于古如此。然而自来论庭坚者,多称其诗,扬之不免过誉,毁之亦嫌敚实;而要皆未明其渊源自出,利钝之由。陈师道独以谓:"其学博矣,而得法于少陵;其学少陵而不为者也,故其诗近之,而其进则未也。"若有不足于意者,而揄扬庭坚实已溢量。诗至少陵而体备矣,而力雄矣,谭何容易进于少陵耶?师道固有"人言我语胜黄语"之句,殆自以为进于庭坚者也。庭坚之诗,有奇而无妙,有斩截而无横放,铺张学问以为富,点化陈腐以为新,而浑然天成,如肺肝中流出者不足也。特以元祐诸贤,才气横溢,往往烂漫;而一时独有此一种拗瘦之作,见者遂以为高不可攀耳。师道以为"其学少陵而不为",吾则谓其学少陵而未至者也。师道谓之"其进则未"者,尚以其拗怒有余劲,而未极逼仄之至,如己所为耳；此所以有"人道我语胜黄语"之句也。遂承庭坚以为江西诗派继别之宗云。

　　陈师道，字履常，一字无己，彭城人，与巨野晁说之俱学文于曾巩；既而师道得诗法于黄庭坚。他日，二人论文。说之曰："吾曹不可负曾南丰。"既而论诗，师道曰："吾此一瓣香，须为山谷老人烧也。"师道初携文卷见巩。巩览之，问曰："曾读《史记》否？"师道对曰："自幼年即读之矣。"巩曰："不然！要当且置他书，熟读《史记》三两年尔。"师道如其言。及巩自明守亳，师道走泗州间，携文谒之，甚欢，曰："读《史记》有味乎？"巩过荆襄，师道携所作以谒，因留款语，欲作一文字，事多，托师道为之，且授以意。师道穷日之力，仅数百言，以呈巩。巩曰："大略也好，只是冗字多。"遂取笔抹数处，每抹处连一两行，凡削去一二百字，读之则其意尤完。师道叹服，遂以为法。每谓："善为文者，因事以出奇。如江河之行，顺下而已；至其触山赴谷，风抟物激，然后尽天下之至奇也。"少好为诗，老而不厌，数以千计；及一见黄庭坚，尽焚其稿而学焉。庭坚以为："譬之弈焉，弟子高师一著，仅能及之；争先则后矣。"世家彭城，后生从之游者常数十人。所居近城，有隙地林木；闲则与诸生徜徉林下。或愀然而归，径登榻引被自覆，呻吟久之，矍然而兴，取笔疾书，则一诗成矣。因揭之壁间，坐卧吟咏，有窜易至数十日乃定，有终不如意者，则弃去之。每登览得句，即急归卧一榻，以被蒙首，恶闻人声，谓之吟榻。家人知之，即猫犬皆逐去，婴儿稚子，抱寄邻家。呻吟累日，乃能成章。同时秦观则杯觞流行，篇咏错出，略不经意。故庭坚为赋诗曰："闭门觅句陈无己，对客挥毫秦少游。"师道生平恶人节书，以为："苟能尽记不忘，固善；不然，徒费日力而已。"夜与诸生会宿，忽思一事，必明烛翻阅，得之乃已。或以为可待旦者，师道曰："不然。人情乐因循，一放过，则不复省矣。"故其学甚博而精。以荐充徐州学教授，移颍州、棣州，随除秘书省正字。馆中会茶，自秘监至正字咸集。或以谓少陵拙于为文，退之窘于作诗，申难纷然。独师道默无语，众乃诘之。师道曰："二子得名，自古未易定价。若以为拙于文，窘于诗；或以为诗文初无优劣；则皆不可。少陵不合以文章似吟诗样做，退之不合以诗似做文样做。"于是议论始定，众乃服膺。每谓："诗欲其好，则不能好；王介甫以工，苏子瞻以新，黄鲁直以奇。独子美之诗，奇常工，新易陈，无不好者。"又谓："宁拙，毋巧。宁朴，毋华。宁粗，毋弱。宁僻，毋俗。"传有《后山集》二十四卷。其古文笔意峭健，不减孙樵；而名不甚著，特以诗掩。然诗境至师道而益仄，时境至师道而已穷，辞藻既以力湔，才气又不敢骋，无才无华，只见瘦硬。盖师道运思欲幽，造语欲僻，而倡为"宁拙""宁朴""宁粗""宁僻"之论；又谓："学者不由黄韩而为老杜，则失之浅。"余谓老杜诗探怀以出，无心于"好""不好"，而刚健婀娜，自然妙造。白居易，苏轼，能为"好"者也；逸趣横生，寓怨悱于风情，以警快出闲暇。韩愈，能为"不好"者也；硬语盘空，发妩媚于粗朴，以迟重出雄矫。至于黄庭坚、陈师道，欲为"不好"者也；枯其笔，僻其句，而趣不足以发奥，气不能以运辞。然庭坚危仄之中，自有驱迈；而师道瘦硬以外，别无兴会。庭坚尚致力二谢而得其隽致，师道则一味韩黄而益为瘦硬。庭坚疏影横斜，尚有暗香浮动；师道枯株槎丫，只见瘦骨崚嶒。庭坚有奇而无妙，有斩截而无横放；师道虽僻而不奇，虽瘦硬而不斩截；欲为拙而不免巧，斯弄巧以成拙；欲为粗而不免弱，时再衰而三竭；所以朴而为伧，僻而为涩。庭坚欲为"不好"而尚能"好"者也；师道欲为"不好"而不讨"好"者也。而师道乃自扬诩，以为"人言我语胜黄语"。其然耶？其不然也。然师道五律诗之佳者，清深峭健，极瘦有骨，尽力无痕，学杜直到圣处，实非庭坚可比。如《寄外舅郭大夫》曰：

> 巴蜀通归使，妻孥且旧居。深知报消息，不敢问何如。身健何妨远，情亲未肯疏。功名欺老病，泪尽数行书。

《示三子》曰：

> 去远即相忘，归近不可忍。儿女已在眼，眉目略不省。喜极不得语，泪尽方一哂。了知不是梦，忽忽心未稳。

《登快哉亭》曰：

> 城与清江曲，泉流乱石间。夕阳初隐地，暮霭已依山。度鸟欲何向？奔云亦自闲。登临兴不尽，稚子故须还。

《野望》曰：

> 山开两岸柳，水绕数家村。地势倾崖口，风涛啮石根。平林霜著色，沙岸水留痕。剩寄还乡泣，难招去国魂。

《山口》曰：

> 湖阔疑无地，河回忽见山。登临聊自试，衰疾致身闲。四壁宁虞盗，千方莫驻颜。无风回远笛，有月待人还。

《登城楼》曰：

> 城郭春容晚，因行可当游。飞来双蛱蝶，自去一浮鸥。

峡险山将合，江平水却流。同来端兴尽，且为小迟留。

字字锻炼，直以万钧九鼎之力，束于八句四十字之间。其他如《送外舅郭大夫夔路提刑》、《放怀》、《次韵观月》、《春夜》、《别叔父昆山丞》、《住雁》、《寓目》、《除夜对酒赠少章》、《和贾明叔秋晚见怀》、《沈道院有水墨壁画奇笔也惜其穷年无赏之者贾明叔请余同赋》、《和彦詹题远轩》，亦皆浑脱浏亮，最为一集之胜也。次则七言绝如《次韵答邢居实》二首、《次韵答学者》四首之一、三、四，《东阡》、《即事》、《绝句》、《春兴》、《何郎中出示黄公草书》四首之一、《绝句》四首之四、《徐仙书》三首之二、《和黄生出游三绝句》之三、《酬颜生惠茶库纸》，瘦铁屈蟠，以乾老出清新，亦得老杜之深趣。如《次韵答邢居实》二首曰：

汉庭用少公何在，不使群飞接羽翰。今代贵人须白发，挂冠高处未宜弹。

秋来为客意何如？千里河山信不疏。异日老人今则少，不妨红叶闭门书。

《次韵答学者》曰：

津津爽气贯眉目，十五男儿万里身。笔下倒倾三峡水，胸中别作一家春。

暗中摸索不难知，眼里轮囷却见稀。行地径须先八骏，刺天终不羡群飞。

太阿无前锋不缺，铅刀不堪供一切。至柔绕指刚则折，善而藏之光夺月。

《绝句四首》之四曰：

　　书当快意读易尽，客有可人期不来。世事相违每如此，好怀百岁几回开。

《酬颜生惠茶库纸》曰：

　　破卵剥膜肌理滑，削玉作版光气薰。老子尚堪哦七字，阿买颇能书八分。

其尤可诵者也。七言律诗如《送赵教授》、《次韵苏公督两欧阳诗》、《答颜生》、《上赵使君》、《题王平甫帖》，抑扬爽朗，语无枝叶，亦得杜之一体；而无沉郁顿挫之致，失之太快太尽。七言古如《赠二苏公》、《呜呼行》、《送杜侍御纯陕西转运》、《次韵苏公湖上徙鱼》第一首、《古墨行》、《蝇虎》、《寄邓州杜侍郎》、《答魏衍黄预勉余作诗》、《和魏衍闻莺》、《答黄生》、《谢寇十一惠端砚》、《五子相送至湖陵》、《湖陵与刘生别》、《大风》、《赠知命》、《赠黄氏子小德》，生崭盘硬，时出诙诡，乃学韩愈，学黄庭坚，辙迹显然。五言古如《妾薄命》二首、《送内》、《别三子》、《次韵苏公观月听琴》、《次韵苏公涉颍》、《寄参寥》、《寄答王直方》、《还里》、《送魏衍移沛》、《寄黄允》、《咸平读书堂》、《与魏衍寇国宝田从先二侄分韵得坐字》、《次韵答秦少章》、《次韵应物有叹》、《黄楼》、《次韵苏公独酌》、《次韵德麟吴越山水》、《送李奉议亳州判官》四首之一、三、四、《答无咎》、《画苑》，抑遏掩蔽，往往遒警，乃学孟郊，亦有孤诣。其他摘句：五言如"月到千家静，林昏一鸟归"，"雪余盖地白，春浅著梢红"，"鸟语催春事，窗明报夕阳"，"时要平安报，反愁消息真"，"归怀属有思，弃世不待怒，老境厌透迟，人情费将护"，"庭梧自黄陨，风过成夜语","鸥没轻春水,舟横著浅沙","草与遥山碧,花欺晚照红","山断开平野,河回杀急流","冲风窗自语,浼壁虫成字","过雨作秋清,归云放月明","齿脱心犹壮,秋清意自悲","地平宜落日,野旷自多风","寒灯挑不焰,残火拨成灰","霜叶深于染,秋花晚自春","山静云盘髻,江空月印眉";七言如"早年著眼觑文字,万卷初无一言契,多生绮语未经忏,半世虚名足为累","冷眼尚能看细字,白头宁复要时名","欲傍江山看日落,不堪花鸟已春深","闲处著身容我老,忙中见记识君情","年侵身要兼人健,节近花须满意黄","水兼汴泗浮天阔,山入青齐焕眼明";亦皆情真格老,下字如铸。综观所作,学杜,学韩,学孟,学黄,而要之学杜而得其性之所近,尚未跻于具体而微。然杜、韩、孟无不自造语;而黄庭坚及师道不能自造语。往往挦扯古人诗句,强改一二字,而美其名曰点化,其实仍是饾饤。西昆之杨刘饾饤,西江之黄陈,何尝不饾饤?惟西昆以故事为饾饤,托为比语;而黄陈以成语为饾饤,欲如己出;此其较也。然师道刻意炼句,而有极拙,往往意枯而不淡永,笔瘦而不峭劲,语硬而不老靠;一生用死力炼句,而不能创意造言,只是捃摭古人语,饾饤成章;多读古人诗而不能自己做诗,食古不化,无句能活,有诗功而无诗情,无诗才,虽有善焉者寡矣。诗之为白苏者,务达务适;及其蔽也,调滑而语肤;为黄陈者,避俗避熟,及其蔽也,句僵而神木;为蔽不同,而不警不切,其境界之隔一也。其后婺州吕本中在南宋时以诗得名,传有《东莱诗集》二十卷,自言传衣江西,作《江西宗派图》,黄庭坚以降,列陈师道等二十五人,而己居其末以为法嗣,谓其源皆出庭坚也。庭坚尝与苏轼论书。轼曰:"鲁直近字虽清劲,而笔势有时太瘦,几如树梢挂蛇。"庭坚亦曰:

"公之字固不敢轻议；然间觉扁浅，亦甚似石压虾蟆。"庭坚以《神宗实录》除起居舍人。苏辙方在政府，不悦，曰："庭坚除日，为尚书右丞，不预闻也。"盖不乐庭坚也。

黄庭坚之词，师道尤极称之，谓："子瞻以诗为词，虽工，非本色；今代词手，只秦七黄九耳。"以为媲秦观而胜苏轼也。其实庭坚之词，只是学苏轼而未至，而与秦观异趣。观所作，疏俊令人喜；而庭坚恶赖令人呕。观作间有俚词；庭坚连翩村语。如《归田乐引》曰：

> 对景还销瘦。被个人把人调戏，我也心儿有。忆我又唤我，见我嗔我，天甚教人怎生受！　看承幸厮勾，又是樽前眉峰皱。是人惊怪冤我，忒撋就。妳了又舍了，一定是这回休了，及至相逢又依旧。

其他如《忆帝京》、《江城子》、《少年心》、《少年心添字》、《鼓笛令》、《归田乐令》，连篇累纸，刺刺不休。吊膀子，拆妳头，无不可恣情做，不奇；无不可对人说，大奇。剧而淫滥，尚干禁令；词而亵诨，更乖雅道。庭坚论诗，蕲于以俗为雅，以故为新；倪亦欲以施之于词，而秽语村言，满纸胡柴，俗则俗矣，风雅何存？吊膀拆妳，信笔拈写，新则新矣，文章扫地。《四库提要》乃谓"造语高妙，脱尽畦町"。然意鄙而不高，语俚而不妙；畦町尽是脱尽，造语实为恶赖；岂只如所称《沁园春》等十余首，亵诨不可名状也耶。其有志不出于淫荡，而词无害为俊雅者；如《定风波》曰：

> 小院难图云雨期，幽欢浑待赏花时。到得春来君却去，相误，不须言语泪双垂。　密约樽前难嘱付，偷顾，手

搓金橘敛双眉。庭榭清风明月媚,须记,归时莫待杏花飞。

又《采桑子》曰:

> 城南城北看桃李,依倚年华。杨柳藏鸦,又是无言飐落花。　　春风一面长含笑,偷顾羞遮,分付谁家,把酒花前试问他。

含羞映媚,尚婉娈有致。然而屈原香草美人,只托比兴。宋玉《高唐》《神女》,亦止礼义。而女子偷汉,男人调情,庭坚乃作正经事做,当正经话说,长言歌咏,此正词人之孽,文章之妖也。相传庭坚少时好为纤淫之词。法秀道人诫曰:"笔墨劝淫,应堕犁舌地狱。"庭坚答:"空中语耳。"晚年作词,往往用禅和子语,借题棒喝,如效宝宁勇禅师等《渔家傲》五首,是也;但又堕入理障,而绝无理境理趣,发人深思。庭坚之词,盖欲学苏轼而不能者也,欲为苏轼之豪迈而不能,故为倔强,出以鄙倍;欲为苏轼之超诣而不能,拈弄禅机,不免和障。学我者僵,似我者死,盖性分所限而无如何。惟《清平乐》曰:

> 春归何处?寂寞无行路。若有人知春去处,唤取归来同住。　　春无踪迹谁知。除非问取黄鹂;百啭无人能解,因风吹过蔷薇。

又《南歌子》曰:

> 槐绿低窗暗,榴红照眼明。玉人邀我少留行,无奈一帆烟雨画船轻。　　柳叶随歌皱,梨花与泪倾。别时不似见时情,今夜月明江上酒初醒。

绵丽而能爽朗，疏俊而为凄惋，颇得秦观之一体；然庭坚之所自负，而师道之所称许者，不在此也。师道亟称庭坚《西江月》"断送一生惟有，破除万事无过"之语；谓："韩诗有'断送一生惟有酒'，'破除万事无过酒'。才去一字，遂为切对而语益峻。"今按其词全阕曰：

　　　　断送一生惟有，破除万事无过；远山微影蘸横波，不饮傍人笑我。　　花病等闲瘦恶，春来没个遮阑。杯行到手莫留残，不道月明人散。

不过倔强作态，镕铸韩语作缩脚耳；然而篇外无余味，句中无余势，言尽则意止，犹是假苏轼也。而师道乃以苏词非本色，庭坚为词宗，其然，岂其然乎？传有《山谷词》一卷。

陈师道亦有《后山词》一卷，其词婉惬有文，不如诗之瘦硬无泽；然字句典雅，风味索莫，其病只在无兴象，无寄托。山谷词外强中干，师道则貌泽神索，惟不如庭坚之秽词可鄙，而亦无庭坚之警句可采。庭坚脱尽畦町，师道不乖矩矱；然言尽则意止，与庭坚不同而同也。庭坚早出苏轼门下，或曰后自名家，类相失云。

苏门六君子之三，得轼之笔，为文章波澜莫二者，曰晁补之、张耒、李廌。李廌，字方叔，济南人，传有《济南集》八卷。其文才辨纵横，去轼最近。轼亦最赏之，称其笔墨澜翻，有飞砂走石之势也。晁补之，字无咎，巨野人。初轼通判杭州；补之年甫十七，随父端友宰杭州之新城；轼见所作《钱塘七述》，大为称赏；由是知名。传有《鸡肋集》七十卷。今观其文，大抵好驰骋议论，有轼之体者也。张耒，字文潜，楚州淮阴人。初与秦观同学于轼。轼以为："秦得吾工，张得吾易。"而世谓

"工可致，易不可致"；以耒为难云。耒幼而颖异，十三岁能为文；十七时作《函关赋》，传诵人口。游学于陈。而苏辙为学官，爱异之；因得从轼游。轼曰："无咎雄健峻拔，笔力欲挽千钧。文潜容衍靖深，若不得已于书者。"传有《宛丘集》七十六卷。

苏辙，字子由；十九岁，与轼同举登进士科，又同策制举，能文章，称大小苏。累拜尚书右丞，进门下侍郎；已而落职，累贬筠州、雷州、循州，再复大中大夫致仕。筑室于许，号颍滨遗老，自作传万余言。卒，追复端明殿学士，谥文定。自称："始学，得一书，伏而读之，不求其博，而惟其书之知；求之而莫得，则反覆而思之，至于终日而莫见，而后退而求其得，惧其入于心之易，而守之不坚也。及既长，乃观百家之书，纵横颠倒，可喜可愕，无所不读，泛然无所适从；盖晚而读《孟子》，而后遍观乎百家而不乱也。辙才术技艺，无以大过于中人，而何敢自附于孟子？然其所以泛观天下之异说，三代以来兴亡治乱之际，而皎然其有以折之者，盖其学出于孟子，而不可诬也。""辙生好为文，思之至深，以为文者气之所形；然文不可以学而能，气可以养而致！孟子曰：'我善养吾浩然之气。'今观其文章，宽厚宏博；充乎天地之间，称其气之小大。太史公行天下，周览四海名山大川，与燕赵间豪俊交游，故其文疏荡颇有奇气。此二子者，岂尝执笔学为如此之文哉？其气充乎其中而溢乎其貌，动乎其言而见乎其文，而不自知也。"传有《栾城集》五十卷，《后集》二十四卷，《三集》十卷，《应诏集》十二卷。今观其文疏于叙事，而善议论，辨明古今治乱得失，出以坦迤，抑扬爽朗，语无含茹，而亦不为钩棘；策论特其所长，碑传则其所短，与轼蹊径略同，而波澜不如；气不如轼之舒，笔不如轼之透。集中论如《商论》、《周论》、《六国论》、《三国论》、《晋论》、《七代论》、《隋论》、《唐论》、《五代论》、《老聃论》上下、《蜀论》、《北狄论》、《西戎论》、《西南夷论》、《燕赵论》，策如《君术策》一二、《臣事策上》一三五、《臣事策下》三、《民政策上》二四五、《民政策下》一二，叙如《元祐会计录叙》、《民赋叙》，书如《上神宗皇帝书》、《上昭文富丞相书》、《上刘长安书》《陈州为张安道论时事书》。按之上古，验之当世，参以人事，深切喜往复，洞明得失，如《三国论》曰：

天下皆怯而独勇，则勇者胜；皆暗而独智，则智者胜。勇而遇勇，则勇者不足恃也；智而遇智，则智者不足用也。夫唯智勇之不足以定天下，是以天下之难，蜂起而难平。盖尝闻之：古者英雄之君，其遇智勇也以不智不勇，而后真智大勇乃可得而见也。悲夫！世之英雄，其处于世，亦有幸不幸耶！汉高祖、唐太宗，是以智勇独过天下而得之者也。曹公、孙、刘，是以智勇相遇而失之者也。以智攻智，以勇击勇，此譬如两虎相捽，齿牙气力，无以相胜，其势足以相扰而不足以相毙。当此之时，惜乎无有以汉高帝之事制之者也。

昔者项籍乘百战百胜之威，而执诸侯之柄，咄嗟叱咤，奋其暴怒，西向以逆高祖，其势飘忽震荡，如风雨之至。天下之人以为遂无汉矣。然高帝以其不智不勇之身，横塞其冲，徘徊而不得进；其顽钝椎鲁，足以为笑于天下，而卒能摧折项氏而待其死。此其故何也？夫人之勇力，用而不已，则必有所耗竭；而其智慧久而无成，则亦必有所倦怠而不举。彼欲用其所长以制我于一时，而我闭门而拒之，使之失其所求，逡巡求去而不能去，而项籍固已惫矣。

今夫曹公、孙权、刘备，此三人者，皆知以其才自取，而未知以不才取人也。世之言者曰：孙不如曹，而刘不如孙。刘备惟智短而勇不足，故有所不若于二人者；而不知因其所不足以求胜，则亦已惑矣。盖刘备之才，近似于高祖，而不知所以用之之术。

昔高祖之所以自用其才者，其道有三焉耳：先据势胜之地，以示天下之形。广收信越出奇之将，以自辅其所不逮。有果锐刚猛之气而不用，以深折项籍猖狂之势。此三事者，三国之君，其才皆无有能行之者。独有一刘备近之而未至。其中犹有翘然自喜之心，欲为椎鲁而不能纯，欲为果锐而不能达，二者交战于中而未有所定，是故所为而不成，所欲而不遂。弃天下而入巴蜀，则非地也；用诸葛孔明治国之才，而当纷纭征伐之冲，则非将也；不忍忿忿之心，犯其所短而自将以攻人，则是其气不足尚也。嗟夫！方其奔走于二袁之间，困于吕布而狼狈于荆州，百败而其志不折，不可谓无高祖之风矣，而终不知所以自用之才。夫古之英雄，惟汉高帝为不可及也夫！

策论至苏氏父子，原原本本，述往事，思来者，有以见天下之赜，古今之变，而观其会通，持之有故，言之成理，直与周秦诸子同为一家之言，固不仅文章之工。而观辙之所为，其学兼综兵农儒法，其文出入庄、孟、苏、张，虽不如洵之峭劲廉悍，而颇追轼之条达疏畅，意到笔随，无愧难弟也。轼尝称辙，以为："其文如其为人，故汪洋澹泊，有一唱三叹之声；而其秀杰之气，亦不可没。作《黄楼赋》，乃稍自振厉，若欲以警发愦愦者。"然轼辙之文，有余于汪洋，不足于澹泊；工于用尽，而不善于用有余；可振厉以警发愤愤之意，而未能唱叹以发人悠悠之思。惟辙《上枢密韩太尉书》，乃所谓"汪洋澹泊，有一唱三叹之声"，而亦不没其"秀杰之气"者，此于辙文为逸调，而可以弁冕全集。次则《王氏清虚堂记》《武昌九曲亭记》，寄意旷真而出以浑融，颇得欧阳修之闲逸；《京西北路转运使题名记》，落笔骏重而抒以盘冀，则学韩愈之雄矫；亦一集之胜也。骈文如《郭逵自致仕起知潞州》、《姚兕磨勘转东上阁门使》、《刘挚右丞》、《曾肇中书舍人》、《曹诵遥团知保州》、《韩忠彦枢密直学士知定州》、《李之纯宝文阁直学士知成都府》、《太皇太后父遵甫唐王诸敕》、《尚书左丞韩忠彦免弟嘉彦尚主不允诏》第二首、《韩忠彦乞外任不许诏》第一首、《辞尚书右丞》第四状、《谢除中书舍人表》第一首、《除中书舍人谢执政启》、《贺欧阳副枢启》、《贺欧阳少师致仕启》，不漫为雕文绮错，而绰有议论波澜，其原出于陆贽，与轼同。至《田子谅湖南运判》、《钱唤知慎州》及《吕陶京西运副上官均比部员外郎》三敕，则又以古文行之，感慨朒挚，辞简而意足；同于元稹之纯厚明切，追用古道者也。

苏辙诗则五言古如《郭纶》、《夜泊牛口江上早起》、《入峡》、《寄题清溪寺在硖州鬼谷子故居》、《子瞻寄示岐阳十五碑》、《次韵子瞻凌虚台》、《和子瞻自净土步至功臣寺》、《登嵩山》十首之《玉女窗》《峰顶寺》《将军柏》三首、《游泰山》四首之《四禅寺》《灵岩寺》两首、《和韩宗弼暴雨》、《和鲜于子骏益昌官舍八咏》之《桐轩》《竹轩》《柏轩》《巽堂》《山斋》《闲燕亭》《会景亭》七首、《和文与可洋州园亭》三十咏之《霜筠亭》一首、《吕希道少卿松局图》、《子瞻惠双刀》、《次韵子瞻系御史狱赋狱中榆》、《黄州陪子瞻游武昌西山》、《除夜泊彭蠡湖遇大风雨》、《次韵侯宣城叠嶂楼双溪阁长篇》、《顾子敦奉使河上席上再送》、

《题王生画三蚕蜻蜓》二首、《程之元表弟奉使江西次前年送赴楚州韵戏别》、《燕山》、《木叶山》、《夏夜对月》，七言古如《江上看山》、《严颜碑》、《竹枝歌忠州作》、《襄阳古乐府野鹰来》、《王维吴道子画在普门及开元寺》、《次韵子瞻宿南山蟠龙寺》、《柳湖感物》、《和子瞻金山》、《和子瞻焦山》、《次韵子瞻游径山》、《和子瞻煎茶》、《次韵子瞻游道场山何山》、《西湖二咏》之《食鸡头》一首、《赠净因臻长老》、《游钟山》、《次韵孔武仲三舍人省上》、《韩幹三马》、《次韵子瞻好头赤》、《出山》、《虏帐》、《求黄家紫竹杖》、《任氏阅世堂前大桧》、《梦中咏醉人》、《种松》，五言律如《次韵子瞻题长安王氏中隐堂》之三四，七言绝如《次韵子瞻望湖楼上》五绝之一五、《次韵子瞻登望海楼》五绝之四、《和毛君州宅八咏》之《翠樾亭》一首、《南斋竹》三绝之一二等篇，咸可诵览。大抵意趣以婉惬出旷真，敩韦以希陶；波澜以坦迤为跌宕，由白以窥杜；而造语时参以王维之清丽，韩愈之生划，跌宕昭彰，亦自成其为苏门之诗，与轼同一机杼；而笔不如轼之灵，意不如轼之警。独辙论诗，极推杜而不甚许李，以为："李白诗类其为人，骏发豪放，华而不实，好事喜名，不知理义之所在也。唐诗人李杜称首，今其诗皆在；杜甫有好义之心，白所不及也。"然杜诗奇横，辙亦尽见得；每曰："事不接，文不属，如连山断岭，虽相去绝远，而气象联络，观者知其脉理之为一也；盖附丽不以凿枘，此最为文之高致耳。老杜诗长篇纪事，予特爱其词气如百金战马，注坡蓦涧，如履平地。如白乐天诗词甚工；然拙于纪事，寸步不遗，犹恐失之；此所以望老杜之藩垣而不及也！"亦可谓知言矣。

苏轼有子过，辙有孙籀，翰墨文章，咸擅家学。过，字叔党，轼之第三子也。轼谪知英州，贬惠州，迁儋耳，旋徙廉永，诸子中独过随侍,凡生理昼夜寒暑所需者,一身百为,口不言瘁。初至海上,为文曰《志隐》；轼览而善之,曰："吾可以安于岛夷矣。"因命作《孔子弟子传》。辙言："吾兄远居海上,惟成就此儿能文也。"既而轼卒于常州,过扶榇葬汝州颊城小峨眉山；遂家颖昌,营湖阴水竹数亩,名曰小斜川,自号斜川居士,传有《斜川集》六卷。碑传叙事,本非苏门所长。而过得父之笔,亦长于议论；如《论海南黎事书》、《萧何论》、《书张骞传后》、《书周亚夫传后》,虽不如乃翁之俊迈,而曲尽情事,辞能爽朗,一时以小坡目之。晚而游大阉梁师成之门；师成自谓轼遗腹子,待过如亲兄弟也。士论丑之。苏籀者,辙之孙,迟之子也；传有《双溪集》十五卷。集中《上秦桧》二书,献谀干进,亦殊不称家儿。其文则雄骏疏畅,犹不失苏门矩矱云。

第七节　曾巩　王安石 附司马光

欧阳修之风神骀宕,苏氏父子之辞笔雄骏,咸以所能擅雄宋代。其有骏爽不如苏,渊永尤逊欧；而特以醇粹明白,得西汉董仲舒刘向之意,而开南宋朱熹理学之文者,曾巩、王安石也。

曾巩,字子固,建昌南丰人。生而警敏,读书数百言,脱口辄诵；年十二,试作六论,援笔而成,辞甚伟。甫冠,名闻四方。欧阳修见其文而奇之。登嘉祐二年进士第,调太平州司户。守张伯玉,前辈人也。欧阳修王安石咸誉巩能文,伯玉殊不顾,一日语巩："吾方作六经阁,其为之记。"巩易稿六七,而伯玉意不当,则谓巩曰："吾自为之。"乃援笔曰："六经阁者,诸子百家皆在焉,不书,尊经也"云云。巩大服,自此益自励于峻洁。

如《送刘希声序》曰:

> 东明刘希声来临川。见之,其貌勉于礼,其言勉于义,其行亦然,其久益坚,其读书为辞章日盛。从予游三年,予爱之。今年庆历五年,还其乡,过予别。与之言曰:"东明,汴邑也,子之行,问道之所向者,以告子。子也一趋焉而不息,至乎?尔也。苟为一从焉,一违焉,虽不息,决不至也。子也好问圣人之道,亦如是而已矣。五月四日序。"

又《鹅湖院佛殿记》曰:

> 庆历某年某月日,信州铅山县鹅湖院佛殿成,僧绍元来请记。遂为之记曰:自西方用兵,天子宰相与士大夫劳于议谋,材武之士劳于力,农工商之民劳于赋敛。而天子尝减乘舆掖庭诸费,大臣亦往往辞赐钱,士大夫或暴露其身,材武之士或秉义而死,农工商之民或失其业。惟学佛之人,不劳于谋议,不用其力,不出赋敛,食与寝自如也;资其宫之侈,非国则民力焉;而天下皆以为当然。予不知其何以然也。今是殿之费,十万不已,必百万也;百万不已,必千万也;或累累而千万之,不可知也。其费如是广,欲勿记其日时,其得耶?而请余文者,又绍元也;故云尔。

短章寂寥,而一出一人,笔力崭然。召编校史馆书籍,迁馆阁校勘、集贤校理,为实录检讨官,通判越州,知齐州,历襄州、洪州、福州、明州、亳州、沧州。巩负才名,久劳于外,世颇谓偃蹇不偶。一时后生辈锋出,巩视之泊如也。神宗召见,劳问甚宠。帝以太祖、太宗、真宗三朝与仁宗、英宗两朝国史,各自为书,宜合而为一;加巩史馆修撰,专典之,不以大臣监总。

诏自择属官。巩以陈师道荐，朝廷以布衣难之。未几，撰《太祖皇帝总叙》一篇以进，请系之《太祖本纪》篇末，其说以为太祖大度豁如，知人善任使，与汉高祖同；而汉高祖所不及者其事有十，因具论之，累二千余言。神宗读之不悦曰："为史但当实录以示后世，亦何必与先代帝王较优劣乎？且一篇之赞如许之多，成书将复几何？"既而不克成。会官制行，拜中书舍人，时自三省百执事，选授除书，日至十数，人人举其职，史称其训辞典约而尽也。为文章原本六经，纡徐而不烦，简奥而不晦，传有《元丰类稿》五十卷。其文欲为果锐而不达，所以不如苏之发人意；欲为茹涵而不沉，所以不如欧之耐人味。方其肆意有所作，随笔曲注，从容浑涵，不大声以色，而波澜老成，自然郁厚；如《宜黄县县学记》曰：

> 古之人，自家至于天子之国，皆有学；自幼至于长，未尝去于学之中。学有《诗》《书》六艺，弦歌洗爵，俯仰之容，升降之节，以习其心体耳目手足之举措；又有祭祀乡射养老之礼，以习其恭让；进材论狱出兵授捷之法，以习其从事。师友以解其惑，劝惩以勉其进，戒其不率。其所以为具如此。而其大要，则务使人人学其性，不独防其邪僻放肆也；虽有刚柔缓急之异，皆可以进之于中，而无过不及；使其识之明，气之充于其心，则用之于进退语默之际，而无不得其宜；临之以祸福死生之故，而无足动其意者。为天下之士，而所以养其身之备如此。则又使知天地事物之变，古今治乱之理。至于损益废置，先后终始之要，无所不知。其在堂户之上，而四海九州之业，万世之策皆得。及出而履天下之任，列百官之中，则随所施为，

无不可者。何则？其素所学问然也。盖凡人之起居饮食动作之小事，至于修身为国家天下之大体，皆自学出，而无斯须去于教也。其动于视听四支者，必使其洽于内；其谨于初者，必使其要于终；驯之以自然，而待之以积久。噫，何其至也！故其俗之成，则刑罚措；其材之成，则三公百官得其士；其为法之永，则中材可以守；其入人之深，则虽更衰世而不乱。为教之极至此。鼓舞天下而人不知其从之，岂用力也哉。

及三代衰，圣人之制作尽坏。千余年之间，学有存者，亦非古法。人之体性之举动，惟其所自肆；而临政治人之方，固不素讲，士有聪明朴茂之质，而无教养之渐，则其材之不成，夫其固然。盖以不学未成之材，而为天下之吏，又承衰敝之后，而治不教之民。呜呼！仁政之所以不行，盗贼刑罚之所以积，其不以此也欤？

宋兴几百年矣。庆历三年，天子图当世之务，而以学为先，于是天下之学乃得立。而方此之时，抚州之宜黄，犹不能有学。士之学者皆相率而寓于州，以群聚讲习。其明年，天下之学复废，士亦皆散去；而春秋释奠之事，以著于令，则常以庙祀孔氏，庙废不复理。皇祐元年，会令李君详至，始议立学。而县之士某某与其徒，皆自以谓得发愤于此，莫不相励而趋为之；故其材不赋而羡，匠不发而多。其成也，积屋之区若干，而门序正位，讲艺之堂、栖士之舍皆足；积器之数若干，而祀饮寝食之用皆具。其像孔氏而下，从祭之士皆备。其书经史百氏翰林子墨之文章，无外求者。其相基会作之本末，总为日若干而已，何其周且速也！

当四方学废之初，有司之议，固以为学者人情之所不乐。及观此学之作，在其废学数年之后，惟其令之一唱，而四境之内，响应而图之，如恐不及，则夫言人之情不乐于学者，其果然也欤？宜黄之学者固多良士，而李君之为令，威行爱立，讼清事举，其政又良也。夫及良令之时，而顺其慕学发愤之俗，作为宫室教肄之所，以至图书器用之须，莫不皆有以养其良材之士。虽古之去今远矣，然圣人之典籍皆在，其言可考，其法可求，使其相与学而明之。礼乐节文之详，固有所不得为者；若夫正心修身，为国家天下之大务，则在其进之而已。使一人之行修，移之于一家；一家之行修，移之于乡邻族党；则一县之风俗成、人材出矣。教化之行，道德之归，非远人也，可不勉欤！县之士来请曰："愿有记。"故记之。十二月某日也。

浑雄博厚。而记事之作，取舍廉肉不失法，尤善部勒，简以驭繁，详而有纪，三苏之所不及，而足与欧阳相颉颃；特有笔法而无笔情，不能如欧之余味曲包，风神骀宕耳。集中议论如《唐论》、《为人后议》、《救灾议》，序跋如《太祖皇帝总叙》、《列女传目录序》、《礼阁新仪目录序》、《战国策目录序》、《梁书目录序》、《陈书目录序》、《先大夫集后序》、《范贯之奏议集序》、《越州鉴湖图序》，奏疏如《移沧州过阙上殿札子》、《乞赐唐六典状》、《乞登对状》，书牍如《上欧阳学士第二书》、《上蔡学士书》、《上杜相公书》、《与孙司封书》、《再与欧阳舍人书》、《寄欧阳舍人书》，赠序如《送刘希声序》、《赠黎安二生序》、《送周屯田序》、《送江任序》、《送李材叔知柳州序》、《送赵宏序》、《送王希序》、《送蔡元振序》，碑志如《虞部郎中戚公墓志铭》、《戚元鲁墓志铭》、

《尚书都官员外郎陈君墓志铭》、《都官员外郎曾君墓志铭》、《王容季墓志铭》、《都官员外郎胥君墓志铭》、《司封员外郎蔡公墓志铭》、《赠职方员外郎苏君墓志铭》、《库部员外郎知临江军范君墓志铭》、《赠大理寺丞致仕杜君墓志铭》、《胡君墓志铭》、《殿中丞监扬州税徐君墓志铭》、《永州军事推官孙君墓志铭》、《尚书都官员外郎王公墓志铭》、《卫尉寺丞致仕金君墓志铭》、《抚州金溪县主簿徐洪墓志铭》、《金华县君曾氏墓志铭》、《寿安县君钱氏墓志铭》、《天长县君黄氏墓志铭》、《仁寿县太君吴氏墓志铭》、《寿昌县太君许氏墓志铭》、《夫人周氏墓志铭》、《永安县君谢氏墓志铭》、《永安县君李氏墓志铭》、《试秘书省校书郎李君墓志铭》、《池州贵池县主簿沈君夫人元氏墓志铭》、《双君夫人邢氏墓志铭》、《旌德县太君薛氏墓志铭》、《永兴尉章佑妻夫人张氏墓志铭》、《福昌县君傅氏墓志铭》、《寿安县太君张氏墓志铭》、《江都县主簿王君夫人曾氏墓志》、《知处州青田县朱君夫人戴氏墓志铭》、《光禄少卿晁公墓志铭》、《天长朱君墓志铭》、《亡妻宜兴县君文柔晁氏墓志铭》《仙源县君曾氏墓志铭》、《二女墓志铭》、《秘书少监赠吏部尚书陈公神道碑铭》,传状如《故朝散大夫尚书刑部郎中赐紫金鱼袋孙公行状》,杂记如《鹅湖院佛殿记》、《宜黄县学记》及《筠州学记》、《分宁县云峰院记》、《仙都观三门记》、《墨池记》、《抚州颜鲁公祠堂记》、《齐州二堂记》、《齐州北水门记》、《杂识》二首等篇;咸可诵览。

　　自韩愈因文以见道,而未探心性之微。至欧阳修乃为之说曰:"君子之于学也,务为道,为道必求知古,知古明道而后履之以身,施之于事,而又见之于文章而发之以信后世。若夫性非学者之所急,而圣人之所罕言也。"独曾巩原本大学,穷理致知;而《宜黄》、《筠州》两《学记》,尤为后世言理学者所宗。

朱熹爱慕其文,以为:"文字依傍道理做,不为空言。"又曰:"《宜黄》、《筠州》两《学记》好,说得古人教学意出。"屡见语类。于是理学家之古文仿焉;亦以其不矜才使气,醇实明白,易为依仿也。苏氏父子善于论兵,而曾巩独明水利荒政,如《救灾议》、《越州鉴湖图序》、《襄州宜城县长渠记》、《越州赵公救灾记》,语繁不杀,详悉如画,可以为后世法。仁人之言,其利溥哉!

碑志如蔡邕《郭有道》、《陈太丘》诸碑,皆虚摹风采,不详叙事实,令读者想见其生平于事为功业之外。至韩愈、欧阳修,始抒以史传之体,称美不称恶,只以详略见意为斡旋。巩之为碑志,其文格自承韩欧一脉,而特多摹想风采之作,与韩欧攸异。如《赠大理寺丞致仕杜君墓志铭》曰:

> 君姓杜氏,澶州濮阳人,卒于皇祐元年十月庚申,葬于熙宁八年十月丁酉。其墓在濮阳县桂枝里之栾村,以夫人仙居县太君潘氏祔。君曾王考祐,王考延嗣,考珣。子男三人:曰言,曰宗谏,皆蚤世;曰宗诲,殿中丞。女二人,嫁马氏,栾氏。孙男二人,曰良辅;余未名也。

> 君讳莹,字德温,赠大理评事,又赠大理寺丞。为人孝友温良,以清静为学,而以淡泊自足,行修于家,而誉闻于乡、其自得者,寿考见于身;其有余者,流泽见于后。故其年至于八十,而有子能大其门。言理之士,以此多君也。

> 宗诲为人质厚恬夷,世俗之所为,有不为者。余为襄阳,宗诲实金书节度判官公事。爱其所守而知其有所受也;其以君之墓乞于余,故不辞。铭曰:

> 有以养其内,克遐者寿。有以行于远,克昌者后。帝原厥初,追锡命书。余与此铭,贲于幽墟。

此虚摹耆德以称其福寿者也。又《胡君墓志铭》曰：

> 君名敏，生于天禧之戊午，卒时皇祐之辛卯也。既卒之明年，葬于其所家抚州金溪县之东某里某原。字某，姓胡氏。父名晏，教君学，已为之求师，又为之求四方善人君子与之接，致其力，不敢懈；至于老以死，不敢变。君亦能奉其意。故君之为进士，其强学，其广记，其能文辞，于其业可以谓之修。其事亲，其居家，其与人游，不见其缺亏，其约，其质，其不苟，其寡言，于其行可以谓之修。夫积其勤以至于业之修，而止荐于乡；积其谨以至于行之修，而不克显于世；此世之所以哀君也。然君有可以慰其亲而不疚于其内，比于得其欲，富贵于一时，而有愧于其心者，其得失何如，固易知也。母某氏，妻某氏，子某，弟某。君尝学于余也，故铭之。铭曰：
>
> 慰其亲，学也勤。短而屯，塞不伸。震无垠，瑑斯珉。

此虚摹才俊以悼其不遇者也。他如《戚元鲁墓志铭》、《都官员外郎曾君墓志铭》、《王容季墓志铭》、《都官员外郎胥君墓志铭》、《司封员外郎蔡公墓志铭》、《卫尉寺丞致仕金君墓志铭》、《抚州金溪县主簿徐洪墓志铭》、《金华县君曾氏墓志铭》、《永兴尉张佑妻夫人张氏墓志铭》，只为其人未有功业可见，写其生平，正于虚处著神；每从诸人旁衬见身分，不以细琐事刻画，卓然大方，正与蔡邕《郭有道》、《陈太丘》两碑同一机杼。惟蔡邕以雅练胜，以淡远见风度；巩则以跌宕胜，以议论为波澜，即有叙事，亦如画龙之一鳞一爪，出以烘托，无取铺排。王安石碑志亦多乃尔，亦文章得失之林也。

曾巩为诗则又语质而意警，气雄而格老，不为东坡之烂漫，亦异山谷之生僻；而跌宕昭彰，自然遒变，远绍杜陵，近追欧公。五言古如《杂诗》四首之一二、《至荷湖》二首、《送徐竑著作知康州》、《写怀》二首、《茅亭闲坐》、《靖安县幽谷亭》、《青云亭闲望》、《答裴煜》二首、《寄王介卿》、《游琅琊山》、《高松》、《庭木》、《李节推亭子》、《答葛蕴》、《北湖》、《秋怀》二首、《招隐寺》、《汉阳泊舟》，七言古如《一鹗》、《里社》、《南源庄》、《论交》、《种园》、《叹嗟》、《侯荆》、《黄金》、《初夏有感》、《东津归催吴秀才寄酒》、《溯河》、《边将》、《麻姑山送南城尉罗君》、《明妃曲》二首、《南湖行》二首，五言律如《和郑微之》，七言律如《闲行》、《送觉祖院明上人》、《甘露寺多景楼》、《大乘寺》，七言绝如《城南》二首、《夜出过利涉门》、《西楼》，纵横开合，韩笔杜势，虽大家不过；而世论谓巩短于韵语，非其实也。巩与王安石少年交好。安石声誉未振，巩导之于欧阳修而与以书曰："巩之友王安石，文甚古，行甚称文。虽已得科名，居今知安石者尚少也。彼诚自重，不愿知于人；尝与巩言：'非先生，无足知我也。'如此人，古今不常有。如今时所急，虽无常人千万，不害也；顾如安石，千万不可失也。先生傥言焉，进之朝廷，其有补于天下。"盖推重之如此，而安石之名乃著。

王安石，字介甫，抚州临川人。晚年居金陵之钟山，自山距城道里适相半，因号半山。登庆历三年进士上第，历仕仁宗、英宗、神宗三朝。神宗以为参知政事，厉行新法，谤议朋兴；罢而再起，封舒国公，改封荆，卒谥曰文，配食孔庙，追封舒王。传有《临川先生集》一百卷。少好读书，一过目，终身不忘。其属文动笔如飞，初若不经意，既成，见者服其精妙。曾巩以视欧阳修。修得之，爱叹诵写，而传语曰："更少开廓其文，勿用造语及模拟前人。孟韩文虽高，不必似之也，取其自然耳。"

巩作书以告安石。安石作许氏世谱,写致修。修一日曝书见之,取看,不记是谁作,意以为安石作,既而曰:"介甫不能如此,其曾子固之文乎?"盖气体略相似也。曾巩与安石,以文章相赏会,亦以学术相契合。安石有《洪范传》,而巩亦有《洪范传》;安石喜扬雄书,而巩亦喜扬雄书;安石以《周官》行新法,而巩亦欲以《周官》明职掌,有《请以近更官制如周官六典为书札子》、《乞赐唐六典状》、《乞登对状》,皆论建官制理之方,宜上稽《周礼》,旁求六典也。韩愈《原道》而不言心性,欧阳修则曰:"君子之于学也,务于道,而性非学者之所急。"盖以性与道为二事,与程朱理学不合。至曾巩始以《熙宁转对疏》言:"大学之道,在致知,在得之于心。"而为《宜黄县县学记》,以谓:"其大要,则务使人人学其性。"至安石《虔州学记》,则直曰:"先王所谓道德者,性命之理而已。而性命之理,出于人心,《诗》《书》能循而达之,非能夺其所有而予之以其所无也。"盖揭率性为道之义,而合于程朱之说焉。朱熹谓:"南丰文却通质,他初亦只是学为文,却因为文渐见些子道理,故文字依傍道理做,不为空言。欧公文字敷腴温润,曾南丰文字又更峻洁,虽议论有浅近处,然却平正好。到得东坡,便伤于巧,议论有不正当处。老苏尤甚。荆公之文,他却似南丰文。"说见《语类》。大抵安石与曾巩学术相同,意气相投,文章不期而似。人只知南丰文字平正,而朱熹却道"更峻洁";人尽说荆公文字精悍,而朱熹却道"似南丰";骤听不解,而朱熹实见其深。读巩之集,如《送刘希声序》《送赵宏序》《送蔡元振序》《鹅湖院佛殿记》、《胡君墓志铭》《永州军事推官墓志铭》,寂寥短章,而一出一入,笔力崭然;何减安石《原过》、《伤仲永》、《读孟尝君传》、《读柳宗元传》、《书刺客传后》、《读孔子世家》、《答司马谏议书》、《答钱公辅学士书》、《度支副使厅壁题名记》、《抚州祥符观三清殿记》、《送李著作之官高邮序》、《石仲卿字序》、《祭王回深甫文》、《宝文阁待制常公墓表》、《长安县太君王氏墓志》、《鄞女墓志铭》诸文之气峻体洁。录安石《度支副使厅壁题名记》曰：

> 三司副使，不书前人名姓。嘉祐五年，尚书户部员外郎吕君冲之始稽之众史，而自李纮已上至查道，得其名；自杨偕已上，得其官；自郭劝已下，又得其在事之岁时；于是书石而镌之东壁。夫合天下之众者财，理天下之财者法，守天下之法者吏也。吏不良，则有法而莫守；法不善，则有财而莫理；有财而莫理，则阡陌间巷之贱人，皆能私取予之势，擅万物之利，以与人主争黔首，而放其无穷之欲，非必贵强桀大而后能如是。而天子犹为不失其民者，盖特号而已耳。虽欲食蔬衣敝，憔悴其身，愁思其心，以幸天下之给足而安吾政，吾知其犹不得也。然则善吾法而择吏以守之，以理天下之财；虽上古尧舜犹不能毋以此为急务，而况于后世之纷纷乎？

> 三司副使，方今之大吏，朝廷所以尊宠之甚备。盖今理财之法有不善者，其势皆得以议于上而改为之；非特当守成法，咨出入，以从有司之事而已。其职事如此，则其人之贤不肖，利害施于天下如何也！观其人，以其在事之岁时，以求其政事之见于今者，而考其所以佐上理财之方；则其人之贤不肖，与世之治否，吾可以坐而得矣。此盖吕君之志也。

又《祭王回深甫文》曰：

> 嗟嗟深甫，真弃我而先乎？孰谓深甫之壮以死，而吾可以长年乎？维吾昔日，执子之手；归言予之所为，实受命于吾母。曰："如此人，乃与为友。"吾母知子，过于予初。终子成德，多吾不如。呜呼天乎！既丧吾母，又夺吾友；虽不即死，吾何能久？搏胸一痛，心摧志朽。泣涕为文，以荐食酒。嗟嗟深甫，子尚知否？

又《宝文阁待制常公墓表》曰：

> 右正言宝文阁待制特赠右谏议大夫汝阴常公，以熙宁十年二月己酉卒；以五月壬申葬。临川王某志其墓曰：公学不期言也，正其行而已。行不期闻也，信其义而已。所不取也，可使贪者矜焉，而非雕斫以为廉。所不为也，可使弱者立焉，而非矫抗以为勇。官之而不事，召之而不赴；或曰："必退者也，终此而已矣。"及为今天子所礼，则出而应焉。于是天子悦其至，虚己而问焉；使茌谏职，以观其迪己也；使董学政，以观其造士也。公所言乎上者无传，然皆知其忠而不阿；所施乎下者无助，然皆见其正而不苟。诗曰："胡不万年。"惜乎既病而归死也！自周道隐，观学者所取舍，大抵时所好也。违俗而适己，独行而待起，呜呼！公贤远矣！传载公久，莫如以石！石可磨也，亦可泐也！谓公且朽，不可得也。

其他称是，而所以为难能者，为其简老严重，而无害于笔力天纵，以折为峭，特峻而曲，辞简而意无不到，格峻而笔能驶转，愈峭紧，愈顿挫；此其似于巩者一也。

至巩所为《战国策目录序》、《范贯之奏议集序》、《先大夫集后序》、《上杜相公书》、《与孙司封书》、《宜黄县县学记》、《移沧州过阙上殿札子》诸文，长篇大论，纡徐委备之作，而运以隽杰廉悍之笔，随事曲注，而浑雄博厚之气，郁然纸上，沉着顿挫，乃深得西汉贾董笔意。亦岂苟为平正，而提不起，放不下，失其所以为峻者耶？

安石之文，亦有洋洋大篇，浑灏流转，而抒以隽杰廉悍之笔，沉着顿挫者，如《答韶州张殿丞书》曰：

> 某启：伏蒙再赐书，示及先君韶州之政，为吏民称颂，至今不绝；伤今之士大夫不尽知，又恐史官不能记载，以次前世良吏之后。此皆不肖之孤，言行不足信于天下，不能推扬先人之功绪余烈，使人人得闻知之，所以夙夜愁痛，疚心疾首而不敢息者以此也。先人之存，某尚少，不得备闻为政之迹。然尝侍左右，尚能记诵教诲之余。盖先君所存，尝欲大润泽于天下，一物枯槁，以为身羞。大者既不得试，已试，乃其小者耳，小者又将泯没而无传。则不肖之孤，罪大衅厚矣，尚何以自立于天地之间耶？阁下勤勤恻恻，以不传为念，非夫仁人君子乐道人之善，安能以及此？

> 自三代之时，国各有史，而当时之史多世其家，往往以身死职，不负其意，盖其所传皆可考据。后既无诸侯之史，而近世非尊爵盛位，虽雄奇俊烈，道德满衍，不幸不为朝廷所称，辄不得见于史。而执笔者，又杂出一时之贵人。观其在廷论议之时，人人得讲其然不，尚或以忠为邪，以异为同，诛当前而不栗，讪在后而不羞，苟以餍其怨好之心而止耳；而况阴挟翰墨，以裁前人之善恶，疑可以贷褒，似可以附毁，往者不能讼当否，生者不得论曲直，赏

罚谤誉，又不施其间，以彼其私，独安能无欺于冥昧之间耶？善既不尽传，而传者又不可尽信如此。唯能言之君子，有大公至正之道，名实足以信后世者，耳目所遇，一以言载之，则遂以不朽于无穷耳。伏惟阁下于先人非有一日之雅，余论所及，无党私之嫌。苟以发潜德为己事，务推所闻，告世之能言而足信者，使得论次以传焉；则先君之不得列于史官，岂有恨哉！

其行文遒以婉，镵以刻，曲折淋漓，字句亦觉锋棱隐起。又如《给事中赠尚书工部侍郎孔公墓志铭》曰：

宋故朝请大夫给事中知郓州军州事兼管内河堤劝农同群牧使上护军鲁郡开国侯食邑一千六百户实封二百户赐紫金鱼袋孔公者，尚书工部侍郎赠尚书吏部侍郎讳勖之子，兖州曲阜县令袭封文宣公赠兵部尚书讳仁玉之孙，兖州泗水县主簿讳光嗣之曾孙，而孔子之四十五世孙也。其仕当今天子天圣、宝元之间，以刚毅谅直，名闻天下。尝知谏院矣，上书请明肃太后归政天子，而廷奏枢密使曹利用、尚御药罗崇勋罪状。当是时，崇勋操权利，与士大夫为市；而利用悍强不逊，内外惮之。尝为御史中丞矣，皇后郭氏废，引谏官御史伏阁以争，又求见，上皆不许，而固争之，得罪然后已。盖公事君之大节如此，此其所以名闻天下，而士大夫多以公不终于大位，为天下惜者也。

公，讳道辅，字原鲁，初以进士释褐，补宁州军事推官，年少耳；然断狱议事，已能使老吏惮惊。遂迁大理寺丞，知兖州仙源县事，又有能名。其后尝直史馆，待制龙图阁，判三司理欠凭由司，登闻检院，吏部流内铨，纠察在京刑狱，知许、徐、兖、郓、泰五州，留守南京，而兖、郓，御史中丞皆再至，所至官治；数以争职不阿，或绌或迁；而公持一节以终身，盖未尝自绌也。其在兖州也，近臣有献诗百篇者，执政请除龙图阁直学士。上曰："是诗虽多，不如孔道辅一言。"乃以公为龙图阁直学士。于是人度公为上所思，且不久于外矣。未几，果复召以为中丞。而宰相使人说公稍折节以待迁，公乃告以不能，于是人又度公且不得久居中，而公果出。初开封府吏冯士元坐狱，语连大臣数人，故移其狱御史。御史劾士元罪止于杖，又多更赦。公见上。上固怪士元以小吏与大臣交私，污朝廷，而所坐如此；而执政又以谓公为大臣道地，故出知郓州。公以宝元二年如郓，道得疾，以十二月壬申卒于滑州之韦城驿，享年五十四。其后诏追复郭皇后位号，而近臣有为上言公明肃太后时事者，上亦记公平生所为，故特赠公尚书工部侍郎。公夫人金城郡君尚氏，尚书都官员外郎讳宾之女。生二男子：曰淘，今为尚书屯田员外郎；曰宗翰，今为太常博士；皆有行治世其家。累赠公金紫光禄大夫，尚书兵部侍郎，而以嘉祐七年十月壬寅，葬公孔子墓之西南百步。

公廉于财，乐振施，遇故人子，恩厚尤笃。而尤不好鬼神机祥事。在宁州，道士治真武像，有蛇穿其前，数出近人，人传以为神。州将欲视验以闻，故率其属往拜之，而蛇果出，公即举笏击蛇杀之。自州将以下皆大惊，已而又皆大服。公由此始知名。然余观公数处朝廷大议，视祸福无所择，其智勇有过人者，胜一蛇之妖，何足道哉？世多以此称公者，故余亦不得而略也。铭曰：

> 展也孔公,维志之求。行有险夷,不改其辀。权强所忌,谗谄所雠。考终厥位,宠禄优优。维皇好直,是锡公休。序行纳铭,为识诸幽。

笔笔腾涌,句句逆折,故峭劲百倍。其他如《上仁宗皇帝言事书》、《上时政疏》、《复雠解》、《太子太傅致仕田公墓志铭》、《广西转运使屯田员外郎苏君墓志铭》、《太常博士曾公墓志铭》、《兵部员外郎马君墓志铭》、《度支郎中葛公墓志铭》,势尽宽衍,气自峻遒;此其似于巩者又一也。安石之文,亦有平正而不甚峻遒者;如《周礼义序》曰:

> 士弊于俗学久矣。圣上闵焉,以经术造之,乃集儒臣训释厥旨,将播之校学。而臣某实董《周官》。惟道之在政事,其贵贱有位,其后先有序,其多寡有数,其迟速有时。制而用之存乎法,推而行之存乎人。其人足以任官,其官足以行法,莫盛乎成周之时。其法可施于后世,其文有见于载籍,莫具乎《周官》之书。盖其因习以崇之,赓续以终之,至于后世,无以复加。则岂特文武周公之力哉?犹四时之运,阴阳积而成寒暑,非一日也。自周之衰以至于今,历岁千数百矣。太平之遗迹,扫荡几尽。学者所见,无复全经。于是时也,乃欲训而发之。臣诚不自揆,然知其难也。以训而发之之为难,则又以知夫立政造事,追而复之之为难。然窃观圣上,致法就功,取成于心;训迪在位,有冯有翼,亹亹乎乡六服承德之世矣。以所观乎今,考所学乎古,所谓见而知之者。臣诚不自揆,妄以为庶几焉;故遂冒昧自竭,而忘其材之弗及也。谨列其书为二十有二卷,凡十余万言,上之御府,副在有司,以待制诏颁焉。谨序。

又《书义序》曰：

> 熙宁二年，臣某以尚书入侍，遂与政，而子雱实嗣讲事，有旨为之说以献。八年，下其说太学班焉。惟虞、夏、商、周之遗文，更秦而几亡，遭汉而仅存，赖学士大夫诵说，以故不泯。而世主或莫知其可用。天纵皇帝大知，实始操之以验物，考之以决事。又命训其义，兼明天下后世。而臣父子，以区区所闻承乏与荣焉。然言之渊懿，而释以浅陋，命之重大，而承以轻眇，兹荣也，只所以为愧也欤。谨序。

无意高奇而自然雅驯。其他如《进戒疏》、《本朝百年无事札子》、《易泛论》、《卦名解》、《周公》、《杨墨》、《老子》、《庄周》上下、《答曾子固论读经书》、《上邵学士书》、《上人书》、《虔州学记》、《君子斋记》、《余姚县海塘记》、《游褒禅山记》、《慈溪县学记》、《扬州龙兴讲院记》、《送陈升之序》、《送孙正之序》、《许氏世谱》、《先大夫述》、《尚书兵部员外郎谢公行状》、《叔父临川王君墓志铭》、《亡兄王常甫墓志》、《金溪吴君墓志铭》、《节度推官陈君墓志铭》、《曾公夫人万年太君黄氏墓志铭》、《永安县太君蒋氏墓志铭》、《金太君徐氏墓志铭》、《仁寿县君杨氏墓志铭》，醇粹明白，而出之以优游缓节，不为险仄，而亦不为支蔓，意尽言止；则似曾巩之平正矣。朱熹所谓"似南丰文"者，盖指此。然安石之文，亦有低徊感慕，风神骀宕，而不徒为峻洁者；如《芝阁记》、《大中祥符观新修九曜阁记》、《灵阁诗序》、《王深父墓志铭》、《泰州海陵县主簿许君墓志铭》、《王逢原墓志铭》、《祭欧阳文忠公文》、《祭李省副文》，情文相生，余味曲包，则又欧阳修之唱叹矣。欧阳修乐易长者，苏轼名士放旷，独曾巩、王安石严气正性，而所为文，庄厉谨洁，类其为人。

安石以为："文者，礼教政治云尔；其书之策而传之人，大体巍然而已。而曰'言之不文，行之不远'云者，徒谓辞之不可以已也，非圣人作文之本意。自孔子之死久，韩子作，望圣人于千百年中，卓然也。独子厚名与韩并，亦豪杰可畏者也。韩子尝语人以文矣，曰云云，子厚亦曰云云；疑二子者，徒语人以其辞耳。作文之本意，不如是也。孟子曰：'君子欲其自得之也；自得之，则居之安；居之安，则资之深；资之深，则取诸左右逢其原。'孟子之云，非直施于文而已；然亦可托以为作文之本意。且所谓文者，务为有补于世而已矣。所谓辞者，犹器之有刻镂绘画也。诚使巧且华，不必适用。诚使适用，亦不必巧且华。要之以适用为本，以刻镂绘画为之容而已。不适用，非所以为器也；然容亦未可已也，勿先之，其可也。"是其论文直以孟子为宗，而韩柳尚非屑；以二人斷斷于辞，而非圣人作文之本意也。

安石所为四六文，跌宕昭彰，亦不苟为炳炳琅琅，如《答吕吉甫书》曰：

> 某启：与公同心，以至异意，皆缘国事，岂有他哉。同朝纷纷，公独助我，则我何憾于公。人或言公，吾无与焉，则公何尤于我。趣时便事，吾不知其说焉；考实论情，公宜昭其如此。开喻重悉，览之怅然。伏以昔之在我者，诚无细故之可疑；然则今之在公者，尚何旧恶之足念？惟公以壮烈，方进为于圣世；而某则衰疢，特待尽于山林。趣舍异路，则相呴以湿，不如相忘之愈也。想趣召在朝夕，惟良食为时自爱。

其他如《辞免平章事监修国史表》之二、《除平章事监修国史谢表》、《辞免除平章事昭文馆大学士表》二道之二、《辞免使相判江宁府表》二道之二、《李舜举赐诏书药物谢表》、《乞罢政事表》三道之一、《乞退表》四道之三四、《手诏令视事谢表》、《代王鲁公乞致仕表》三道之二、《贺韩魏公启》、《贺韩史馆相公启》、《谢知制诰启》、《回谢馆职启》、《知常州上中书启》、《谢孙龙图启》，深切遒举，使人读之激昂，讽咏不厌。时论四六，以欧阳修第一，苏轼、王安石次之。然宋朝四六，以杨亿刘筠为体，必谨四字六字律令，故曰四六。首变其体者苏舜钦，而欧阳修和之，谓："四六非修所好。少为进士时，不免作；自及第，遂弃不作。"然欧阳修本工时文，早年所为，排比绮靡，仍是四六；及为古文，方一洗去；如曰："造谤于下者，初若含沙之射影，但冀阴以中人；宣言于庭者，遂肆鸣枭之恶音，孰不闻而掩耳。"遂与初作迥然不同。既而见苏氏轼辙之作，叹赏以为不减古文。而轼四六，有曰："禹治兖州之野，十有三载乃同；汉筑宣防之宫，三十余年而定。方其决也，本吏失其防，而非天意；及其复也，盖天助有德，而非人功。"其排宕顿挫，盖与古文同一波澜，而四六之法则亡矣。然二苏四六，尚议论，有气焰；而王安石则以辞趣婉切为主；兼之者，惟欧阳修耳。则是四六之变，惟欧阳修兼苏王之长，而古文亦惟欧阳修碑传、议论，兼能并擅。苏氏轼辙，策论得欧阳修之明快，而碑传殊无体要。曾巩、王安石，碑传同欧阳修之峻洁，而议论未极警发。曾巩、王安石以平实发灏瀚，得西汉董仲舒刘向之意，此宋人之学汉人文也；苏洵以廉悍为疏纵，有先秦孟轲韩非之风，此宋人之学周人文也；学焉而皆得古人之所近。惟欧阳修之容与闲易，苏轼之条达疏畅，虽是急言竭论，而无艰难劳苦之态，以自在出之，行所无事；是则宋人之所特长，而开前古未有之蹊径者也。然安石之四言祭文，诙诡发趣，矫厉落笔，如《祭范颍州文》、《祭丁元珍学士文》、《祭高师雄主簿文》、《祭曾博士易占文》、《祭周幾道文》，峻洁直上，语经百炼；其源出韩愈《祭河南张员外》、《柳子厚》、《侯主簿》、《穆员外》诸人文，知用力于韩文者深矣。而安石则讥韩文以为"可怜无补费精神"也。

安石初不识欧阳修，曾巩力荐之，而安石终不肯自通。及为群牧判官，修还朝，始见知，遂有"翰林风月三千首，吏部文章二百年"之句。然安石不以为知己，酬之曰："他日倘能窥孟子，此身安敢望韩公"，自期以孟子，处修以韩公。修亦不以为嫌。及在政府，荐可以为相者三人，同一札子，吕公著、司马光及安石也。安石议论高奇，慨然有矫世变俗之志；于是《上仁宗皇帝言事书》，以为："今天下之财力日以困穷，风俗日以衰坏，患在不知法度，不法先王之政故也。法先王之政者，法其意而已。方今虽欲改易更革天下之事，合于先王之意，其势必不能。何也？以方今天下之人材不足故也，而不患财之不足。盖因天下之力以生天下之财，取天下之财以供天下之费；自古治世，未尝以不足为天下之公患也。所患者，异时欲有所施行变革，顾有一流俗侥幸之人，不悦而非之，则遂止而不敢。夫法度立，则人无独蒙其幸者；故先王之政虽足以利天下，而当其承弊坏之后，侥幸之时，其创法立制，未尝不艰难也。惟其创法立制之艰难，而侥幸之人不肯顺说而趋之。故古之人欲有所为，未尝不先之以征诛而后得其意。诗曰：'是伐是肆，是绝是忽，四方以无拂。'此言文王先征诛而后得意于天下也。"及相神宗以行新法，其所注措，大较不外此书，乃为时贤诋排。而苏氏轼辙擅文章议论，管其喉舌，虽曾巩不能无微辞。而司马光亦与安石素厚善也，三贻书规之。而安石欲以自明其意，乃答书曰：

> 某启：昨日蒙教。窃以为与君实游处，相好之日久，而议事每不合，所操之术多异故也。虽欲强聒，终必不蒙见察，故略上报，不复一一自辨。重念蒙君实视遇厚，于反覆不宜卤莽，故今具道所以，冀君实或见恕也。
>
> 盖儒者所争，尤在于名实，名实已明，而天下之理得矣。今君实所以见教者，以为侵官生事，征利拒谏，以致天下怨谤也。某则以为受命于人主，议法度而修之于朝廷，以授之于有司，不为侵官。举先王之政以兴利除弊，不为生事。为天下理财，不为征利。辟邪说，难任人，不为拒谏。至于怨诽之多，则固前知其如此也。人习于苟且非一日，士大夫多以不恤国事、同俗自媚于众为善。上乃欲变此；而某不量敌之众寡，欲出力助上以抗之，则众何为而不汹汹然？盘庚之迁，胥怨者民也，非特朝廷士大夫而已。盘庚不为怨者故改其度，度义而后动，是而不见可悔故也。如君实责我以在位久，未能助上大有为，以膏泽斯民，则某知罪矣。如曰今日当一切不事事，守前所为而已；则非某之所敢知。无由会晤，不任区区向往之至。

辞意侃侃，一心奉公，以天下为己任；而于世俗之毁誉，私人之恩怨，漫不措意。虽伊尹、周公，何以加焉。然而憎兹多口。朱熹《语类》谓："新法之行，诸公实共谋之，虽明道先生程颢不以为不是，盖那时也是合变时节。但后来人情汹汹，明道劝之以不可做逆人情底事。吕氏家传载荆公当时与申公吕公著极相好，新法亦皆商量来，故行新法时，甚望申公相助。又用明道作条例司，皆是望诸贤之助。当时神宗令介甫行《三经义》，意思本好。所以王介甫行《三经》《字说》,是一道德,同风俗;是他真个使天下学者尽只念这物事,更不敢别走、别胡说;上下都有个据守。东坡之德行,那里得似荆公?东坡初年若得用,未必其患不甚于荆公。但东坡后来见得荆公狼狈,所以都自改了。初年论甚生财,后来见青苗法行得狼狈,便不言生财。初年论甚用兵,如曰'用臣之言,虽北取契丹,可也';后来见荆公用兵用得狼狈,更不复言兵。他分明有两截的议论。"当时情实如此。

安石以进士沉溺诗赋而疏于经术,习为浮华而无当大道,欲试经义以革士风,而自为之程文:或洁净精微,附题诠释;或震荡排奡,独抒己见。一则制义之祖也,一则古文之遗也。如《论语五十以学易》曰:

> 有是心而后可以观是书。书具一天理,必待天其心者,始足以契之;不然,非惟龃龉不合而适以自病。五十以学《易》,洙泗之教。何其详而有节,从容而不骤也?设教之时,自十五至三十,至四十时而不惑,犹未足以语天命。圣人何吝如此?此非圣人所能吝也。力未壮,不可以语学搏。年未至,不可以讲冠婚。此天理不可强,不可勉。使其欲以不然之心,而读夫自然之书;三多凶,五多功,始冀其功,而且以获凶;四多惧,二多誉,始望其誉,而且以致惧;吉未居其一,凶悔吝吾已备其二。信乎,书之天,不可强契以心之人。虽然,画于羲,重于文,系于孔,非人乎?使三圣人之心不天,则画可增,重可减,而系可去矣。人能迟是心以待其天之全,其三圣人之天可以触,一书之天可以会。若夫躐等之学,试一语之。

着眼做"以"字,而力阐五十学《易》之所以;此附题诠释,制义之祖,而特为洁净精微者也。又《参也鲁》曰:

> 所学有迟敏,所悟无昏明。圣人之于学者,岂以不敏之害道也哉?造道有在,不在于机慧,而在于一念之觉;则今日之鲁,未必非他日之大智也。参也鲁,夫子取之。刃刺之芒,不如缓绠之可以入坚;竹箭之利,不如缓绠之可以达石。大抵进锐者其退速,而钝者乃所以为利也。善观人者,不于其迟速之间而优劣之。盖易晓者亦易昏,而难入者必难忘。遽得者亦遽失,而久成者必久安。故窒者未通则已,如其通也,必异于人之通之也。晦者未明则已,如其明也,必异乎人之明之也。
>
> 夫子之论仁也,不与巧言而与木讷;于礼乐也,亦进野人而退君子。何哉?木讷非巧言之可求,而野人或君子之过也。人之得道,固在朴拙而不在儇巧也。参也之鲁,其圣人之深取乎?观其辨速朽速贫之言,不如有若;辨袭裘裼裘之礼,不如子游;而一贯之妙,自子贡不能领其旨,而曾子会一唯之间,果何谓者耶?以鲁得之矣。虽然,以参之鲁,视回之愚何如也?参也不鲁之鲁,回也不愚之愚也。惟不愚以愚处之,兹所以为盛德者也。宜乎曾子之守约,不如颜子之坐忘。

不呆诠"鲁"字,而深发"鲁"之何以可造道,此独抒议论,古文之遗,而发以震荡排奡者也。制义之兴始于安石,安石之作,大较不出二者:观其诂经析义,苦心分明,瘦硬而出以辨析,骏快而务为曲达,往复百折,笔笔驶转,而笔以折而入深,义以显而发奥;议论之文,必从此下手,而后辞祛庸肤,理必明当,无模糊影响之谈，亦无饾饤琐碎之习；所谓文理密察，足以有别；斯诚说理之示范，岂特制义之开山。制者，学士之制，义者，诂经之义。制义云者，谓士应举之经义也。

苏氏轼辙尤不快于安石之变法，而于贡举亦有违议。然二苏经义，颇多传诵，而辙为胜。盖论与经义同原。论，才气胜者也；经义，理法胜者也。轼则长于才者疏于理，雄于气者轶于法；辙之经义，亦论也，而其理较醇，其法较密。苏辙经义，如《孟子其为气也至大至刚以直养而无害则塞乎天地之间》曰：

> 天下之人莫不有气，气者，心之发而已。行道之人，一朝之忿，而斗焉以忘其身，是亦气也。方其斗也，不知其身之为小也，不知天地之大，祸福之可畏也，然而是气之不养者也。不养之气，横行于中，则无所不为而不自知；于是有进而为勇，有退而为怯。其进而为勇也，非吾欲勇，不养之气盛而莫禁也。其退而为怯也，非吾欲怯也，不养之气衰而不敢也。夫志意既修，志盛夺气，则气无能为而惟志之从。志意不修，气盛夺志，则志无能为而惟气之听。故气易致也，而难在于养。昔之君子，以其眇然之身而临天下，言未发而众先喻，功未见而志先信，力不及而势先之者，以有是气而已。故曰："志，气之帅也；气，体之充也。"养志以致气，盛气而充体，体充而物莫敢逆，然后其气塞于天地之间。

观其所作篇无冗句，句无冗意，以瘦硬袪肤辞，以层析抉奥义，笔笔驶转，一层深似一层，题蕴毕宣，与安石同一机杼，遂为元明两代举业之所托始焉。

唐宋八家，惟安石为人风裁峻整，绝去一切声色绮纨之好，尤为素朴而纯实，所以见于文章，醇粹明白，语无枝叶。及其形之诗什，峻洁深婉，态有余妍，峻于风裁，挚于性情，其素所蓄积然也。

王安石诗，五言古如《示元度营居半山园作》、《月夜》二首之二、《两山间》、《浒亭》、《新花》、《再用前韵示蔡天启》、《用前韵戏赠叶致远直讲》、《与僧道昇》二首之一、《独卧有怀》、《同沈道源游八功德水》、《杂咏》三首、《即事》三首、《送李宣叔倅漳州》、《思王逢原》、《登景德塔》、《两马齿俱壮》、《结屋山涧曲》、《少年见青春》、《秋枝如残人》、《山田久欲坼》、《今日非昨日》、《秋日不可见》、《骐骥在霜野》、《日出堂上饮》、《游章义寺》、《答瑞新十远》、《别孙莘老》、《乙巳九月登冶城作》、《寓言》九首之二、《答陈正叔》、《和平甫舟中望九华山》二首、《有感自舒州追送朱氏女弟憩独山馆宿木瘤僧舍明日度长安岭至皖口》、《白纻山》、《泊舟姑苏》、《昆山慧聚寺次孟郊韵》、《秃山》、《寄虔州江阴二妹》，七言古如《元丰行示德逢》、《后元丰行》、《纯甫出释惠崇画要予作诗》、《陶缜菜》、《同王浚贤良赋龟得升字》、《法云》、《春日晚行》、《白鹤吟示觉海元公》、《和王微之登高斋》三首、《和吴冲卿鸦鸣树石屏》、《和刘贡父燕集之作》、《阴漫漫行》、《一日归行》、《阴山画虎图》、《杜甫画像》、《估玉》、《和王乐道烘虱》、《赠曾子固》。五言律如《欣会亭》、《岁晚》、《半山春晚即事》、《欹眠》、《秋夜》二首之一、《即事》、《旅思》、《将次洺州憩漳上》、《游赏心亭寄虔州女弟》、《自白土村入北寺》二首之二、《次韵冲卿过睢阳》、《昆山慧聚寺张祜韵》、《吴江》、《游杭州圣果寺》，七言律如《送陈舜俞制科东归》、《和杨乐道见寄》、《寄友人》三首之二、《法喜寺》、《长干寺》、《清风阁》、《留题微之廨中清辉阁》、《金明池》、《次韵舍弟赏心亭即事》二首之二、《寄友人》、《太湖恬亭》、《自金陵至丹阳道中有感》,五言绝如《聊行》、《沟港》、《霹雳沟》、《台上示吴愿》、《山中》、《南浦》、《杂咏》四首之四、《春晴》、《浦叶》,七言绝如《初夏》、《竹里》、《与道原自何氏宅步至景德寺》、《北山》、《杨柳》、《寄蔡天启》、《同熊伯通自定林过悟真》二首、《书湖阴先生壁》二首之一、《望淮口》、《泊船瓜州》、《赠外孙》、《乌塘》、《城北》、《午枕》、《钟山即事》、《暮春》、《雨晴》、《邵平》、《王章》、《重将》、《若耶溪归兴》、《乌石》、《定林所居》、《游钟山》、《松间被召将行作》、《题张司业诗》、《崇政殿后春晴即事》、《夜直》、《后殿牡丹未开》、《春日》、《和惠思岁二日》二绝、《赴召道中》、《夜闻流水》、《次韵杏花》三首、《访隐者》、《山前》、《江雨》、《独卧》二首之二、《贾生》、《杏花》、《又游钟山》、《天童山溪上》诸篇,原本杜甫,旁逮诸家而兼撷其长。大抵五言古,五言律绝,旷真参盛唐王维,妙有怅惘不甘之意,抒其微喟。七言古奇崛出中唐韩愈,颇得硬语盘空之致,发其诙诡。七言律绝清遒似晚唐司空图、方干,不乏弦外澄复之韵,寄其深致。知用力于唐诗者深矣。独不为白居易之乐易,李商隐之绮靡,匪惟体格不相近,抑亦性行有不类也。其他摘句,五言如"春风取花去,酬我以清阴","微风淡水竹,净日暖烟萝","朝随云暂出,暮与鸟争还","坐对青灯落,松风咽夜泉","邻鸡生午寂,幽草弄秋妍","花发蜂递绕,果垂猿对攀","城云漏日晚,树冻裹春深","水漾青天暖,沙吹白日阴","紫苋凌风怯,青苔挟雨骄","水远浮秋色,河空洗夜氛","日转山河暖,风含草木葩","树疏啼鸟远,水静落花深","雨过云收岭,天空月上湾","烟云藏古意,猿鹤弄秋声",七言如"江月转空为白昼,岭云分暝与黄昏","露鹤声中江月白,一灯岑寂拥书眠","缭绕山如涌翠波,人家一半在烟萝"，"直以文章供润色，未应风月负登临"，"高论颇随衰俗废，壮怀难值故人倾"，"尽取繁华供侠少，只分牢落与衰翁"，"背城野色云边尽，隔屋春声树外深"，"北城红出高枝靓，南浦青回老树圆"，"残红已落香犹在，羁客多伤涕自挥"，"野林细错黄金日，溪岸宽围碧玉天"，"云归山去当檐静，风过溪来满坐凉"，"山从树外青争出，水向沙边绿半涵"，"病身最觉风露早，归梦不知山水长"等语；凄婉深秀，咸耐讽味。乃袁枚《随园诗话》，以谓："昔人言白香山诗无一句不自在；故其为人和平乐易。王荆公诗无一句自在，故其为人拗强乖张。愚谓王荆公作文，落笔便古；王荆公论诗，开口便错。何也？文忌平衍，而公天性拗执，故琢句选词，迥不犹人。诗贵温柔，而公性情刻酷，故凿险缒幽，自堕魔障。其平生最得意句云：'青山扪虱坐，黄鸟挟书眠。'余以为首句是乞儿向阳，次句是村童逃学。"辞极揶揄。其实安石诗什，名章迥句，处处间起；正不必得意青山两语；而检集中亦不见也。自我论之，安石之诗，妙能以凄婉出深秀，寓悲凉于夷旷，正合诗教温柔敦厚之旨，非如枚所云"凿险缒幽，自堕魔障"。至七言古学韩，"凿险缒幽"，务为奇崛，又固其所。安石之文，尤能以平正为通达，寓顿挫于委备，深得汉文雄直浑灏之致；非如枚所云"琢句选词，迥不犹人"；至碑志刻石，"琢句选词"，力求峻洁，亦体之宜。袁枚所以诮安石之诗者固谬；而世论所以称安石之文者亦非也。只缘"拗相公"三字，横梗在人胸中，牢不可破。不知相公当官尽拗，而行己自厚；人固不易知，知人亦未易也。昔李翱状韩愈，谓其气厚而性通；吾论安石以谓行峻而情挚。人岂可以一端尽？而君子立身自有本末，亦未易以成败论英雄也。余故特著而辨之。

司马光,字君实,陕州夏县人。仁宗时,与安石同官侍从,特相友善,暇日多会于僧坊,往往谈宴终日,他人莫与。及两人同差修起居注,安石辞,而光亦辞,上疏谓:"王安石文辞宏富,当世少伦;如臣空疏,何足称道,乃与同被选擢,岂不玷朝廷之举,为士大夫所羞哉?"所以推崇之如此。及神宗下诏起安石为翰林学士兼侍讲,安石未赴召,先遣其子雱之京师寻宅,谓:"须与司马君实相近。此人家居,事事可法。"既而安石行新法,光不谓然,三以书规,谓:"其失在于用心太过,自信太厚,欲求非常之功,而忽常人之所知。古者国有大事,谋及卿士,谋及庶人。《诗》曰:'询于刍荛。'自古立功立事,未有专欲违众,而能有济者。"安石复书以自解,而光不以为可也,再三上疏论之。推安石变法之初衷,亦欲以福国利民,顾自用太过,施行未善。而论新法之害,未有如光之指事类情,深切著明者也。累官尚书左仆射兼门下侍郎。卒,赠太师温国公,谥文正。为人直谅多闻,不以文章自许,独以忠诚为天下倡;与人书札,谦不能文,而以为:"古之所谓文者,乃《诗》《书》礼乐之文,升降进退之容,弦歌雅颂之声,非今之所谓文也。今之所谓文者,古之辞也。孔子曰:'辞达而已矣。'明其足以通意,斯止矣;无事于华藻鸿辩也。"及为文章,探怀以抒,文彩不艳,亦不矜才使气;而经事综物,公诚之心形于文墨,乃似蜀汉诸葛亮。传有《传家集》八十卷,中如《进交趾献奇兽赋表》、《为文相公许州谢上表》、《论张尧佐除宣徽使状》、《请建储副或进用宗室》第一状、第三状、《论麦允言给卤簿状》、《论正家上殿札子》、《辞知制诰》第二状、第六状、《治平元年五月二十八日上皇太后疏》、《言任守忠》第三札子、《乞罢刺陕西义勇上殿》第二札子、第四札子、第五札子、《治平二年八月十一日上皇帝疏》、《论风俗札子》、《上体要疏》、《乞罢条例司常平使疏》、《应诏言朝政阙失状》、《起请科场札子》、《回状元第二第三先辈书》、《答谢公仪书》、《与范景仁书》、《答刘贤良蒙书》、《答周同年源书》、《范景仁传》，宅心平实，发言恳到，辞直而不讦，识明而不炫。是则光之所独至，而为欧、苏、曾、王之所莫逮，不于文章论工拙也。

第八节　周邦彦

方新法纷纭，苏王角张之日，而有一士焉，萧然尘外，模写物态，虽文章议论无裨于治道，而声律揣摩有补于词学者，是则周邦彦也。邦彦，字美成，钱唐人。神宗时，以献《汴都赋》，召为太学正；历哲宗、徽宗，仕至徽猷阁待制，出知顺昌府，徙处州。好音乐，能自度曲。徽宗尝以提举大晟乐府，比切声律，十二律各有篇目。词韵清蔚，所制诸调，不独音之平仄宜遵，即仄字中上去入三音，亦不容混。而用唐人诗句，檃括入调，浑然天成；长篇富艳，尤善铺叙。自号清真居士，传有《清真词》二卷，亦名《片玉词》。一时贵人学士，倡妓市井，无不爱诵，以为深美闳约，二百年来，乐府独步也。其实密而不闷，美而未深，铺叙有余，深秀不足；工于造语，而未融于造境；浑于入律，而不遒于运笔；谐于歌讽，而不耐于味咏；不知何以推崇之过也。独长调《六丑》之《蔷薇谢后作》，尤为有口能诵。其词曰：

> 正单衣试酒，恨客里光阴虚掷。愿春暂留，春归如过翼，一去无迹。为问花何在？夜来风雨，葬楚宫倾国。钗钿堕

处遗香泽。乱点桃蹊，轻翻柳陌。多情最谁追惜。但蜂媒蝶使，时叩窗槅。　东园岑寂，渐蒙笼暗碧，静绕珍丛底，成叹息。长条故惹行客，似牵衣待话，别情无极。残英小，强簪巾帻。终不似一朵钗头颤袅，向人敧侧。漂流处莫趁潮汐；恐断红尚有相思字，何由见得？

此阕一笔驶折，有转无竭，颇得歌行以气承转之意。至中调小令如《玉团儿》曰：

铅华淡伫新妆束，好风韵天然异俗。彼此知名，虽然初见，情分先熟。　炉烟淡淡云屏曲，睡半醒生香透肉。赖得相逢，若还虚过，生世不足。

又《红窗迥》曰：

几日来真个醉，不知道窗外乱红已深半指，花影被风摇碎。　拥春醒乍起，有个人人生得济楚，来向耳畔问道，今朝醒未？情性儿慢腾腾地，恼得人又醉。

又《意难忘》曰：

衣染莺黄，停歌驻拍，劝酒持觞。低鬟蝉影动，私语口脂香。檐露滴，竹风凉，拼剧饮淋浪。夜渐深，笼灯就月，子细端相。　知音见说无双，解移宫换羽，未怕周郎。长颦知有恨，贪耍不成妆。些个事恼人肠，试说与何妨。又恐伊寻消听息，瘦损容光。

浑脱浏亮，俚处得隽，异黄庭坚之鄙。《诉衷情·残杏》曰：

出林杏子落金盘，齿软怕尝酸。可惜半残青子犹印小唇丹。　南陌上，落花间，雨斑斑。不言不语，一段伤春，都在眉间。

又《一落索》曰：

眉共春山争秀。可怜长皱。莫将清泪湿花枝，恐花也如人瘦。　清润玉箫闲久，知音稀有。欲日日倚栏愁，但问取庭前柳。

又《南柯子》曰：

宝合分时果，金盘弄赐冰。晓来阶下按新声，恰有一方明月可中庭。　露下天如水，风来夜气清。娇羞不肯傍人行。扬下扇儿拍手引流萤。

婉媚清新，丽处能朗，得张先之意。然志不出于淫荡，词不免于哀思，既无晏欧高秀超诣之境，亦不如东坡之辞锋横溢，以其无抱负，无意境也。虽是当行，未见出色。至于《青玉案》《花心动》、《凤来朝》等词，床笫之言，不羞逾阈；好色而淫，以视柳永，尤为变本加厉矣。然自来论词者，胥推邦彦为一代词宗，而以结北宋之局云。

第四章　南宋

第一节　汪藻附綦崇礼　孙觌等　洪迈附兄适　遵　李刘

东汉文章，不同西汉。南宋诗文，一衍北宋。所以东京为西京之别出，而南宋只北宋之附庸。南宋之文学，苏氏之支与流裔也。盖词为苏词，文为苏文；四六则苏四六，独诗渊源黄陈以为江西派尔。方高宗之南渡也，王言纶綍，江淮风动，而协赞中兴，以文章随跸，涣然大号，而集宋人四六之大成者，盖以汪藻为首出云。

汪藻，字彦章，饶州德兴人，崇宁二年进士。博极群书，尤喜读《左传》、《汉书》；工四六。历徽宗钦宗两朝，累官太常少卿。金人陷汴京，立宰相张邦昌为楚帝，而俘徽钦二宗以北。邦昌知众心之不附也，奉哲宗废后孟氏曰元祐皇后，入居禁中，垂帘听政；藻乃《为后草手书告中外以康王即位》曰：

比以敌国兴师，都城失守。祲缠宫阙，既二帝之蒙尘；诬及宗祊，谓三灵之改卜。众恐中原之无统，姑令旧弼以临朝。虽义形于色而以死为辞,然事迫于危而非权莫济。内以拯黔首将亡之命,外以抒邻国见逼之威;遂成九庙之安,坐免一城之酷。乃以衰癃之质,起于闲废之中,迎置宫闱,进加位号;举钦圣已行之典,成靖康欲复之心。永言运数之屯,坐视邦家之覆;抚躬独在,流涕何从!

缅惟艺祖之开基,实自高穹之眷命。历年二百,人不知兵;传序九君,世无失德。虽举族有北辕之衅,而敷天同左袒之心。乃眷贤王,越居近服;已徇群情之请,俾膺神器之归。繇康邸之旧藩,嗣我朝之大统。汉家之厄十世,宜光武之中兴;献公之子九人,惟重耳之尚在。兹为天意,夫岂人谋。尚期中外之协心,共定安危之至计,庶臻小憩,共底丕平。用敷告于多方,其深明于吾意。

其中斡旋邦昌,妙在有意无意,轻描淡写,曲尽情事。而劝进康王,则又大书特书,长言永叹,力占地步;使笔如舌,固已极辞令之妙。及康王即位,为高宗,召试中书舍人,转翰林学士,草《责张邦昌授昭化军节度副使潭州安置制》曰:

以死偿节者,臣子之宜。求生害仁者,圣人所嫉。傥或志存于躯命,则将义薄于君亲。具官某身受国恩,位登宰辅。方宗社有非常之变,乃人臣思自尽之时;而不能抗虎狼强暴之威,徒欲为雀鼠偷生之计,陷于大恶,所不忍言。虽天夺之明,坐愚至此;然君异于器,代匮可乎?宜大正于典刑,用肃清于名分。尚以本繇于迫胁,恻然姑示于矜容,出授散官,窜投荒服。其体好生之德,毋忘自讼之心。

前书辞婉而章,似乎情有可原;此制义正以严,又使喙无可置。

同此一人，犹是一事，而予夺操之寸管，功罪可以异辞。然张邦昌就贬潭州，而谢高宗表，有曰："孔子从佛肸之召，盖欲兴周。纪信乘汉王之车，固将诳楚。"胡颜之厚，亦善斡旋，其党颜博文之辞也。时高宗起李纲为相，而纲以主战，议不合，又中谗，落职鄂州居住，而群情方向。藻《草制》曰：

> 朋奸罔上，有虞必去于欢兜；欺世盗名，孔子首诛于正卯。肆朕纂承之始，昧于考慎之宜，相靡有终，刑兹无赦。具官某空疏而不学，凶愎而寡谋，志轻天下而自谓无人，权轻朝廷而不知有上；靡顾国家之大计，但营市井之虚名。专杀尚威，伤列圣好生之德；信狂喜佞，为一时群小之宗。比再被于延登，朕颇怀于虚伫。而果于修怨，奸以事君，庇己姻亲，至擅刊夫诏令；括民财力，曾罔恤于基图。念存体貌之恩，姑解钧衡之任，虽居远外，犹极优崇。谓上印以投闲，能阖门而讼过。乃倾家积，阴与贼通。伊举错之非常，于听闻而实骇。宜镌宠秩，移置偏州。昔汉弃京房，罪本由于不道；唐诛元载，恶盖在于罔悛。往革乃心，毋忘予戒。

众望所归，岂得为罪；而以群情之爱戴，为朋奸之佐验；抹杀公论，归重主断，有笔如刀，当躬失色。先是纲相钦宗，主战守；以金人来责言罢斥，而士民上书请起用，乃复纲尚书右丞。于是藻投启贺曰：

> 伏审躬被策书，进居丞弼。精忠贯日，正二仪倾侧之中；凛气横秋，挥万骑谈笑之顷。国须贤立，天为时生。恭以某官厚德镇浮，英材经远，得文武弛张之枢要，独运胸中；明古今治乱之渊源，不专纸上。爰自践扬之始，每勤献纳

之忠，老成尚有于典刑，天下想闻其风采。昨属殊邻之扰，上贻当宁之忧，夕烽既彻于甘泉，清跸将游于汾水。

惟公凤夜，与国存亡，挺身六品之卑，抗议九重之邃，留家誓死，镵血书词；销大变于胚胎，转危机于呼吸。洎干戈之指阙，援枹鼓以登陴。义动三军，人皆奋死；气吞异类，寇辄请盟。身且九殒以一生，国则崇朝而再造。昔李晟子仪之功高矣，而未尝定策；张良谢安之谋至矣，而初不临戎；永惟元勋，夐绝前古。既名高而众媢，乃谗就而身危。

士讼公冤，亟举幡而集阙下；帝从民望，令免胄以见国人。洊经艰难，益见奇倚。方主上大明之今日，实邦家希阔之昌期，欲众贤同建于事功，非雅望孰为之师表。将万世维持之是赖，何一时康济之足言。藻久托余光，欣闻盛事，虽无缘进旅退旅，陪宾客之后尘；岂不能大书特书，续山林之野史。岩廊多暇，岁律方春，愿精寝馈之调，用副华夷之望。

所以推崇之者至矣。及草落职之制，乃有"朋奸罔上"云云；或以相诘。藻曰："我前启自值一翰林学士，而彼不我用，安得不丑诋之也！"以此颇为士论所薄；然跌宕昭彰，独超众类，无不达之辞，有必显之情。既而随扈南渡，属时多事，诏令类出其手。而金人大举渡江，高宗航海播越，乃命藻草诏罪己曰：

御敌者莫如自治，动民者必以至诚。朕自缵丕图，即罹多故。昧绥怀之远略，贻播越之深忧。虽眷我中原，汉祚必期于再复；而迫于强敌，商人几至于五迁。兹缘仗卫之行，尤历江山之阻。老弱扶携于道路，饥疲蒙犯于风霜。

徒从或苦绎骚，程顿不无烦费。所幸天人协相，川陆无虞；仿治古之时巡，即奥区而安处。言念连年之纷扰，坐令率土之流离。乡闾遭焚劫之灾，财力困供输之役。肆凤宵而轸虑，如冰炭之交怀。嗟汝何辜，由吾不德！故每畏天而警戒，誓专克己以焦劳。欲睦邻休战，则卑辞厚礼以请和；欲省费恤民，则贬食损衣而从俭；苟可坐销于氛祲，殆将无爱于发肤。然边陲岁骇，而师徒不免于屡兴；馈饷日滋，而征敛未遑于全复。

惟八世祖宗之泽，岂汝能忘；顾一时社稷之忧，非予获已。少俟寇攘之息，首图蠲省之宜。况昨来蒙蔽之俗成，致今日陵夷之祸亟。虽朕意求于民瘼，而人情终壅于上闻，主威非特于万钧，堂下自遥于千里。既真伪有难凭之患，则遐迩衔无告之冤。已敕辅臣，相与虚怀而听纳；亦令在位，各须忘势以咨询。直言者勿遣危疑，忠告者靡拘微隐。所期尔众，咸体朕怀。於戏！王者宅中，夫岂甘心于远狩？皇天助顺，其将悔祸于交侵。惟我二三之臣，与夫亿兆之众，亟攘外侮，协济中兴。

诏命所被，无不凄愤激发，天下传诵，以比陆贽。说者谓其措辞得体，足以感动人心，实为辞命之极则，四六之宗匠；固不仅属对精整，擅绝一时。其他制诏如《隆祐太后推赠曾祖制》、《滕康初任执政封赠曾祖制》、《吕好问除尚书右丞制》、《修职郎王伦改朝奉郎充大金通问使制》、《徽猷阁待制邢焕换授正任观察使制》、《京东路转运判官柴天因升转运副使兼知青州制》、《姚平仲复吉州团练使所在出榜召赴行在制》、《陆藻李邴复旧职制》、《给事中王绹复朝散郎制》、《新除中书舍人孙觌可待制与郡制》、《武义大夫董植可落致仕制》、《苏轼孙从事郎符改宣教郎制》、《谭世绩赠延康殿学士制》、《知怀州霍安国赠延康殿学士制》、《刘韐赠特进制》、《韩世忠起复检校少师武成感德军节度使制》、《降杜充观文殿学士提举江州太平观制》、《知淮宁府李弥大隆两官制》、《谢克家范宗尹落职宫祠制》、《新除起复镇洮军节度使开府仪同三司充醴泉观使孟忠厚辞免恩命乞许终丧制不允诏》、《新除淮南路宣抚使刘光世辞免恩命不允诏》、《复观文殿学士知潭州吴敏乞辞免恩命不允诏》，章表如《车驾亲征起居表》、《车驾巡幸起居太上皇表》、《己酉年冬至遥拜道君皇帝表》、《辛酉年正旦表》、《谢授新安郡侯表》、《代宰臣星变待罪表》、《代汪伯彦枢密辞免表》、《代宰臣星变放罪表》、《代王枢密谢知建康府表》、《代刘相公谢给展省先茔表》、《代汪枢密谢子自北归不令入城降诏奖谕表》，笺启如《上常州钱舍人启》、《永州上宰相陈情启》、《答黄解元》、《谢汪澥可成荐举启》、《谢胡司业荐举启》、《谢馆职启》、《除授谢舍人启》、《徽州到任谢丞相启》、《解镇江任谢执政启》、《为人谢薛昂大资启》、《贺何㮮中书启》、《贺张丞相启》、《贺朱丞相启》、《贺秦丞相启》、《贺秦丞相子状元及第启》；抒所欲言，明白洞达，无不意到笔随，其源出于欧阳修、苏轼，浏亮顿挫，而不乖四六之体；然尚气调而不贵绮错，议论澜翻，自是欧苏一脉；而与西昆体之举体华美、出于李商隐之唐四六者异趣。然而世论徒称藻四六之感激顿挫，意到笔随；而莫知其古文之跌宕昭彰，辞达理举。

汪藻古文，制诏如《皇叔祖郑州观察使同知宗正司寺仲昞可承宣使制》、《中书舍人范宗尹御史中丞制》、《赵鼎除司谏吕祉除正言制》、《贵州刺史知顺安军徐沇转团练使制》、《随龙康益特转团练使监御辇院制》、《王敏文潼川府路转运副使制》、《陈起宗直徽猷阁都大提举川陕路茶马制》、《知兴仁府邓绍密右文殿修撰制》、《进士周义起刘宜孙充大金通问使属官特授从事郎制》、《张昱转两官阁门只候知慈州制》、《知东平府卢益落职宫观制》、《新除兵部侍郎胡直孺辞免恩命乞除台严一州差遣不允诏》、《新除户部侍郎孟庾辞免恩命不允诏》、《守尚书左仆射同中书门下平章事吕颐浩辞免恩命不允诏》、《新除少保尚书左仆射同中书门下平章事吕颐浩辞免恩命不允诏》、《吕颐浩辞免少保恩命不允诏》、《王绚为从弟投拜金人自劾不允诏》、《新除端明殿学士签书枢密院事富直柔辞免恩命不允诏》，奏议如《行在越州条陈时政》、《抚州奏乞罢打造战船等事》、《奏论诸将无功状》，传状如《郭永传》、《奉议公行状》、《夫人陈氏行状》，碑志如《信州二堂碑》、《镇江府金山神霄宫碑》、《赠端明殿学士程公神道碑》、《故徽猷阁待制致仕苏公墓志铭》、《尚书礼部侍郎致仕赠大中大夫卫公墓志铭》、《左朝散大夫直徽猷阁刘君墓志铭》、《朝请大夫直秘阁致仕吴君墓志铭》、《左中大夫致仕吴公墓志铭》、《户部尚书许公墓志铭》、《赠少师傅公墓志铭》、《赠通议大夫周公墓志铭》、《赠少师谥僖简庄公墓志铭》、《赠左大中大夫致仕陈君墓志铭》、《左朝请大夫主管台州崇道观庄君墓志铭》、《左朝奉郎知处州江君墓志铭》、《朝散郎致仕王君墓志铭》、《主簿胡君墓志铭》、《判官程克一墓志铭》、《赠朝请大夫刘君墓志铭》、《奉议郎知舒州曾君墓志铭》、《右中大夫右文殿修撰致仕赵公墓志铭》、《承议郎通判润州累赠朝议大夫赵君墓志铭》、《徽猷阁待制致仕蒋公墓志铭》、《赠特进显谟阁直学士蒋公墓志铭》、《右中大夫直宝文阁知衢州曾公墓志铭》、《谭章墓志铭》、《詹太和墓志铭》、《安人汪氏墓志铭》、《孺人晁氏墓志铭》、《安人王氏墓志铭》、《王夫人墓志铭》、《吴国夫人陈氏墓志铭》、《令人施氏墓志铭》,记如《翠微堂记》、《镇江府月观记》、《永州玩鸥亭记》,咸可诵览。大抵碑传以逶迤为提挈,不支不蔓,本末粲然,其体出欧阳修。他文以议论为澜翻,有识有笔,辞意旷如,其体源于苏轼。抑扬爽朗,正复使人读之激卬,讽味不已。岂特四六之独出冠时,足以润色偏安,协赞中兴也哉?特其诗学苏轼,乐易疏快,有气调而无远韵,不免肤滑尔。顾四六尤有名,而竞爽一时者,莫如高密綦崇礼。

綦崇礼之四六文。先是徽宗之世,以进筑顺州,得枸杞宿根于土,其形夔伏,仙家以为千载所化,驰献阙廷。而徽宗生于壬戌,正符所属之辰,尤以为善祥。百寮欲以诘朝拜表,而羌无故实,诸公阁笔不知所措。自王安石制经义以颁庠序,而士不习为词章。天子幸太学,欲进一表而无能应者。崇礼方为诸生,出稿袖间,无不惊服。至是已为学官。有相荐者,延致东阁。从容属联,首曰:"灵根夜吠,胎仙犬于千年;驿骑朝驰,荐圣人之万寿。眷荒裔沉藏之久,实王师恢复之初。物岂无知,时各有待。"既进,徽宗动容,喧传京师,名公咸自以不及也。及高宗驻跸扬州,崇礼航海来朝,召试中书,文不加点,累官翰林学士。方当羽檄旁午,书诏填委之会,而播告之修,不匮厥指;如《赐新除镇江府建康府淮南东路宣抚使韩世忠诏》曰:

朕惟时已戒寒,守当严备,循江流而振险,顾力散以难周;联形胜以宿师,则势专而易应。眷升润东西之府,据江淮南北之冲,走集所趋,舳舻交会;封疆之接,鸡犬相闻;曾无数舍之遥,奚假两军之重。乃命江东之戍,更莅池阳;遂因京口之屯,并临建邺。仍资威望,分控长淮。惟卿勇不顾身,忠无择事。宽其分部,庶能展足以赴功;

> 睦乃比邻，尚克同心而济务。念国家之至计，翳将相之协恭；勉就大勋，毋怀小忿。譬犹捕鹿，要为犄角之图；有若献豜，皆获公私之利。往体朕意，伫观厥成。

奖其协恭，勖以立功，兵形地势，不啻聚米画沙，诸大将奔走承命。而吕颐浩以首相开督府训辞，尤为宏肆，有曰："尽长江表里之封，悉归经略；举宿将王侯之贵，咸听指呼。"其能布宣将略，张皇国势类此。至草《秦桧罢右相制》曰："自初豫政，疑若献忠。从其长，则未尝争议于当然；私于朕，则每独指言其不可。"又曰："念方委听之专，更责寅恭之效。而乃凭恃其党，排斥所憎。进用臣邻，率面从而称善；稽留命令，辄阴怵以交攻。"鬼蜮倾轧，情状如睹。先是桧为御史中丞，以抗议张邦昌为帝；金人怒，絷以北。及南归参政，高宗称其朴忠过人；至是词播中外，人始知桧之奸也。既而桧当国专政，欲甘心焉。盖其博览强记，以直道自任，才高而气刚，沛然出之，不为崖异之言，而气格浑然天成。传有《北海集》四十六卷，诸体寥寥，惟制诰表启之四六最多，亦惟四六最工。然宋之四六，亦几变矣：四六为句，本以文从字顺，便于宣读；至宣和间，能者争名，恐无以大相过，则又习为长句，全引古语，以为奇倔，而一联或至数十言，硬语盘空，诵者不以为谐也，独崇礼与汪藻，动宕开阖，而谨四六之体；不乖杨刘之律令，运以欧苏之气调，一出一入，所以为能。崇礼，字叔厚，北海其自号也。

其次晋陵孙觌，字仲益，亦以四六黼黻南渡，管王喉舌，为汪藻所推；累官尚书，以奉祠提举鸿庆宫，遂以名集，传有《鸿庆居士集》四十二卷。其中碑志谀颂宦寺，排抑忠良，殆不知人间有羞恶是非之心；而四六铿訇，则汪藻、綦崇礼以外，罕与抗行。《试词科代高丽国王谢燕乐表》曰:"玉帛万国,干舞已格于七旬;箫韶九成,肉味遽忘于三月。"又曰:"荡荡乎无能名,虽莫见宫墙之美;欣欣然有喜色,咸预闻管籥之音。"自中书舍人出知和州,而抵境拒不纳,乃以启答郡僚曰:"虽文书衔袖,大人不以为疑;然君命在门,将军为之不受。"既履任,邻郡无为军不办上供钱米,委取勘。覼漫不省,而事寻解。无为守驰启来谢。答曰:"包茅不入,敢加问楚之师;辅车相依,自作全虞之计。"比事精当,属辞警策,洪迈每诵举之以为四六名对,而融裁古语,尤妙浑成也。洪迈言:"四六骈俪,于文章家为至浅,然上自朝廷命令诏册,下而搢绅之间笺书祝疏,无所不用;属辞比事,固宜警策精切。"特风气所趋,好用成语;而不难闳肆,难短峭;不难排奡,难妥帖。有一联四六用两处古人语,而雅驯妥帖如己出者。绍兴间,刘□□字美之除工部侍郎兼直学士院;吉水丞汤尹字正子以启贺曰:"技巧工匠精其能,自元成之间鲜能及;号令文章焕可述,虽诗书所补何以加。"尹又《上丞相汤思退》曰:"生民以来,未有盛于孔子;天下之士,岂复贤于周公。"后二语用韩愈《上宰相书》。王□□字履道草《执政以边功转官制》曰:"惟皇天付予,庶其在此;率宁人有指,敢弗于从。"前二语用韩愈《平淮西碑》。《贺王秘校及第启》曰:"得知千载,上赖古书;作吏一行,便废此事。"前二语用陶渊明诗"得知千载事,上赖古人书",剪去两字,后二语用嵇康书"一行作吏,此事便废",而皆倒易二字。中书舍人张孝祥,字安国,出知抚州,移苏州,《谢上表》曰:"虽自西徂东,周爰执事;然以小易大,是诚何心。""虽""然"二字增,而两州东西小大,乃甚的切。中书舍人洪迈知婺州,召至都下,而侍从未有虚位;孝宗除为在京宫观兼侍读。太府少卿张抑,字子仪,以启贺曰:"珍台间馆,冠皋伊之伦魁;广厦细旃,论唐虞之圣道。"前二句,用扬雄赋全语;后二句,用王吉疏全语;皆西汉文章也。蒋子礼拜右相,王诇贺启曰:"早登黄阁,独见明公之妙年;今得旧儒,何忧左辖之虚位。"上二句,用"扈圣登黄阁,明公独妙年",下二句用。左辖频虚位,今年得旧儒",皆杜甫诗也。四六有一联而用四处古人语者,张栻,字钦夫,答一教官启曰:"识其大者,岂诵说云乎哉?何以告之,曰仁义而已矣。"而徽宗时,王履道《行少宰余深制》曰:"仰惟前代,守文为难;相我受命,非贤不乂。"又曰:"盖四方其训,以无竞维人;必三后协心,而同底于道。"时次蔡京、王黼为三相也。四六有用古人全语而全不用其意者:《行苇》之诗云:"仁及草木,牛羊勿践履。"此盛世之事也。又《鸱鸮》之诗云:"曰予未有室家,风雨所漂摇。"此谓鸱鸮之毁巢。王履道生长河洛,以金人之乱,避兵而南,思家园丘墓,而剪裁两诗以撰青词曰:"万里丘坟,草木牛羊之践履;百年乡社,室家风雨所漂摇。"运古入化,匪夷所思矣。如此之类,熔铸经营,而不以长句破格,不以硬语损谐,虽全引古语,而何害四六焉。凡此儒林扬休,传诵当时者也。其后番阳洪适,与弟遵、迈,吉安周必大,相继以四六有名;而洪迈尤自负四六为其家学云。

　　洪适,字景伯;遵,字景严;迈,字景卢。父皓,亦工四六,以徽猷阁待制奉高宗命使金,而遭徽宗之丧,泣血撰文以祭,有曰:"故宫为禾黍,改馆徒馈于太牢;新庙游衣冠,招魂漫歌于楚些。虽置河东之赋,莫止江南之哀。遗民失望而痛心,孤臣久縶惟欧血。"金人诵之亦挥涕,而为所拘留。适才十三岁,已任门户,督二弟遵、迈,刻意问学,而承母沈以奉祖母。沈,无锡之所自出也;既而母卒,遂奉丧以依舅氏焉。

洪适四六。时金人以河南归宋,因拟宰相贺表,有曰:"宣王复文武之土,光启中兴;齐人归郓欢之田,不失旧物。"舅氏沈松年以宿学官博士,诵而奇之曰:"此博学宏词之选也!"绍兴十二年,与弟遵同中博学宏词科。高宗询知为皓子,曰:"父效命出疆,而二子自力,此忠义之报也。"适以启谢宰相曰:"骤掇虚名,敢自希于双璧;尚遗季弟,终有忝于三珠。"后三年,迈亦中选;于是三洪名满江东,兄弟竞爽。而适于孝宗朝,累官尚书右仆射同中书门下平章事,遵至翰林学士承旨,迈至端明殿学士。殁皆有谥,适谥文惠,遵文安,迈文敏。而迈尤以博洽受知孝宗,谓其文备众体。遵有《小隐集》,不传。迈有《野处类稿》二卷,有诗无文。独适有《盘洲集》八十卷行于世;其中诗古文条畅而出以乐易,四六警切而务为疏宕,其体一出苏轼。而迈撰《容斋随笔》,有"吾家四六"之记,称:"乾道初年,张魏公以右相都督江淮;议者谓两淮保障不可恃,公往视之。会诏归朝,未至而免。文惠公当制,词曰:'棘门如儿戏耳,庸谨秋防;衮衣以公归兮,庶闻辰告。'所谓儿戏者,指边将也,而议者乃以为诋魏公。其尾句曰:'《春秋》责备贤者,慨功业之惟艰;天子加礼大臣,固始终之不替。'所以怅惜之意至矣。《王太宝致仕词》曰:'闵劳以事,圣主隆待下之仁;归絜其身,君子尽衣锦之美。'太宝有遗泄之疾,或以为有讥,而实不然。罢相后起帅浙东,《谢生日时词启》曰:'五十当贵,适买臣治越之年;八千为秋,辱庄子大椿之寿。'时正五十岁,而生日在秋也。绍兴壬戌词科,《代枢密使谢赐玉带表》,文安公曰:'有璞于此必使琢,恍惊制作之工;匪伊垂之则有余,允谓便蕃之赐。'主司喜焉,擢为第一。乙丑《代谢赐御书周易尚书表》。予曰:'八卦之说谓之索,奉以周旋;百篇之义莫得闻,坦然明白.'尾句曰:'但惊奎壁之辉,从天而下;莫测龟龙之妙,行地无疆.'亦忝此选.《代福州谢历日表》曰:'神祇祖考,既安乐于太平;岁月日时,又明章于庶证.'正用《诗·凫鹥序》:'太平之君子,能持盈守成,神祇祖考安乐之也.'《洪范》:'庶证岁月日时无易,百谷用成,乂用明,俊民用章.'皆上下联文,未增一字.《渊圣乾隆节疏》曰:'应天而行,早得尊于《大有》;象日之动,偶蒙难于《明夷》.'《易·大有》卦'柔得尊位,应乎天而时行'.《左传》叔孙豹筮遇《明夷》,象日之动,故曰:'君子于行.'《象辞》云:'内文明而外柔顺,以蒙大难.'亦用本文.叶子昂参知政事,为谏议大夫林安宅击罢,已而置狱治,林责居筠,叶召拜左揆,予草制曰:'既从有北之投,亟下居东之召.有欲为王留者,孰明去就之忠;无以我公归兮,大慰瞻仪之望.'本意用公归之句,指邦人而言也,故云瞻仪;而御史单时疑之,谓人君而称臣为我公,盖不详味词理耳.《赐宰臣辞免提举圣政书成转官诏》曰:'为天子父尊之至,永惟传序之恩;问圣人德何以加,莫越重华之孝.'《叶资政召命诏》曰:'见睍曰消,顾何伤于日月;得时则驾,宜亟会于风云.'《赐史大观文以新蜀帅改越辞免诏》曰:'王阳为孝子,敢烦益部之行;庄助留侍中,姑奉会稽之计.'吴璘在兴元修塞坏渠为田,奖谕诏曰:'刻石立作三犀牛,重见离堆之利;复陂谁云两黄鹄,讵烦鸿却之谣.'用老杜《石犀行》云:'秦时蜀太守,刻石立作三犀牛.'及翟方进坏鸿却陂,童谣云'反乎覆,陂当复,谁云者,两黄鹄'等语也.刘共甫自潭帅除翰林学士,答诏曰:'不见贾生,兹趣长沙之召;既还陆贽,宜膺内相之除.'《批执政辞经修哲宗宝训转官词》曰:'念叠矩重规,当贤圣之君七作;而立经陈纪,在谟训之文百篇.'哲庙正为第七主,而宝训百卷也.《答蒋丞相辞免诏》曰：'永惟万事之统，知非艰而行惟艰；有不二心之臣，帅以正则罔不正。'《礼部为宰臣以显仁皇后小祥请吉服奏》曰：'练而慨然，理应顺变；期可已矣，惧或过中。'又曰：'汉中天二百而兴，益隆大业；舜至孝五十而慕，独耀前徽。'时高宗圣寿五十四也。辛巳《亲征诏》曰：'惟天惟祖宗，方共扶于基绪；有民有社稷，敢自佚于晏安。'又曰：'岁星临于吴分，定成淝水之勋；斗士倍于晋师，可决韩原之胜。'是时岁星在楚，故云。《檄书》曰：'为刘氏左袒，饱闻思汉之忠；徯汤后东征，必慰戴商之望。'又曰：'侯王宁有种乎？人皆可致；富贵是所欲也，时不再来。'《修圣政转官词》曰：'念五马浮江之役，光启中兴；述六龙御天以来，式时猷训。'《汪观文复官词》曰：'作雷雨之解而宥罪，在法当原；如日月之食而及更，于明何损。'《步帅陈敏制》曰：'亚夫持重，小棘门霸上之将军；不识将屯，冠长乐未央之卫尉。'《吴挺兴州制》曰："能得士心，吴起固西河之守；差强人意，广平开东汉之兴。'《起复知金州制》曰：'惟天不吊，坏万里之长城；有子而贤，作三军之元帅。'《萧鹧巴词》曰：'随会在秦，晋国起六卿之惧；日䃅仕汉，秅侯传七叶之芳。'《姚平仲复官制》曰：'李广数奇，应恨封侯之相；孟明一眚，终酬拜赐之师。'《追封皇四子邵王词》曰：'举汉武三王之策，方茂徽章；念周文十子之宗，独留遗恨。'时已封建三王也。《赵忠简谥制》曰：'见夷吾于江左，共知晋室之何忧；还德裕于崖州，岂待令狐之复梦。'《王彦赠官词》曰：'申带砺以丹书之誓，方休甲第之功臣；挂衣冠于神武之门，竟失戍营之校尉。'《向起赠官词》曰：'驰至金城郡，方思充国之忠；生入玉门关，竟负班超之望。'《李师颜赠官制》曰：'青天上蜀道，久严分阃之权；黑水惟梁州，怆失安边之杰。'《襄帅王宣赠官词》曰：'黄河如带，莫申刘氏之盟；汉水为池，空堕羊公之泪。'王瀹以太常少卿朔祭太庙忘设象尊牺尊降宫词曰：'牺象不设，已废司彝之供；饩羊空存，殊乖告朔之礼。'《潼川神加封词》曰：'驾飞龙兮灵之斿，具严涣命；驱厉鬼兮山之左，终相此邦。'《青城山蚕丛氏封侯词》曰：'想青神侯国之封，自今以始；虽白帝公孙之盛，于我何加。'《阳山龙母词》曰：'居然生子，乘云气以为龙：惟尔有神，时雨旸而利物。'《魏丞相赠父词》曰：'大名之后必大，非此其身；和戎如乐之和，幸哉有子。'魏盖以使金议和而致大用。《赠母词》曰：'藏盟府之国功，不殊魏绛；成外家之宅相，重见阳元。'《封妻姜氏词》曰：'筮仕于晋曰魏，方开门户之祥；娶妻必齐之姜，孰盛闺闱之美。'《虞丞相赠父词》曰：'活千人有封，非其身者在其子；德百世必祀，畸于人者侔于天。'《周仁赠父词》曰：'有子能贤，高举而集吴地；受予显服，会同而朝汉京。'用东方朔《非有先生传》'高举远引，来集吴地'及《两京赋》'春王三朝，会同汉京'也。《奖谕吴挺诏》曰：'阃外制将军，方有成于东乡；舟中皆敌国，应无虑于西河。'《梁丞相答诏》曰：'一言可以兴邦，念为臣之不易；三宿而后出昼，勉为王而留行。'余不胜书。惟记从兄在泉幕，淮东使者，其僚婿也。发京状荐之；为作谢启曰：'襟袂相连，夙愧未亲之孤陋；云泥悬望，分无通贵之哀怜。'皆用杜诗。其下句人人知之，上句乃《赠李十五丈》云：'孤陋忝末亲，等级敢比肩，人生意气合，相与襟袂连。'比事适著题，而与前《送韦书记诗》句，偶可整齐用之。附记于此，但以传示子孙而已。"盖父子兄弟，世擅四六；而比事属辞，则事无泛用；古语新裁，斯语妙浑化；亦庶几不乖四六之律令，而善运欧苏之气调者也，可以耀世美而征家学焉。然有词未以筮王命，而篇独工于书记者，曰李刘。

李刘，字工甫，崇仁人。嘉定七年进士，累官宝章阁待制。生平无考。独工四六；所著《类稿》、《续类稿》、《梅亭四六》，皆不传，独《四六标准》四十卷，乃其门人罗逢吉所编，以刘初年馆宰相何异家，及在湖南、四川所作，汇为一集，题曰《标准》，盖门弟子尊师之词也；凡一千九十六首，以类相从，分七十一目。其中言时政如《上史丞相》、《上曾枢密》，赘见如《上魏运使》、《上吴宣抚》，荐举如《谢林提举举关升》、《谢卫参帅特荐》、《代谢帅座》契家子弟谢合光、《代回危教授谢列荐》，举科目如《谢刘阁学举节操方正可备献纳科》、《代虞制参谢刘阁学举科目》、《谢赵尚书举可备著述科》，谢到任如《荣州到任谢桂制置》、《通判到任谢签枢》，谢除授如《代江淮陈制干除监丞谢丞相》、《除国子录谢执政》、《除国录谢葛祭酒》、《除成都漕谢李制置》，谢辟置如《谢董制置辟充成都抚干》，举自代如《谢李侍郎举自代》，被召如《贺绵州高知府赴召》，宫观如《贺泸帅杨尚书进职奉祠》，杂谢如《谢魏侍郎为先祖先父作墓志》、《代袁子固谢县宰宽假不杖责》、《回蹇学谕贺得粟九穗》，谢惠诗文如《谢监镇陆子遹惠诗》、《谢朱新恩投书》、《谢周秘校惠梅诗》、《回刘进士惠诗及封事稿》、《回罗省元》，科举如《回免举士人谢启》，生辰如《代胡侍郎谢朝士贺生日》、《谢潼川提刑谢太博贺生日》，宰相如《贺郑参政除右相兼枢密使进光禄大夫》，参政如《贺宣参政》，枢密如《贺俞金书》，中书如《贺太府俞大卿除中书舍人兼右司除户部侍郎兼知临安》，台谏如《贺董司谏》，制帅如《回赵副帅》，提舶如《回赵市舶》，漕司如《代回江西李运使》、《代回江西胡漕》，太守如《贺赵尚书知平江府》、《代回傅赣州》，教官如《代回王教授》，州官如《通潭州于节推》，宰如《回资官文知县》；四十八首，为一集之胜。自六代以来，笺启即多骈偶；然其时文体皆然，非以是别为一格也。至宋而岁时通候，仕宦迁除，吉凶庆吊，无一事不用启，无一人不用启；而其启必以四六，遂于四六之内，别成专门。而刘所作，隶事精切，措语朗畅，衍欧苏一脉，而谨四六之体；泯尽堆垛，捃摭之迹，而才华富有，辞意铿訇，实集笺启之大成，而极四六之能事。南渡而下，足当后劲。肆笔如舌，纡余委备。尤善议论，澜翻不竭。如《上史丞相》曰：

  索长安之米，拟就辟书；伏光范之门，尚干宾谒。特有惓惓之意，未敢察察而言。辄以万分，写之四六。仪图爱助，此周人待山甫之情；龠受敷施，亦虞舜举皋陶之意。他无求者，公幸听之。窃惟国家闲暇之时，当思文武长久之术。况外夷之云扰，贵内治之日严；讵云行李之通，可缓包桑之虑？国虚难动，民困易摇，岂待谋国之数公，知讳用兵之两字。然能应则乃可谓定，故欲龠者未始不张。今徒千里而畏人，未思四境之不治，一气先竭，百为弗开。群材付之乍佞以乍贤，正论听其自鸣而自息。耳目之受既狭，心腹之委亦偏。为赤子，为龙蛇，未始得敌情之实；以皮币，以犬马，但云量事力之宜。军籍既隐于蔽蒙，将材又厄于媢嫉。舟师未练，马政不修。凿斯池，筑斯城，岂可无九攻之具；锻乃戈，厉乃矛，孰能遏再鼓之衰？仰而思之，无非事者。上作而下不应，朝廷每有是言；外呼而内不闻，郡国亦为此论。惟事事备，乃可无患；言人人殊，何以成功。周得上，汉得中，策将安决？蠡治内，种治外，责恐宜分。试考先朝立四总管之谋，及观诸儒分三大镇之说，皆欲取之人望，从而假以事权。一用孔明陆逊之规模,力行晁错充国之论议。移江上之屯于淮上,实关表之粟如关中。使权守御之方,渐讲招怀之略。众犬方狺,则养威持重;两虎既伤,则取乱侮亡。是为屈群策以共图,奚至无寸功之可论?与其待一朝之患,始出于兹;孰若折千里之冲,早为之所?若任人而疑,疑人而任,则闻事不实,实事不闻。何怪草野之私言,动违槐棘之成算?日月逝矣,风雨萃之。无谓天变不足虑,人言不足从;庶几君子有所恃,小人有所畏。

恭惟某官堪舆间气,社稷世臣。砥柱不移,回平原黄河之决;终风且曀,洗咸池白日之光。力调更化琴瑟之弦,复享和戎金石之乐。如将道古而誉德,亦可纪简策以垂功。然太师维垣,辅隆兴不满一岁;今西平有子,相嘉定行且十年。此非门户之私荣,实负乾坤之重寄。用药莫先于无病,止车当在于未奔。相亦惟终,邦其无斁。如某者,拙由地禀,狷不时宜。独窃考治乱之原,知当谨几微之会。贫贱不能以达志,忧患又从而熏心。昔在服中,欲上范文正之书而无路;今来阙下,愿作石徂徕之颂而难言。荐之吾相者欲令主金耀之书,谋及乃心则姑愿应铜梁之辟。等勤大播,盍进小忠?敢输肺腑之微诚,尽告腹心之元老。一毫有补,万坐亦甘。平津之招贤有三,惜难受汲生之戆;洛阳之太息者六,实欲全周勃之功。

曲尽时宰玩愒之情,当日因循之态,大声疾呼,不乞相公之垂怜,而规相公以谋国,侃侃而陈,胜韩愈《三上宰相书》矣。又如《贺董司谏》曰:

进思补阙,仍侍迩英。责重寄隆,益可告嘉猷于后;

谋从言听，转当下膏泽于民。朝野喧然，宗社幸甚。恭惟某官所养刚大，而道中庸。人方此重而彼轻，公独以退而为进。廷臣无出右者，天子居然器之。拔自州麾，遍仪朝著。亟拜拾遗之命，仍陪劝诵之联。缉日月之光，良多启沃；犯雷霆之怒，大有激扬。不卖直以取名，惟格王而正事。简在中宸，遂升左垣。考司谏七品官之阶，虽云序进；然大人一正君之事，正属司存。

今目前无必至之忧，而天下有未形之患。戎心外狡，民力中干。天文变怪而难谌，人才卑少而不竞。民保于信而信屡爽，位守以仁而仁不流。吏惰且贪，兵虚仍脆。无非事者，请先大者之图；彼何人斯，尤愿辨之之早。自古建久安之势，成长治之业，莫若杜群枉之路，开众正之门。国人曰贤，左右皆曰贤，无使淹滞之久；君心以正，远近一以正，切防浸润之行。闱内闱外，不容二心；宫中府中，当为一体。舍豺问狸，则民不服；如鹰逐雀，则君自尊。察嫠妇之私忧，回仓公于惊走。庶淮南知惮于汲黯，而昌黎无惑于阳城。名节皎然，芬芳多矣。富贵乃吾所有，何足计哉；忠良得路之难，切宜念此。某当献嘉颂，愿进苦辞，盖有感平日之知，不敢作细人之爱。诸公不喜生语，柔则茹之；善人能受尽言，退不谓矣。尚欲作石守道纪德之颂，幸勿还李师中落韵之诗。

颂不忘规，慨当以慷，不徒翩翩书记，直是炎炎大言。他如《贺宣参政》曰："今海内之事势，若火未然；公主上之信臣，知风之自。夷情外狡，民力中干。即戎七年而无休息之期，拓地千里而无坚凝之术。使能定未保其能应，则所忧将重于所欣。实赖同心同德之臣，亟合群策群力以御。收草茅之公议而用之邦国，推槐棘之和气而达之间阎。"《贺俞签书枢密》曰："春秋九世之雠，固将必报；匈奴百年之运，未有不亡。今犬羊交噬之已深，计蚌鹬相持之不久。下策莫危于浪战，上兵实贵于伐谋。在帝王之万举万全，固求耆定；然疆场之一彼一此，正欠坚凝。幸而及闲暇之时，亟宜定修攘之计。取乱侮亡兼弱也，时则易然；同寅协恭和衷哉，政将焉往？"综观所作，不难在经史纷纶，隶事必精；而难在气调磊落，脱口如生。不啻西汉贾董政事贤良之策疏，特托西昆杨刘四六骈俪之笺启。跌宕昭彰，精能之至也，岂得以寻常酬应薄之哉。

第二节　朱熹　陆九渊　吕祖谦附陈亮　薛季宣　陈傅良　叶适附真德秀

南宋四六固是苏格，散文尤有苏气，文出东坡，诗宗山谷。而论学，则尤排王安石而崇苏轼。独朱熹以为苏轼之学，祸甚王氏；而文则不为苏轼，为曾巩；诗不宗黄庭坚，宗魏晋选体；盖翘然有以自异而不囿于风气云。

朱熹，字元晦，以元为四德之首，易为仲晦；曾结草堂于建阳芦峰之云谷，扁以晦庵，又号云谷老人，更署云台真逸；既又创竹林精舍，号沧州病叟；晚因筮易，遇《遁》之《同人》，更名遁翁；小名沈郎，小字季延；婺源人。父松，官南剑尤溪县尉，遂侨寓焉而生熹。生而颖悟；甫能言，父指天示之曰："天也。"即问曰："天之上何物？"而欲穷其源。十岁，读《孟子》，至"圣人与我同类者"，喜不可言，即厉志圣贤之学。父松，师事豫章罗从彦，而与延平李侗游，得闻将乐杨时所传二程之学，日诵《大学》、《中庸》以用力于致知诚意。及其殁也，而熹才十四岁，遂托之友人籍溪胡宪、白水刘勉之、屏山刘子翚，且顾语曰："三人学有渊源，吾所敬畏。"遂受学焉。以十九岁，举绍兴十八年进士，铨试中等，授泉州同安县主簿；将赴官，乃谒李侗于延平。

初，熹师刘子翚、胡宪。宪学于崇安胡安国，又好佛老，以安国之学为论治道则可，而道未至，然于佛老亦未有见。子翚少年能为举业，及官莆田，接塔下一僧，能入定数日。老而归家，读儒书，以为与佛合也，作《圣传论》。子翚先卒，独事宪为最久，至是谒侗而诵其所闻。侗之接后学也，答问穷昼夜不倦，随人浅深而诱之各不同，而要以反身自得而可以入于圣贤之域。于时，熹务为侗宏阔之言，好同而恶异，喜大而耻于小。而侗不谓然，曰："吾儒之学，所以异于异端者，理一分殊也。理不患其不一，所难者分殊耳。若以理一而不察其分之殊，此学者所以流于疑似乱真之说，而不自知也。"顾熹不服。而侗为人简重讱言语，惟教以读圣贤之书。久之，研诵而渐有会，乃大服，谒侗称弟子。于是刻意治经，推见实理，著有《易本义》、《启蒙》、《诗集传》、《大学中庸章句》、《或问》、《论语孟子集注》，为学者所宗。其为学，大抵穷理以致其知，反躬以践其实，而以居敬为入德，以读书为穷理。

宁宗闻熹名久，及即位，召起焕章阁待制侍讲，寻以直言忤旨，除提举鸿庆宫。既而韩侂胄当国，诬熹伪学不轨，谪永州落职。饬毁所著书，科举取士稍涉义理者，辄见黜落，六经《语》、《孟》、《大学》、《中庸》之书，为世大禁。于是谤议朋兴，以学为"伪"；盖谓贪黩放肆，乃人真情，其廉洁好修者伪也。从游之士，依阿巽懦者，更名他师，过门不入，甚至变易衣冠，狎游市肆以自别其非道学。然熹讲学不休。有劝以谢遣生徒者，熹应曰："祸福之来，命也，今为避祸之说者，固出相爱，然得某壁立万仞，岂不更为吾道之光？其默足以容，某不上书自辨，便是默，不成屋下与朋友讲习古书，说这道理，亦不敢也。"老而多病，气痛脚弱，缠以泄泻，已不自支。或劝晚起，曰："某自不能晚起，虽甚病，才见光，亦要起寻思文字，才稍晚，便觉似晏安鸩毒，便似个懒惰底人，心里不安；须是早起了，却觉得心上松爽。"已而病甚，犹修书不辍。夜为诸生讲诵，孜孜不休。将卒之前三日，起改订《大学·诚意章》注；年七十一。佹胄诛，赠熹宝谟阁直学士，谥曰文，寻赠太师，封徽国公，从祀孔子庙庭。

其弟子黄榦曰："道之正统，待其人而传。由孔子而后，曾子、子思继其微，至孟子而始著。由孟子而后，周、张、二程继其绝。至朱子而始著。"盖以熹传周、张、二程之学，而为道统之所系焉。然道学之传，始自程氏颢、颐兄弟受学周敦颐。敦颐言："文，所以载道也；轮辕饰而弗庸，徒饰也，况虚车乎？文辞，艺也，道德，实也，不知务道德而第以文辞为能者，艺焉而已。噫，弊也久矣！"或问程颢"作文害道否？"曰："害也！凡为文，不专意则不工；若专意，则志局于此，又安能与天地同其大也。《书》曰：''玩物丧志。'为文，亦玩物也。"颐则曰："不求诸己而求诸外，以博闻强记，巧文丽辞为工，其言鲜有至于道者。"盖专心致知以求道之所为明，而不屑屑于文，以为徒雕琢其辞，末乎云尔。独熹则以谓："意中了了，而言不足以发之，则亦不能传于远矣。故孔子曰：'辞达而已矣。'程子亦言：'《西铭》，吾得其意；但无子厚笔力，不能作耳。'正谓此。"以故颇致力于文章也。传有《晦庵集》一百卷,《续集》十卷,《别集》十卷。

先是孝宗时,侍郎胡铨以诗人荐。熹曰:"仆不能诗,平生侥幸多类此。"然熹用力于古诗者实深,而其下手则以拟古为功夫,谓:"向来初见拟古诗,将谓只是学古人之诗,元来却是。如古人说'灼灼园中花',自家也做一句如此;'迟迟涧畔松',自家也做一句如此;'磊磊涧中石',自家又也做一句如此;'人生天地间',自家也做一句如此。意思语脉,皆要似他底,只换却字。某后来依如此做得二三十首诗,便觉得长进。盖意思、句语、血脉、势向,皆是他底。亦尝间考诗之原委,因知古今之诗,凡有三变:盖自书传所记虞夏以来,下及魏晋,自为一等。自晋宋间颜谢以后,下及唐初,自为一等。自沈宋以后定著律诗,下及今日,又为一等。然自唐初以前,其为诗者,固有高下,而法犹未变。至律诗出,而后诗之词与法始皆大变,以至今日,益巧益密,而无复古人之风矣。尝欲抄取经史诸书所载韵语,下及《文选》汉魏古词,以尽乎郭景纯、陶渊明之所作,自为一编,而附于《三百篇》、《楚辞》之后,以为诗之准则。又于其下二等之中,择其近于古者,各为一编,以为之羽翼辅卫;其不合者,则悉去之,不使接于耳目而入于胸次,要使方寸之间,无一字世俗言语意思,则其为诗,不期于高远而自高远矣。且以李杜言之,则如李之《古风》五十首,杜之秦蜀纪行、遣兴、出塞、《潼关》、《石濠吏》、《夏日》、《夏夜》诸篇,律诗则如王维、韦应物辈,亦自有萧散之趣;未至如今日之细散卑冗,无余味也。坡公病李杜而推韦柳,盖亦自悔其平时之作,而未能自拔者。但余诋江西而进宛陵,不能不骇俗听耳。少时尝读梅诗,亦知爱之,而于一时诸公所称道,如《河豚》等篇，有所未喻；至于寂寥短章，闲暇萧散，犹有魏晋以前高风余韵，而不极力于当世之轨辙者。夫古人之诗，本岂有意于平淡哉？但对今之狂怪雕镂，神头鬼面，则见其平；对今之肥腻腥臊，酸咸苦涩，则见其淡耳。自有诗之初以及魏晋，作者非一，而其高处无不出此。渊明诗，人皆说平淡，据某看，他自豪放，但豪放得来不觉耳。古人诗中有句，今人诗更无句，只是一直说将去，这般诗，一日做百首也得。如陈简斋诗'乱云交翠壁，细雨湿青松'，'暖日熏杨柳，浓阴醉海棠'，他是甚么句法。古人做诗，不十分著题，今人做诗，愈著题，愈不好。李、杜、韩、柳，初亦学选诗；然杜韩变多，而李柳变少；变不可学，而不变可学。故自其变者而学之，不若自其不变者而学之。"其意在宗魏晋选体以斥江西诗。

今诵其诗，矜炼婉秀，而《游仙》诙诡，时出轶宕，似有得于柳宗元而参以郭璞。五言古如《拟古》八首、《丘子野表兄郊园五咏》、《古意》、《客舍听雨》、《雨中示魏惇甫兼怀黄子厚》二首、《读道书作》二首、《病中呈诸友》、《月夜述怀》、《春日即事》、《晚步》、《秋怀》、《垂涧藤》、《悬厓水》、《穿林径》、《病告斋居作》、《感事有叹》、《山居即事用叠翠亭韵》、《秀野以喜无多屋宇幸不碍云山为韵赋诗率尔攀和》十首、《拜张魏公墓下》、《大雪马上次敬夫韵》、《九月六日早发潭溪夜登云谷翌旦赋此》，七言古如《伏蒙秘阁张丈宠顾下邑并以长篇为贶降叹之余牵勉继韵》、《五禽言和王仲衡尚书》，五言律如《过黄塘岭》、《冬日》二首、《登祝融峰用择之韵》、《安仁晓行》，五言绝如《闻蝉》、《杂记草木》九首之《天门冬》《红蕉》二首、《九日山石佛院乱峰轩》二首，七言绝如《涉涧水作》、《入瑞岩道间得四绝句呈彦集充父二兄》、《方广睡觉次敬夫韵》、《武夷棹歌十首呈诸同游》、《夜》等诗，咸可诵览。大抵七言不如五言，绝句胜于律体，秀润而力祛缛藻，矜炼而不为驰骤，盖所谓不作江西社里人者。至《斋居感兴》二十首，得意自以追陈子昂，而明李东阳《怀麓堂诗话》，谓："《感兴》之作，盖以经史事理播之吟咏，岂可以后世诗家者流例论哉。"然兴寄不高远，而未免堕理障，不足以方驾子昂《感遇》也。

古文则于韩、柳、欧、苏、曾、王，无所不学，而长于诂经说理，明白醇实，而出以纡徐委备；不矜才气，而波澜老成，自然顿挫，独有得于曾巩者为深。如《参伍以变错综其数说》、《定性说》、《观心说》、《释氏论》上、《开阡陌辨》、《语孟集义序》、《中庸集解序》、《诗集传序》、《大学章句序》、《中庸章句序》、《跋朱喻二公法帖》、《记参政龚公陛辞奏稿后》、《书临漳所刊四经后》、《书临漳所刊四子后》、《跋俞岩起集》、《题赵清献事实后》、《跋曾裘父赠屈待举诗》、《跋曾仲恭文》、《跋郑宣抚帖》、《再跋王荆公进邺侯遗事奏稿》、《送黄子衡序》、《送陈宗之序》、《送张仲隆序》、《送夏医序》、《林贯之字序》、《壬午应诏封事》、《甲寅拟上封事》、《癸未垂拱奏札》一、《行宫便殿奏札》二、《答梁丞相书》、《与史太保书》、《与周丞相书》、《与赵尚书书》、《与留丞相书》一、《与留丞相书》二、《甲申十月二十二日答汪尚书》、《答林正夫》、《答戴渊》、《答林峦》、《答吕佽》、《答蔡季通》第二首、《答汪太初》、《答王季和》第二首、《答卓周佐求荐》、《招举人入白鹿呰目》、《漳州教授厅壁记》、《存斋记》、《隆兴府学濂溪先生祠记》、《徽州休宁县厅新安道院记》、《福州学经史阁记》，其尤可诵者也。

其他山水之记，随景抒写，敩柳州之警秀而逊其韵味，以其工刻镂而寡咏叹也。碑传之作，因事冗蔓，同东坡之缓散而失于裁制，以其有铺叙而无提挈也。特有寂寥短章，随笔曲注，韵流简外，足以追东坡小品之逸致者，如《记和静先生五事》《偶读漫记》之《释氏有清草堂者》一则、《跋欧阳文忠公帖》、《题曹操帖》、《跋唐人暮雨牧牛图》、《跋刘叔通诗卷》、《跋周益公杨诚斋送甘叔怀诗文卷后》，闲暇萧散，不矜声色而德意自远。

自谓："未冠而读南丰先生之文，爱其词严而理正，居常诵习，以为人之为言必当如此，乃为非苟作者。人做文章，若是仔细看得一般文章熟，少间做文字，意思语脉，自是相似。读得韩文熟，便做出韩文底文字。读得苏文熟，便做出苏文底文字。若不曾仔细看，少间，却不得用。古人文章，大率只是平说而意自长。后人文章，务意多而酸涩；如《离骚》初无奇字，只恁说将去，后来如鲁直恁地着力做，却自不好。大率古人文章，皆是行正路；后来杜撰底，皆是行狭隘邪路去了。而今只是依正路底路脉做将去，少间，文章自会高人。试取孟韩子、马班书，大议论处，熟读之，及后欧、曾、老苏文字亦当细考，乃见为文用力处。今人多见出《庄子》题目，便用《庄子》语；殊不知此正是千人一律文章。若出《庄子》题目，自家却从别处做将来，方是出众文字也。但恐亦当更考欧曾遗文，料简刮磨，使其清明峻洁之中，自有雍容俯仰之态。刘侍读文，气平文缓，乃自经术中来；比之苏公，诚有高古之趣；但亦觉词多理寡，苦无甚发明耳。大抵古人文字，要当随其所长取之，难以一时所见，遽定品目也。东坡文字明快。老苏文雄浑，尽有好处。如欧公、曾南丰、韩昌黎之文，岂可不看？柳文虽不全好，亦当择。合数家之文，择之，无二百篇；下此则不须看，恐低了人手段。韩文高。曾文一字挨一字谨严，然太迫。

"欧公文，锋刃利，文字好，议论亦好。欧公为蒋颖叔辈所诬，既得辨明，谢表中自叙一段，只是自胸中流出，更无些窒碍，此文章之妙也。欧公文，亦多是修改到妙处。顷有人买得他《醉翁亭记》稿，初说'滁州四面有山'凡四十字；末后改定，只曰'环滁皆山也'五字而已。欧公之学，虽于道体犹有欠阙；然其用力于文字之间，而溯其波流以求圣贤之意，则于《易》，于《诗》，于《周礼》，于《春秋》，皆尝反复穷究以订先儒之谬。而《本论》之篇，推明性善之说，以为息邪距诐之本。《五代史记》，善善恶恶，如《唐六臣传》之属，又能深究国家所以废兴存亡之几，而为天下深切著明之永监者，固非一端。其他文说，虽或出于游戏翰墨之余，然亦随事多所发明，而词气蔼然，宽平深厚，精切的当，真韩公所谓仁义之人者。

"至于王氏、苏氏，则皆以佛老为圣人，既不纯乎儒者之学矣。而王氏支离穿凿，本不足以惑众，徒以一时取合人主，假利势以行之，至于已甚，故特为诸老先生之所排诋。在今日，则势穷祸极，故其失人人皆得见之。至若苏氏之言，高者出入有无而曲成义理，下者指陈义理而切近人情，其知识才辨，谋为气概，又足以震耀而张皇之，使听者欣然而不知倦，非王氏之比也。然语道学，则迷大本；论事实，则尚权谋；衒浮华，忘本实；贵通达，贱名检；此其害天理、乱人心、妨道术、败风教，亦岂出王氏下哉？但其身与其徒，皆不甚得志于时，无利势以辅之，故其说虽行而不能甚久。凡此患害，人未尽见。使其行于当日亦如王氏，则其为祸不但王氏而已。盖王氏之学，虽谈空虚而无精彩，虽急功利而少机变，其极也陋，如薛昂之徒而已。蔡京虽名推尊王氏，然其淫侈纵恣，所以败乱天下者，不尽出于王氏也。若苏氏，则其律身已不若荆公之严，其为术要未忘功利，而诡秘过之。其徒如秦观、李廌之流，皆浮诞佻轻，士类不齿，相与扇纵横捭阖之辨以持其说，而漠然不知礼义廉耻为何事。虽其势利未能有以动人，而世之乐放纵、恶拘检者，已纷然向之。使其得志，则凡蔡京之所为，未必不身为之也。苏氏以雄深敏妙之文，煽倾危变幻之习，上谈性命，下述政理；学者始则以其文而悦之，以苟一朝之利，及其既久，则渐涵入骨髓，不复能自解免。坏人材，败风俗，盖不少矣！欧公文字，敷腴温润。曾南丰之文，又更峻洁；虽议论浅近，然平正。到得东坡，便伤于巧，议论不正。老苏尤甚。荆公之文，却似南丰，但比南丰亦巧。荆公作《许氏世谱》，写与欧公看。欧公一日因曝书见之，不记谁作，意以为荆公；但又曰：'介甫不解做得恁地，恐是曾子固。'如退之、南丰之文，却是布置。某旧看二家之文，复看坡文，觉得一段中欠了句，一句中欠了字。向尝闻东坡作《韩文公庙碑》，一日思颇久，忽得两句云：'匹夫而为百世师，一言而为天下法。'遂扫将去。黄门之文衰，远不及也。

"欧阳公之文虽平淡，其中却自美丽有好处，有不可及处；却不是阘茸无意思。欧文如宾主相见，平心定气说好话相似。坡公文，如说不办后，对人闹相似，都无恁地安详。人有才性者，不可令读东坡等文。有才性人，便须取入规矩，不然，荡将去。然今人作文，皆不足为文，大抵专务节字，更易新好生面辞话；至说义理处，又不肯分晓。观前辈欧苏诸公文，何尝如此？圣人之言，坦易明白，因言以明道，正欲使天下后世由此求之；使圣人立言，要教人难晓，圣人之经定不作矣。学者玩味深思，何尝如今人欲说又不敢分晓说，不知是甚所见，毕竟是自家所见不明，所以不敢深言。苏子由有一段论人做文章自有合用底字，只是下不著。又如郑齐叔云：'做文章自有稳底子，只是人思量不著。'横渠云：'发明道理，惟命字难。'要之做文字，下字实是难；不知圣人做出来底，也只是这几字，如何铺排得恁地安稳。然而人之文章，也只是三十岁以前，气格都定；但有精与未精耳。"

观其论诸家文章，洞见利病，宜其意到笔随，理明而辞达。大抵醇实出曾巩，疏快似苏轼；而结笔稍弛，流韵不长；未若欧公之谨于布置，饶有风神也。然而《晦庵集》中，却有一种文言杂俚，笔舌互用，而明白透快，警切耸动，别饶风致者。如《答陈肤仲》曰：

> 承以家务丛委，妨于学问为忧，此固无可奈何者。然亦只此便是用功实地，但每事看得道理，不令容易放过，更于其间见得平日病痛，痛加剪除，则为学之道，何以加此？若起一脱去之心，生一排遣之念，则理事便成两截，读书亦无用处矣。但得少闲隙时，不可闲坐说话，过了时日，须偷些小工夫，看些小文字，穷究圣贤所说底道理，乃可以培植本原，庶几枝叶自然张皇耳。

又《谕学者》曰：

> 书不记，熟读可记。义不精，细思可精。惟有志不立，直是无着力处。只如而今贪利禄而不贪道义，要作贵人而不要作好人，皆是志不立之病。直须反复思量，究见病痛起处，勇猛奋跃，不复作此等人；一跃跃出，见得圣贤所说千言万语，无一事不是实话，方始立得此志。就此积累工夫，迤逦向上去，大有事在。诸君勉旃，不是小事。

又《答应仁仲》曰：

>《大学》、《中庸》，屡改，终未能到得无可改处。道理最是讲论时说得透，才涉纸墨，便觉不能及其一二；纵说得出，亦无精彩。以此见圣贤心事，今只于纸上看，如何见得到底？每一念此，未尝不抚卷慨然也。

又《答黄直卿》曰：

>辂孙不知记得外公否？渠爱壁间狮子，今画一本与之，可背起与看，勿令揉坏。此是陆探微画，东坡集中有赞。愿他似此狮子奋迅哮吼，令百兽脑裂也。

语录之文，不嫌杂俚，始于佛氏；而儒家之讲道学者因之，取其朴实说理，明白易晓也。然如熹之透快处斩截，纡徐处妍媚，愈质实，愈标致者，所见亦罕矣。

至于贡举之文，熹则以谓："王安石制经义以试士，一道德，同风俗，惟此乃使天下学者念兹在兹，不敢走作胡说，上下都有个守也。然治经者必守家法，命题者必依章句，答义者必通贯经文，条举众说，而断以己意。近年以来，习俗苟偷，学无宗主。治经者不复读经文传注，但取科举中选之文，讽诵摹仿；择取经中可为试题之句，以意扭捏。而主司命题，又多为新奇以求出于举子之所不意，于所当断而反连之，于所当连而反断之，大抵务欲无理可解，无说可通，以观其仓卒之间，趋附离合之巧。主司以此倡，举子以此和，平居讲习，专务裁剪经文，巧为饾饤，明知不是经意，但取便于行文，转相祖述，慢侮圣言。名为治经，而实为经学之贼；号为作文，而实为文字之妖，又不止于家法之不立而已也。今既各立家法，此弊势当自革，而必使答义者通贯经文，条陈众说，而断以己意者。盖今日经学之难，不在于治经，而在于作义；大抵不问题之小大长短，而必欲分为两段，仍分作两句对偶破题，又须借用他语以暗贴题中之字，必极于工巧而后已。其后多者三二千言，别无他意，不过止是反复敷衍破题两句之说而已。如此不惟不成经学，亦复不成文字。"于是命题之搭截馉饤，作文之分股破题，已具明清制义八比之雏形，而熹颇思有以振厉之也。然熹又曰："学者之害，莫大于时文。此亦救弊之言。然论其极，则古文之与时文，其使学者弃本逐末，为害等尔。但此等物如淫声美色，不敢一识其趣，便使人不能忘，政当以为通人之蔽。"盖熹一生讲学以阐周子二程之说，诗文特其余事；而于《大学》之正心诚意，致知格物，独自以为深造而有得也。

于时陆九渊讲学江西，独以心之所得者为学，曰："六经当注我，我何注六经。"提撕本心，不复以言语文字为意。而吕祖谦、陈亮讲学浙东，侈言经制，极论古今兴亡之变，而不察此心存亡之端，亦各以其所学为说。熹与诸人上下议论，独以为："学者既学圣人，当以圣人之教为主。今六经，《语》、《孟》、《中庸》、《大学》之书俱在，彼以了悟为高者，既病其障碍而以为不可读；此以记览为重者，又病其狭小而以为不足读。则是圣人所以立言垂训者，徒足以误人而不足以开人，孔子不贤于尧舜，而达摩、迁、固贤于仲尼矣；毋乃悖之甚耶？然则海内学术之弊，不过两说；江西顿悟，永康事功。若不极力争辨，此道无由得明。"大声疾呼，不惮辞而辟之。而吕祖谦虑议论异同，欲会归于一以定适从，乃约九渊与熹会于信之鹅湖寺。九渊因举途中得诗曰："墟墓兴哀宗庙钦，斯人千古不磨心。涓流滴倒沧溟水，拳石崇成泰华岑。易简功夫终久大，支离事业竟浮沉。"诵至此，熹色变；至"欲知自下升高处，真伪先须谈只今。"熹于是大不怪也。论及教人，九渊之意，欲先发明人之本心，而后使之博览；而熹之说，欲博学详说而后返之约。九渊以熹为支离，熹以九渊为太简；于是朱陆分途，而各以名家。然熹之守南康也，九渊访之。熹与至白鹿洞，九渊为讲《论语》"君子喻于义，小人喻于利"一章。听者至泣下，熹以为切中学者隐微深痼之病云。

陆九渊，字子静，金谿人；乾道八年进士，累官将作监丞。光宗即位，差知荆门军，卒于官，谥文安。其治学直指本心，吃紧做人，而不为章句训诂。以其道聚徒讲习于贵溪之应天山，山形似象，学者称象山先生。传有《象山先生全集》三十六卷。其为文章疏快而能达，意无扞格，颇出苏轼。而制义之作，清空辨析，尤得苏辙之法。然诂明经旨，密证心体，亦以发挥所学，而不徒为干禄之文。如《好学近乎知》曰：

> 圣人之言，有若不待辨而明，自后世言之，则有不可不辨者。夫所谓知者，是其识之甚明，而无所不知者也。夫其识之甚明，而无所不知者，不可以多得也。然识之不明，岂无可以致明之道乎？有所不知，岂无可以致知之道乎？学也者，是所以致明致知之道也。向也不明，吾从而学之，学之不已，岂有不明者哉？向也不知，吾从而学之，学之不已，岂有不知者哉？学果可以致明而致知，则好学者，可不谓之近智乎？是所谓不待辨而明者也。然大道之不明，斯人之陷溺，古之所谓学者，后世莫之或知矣。

> 今自童子受一卷之书，亦可谓之学。虽学农圃技巧之业，亦不可不谓之学。人各随其所欲能者而学之，俗各随其所渐诱者而学之，均之为学也。虽其学之也，有好有不好；

其好之也，有笃有不笃；而当其笃好之也，均之为好学也。今学农圃技巧之业者，姑不论。而如童子受书，如射御书数，专为一艺者，亦姑不论。又如诡怪妖妄之人，学为欺世诬人之事者，亦姑不论。而世盖有人焉，气庸质诬，溺于鄙陋之俗，习于庸猥之说，胶于卑浅零乱之见。而乃勉勉而学，孜孜而问，勤勤而思，汲汲而行，闻见愈杂，知识愈迷，东辕则恐背于西，南驾则恐违于北，执一则惧为通者所笑，泛从则惧为专者所非，进退无守，旁皇失据，是其好之愈笃，而自病愈深。若是而学，若是而好学，果可谓之近于智乎？此所谓自后世言之，则有不可不辨焉者也。

起立两柱，竟分两比，意翻空而易奇，文鞭辟以入里，笔笔驶转，层层推勘，借题发挥，以刺朱熹也。熹诏学者曰："子思教人，尊德性，道问学。今子静所说，尊德性。而熹则致力于道问学。所以为彼学者，持守可观，而见理不细。熹自觉于义理上不乱说，却于为己为人上不得力。今当反身用力，去短集长，庶不堕一边耳。"九渊闻之曰："元晦欲去两短，合两长。然吾以为不可。既不知尊德性，焉有所谓道问学？"熹则曰："务为学而不观书，此固子静之病。然近有从吕伯恭学者，废经而治史，略王道而尊霸术；极论古今兴替之变，而不察此心存亡之端，若只如此读书，则又不若不读之为愈"云。

吕祖谦，字伯恭，自其祖尚书右丞好问南渡始居婺州，有中原文献之传。孝宗隆兴间，举进士，又中博学宏词科，以召对勉孝宗留意圣学。奉诏选录宋文，断自南渡以前，为一百五十卷，赐名《皇宋文鉴》，谓其"采取精详，有益治道"。官至著作郎，兼国史院编修官，卒谥曰成。其学以二程为宗，而亦喜称苏轼，好议论古今成败得失；于书无所不读，其所讲画，将以开物成务。诏门人读《左传》，以次及诸史；而六经、《论》《孟》，则恐学者徒托空言，而不以告也。朱熹数贻书砭切之，而祖谦不省。传有《东莱集》三十六卷。其为文博辨宏肆，朱熹病其不守约；然祖谦博览群书，学有根柢；而于《易》、《书》、《诗》、《春秋》，咸能究明古义而有述造；独深于《春秋左氏传》，据事发挥，指陈得失，有《春秋左氏传说》二十卷，《续说》十二卷；而《左氏博议》八十六篇，自谓少年场屋所作，议论不及传说之密，而辞气铿訇，与传说之朴实说理如语录者异趣，读之令人亹亹寻绎不倦。如《卫懿公好鹤》曰：

> 卫懿公以鹤亡其国。玩一禽之微，而失一国之心。人未尝不抚卷而窃笑者。吾以为懿公未易轻也。世徒见丹其顶，素其羽，二足而六翮者，谓之鹤耳；抑不知浮华之士，高自标致，而实无所有者，外貌虽人，其中亦何以异于鹤哉？
>
> 稷下之盛，列第相望，大冠长剑，褒衣博带，谈天雕龙之辩，风起泉涌，禹行舜趋者相摩于道；然擢筋之难，松柏之囚，曾无窥左足而先应者，是亦懿公之鹤也。鸿都之兴，鸟迹虫篆，自衒鬻者日至；受爵拜官，光宠赫然，若可以润色皇猷。及黄巾之起，天下震动，未闻有画一策，杖一戈，佐国家之急，是亦懿公之鹤也。永嘉之季，清言满朝，一觞一咏，傲睨万物，旷怀雅量，独立风尘之表，神峰俊拔，珠璧相照；而五胡之乱，屠之不啻几上肉，是亦懿公之鹤也。普通之际，朝谈释而暮言老，环坐听讲，迭问更难，国殆成俗；一旦侯景逼台城，士大夫习于骄惰，

至不能跨马，束手就戮，莫敢枝梧，是亦懿公之鹤也。是数国者，平居暇日所尊用之人，玩其词藻，望其威仪，接其议论，挹其风度，可嘉可仰，可慕可亲，卒然临之以患难，则异于懿公鹤者几希，是独可轻懿公也哉？所用非所养，所养非所用，使亲者处其安，而使疏者处其危；使贵者受其利，而使贱者受其害；未有不蹈懿公之祸者也。

抑吾又有所深感焉，鹤之为禽，载于《易》，播于《诗》，杂出骚人墨客之咏，其为人之所贵重，非凡禽匹也。懿公乘之以轩，而举国疾之，视如鸱鸮然；岂人之憎爱遽变于前耶？罪在于处非其据而已。以鹤之素为人所贵，一非其据，已为人疾恶如此，苟他禽而处非其据，则人疾恶之者复何如耶？吾于是乎有感。

又《宋华耦辞宴》曰：

君子之立论，待天下甚尊，期天下甚重，识虽在天下之先，而心常处一世之后。非自托于谦退也，降衷在天，秉彝在民，凡具耳目口鼻号为人者，罔不备参赞化育之神，经纬幽明之用，吾其敢以浅心隘量大弃之于罢冗无能之地乎？《左氏》，世传以为鲁史；则鲁，其父母之邦也。其载华耦来聘，无故扬其先人之恶以辞宴，乃系之曰"鲁人以为敏"。《左氏》之意，岂不以耦之辞令，鲁人之所夸，而非君子之所贵乎？耦之言，少知礼义者皆知贱之，虽当时二三浮薄辈，忘相矜衒，然曲阜龟蒙七百里之封，宁无一人知其非者？今概称"鲁人以为敏"。果哉《左氏》之论也，概称"鲁人以为敏"，是谓鲁国空无君子。抑不思所谓鲁人者，谁非尔之僚友乎？谁非尔之姻戚乎？谁非尔之师长乎？一出言而尽致于庸鄙之域；倨傲暴慢之气，勃然可掬，归之以不孙不弟之名，吾意《左氏》不能解也。昔吾夫子亦尝称鲁矣，曰"鲁无君子，斯言取斯"；是夫子一言而待鲁为君子，《左氏》一言而待鲁为小人。人心之不同如是哉！

或谓："《左氏》之言鲁人，特蚩蚩之流耳；至于闳达博雅之君子，敢名之以鲁人哉？"曰："闳达博雅之君子，其材虽出人千百等；然履鲁地，啜鲁泉，食鲁粟，岂不名之以鲁人乎？一为君子而背乡里，蔑名教，不以鲁人自命，是外父兄而耻与同类也，夫岂君子之所敢安哉？吾益见《左氏》之误也。"

其为文章长于比例，工于推勘，急言竭论，往复百折，而无艰难劳苦之态；能近取譬，尤巧设喻，波澜顿挫，盖原出苏轼而能自变化，妙以东坡疏快之笔，能参西昆弘润之气，衔华而佩实，一时士流倾动。然朱熹则诮之曰："向见吕伯恭爱与学者说《左传》。某戒之曰：'《语》《孟》、六经，许多道理不说，恰限说这个；纵那上有些零碎道理，济得甚事？'伯恭不信，后来又说到《汉书》，若使其在，今又不知说到甚处，想益卑矣，宜为陆子静所笑也。子静底是高，只是下面空疏无物事承当。伯恭底甚低，如何得似也。"

永康陈亮，字同甫，谈兵善议论，与吕祖谦同郡切究，而不尽用其说。独推朱熹"杰特宏深，负孔融李膺之气，有霍光张昭之重"；顾不肯为之下。《与熹书》曰："亮虽不肖，然口说得，手去得，本非闭眉合眼，蒙瞳精神以自附于道学者也。研穷义理之精微，辨析古今之同异，原心于秒忽，较礼于分寸，以积累为功，以涵养为正，晬面盎背，则亮于诸儒诚有愧焉。至于堂堂之阵，正正之旗，风雨云雷，交发而并至，龙蛇虎豹，变而出没，推倒一世之智勇，开拓万古之心胸，差有一日之长。"传有《龙川集》三十卷。

其中自谓："穷天地造化之初，考古今沿革之变，以推极皇帝王霸之道，而得汉、魏、晋、唐长短之繇，天人之际，昭昭然可察而知也。"然论学亦袭二程之绪余，而故为权谲；论政不出三苏之窠臼，而益自夸大。头出头没于苏程二氏门下，欲以兼综，而未有真实见地以自名一家。及其发为文章，有东坡之容易，异东坡之警发，早熟而老未成，畅达而语多肤，看似持之有故，其实按之无物；识力不到，气调有余，殆晚唐杜牧之流亚乎。亮上孝宗书曰："今世之儒士，自谓正心诚意之学者，皆风痹不知痛痒之人也。"然永嘉薛季宣贻亮书曰："以同父天资之高，检察之至，信有见，必能自隐诸心。如曰未然，则凡平日上论古人，下观当世，举而措之于事者，无非小知谀闻之累，未可认以为实。第于事物之上，习于心无适莫，则将天理自见，持之以久，会当知之。"则以正心诚意为经世致用之本，而欲有以规亮矣。

薛季宣及其徒陈傅良、叶适，问学主于经世，与吕祖谦、陈亮同；而文章不为苏轼，则与吕祖谦、陈亮异。盖南渡以来，尚苏轼文，学者翕然诵习，而蜀中尤盛，语曰："苏文熟，吃羊肉。苏文生，吃菜羹。"及陈傅良为举子业，其所论著如《六经论》等文，所在流播，文体一变；而傅良之学，则出于薛季宣者也。

薛季宣，字士龙，号艮斋，永嘉人。六岁而孤，从伯父敷文阁待制宦游，逮事过江诸贤，闻中兴经理大略，喜从老校退卒语，志意莘莘。十七岁，从妻父荆南帅孙汝翼辟书写机宜文字；事孝宗，累官大理寺正，知湖州，移常州。与朱熹、吕祖谦讲学往来。熹谈心性；祖谦重事功，而季宣欲以正心诚意之学，成辅世长民之功。其为学于人无不友，必略短而取长；于书无不读，必通今而据古。每以口耳之习，为学者之戒。百氏群籍，山经地志，断章缺简，研索不遗，过故墟废都，环步移日以验其迹，参绎融洽。凡疆里卒乘，封国行河，久远难分明者，听其讲画，缕贯脉连，于古必有合，于事必可行。莅官所至，文武之职不同，随所措施，而寓通经学古之意，于簿领期会之间。其后同郡陈傅良、叶适递相祖述，薪于经世致用，可见之行事；而永嘉之学，遂以异军突起，则季宣为之开山也。传有《浪语集》三十五卷。南宋作者，诗多出西江，生拗粗硬以为杰；文好敩东坡，疏快驰骋以肆辩。而季宣独不为风气所囿。诗五言古流连光景，饶有理趣，能以朗丽出恬适，而悠远隽永，超以象外，极似王维学陶之作；顾亦有警丽遒隽敩鲍照者。七言古挥斥纵横，出以顿挫，时得杜陵之沉郁，而不为梅圣俞之促数，黄庭坚之槎枒。文则学古功深，辞赋力摹骚汉，而时臻瑰伟；祝告范制典诰，而特为矜重；序跋依仿刘向刘歆，而能挈要领；序记亦拟司马迁班固，而出以弘润；至于书牍之文，剀切敷陈，通达事理，而辞气重难，不如苏轼之放言高论，孔子所谓"仁者其言也讱"。若陈亮之为苏轼，则不免"其言之不怍，则为之难"也。

陈傅良，字君举，温州瑞安人。自幼于学问心悟神解，而苦志自勉。兴化刘朔以南省第一人来为司户参军，摄教官；得其程文，以为绝出。年甚少也，而从游者众，讲业于仙岩僧舍。薛季宣相见，问所安，傅良曰："毋不敬。"季宣曰："比参倚如何？"傅良释然而归心焉。先是永嘉许景衡、周行己，亲见程颐，得其传以授永嘉学者，为儒宗。薛季宣稍后出，而加以经制；自井田、王制、司马法、八阵图之属，临军治民，蕲可施之实用。惟傅良从游最久，造诣最深，以之研精经史，贯穿百氏，综理当世之务，考核旧闻，于治道可以兴滞补弊，条画本末，粲如也。既而入太学，与吕祖谦交。祖谦为言《春秋左传》经世之旨，及本朝文献相承条序，博极群书，而于《春秋左氏》尤究圣人制作之本意，成《春秋后传》十二卷；则祖谦之所牖启也。登乾道八年进士，历孝宗、光宗、宁宗三朝，累官中书舍人侍讲，同实录院修撰，直学士院，传有《止斋先生文集》五十一卷。其为诗文，用力于古者深；惟诗则格老而味不永，笔遒而语欠警，虽当行而未名家。其可诵者，亦复顾视清高气深稳，不同江西派诗之犷俚拗蹇，盖其原出于杜甫，而卓然有以自立于风气之外者也。古文则密栗坚峭。如《民论》曰：

> 古者有畏民之君，是以无可畏之民。后之人君，狃于民之不足畏，而民之大可畏者始见于天下。嗟乎！民而至于见其可畏，其亦无及也夫！秦之先，盖七国也。自孝公至于庄襄，亟耕力战，荐食诸侯之境，历七世而并于始皇之手。吁，亦艰矣！始皇惟知天下之难合，而其患在六国，故危其社稷，裂其土地，而守置之以绝内争之衅。中国不足虑，而所以为吾忧者，犹有四夷也；于是郡桂林，城碛石，颈系百粤而却匈奴于千里之外。始皇之心，自以天下举无可虞，足以安意肆志，拱视于崤函之上，而海内宴然者万叶矣。而不知夫天下之大可畏者，伏于大泽之卒，隐于钜鹿之盗，而其睥睨觊觎者，已满于山之西、江之东也。一呼而起，氓隶云合，虽邯郸百万之师建瓴而下，而关中之

地已税驾于灞上之刘季矣。呜呼！秦以七世而亡六国，而六国之民，以几月而亡秦。以秦之强，不能当民之弱；天下真可畏者，果安在乎？人君不得已而用其民以从事于敌国，可不惧哉！

其他论说如《文章策》《策问》十四首，序跋如《义役规约序》《跋周伯寿画猫》、《跋徐夫人手写佛经》，奏议如《绍熙三年十月口日封事》《缴奏给事中黄裳改除兵部侍郎第二状》，书牍如《答林宗简》、《与王亚夫运使》、《谢诸司列荐》、《与史丞相》，碑志如《赵夫人墓志铭》、《胡少宾墓志铭》《叔祖母韩氏墓志铭》、《冯司理墓志铭》、《张忠甫墓志铭》、《章端叟墓志铭》、《刘端木墓志铭》、《林民达墓志铭》、《胡彦功墓志铭》、《新归墓表》、《林懿仲墓志铭》、《族叔祖元戚墓志铭》、《洪君墓志铭》，赠序如《周子名说》，祭文如《祭张南轩》《祭薛常州先生》《祭林安之》《祭张简之》、《祭郑龙图》、《祭朱处士》、《祭章端叟》、《祭张忠甫》、《祭沈叔阜》、《祭族八一叔》、《祭张国纪》、《祭郑龙图母夫人》、《祭梁丞相》、《祭苏训直》、《祭令人张氏》，波澜老成，语无枝叶，一洗南渡后为苏文者浮夸烂漫之习；而词必典则，气能端凝，亦无讲学家言冗沓肤俚之气。内外制不拘属对，务为纯厚明切，其原出于元稹；而随职称举，诰训周尽，用意婉笃，真三代诰命之遗，宋人之所罕也。

叶适，字正则，温州永嘉人。登淳熙五年进士，历孝宗、光宗、宁宗三朝，累官宝谟阁待制，知建康府，兼沿江制置使。志意慷慨，与陈傅良切究当世之故，雅以经济自负，而张皇永嘉之学，以谓："昔周行己首闻程吕氏微言，始放新经，黜旧疏；挈其俦伦，退而自求，视千载之已绝，俨然如醉忽醒，梦方觉也。颇益衰歇，而郑伯熊出，明见天理，神畅气洽，笃信固守，言与行应；而后知今人之心，可即于古人之心矣。故永嘉之学，必兢省以御物欲者，周作于前，而郑承于后也。薛季宣愤发昭旷，独究体统，兴王远大之制，叔末寡陋之术，不随毁誉，必摭故实；如有用我，必可措施。至陈傅良学而加密，民病某政，国厌某法，铢称镒数，各到根穴，而后知古人之治，可措于今人之治矣。故永嘉之学，必弥纶以通世变者，薛经其始，而陈纬其终也。"然陈傅良精密于事为，未得其要领，犹为偏而不全；未及适之发愤于弱势，探源于纪纲之为有本有末，得其大体。传有《水心集》二十九卷。藻思英发，其为诗文，原本唐人。文则偶必错奇，得韩柳之意，不如欧苏之条达疏畅，一往不返；诗亦疏不害妍，则李杜之遗，不如黄陈之生犷拗塞，披猖失谐；似欲力复古调，不逐时贤后尘。

诗五言古如《冯公岭》、《再过吴江赠僧了洪》、《灵岩》、《张氏东园送王恭父得殿字》、《宿石门》、《怀远堂哀巩仲至自罗浮行田宿华岩寺》、《端午思远楼小集》、《题处州翔峰阁》、《读王德甫文卷因送省试》、《林和叔见访道旧感叹因以为赠》、《上滩》，七言古如《赠讷相》、《送李郢》、《朱娘曲》、《露星亭》、《明觉寺》、《送蒋少韩》、《潘广度》、《赠林秀才》、《许敬之用余言作松山草堂然游山之意未已也申以为箴》、《寄柳秘校》、《魏华甫鹤山书院》、《题郑大惠诗卷》、《孔炼土话龙虎山之胜于其行因以送之》、《虎长老修双峰》、《赵振文在城北厢两月无日不游马塍作歌美之请知振文者同赋》、《赠祈雨妙阇黎》、《和汪提刑祈雨》、《王宗卿答春堂》，七言绝如《橘枝词三首记永嘉风土》、《余泛舟不能具舫创为隆篷加牖户焉》、《锄荒》、《营师常秉烛为人说气色戏成此绝寄题叶路分与君楼》、《送吕子阳》二绝之二、《再过云庵》《次王道夫舟中韵》三首之一、《因在秀州寄王道夫诗》三首之一二，无排迮刻绝之迹；丽而能朗，故不腻；疏不害妍，故不野；藻丽茂典之什，而有抑扬爽朗之致，如杜牧之学杜甫也。每曰："魏晋名家，多发兴高远之言，少验物切近之实。及沈约、谢朓，永明体出，士争效之；初犹甚艰，或仅得一偶句，便已名世矣。夫束字十余，五色彰施，而律吕相命，岂易工哉？故善为诗者，取成于心，寄妍于物，融会一法，涵受万象；稀苓桔梗，时而为用，无不按节赴之，君尊臣卑，宾顺主穆，如丸投区、矢破的，此唐人之精也。然遂谓如天机自动，不待雕琢，证此地位，则不其然。功犹未深，若便要放下，随语成章，则必有退落；反不逮雕刻把握得住者。"亦可知其蕲向所在，功力所致矣！

文亦才华富有，笔势放纵。论说如《取燕》一二三、《亲征》、《实谋》、《治势》、《纪纲》一二三四、《终论》一二三四五六七、《兵论》二，序跋如《丁少詹文集序》、《松庐集序》、《法明寺教藏序》、《胡尚书奏议序》、《题唐诰书》，书牍如《与赵丞相书》，赠序如《送刘茂实行》、《送卢日新序》，碑志如《陈少南墓志铭》、《林处士墓志铭》、《陈君墓志铭》、《故太硕人臧氏墓志铭》、《厉君墓志铭》、《郭府君墓志铭》、《高夫人墓志铭》、《陈彦群墓志铭》、《丁君墓志铭》、《张令人墓志铭》、《参议朝奉大夫宋公墓志铭》、《丁少詹墓志铭》、《姚君俞墓志铭》、《宋邹卿墓志铭》、《承仕郎致仕黄君墓志铭》、《夫人薛氏墓志铭》、《高永州墓志铭》、《朝散大夫主管冲佑观鲍公墓志铭》、《庄夫人墓志铭》、《宝谟阁待制中书舍人陈公墓志铭》、《朝请大夫司农少卿高公墓志铭》、《夫人林氏墓志铭》、《林正仲墓志铭》、《夫人徐氏墓志铭》、《蔡知阁墓志铭》、《徐道晖墓志铭》、《戴夫人墓志铭》、《刘子怡墓志铭》、《刘夫人墓志铭》、《校书郎王公夷仲墓志铭》、《华文阁待制知庐州钱公墓志铭》、《陈彦伯墓志铭》、《高令人墓志铭》、《李仲举墓志铭》、《朝请大夫主管冲佑焕章侍郎陈公墓志铭》、《太府少卿福建运判直宝谟阁李公墓志铭》、《太常少卿直秘阁致仕薛公墓志铭》、《国子监主簿周公墓志铭》、《朝奉郎致仕俞公墓志铭》、《文林郎前秘书省正字周君南仲墓志铭》、《故吏部侍郎刘公墓志铭》、《邵子文墓志铭》、《虞夫人墓志铭》、《故礼部尚书龙图阁学士黄公墓志铭》、《太学博士王君墓志铭》、《直龙图阁致仕沈公墓志铭》、《宜人郑氏墓志铭》、《宝谟阁待制知隆兴府徐公墓志铭》、《中奉大夫尚书工部侍郎曾公墓志铭》、《毛积夫墓志铭》、《徐文渊墓志铭》、《夫人陈氏墓志铭》、《郑景元墓志铭》、《中大夫直敷文阁两浙运副赵公墓志铭》、《赵孺人墓志铭》、《故知广州敷文阁待制薛公墓志铭》、《故朝奉大夫知峡州宋公墓志铭》、《故大宗丞兼权度支判官高公墓志铭》、《舒彦升墓志铭》、《巩仲至墓志铭》、《宣教郎夏君墓志铭》、《故大理正知袁州罗公墓志铭》、《夫人钱氏墓志铭》、《滕季度墓志铭》、《周镇伯墓志铭》、《故枢密参政汪公墓志铭》、《陈同甫王道甫墓志铭》，杂记如《司马温公祠堂记》、《绩溪县新开塘记》、《醉乐亭记》、《晋元帝庙记》、《北村记》、《温州新修学记》、《宝婺观记》、《宜兴县修学记》、《栎斋藏书记》，随笔曲注，情事都尽；而波有余滓，笔无滞机。自称："如人家觞客，虽或金银器照座，然不免出于假借。惟自家罗列者，即仅瓷缶瓦杯，然都是自家本色。"惟胸中有物，故腕下有神。而碑志之作，尤极铿锵鼓舞，如奔风逸足，和以鸣鸾，而俯仰于节奏之间，篇有余态，事可考信。如《陈同甫王道甫墓志铭》曰：

志复君之雠，大义也。欲挈诸夏、合南北，大虑也。必行其所知，不以得丧壮老二其守，大节也。春秋战国之材，无是也。吾得二人焉：永康陈亮，平阳王自中。亮，字同甫。童幼时，周参政葵请为上客；朝士白事，参政必指令揖同甫，因得交一时豪俊，尽其论议。隆兴再约和，天下欣然幸复苏息，独同甫持不可。婺州方以解头荐，著《中兴五论》，奏入，不报。后十年，同甫在太学，睨场屋士余十万，用文墨少异雄其间，非人杰也，弃去之。更名同，复上书至再。天子始欲召见，幸臣耻不诣己，执政尤不乐，复不报。又十年，亲至金陵视形势，复上书："陛下试一听臣，用其喜怒哀乐之权，鼓动天下。"上顾内禅决矣，终不报。繇是在庭交怒以为怪狂。前此乡人为宴会，末胡椒特置同甫羹胾中，盖村俚敬待异礼也。同坐者归而暴死，疑食异味有毒，已入大理狱矣。民吕兴、何北四殴吕天济，且死，恨曰："陈上舍使杀我。"县令王恬实其事。台官谕监司选酷吏讯问，数岁，无所得，复取入大理。众意必死，少卿郑汝谐直其冤，得免。未几，光宗策进士，擢第一。既知为同甫，则大喜曰："朕亲览，果不谬。"授建康军签判。同甫虽据高第，忧患困折，精泽内耗，形体外离，未至官，病一夕卒，哀哉！葬家侧龙窟马铺山，世所谓陈龙川也。

自中，字道甫。岸谷深厚，山止时行，所历虽知名胜人，或官序高重，逆占其无忧当世意；直嬉笑视，不与为宾主礼。一日，赴丞相坐；有馈鹿至，请赋之，韵得方字，摇膝朗唱曰："世间此物多谓马，宝匣还宜出上方。"相惨愊，亟入复出，出入数四。客皇恐不自得。道甫神色不异，饮啖自若，以此甚不悦于流俗。乾道四年，议遣归正人。伏丽正门争论，且曰："今内空无贤，外虚无兵，当网罗英俊，广募忠力，为中原率。"坐斥徽州。每应试，皆陈实策，无一语类时文。或笑曰："此札子也。"然竟亦得乙第。中书舍人王蔺荐于上。蔺，上所厚；得召对，上壮其貌，亲其言，改官，为籍田令。又使举其所知，将用矣，以谏官蒋继周疏罢。上徐悔，差通判郢州，遂知光化军。还朝，光宗曰："寿皇以卿属朕，姑为郎相伴乎？"公谢："臣已累寿皇，不敢复累陛下。"固请知信州。复召，以王恬疏罢。知邵州，以谢原明罢。知兴化军，以高文虎罢。是其人之于二公，非有睚眦激发之愤，肤奏嚼螫之苦也，相传以嫉，望风而忌尔。然二公自料苟其人志不复君之雠，虚不足挈诸夏合南北，固不与并立矣，则进退离合之不相容，亦其势也。然党偏而方隅乱，说胜而白黑混，至使旁观不敢平论，后世不能分别，又足悲夫。道甫既罢兴化而死，始道甫乐仙坛山北之原，即其葬焉。

外戚擅事累世，必其危汉者，刘向耳。宦官擅事累世，必其亡唐者，刘蕡耳。以穷乡素士，任百年复雠之责，余固谓止于二公而已。彼舅犯、先轸，识略犹不到；公子胜、新垣衍，奚翦知之？余固谓春秋战国之材无是也。虽然，上求而用之者也，我待求而后用者也；不我用，则身藏景匿而人不能窥，必我用，则智运术展而众不能间。若夫疾呼而后求、纳说而后用者，固常多逆而少顺，易忤而难合也。二公之自处，余则有憾矣。

同甫称信州韩筋柳骨，笔砚当独步，自谓不能及；又谓今日人材众多，求如道甫仿佛，邈不可得；盖亦指文墨少异者言之，犹前意也。今同甫书具在，芒彩烂然，透出纸外，学士争诵惟恐后，则既传而信矣。道甫乃独无有，是信而不传也。鲍叔、管仲，友也；鲍卑而管贵，美在叔也。王猛、薛强，友也；王显而薛晦，过在强也。同甫得无以死后余力引而齐之，使道甫亦传而信乎？是以并志二公，使两家子弟刻于墓，若世出则碑阴叙焉。铭曰：

哦彼黍离，孰知我忧？竭命殚力，其为宗周。

古人有合传，而未有两人墓而合志者，自适创之矣。而排宕顿挫，振笔直书，感喟之意，溢于纸墨；莽莽苍苍，乃深得太史公发愤为作之意，韩愈肆意有作之势焉，抑亦文章之奇也。碑志之作，陈傅良简峻而体以洁，适则雄迈而势以横；仿佛先汉，皆不安于为苏轼之文者也。朱熹不喜苏轼之学，而亦颇诋苏轼之文。顾有为朱熹之学，而擅苏轼之文者，浦城真德秀也。

真德秀，字希元。幼而颖悟，家贫无所得书，往往假之他人，及剽学里儒，为举子业。未几，登第，为世儒宗。自朱熹以伪学禁锢，理学之书，刬禁毁绝。德秀晚出，独慨然以明道为己任，讲习服行，诏学者："且将朱文公四书涵泳；既深达其旨矣，然后以次及于《太极》、《西铭解》、《近思录》诸书，如此数年，则于义理之精微，不患无所见矣。又必合知行为一致，讲贯乎此，则必践履乎此，而不堕于空虚无实之病。"于是道学绝而复续，则德秀之力也。历仕宁宗、理宗两朝，拜参知政事，卒谥文忠，传有《西山先生真文忠公文集》五十一卷。其学修齐诚正，本朱熹而肤；其文洞爽轩辟，依苏轼而达。奏议急言竭论，而纡徐委备以曲尽情事，固苏文所长；碑志综事经物，而提挈顿挫而不冗，则尤苏文所短也。

第三节　陈与义　吕本中　曾几　陆游附楼钥　杨万里附范成大　永嘉四灵　严羽

南宋诗人，师法黄庭坚。庭坚于苏轼为转手，而陈与义、吕本中、曾几，又于庭坚为转手；三人之所以为转者不同，而欲化铿钉而成章，变捃摭以造语则一也。

陈与义，字去非，号简斋，洛阳人。儿时已能作文致名誉。学诗于崔德符，问作诗之要，应曰："工拙所未论，且先免于俗。"登政和三年上舍甲科，尝作《墨梅诗》，见知于徽宗。宋室南渡，诗人凋零；惟与义巍然名宿，又以"客子光阴诗卷里，杏花消息雨声中"为高宗所赏，累擢至参知政事，传有《简斋集》十六卷，其中十四卷为诗也。

自来论江西诗者，以杜甫为一祖，而以与义继黄庭坚、陈师道为三宗。今诵其诗，创意造言，辞必己出，非同黄庭坚、陈师道之捃摭古人以夸奇骋博；而以简严敛驰骋，以雄浑代生新，跌宕昭彰，境更老成，亦与黄陈之以拗硬粗犷为老境者异趣。自言："时至老杜极矣，苏黄复振之而正统不坠。东坡赋才大，故解纵绳墨之外，而用之不穷。山谷措意深，故游泳玩味之余，而索之益远。要必识苏黄之所不为，然后可以涉老杜之涯涘。"则知取法乎上，直探杜甫，固不屑江西门里讨生活也。

五言古如《次韵谢文骥主簿见寄兼示刘宣教》、《题刘路宣义风月堂》、《书怀示友》十首之二四、《风雨》、《观我斋再分韵得下字》、《次韵谢天宁老见贻》、《浴室观雨以催诗走群龙为韵得走字》、《夏日》、《试院春晴》、《寄题衮州孙大夫绝尘亭》二首之二、《休日早起》、《早起》、《登城楼》、《游董园》、《夏雨》、

《美哉亭》、《十七夜咏月》、《独立》、《与信道游涧边》、《咏西岭梅花》、《游东岩》、《雨晴徐步》、《暝色》、《开壁置窗名曰远轩》、《六月六日夜题长乐亭》,七言古如《寄若拙弟兼呈二十家叔》、《送秘典座胜侍者乞麦》、《食齑》、《秋雨》、《送王周士赴发运使属官》,五言律如《宿资圣院阁》,五言绝如《出山》二首、《入山》二首、《与夏志宏孙信道张巨山同集涧边以散发岩岫为韵赋四小诗》,七言古如《纵步至董氏园亭》二首之一、《夏夜》二首,咸可诵览。大抵七言不如五言,古体胜于律体。而五古之作,尤工体物,融情入景,由质得研,神情傅合,丽而为朗,旁参王维,上攀陶潜,而不仅为杜之学陶。五言绝亦然。其表侄张嵲为作墓志云:"公诗体物寓兴,清邃超特,纡余宏肆,高举横厉,上下陶谢韦柳之间。"谢灵运滞闷而与义遒健,固为拟非其类;然陶韦柳,则体气相为出入,其论亦非无见。《宋史》本传采之,而《四库提要》必一笔抹倒,谓"以陶谢韦柳拟之,殊为不类"。亦知其一而未知其二三也。

摘句五言如"不肯兄事钱,但欲仆命骚","风霜要饱经,独立晚更好","庭柏不受寒,依然照人绿,雾收晨光发,可玩不可掬","竟夜闻落木,雨歇窗如新。披衣有忙事,檐前看归云。初阳上林端,鸦背明纷纷","新晴草木丽,落日淡欲收,远川如动摇,景气明田畴","地旷多雄风,叶声无时休","散坐青石床,松意淡欲秋。薄雨青众卉,深林耿微流","修竹恬变化,依然半窗影","叠云带余愤,远树增新绿","水容淡春归,草色带雨濡","丛薄凝露气,群峰带春昏","雨后众压碧,白处纷寒梅,遥遥迎客意,欲下山坡来","新晴远村白,薄暮群峰青","雪消众绿净,雾罢群峰立","雨歇淡春晓,云气山腰立","是时雨初霁,众绿带微湿,晓泽淡不波,菰蒲觉风入","幽卧不知晴，樯梢见斜日。披衣起四望，天际山争出。光辉渚浦净，意气沙鸥逸"，"微阴拱众木，静夜闻孤泉"，"暝色著川岭，高低郁轮囷。水光忽到树，山势欲傍人"，"月明苍桧立，露下芭蕉舒"，"远山云迷岭，近山净如沐"，"东风所经过，林水一时绿。疏雨忽飞坠，声在道边木"，"列宿雨后明，流云月边速"，"茂林榴萼红，细雨鸳黄湿"，"见客深藏舌，吟诗不负丞"，"云气昏城壁，钟声咽寺楼"，"疏疏一帘雨，淡淡满枝花"，"两鹊翻明月，孤松立快晴"，"晴云秋更白，野水暮还明"，"古泽春光淡，高林露气清"，"雨余山欲近，春半水争流"，"云物淡清晓，无风溪自闲"，"微雨洗春色，诸峰生晚寒"，"举头山围天，濯足树映潭"，其中体物寓兴之句，清遒超逸，原本王维，而上下于陶韦柳之间，其迹不可没也。陈与义寓清新于沉鸷，吕本中以锻炼出妥帖。

吕本中，字居仁，吕祖谦之诸父也；世以别于祖谦，称曰大东莱。南渡后，累官中书舍人。其论诗尝作《江西宗派图》，列陈师道以下二十五人，而归宗于黄庭坚，盖江西诗派之所由张也。其为诗骨力坚卓，亦得法庭坚，妥帖自然过之，而才力富健不如，所以格较浑而语为弩。五言古如《夜作呈诸公》、《赠汪莘叔野》、《赠信民》、《寄张益中》、《雨后月夜怀沈宗师承务》、《遣怀》三首、《春风》、《出门见明月》、《南山》、《同狼山印老早饭建隆遂登平山堂》、《学道》、《拟古》、《早出》、《两鹤行》、《大雪不出寄阳翟宁陵》、《读秦碑》、《寄晁以道》、《杂诗》三首之"饥蚊青而化"一首《恶木》、《宿颍昌范氏水阁》、《登太室绝顶》、《术煎》、《浮梁道中见小松数寸与蓬蒿杂出余伤之作诗寄范四弟》、《离洪州渡西江至翠微寺紫清宫》、《贞女峡》、《寺居夜起》、《送周灵运入闽浙》、《永州西亭》、《与钱逊叔饮酒分韵得鸟字》、《夜凉早起寻李贻季陆庆长所惠诗有作》、《严州春晓》、《畜犬》、《曾吉父横碧轩》，七言古如《赠谢无逸山水图歌》、《济阴寄故人》、《晁叔用得古镜二一以遗法一上人一求记于予因为作歌》、《别离行》、《送晁季一罢官西归》、《古剑歌》、《余病不能蔬食惧有五味口爽之责作诗自戒》、《夜坐》、《久雨路绝宾客稀少闻后土祠琼花盛亦未一往也》、《和赵承之》、《正月十五日试院中烹茶因阅汉碑》、《印累累》、《陵城歌》、《画马图》、《新郑路中》、《将游嵩少题石淙》、《李文若季敌访余高安留连累日临行赠之》、《送宋仲安往虔州》、《山水图》、《浯溪》、《吴傅朋游丝书》，五言律如《小园》《晚晴》《广陵》《王氏郊居雨后至江上有怀诸子》、《大雪不出》、《寄崔德符》、《断桥》、《与范益谦炳文叔仪步月》，七言律如《暮步至江上用寄璧上人韵寄范元实赵才仲及从叔知止兼率山伯同赋》、《春晚郊居》、《试院中呈工曹惠子泽教授张子实》、《孟明田舍》、《雪后》、《题筠州僧房》、《夜坐》，五言绝《如梦》、《春日》、《夜雨》、《自祁门至进贤路中怀旧》二绝，七言绝如《睡》《游北李园三绝》之一《正月十三日河堤上作》、《昨日晚归戏成四绝》之一二、《广陵道中寒食日二绝》之一、《秋日三首》之二、《木芙蓉》、《寄临川亲旧十首》之一三，卓尔可诵，不愧吐言天拔。然格老而气不警遒，波峭而思欠沉鸷；特以视陈师道之拗而得蹇，朴而为伧，挦扯饾饤，不成片段者，则警发之意多，而锻炼之功苦，转觉后来居上矣。

摘句五言如"晴空落雁小，古木聚鸦稀"，"燕巢楼阁闲，莺语花柳静"，"乾坤已新主，草木自秋声"，"野鸟晴相唤，残萤晚自飞"，"清风不时来，晓月仍半吐"，"荒林挂落日，古寺叠疏钟"，"短檠仍有味，高枕自无缘"，"老树春难到，深檐鸟或鸣"，"草暗黄沙尽，风吹白日愁"，"好诗能愈疾，浊酒不胜浑","断云吹雨过,涨水没桥流","汤熨徒增病,文章不疗饥","桥断客逾少,春深花已休","虚庭觉气润,远视萤火湿","事随新境转,人与旧情疏","僧居隔长溪,屋古柱础润。不知市声远,但觉山色近",七言如"树阴不碍帆影过,雨气却随潮信来","山似故人堪对饮,花如遗恨不重开","惟有双丛庭下菊,殷勤还作去年花","古坛背日藏芳草,小树留春放晚花","病去渐于文字懒,南来犹觉岁时公","江回夜雨千岩黑,霜著高林万叶红","千山不碍一月晓,北树不见南枝春","残花过雨飘零尽,好鸟穿林自在飞","低迷帘幕家家雨,淡荡园林处处花","平生谬欲师古人,遇事始知吾不及。正须眼底去泾渭,便自胸中无戟级","平生万事不如意,病后一身私自怜","忍穷有味知诗进,处事无心觉累轻","妻孥转觉为身累,岁月终难望汝留","往事高低半枕梦,故人南北数行书","溪山冷淡泥三尺,故旧飘零酒一杯","薄酒向人殊有味,长年于世已无求","山路雨余新笋出,江城春晚杂花香","厨烟已逐钟声远,树色初随塔影长","晓寒已净千山瘴,宿雾先吞万瓦霜","江横晚照凫鸥乱,春到空山草木香","荒城日短溪山静,野寺人稀鹳鹤鸣","午枕久拼闲事业,夜窗新有静工夫","雨侵田水连溪白,春入山花带蜜香",隽语络绎,亦复朴老清新。传有《东莱先生诗集》二十卷。赣川曾几题其集曰:"伏念与居仁皆生元丰甲子,又有连,雅相好也。绍兴辛亥,几避地柳州,居仁在桂林,是时年皆未五十;居仁之诗,已独步海内,几亦妄意学作诗。居仁一日寄近诗来;几次其韵,因作书请问句律。居仁教我甚至,且曰:'和章固佳,本中犹窃以为少新意。'又曰:'诗卷熟读,治择工夫已胜,而波澜尚未阔。欲波涛之阔,须令规模宏放以涵养吾气而后可。规模既大,波澜自阔,少加治择,功已倍于古矣。'"所以告于几者是也。然观本中之诗,规模欲放而未臻宏,波澜颇峻而尚欠阔;傥"所谓治择工夫已胜,而波澜尚未阔"者乎？

曾几,字吉父,赣县人。未冠,从兄官郓州,补试州学,为第一。教授孙勰,亦赣县人也,异时读诸生程试,意不满,辄曰:"吾江西人属文不尔。"诸生不晓。及是持几试卷,矜语诸生曰:"吾江西人之文也。"乃皆大服。已而入太学,屡中高等,以兄遗泽补将仕郎,试吏部铨中等,赐上舍出身,擢国子正,迁太学博士。时禁元祐学术以为苏黄之文者,程试文颇阃熟烂,博士弟士更相授受,少自激昂,辄摈不取曰:"此元祐体也！"几独愤叹。一日,得经义绝伦,而他场已用元祐体黜,几争之不可。明日,会堂上,出其文诵之,一坐耸听称善,而持不下者亦夺气,卒列高第焉。文体为少变。南渡后,累官尚书礼部侍郎,中间以忤秦桧失职,寄居上饶茶山寺,因自号茶山居士,卒谥文清。几贯通六经,尤长于《易》、《论语》。夙兴,正衣冠读《论语》一篇,造老不废。发于文章,雅正纯粹,而诗独遒健,传有《茶山集》八卷。其诗原出黄庭坚,而语必己出,不好隶事,为小异。初与吕本中、徐俯、韩驹唱酬。

韩驹,字子苍,蜀仙井监人。其学出苏轼,固自以为蜀学也,而吕本中列之《江西宗派图》,驹意不乐。传有《陵阳集》四卷。其诗磨淬剪截,颇涉庭坚之格;而终身改窜不已,有已写寄人数年,而追取更易一二字,其勤苦如此。

徐俯,字师川,则庭坚之甥也,亦列《江西宗派图》,然意以自为一家。庭坚赋《雪》诗,有句曰:"卧听疏疏还密密,起看整整复斜斜。"而俯咏《雪》,得句曰:"积得重重那许重,飞时片片又何轻。"因诵庭坚之句曰:"我则不敢容易道。"意谓庭坚草率,而己语为工也。然曾几尝语人称:"徐师川拟荆公'细数落花因坐久,缓寻芳草得归迟',云'细落李花那可数,偶行芳草步行迟'。初不解其意,久乃得之,盖师川专师陶渊明者也。渊明之诗,皆适然寓意而不留于物,如'悠然见南山'。东坡所以知其决非'望南山'也!今云'细数落花','缓寻芳草',留意甚矣,故易之。"盖意在以琢炼出自然也;岂以庭坚诗为琢炼者不自然,自然者不琢炼,而思有以易之乎?

吕本中尝推庭坚以诏人学诗曰:"学诗当识活法。所谓活法者,规矩备具。而能出于规矩之外;变化不测,而亦不背于规矩也。是道也,盖有定法而无定法,无定法而有定法;知是者,则可以与语活法矣。谢玄晖有言:'好诗流转圆美如弹丸。'此真活法也。近世惟豫章黄公变前作之弊,而后学者知所趋向,毕精尽知,左规右矩,庶几至于变化不测。"自来学西江而宗庭坚者,偭规背矩以为变化,避熟就生以矜骨力,往往拗体破律,硬语盘空。庸知作《江西宗派图》之吕本中,乃以"流转圆美如弹丸"为好诗,以活法为法;蕲于规矩备具,而能出于规矩之外,变化不测,而亦不悖于规矩也乎?"弹丸"之语,以喻"流转圆美",更岂体拗语蹇之谓乎!本中又言:"诗欲字字响。"本中及韩驹、徐俯先后死;独几巍然老寿,而诗名益高;后生归仰,而尤袤、杨万里、范成大、陆游,皆捧手执弟子礼焉,所谓南渡四大家也。而游新变代雄,独为圆润,所谓"好诗流转圆美如弹丸"矣。少以诗贽谒曾几;几谓曰:"君之诗,渊源殆自吕紫微。恨不一识面。"

陆游,字务观,越州山阴人。母梦秦观而生,因以其字为名,其名为字。十二岁,即工诗文。二十九岁,应浙漕举;而秦桧专国政,有孙埙以右文殿修撰就试,直欲首送,而游第一,埙次之。桧怒。明年，试礼部，又首列也，桧黜落。及桧死，始赴福州宁德簿，累迁枢密院编修官兼编类圣政所检讨官。孝宗一日问宰相周必大曰："今代诗人有如唐李白者乎？"必大以游对。人呼为小李白。史浩荐游善词章，谙典故，召见，赐进士出身。久之，通判夔州。范成大帅蜀，辟游参议官。以文字交，不拘礼法，人讥颓放，因自号放翁，而乐蜀中风土，宿留十载。孝宗念其久外，召东归，然未尝一日忘蜀也。因题平生诗卷曰《剑南诗稿》，所以志也。顾谓"剑南乃诗家事，不可施于文"。工骑射，好击剑。而王炎先宣抚川陕，辟游干办公事。刺虎射麋，形之歌咏，而为炎陈进取之策，以为："经略中原，必自长安始。取长安，必自渭南始。当积粟屯兵，有衅则攻，无则守。"见其意于五言绝《谒汉昭烈惠陵及诸葛公祠宇》曰：

尚想忠武公，身任社稷重。整整渭上营，气已无岐雍。

又七言绝如《感昔》曰：

五丈原头秋色新，当时许国欲忘身。长安之西过万里，北斗以南惟一人！

又《感事》曰：

鸡犬相闻三万里，迁都岂不有关中？广陵南幸雄图尽，泪眼山河夕照红。

堂堂韩岳两骁将，驾驭可使复中原。庙谟尚出王导下，顾用金陵为北门。

渭上昼昏吹战尘，横戈慷慨欲忘身。东归却作渔村老，自误青春不怨人。

其他七言古如《楼上醉书》《游诸葛武侯书台》，七言律如《忆昔》《秋夜思南郑军中》，七言绝如《排闷》三首，皆东归以后作。盖惓惓于渭南而以示不忘中原之意，及其老也，而封渭南伯以酬其志，遂署文集曰《渭南》也。然朱熹每虑其能太高，迹太近，恐为有力者牵挽，不得全晚节！游早求退，及宁宗即位，而韩侂胄以定策擅国，固邀之出，已归四十五年矣，起游同修国史实录院同修撰，免奉朝请，寻兼秘书监。侂胄喜游之为己起也，至出所爱四夫人擘阮琴起舞，游为词，有"飞上锦裀红绉"之语。及侂胄有南园之赐，求游为记。既而侂胄诛死，游亦以罪放。然文采风流，照耀一时。读书自怡，饮食坐卧，必与书俱；每至欲起，书围绕左右，转身不得。有客造谒，不知所从入，入则不能出，相与大笑，名曰书巢。至八十五岁而死。传有《剑南诗稿》八十五卷，《渭南文集》五十卷。

游才气超逸，少历兵间，晚栖农亩，中间浮沉中外，在蜀之日为多。其感激悲愤，爱国忧时之诚，一寓于诗；酒酣耳热，跌荡淋漓，至于渔舟樵径，茶碗炉熏，或雨或晴，一草一木，莫不著为歌咏以寄其意，多至万首。传者谓其得法曾几，而原出吕本中。然游之于本中，未尝奉手；而于曾几，亦仅知己之感而已，未尝有请业请益之事也。盖吕本中、曾几皆江西诗派之健者，以黄庭坚为宗；而游之于庭坚，称其书法，访其游踪，具见诗稿文集，顾无一言及其诗。诗稿有《读渊明诗》《读李杜诗》《读岑嘉州诗》《读王摩诘诗》《读乐天诗》《读韩致光诗》《读许浑诗》《读宛陵先生诗》《读林逋魏野二处士诗》，而无读山谷诗之作；有《效香奁集体》《效宛陵先生体》诸诗，而无效山谷体之诗；似在存而不论之列。固与吕本中之作《江西宗派图》，而以庭坚为宗者异趣也。自言："吾年十三四时，侍先少傅居城南山隐，偶见藤床上有渊明诗，因取读之，欣然会心。日且暮，家人呼食，读诗方乐，至夜卒不就食。自少时绝好岑嘉州诗，以为太白子美之后一人而已。十七八时，读摩诘诗最熟。近世诗人，老而益严，盖未有如东坡者也。学者或以易心读之，何哉？"所以自道诗学蕲向之所在者，大略具此，而无一字及庭坚也。至玉局观拜东坡先生画像，赋五言古诗，而以"千古尊正统"属之苏轼；则不慊庭坚，意在言外。庭坚之诗，遒宕而务为危仄，而游之诗，则遒宕而出以圆润。观其咏岑参曰："工夫刮造化，音节配韶濩。"则欲以琢炼出圆润；咏苏轼曰："气力倒犀象，律吕谐鸾凤。"则欲以律吕谐气力。以清新为琢炼，此游与庭坚之所同。以生拗出遒宕，盖庭坚与游之所异。吕本中、曾几宗主庭坚以祀杜甫，而游则出入梅苏以追杜甫；感激豪宕，岑参而亦兼李白；清新闲适，摩诘而参以香山；错综诸家而欲以自名一家，固非于江西门下讨生活者也。今诵所作，有感激豪宕而出以沉郁者，五言古如《风云昼晦夜遂大雪》曰：

> 大风从北来，汹汹十万军。草木尽偃仆，道路暝不分。山泽气上腾，天受之为云，山云如马牛，水云如鱼鼋。朝暗翳白日，暮重压乾坤。高城岌欲动，我屋何足掀。儿怖床下伏，婢恐坚闭门。老翁两耳聩，无地着戚欣。夜艾不知雪，但觉手足皲。布衾冷似铁，烧炕作微温。岂不思一饮？流尘暗空樽。已矣可奈何，冻死向孤村。

七言古如《醉后草书歌诗戏作》曰：

> 朱楼矫首临八荒，绿酒一举累百觞。洗我堆阜峥嵘之

胸次，写为淋漓放纵之词章。墨翻初若鬼神怒，字瘦忽作蛟螭僵，宝刀出匣挥雪刃，大舸破浪驰风樯；纸穷掷笔霹雳响，妇女惊走儿童藏。往时草檄谕西域，飒飒风动中书堂。一收朝迹忽十载，西掠三巴穷夜郎，山川荒绝风俗异，赖有美酒犹能狂。醉中自脱头上帽，绿发未许侵微霜。人生得丧良细事，孰谓老大多悲伤。

又《冬夜闻雁有感》曰：

从军昔戍南山边，传烽直照东骆谷。军中罢战壮士闲，细草平郊恣驰逐。洮州骏马金络头，梁州球场日打球；玉杯传酒和鹿血，女直降房弹箜篌。大呼拔帜思野战，杀气当年赤浮面；南游蜀道已低摧，犹据胡床飞百箭。岂知蹭蹬还江边，病臂不复能开弦。夜闻雁声起太息，来时应过桑乾碛。

七言律如《月下醉题》曰：

黄鹄飞鸣未免饥，此身自笑欲何之？闭门种菜英雄老，弹铗思鱼富贵迟。生拟入山随李广，死当穿冢近要离。一樽强醉南楼月，感慨长吟恐过悲。

又《江楼醉中作》曰：

淋漓百榼宴江楼，秉烛挥毫气尚遒。天上但闻星主酒，人间宁有地埋忧？生希李广名飞将，死慕刘伶赠醉侯。戏语佳人频一笑，锦城已是六年留。

又《遣兴》曰：

> 勋业如今莫系怀,开单日日学僧斋。逸深只有天堪问,忧极浑无地可埋。看镜已成双白鬓,登山犹费几青鞋。晚来诗兴谁能那?雀噪空困叶拥阶。

七言绝如《寝疾示儿》曰:

> 死去元知万事空,但悲不见九州同。王师北定中原日,家祭无忘告乃翁!

其他五言古如《寄酬曾学士学宛陵先生体》、《送韩梓秀才十八韵》、《送陈德劭宫教赴行在二十韵》、《次韵张季长题龙洞》、《太息宿青山铺作》二首、《长木夜行抵金堆市》、《壬辰十月十三日自阆中还兴元游三泉龙门十一月二日自兴元适成都市复携儿曹往游赋诗》、《宝剑吟》、《观大散关图有感》、《长门怨》、《塞上曲》、《古意》、《雨中登安福寺塔》、《步出万里桥门至江上》、《剑客行》、《别后寄季长》、《登黄州泊巴河游马祈寺》、《婕妤怨》、《书悲》二首之一("今日我复悲"起句)、《三江舟中大醉作》、《秋花叹》、《十月四日夜纪梦》、《感兴》("文章天所秘"起句)、《对酒》("新酥鹅儿黄"起句)、《致斋监中夜与同官纵谈鬼神效宛陵先生体》、《醉歌》("读书三万卷"起句)、《雨夜书感》二首("宦游四十年"起句)、《自规》("陆君拙自谋"起句)、《拟古》四首("牛迹可使圆"起句)、《夜卧久不得寐复披衣起呼灯作草书数纸乃复酣枕明旦作此诗记之》、《鼠败书》、《杂感》五首以"不爱入州府"为韵之不字韵一首、《二感》("狸奴睡被中"起句)、《寄太湖隐者》,七言古如《喜小儿辈到行在》、《无咎兄郡斋燕集有诗末章见及敬次元韵》、《夜宿阳山矶将晓大雨北风甚劲俄顷行三百余里遂抵雁翅浦》、《往在都下时与邹德章兵部同居百官宅无日不相从仆来佐豫章而德章亦谪高安感事述怀作歌奉寄》、《夜闻松声有感》、《石首县雨中系舟戏作短歌》、《醉歌》("老夫樯竿插苍石"起句)、《风雨中望峡口诸山奇甚戏作短歌》、《山南行》、《木瓜铺短歌》、《游锦屏山谒少陵祠堂》、《东津》、《东山》、《三月十七日夜醉中作》、《护国天王院故神霄玉清万寿宫也废圮略尽而规模尚极壮丽过之有感》、《玻璃江》、《九月十六日夜梦驻军河外遣使招降诸城觉而有作》、《成都行》、《闻房乱有感》、《闻王嘉叟讣报有作》、《金错刀行》、《胡无人》、《蜀酒歌》、《古藤杖歌》、《春愁曲》、《客话成都戏作》、《池上醉歌》("我欲筑化人中天之台"起句)、《病酒新愈独卧莘风阁戏书》、《对酒叹》("镜虽明"起句)、《秋声》("人言悲秋难为情"起句)、《观小孤山图》、《饮酒》("陆生学道欠力量"起句)、《山中得长句戏呈周辅并简朱县丞》、《斋中夜坐有感》("荒山为城溪作濠"起句)、《春感》("少时狂走西复东"起句)、《游圆觉乾明祥符三院至暮》、《题醉中所作草书诗卷后》、《松骥行》、《与青城道人饮酒作》、《出塞曲》、《和范舍人永康青城道中作》、《浣花女》、《赠宋道人》、《大雪歌戏赋》、《晚登子城》、《故蜀别苑在成都西南十五六里梅至多有两大树夭矫谓之梅龙予初至蜀尝为作诗复赋一首》、《大风登城》、《醉中下瞿唐峡中流观石壁飞泉》、《怀成都十韵》、《长歌行》("人生宦游亦不恶"起句)、《醉中怀江湖旧游偶作短歌》、《雨后极凉料简箧中旧书有感》、《十月二十六日夜梦行南郑道中》、《城西接待院后竹下作》、《读书》("放翁白首归刻曲"起句)、《寄仗锡平老借用其听琴诗韵》、《草书歌》("倾家酿酒三千石"起句),《读书》("读书四更灯欲尽"起句)、《后春愁曲》、《记梦》("夜梦有客短褐袍"起句)、《山中夜归戏作短歌》、《狂歌》("少年虽狂犹有限"起句)、《书生叹》（"君不见城中小儿计不疏"起句）、《咸齑十韵》、《坐客有谈狄鱼眼眶之美者感叹而作》、《衰病不复能剧饮而多不见察戏作此诗》、《或以予辞酒为过复作长句》、《闻鼓角感怀》、《初冬风雨骤寒作短歌》、《书感》（"丈夫本愿脱世靰"起句）、《估客乐》、《桐江行》、《次韵和杨伯子主簿见赠》、《鲤鱼行》、《夜闻蟋蟀》、《醉卧道边觉而有赋》、《登鹅鼻山至绝顶访秦刻石且北访大海》、《城南上原陈翁以卖花为业为赋一诗》、《壬子除夕》、《避世行》、《稽山农》、《僧庐山头石》、《古别离》（"孤城穷巷秋寂寂"起句）《赛神曲》《书叹》（"夜深青灯耿窗扉"起句）《董逃行》、《悲歌行》（"士如天龙马为友"起句）、《贫甚作短歌排闷》、《寒夜》（"陆子七十犹穷人"起句）、《对酒怀丹阳成都故人》、《悲歌行》（"有口但可读《离骚》"起句）、《壮士吟次唐人韵》、《寄题李季章侍郎石林堂》、《读老子次前韵》（"平生好大忽琐细"起句）、《短歌行》（"冠一免"起句）、《屠希笔》、《寒夜吟》（"仕宦孰不愿美官"起句）《短歌行》（"富贵得意如登天"起句）、《二月二十四日夜大风异常》、《短歌行》（"上樽不解散牢愁"起句），五言律如《海中醉题时雷雨初霁》、《晚泊慈姥矶下》二首之一、《夜梦从数客雨中载酒出游分韵得游字》、《江陵道中作》、《再过龙洞阁》、《沔阳夜行》、《南沮水道中》、《行绵州道中》、《五十》、《双柏》、《宿沱江弥勒院》、《江楼》、《访杨先辈不遇因至石室》、《遥夜》、《夜意》二首、《枕上》、《寒夜》（"小隐谢城市"起句）、《冒雨登拟岘台观江涨》、《五云门晚归衰病有感》三首之一（"衰与病相乘"起句）、《题跨湖桥下酒家》、《纵笔》（"山合水将穷"起句）、《山寺》（"信步得佳寺"起句）、《夜坐》二首（"万蟫披书卷"起句）、《儒生》（"儒生安义命"起句）、《七月十八夜枕上作》、《书感》（"投老羁孤久"起句)、《夜坐闻大风》、《衰疾》("衰疾怜新鬼"起句)、《远游》("少年游宦日"起句)、《初秋夜赋》之二("炎燠犹末伏"起句)、《后死》,七律如《三月二十四日作》、《寄答绵州杨齐伯左司》、《吊李翰林墓》、《黄州》、《哀郢》二首之二、《夜抵葭萌惠照寺寓榻小阁》、《阆中作》二首、《驿亭小憩遣兴》、《归次汉中境上》、《书事》("生长江湖狎钓船"起句)、《宿武连县驿》、《即事》("渭水岐山不出兵"起句)、《登荔枝楼》、《晓出城东》、《连日扶病领客殆不能支枕上怀故山偶成》、《独坐》("巾帽欹倾短发稀"起句)、《读胡仲基旧诗有感》、《离成都后却寄公寿子友德称》《秋思》三首之一二("大面山前秋笛清"起句)、《夜读了翁遗文有感》、《西楼夕望》、《牛饮市小饮呈坐客》、《自警》("乳烹物粥邃如许"起句)、《春残》("石镜山前送落晖"起句)、《武担东台晚望》、《行武担西南村落有感》、《次韵范文渊》、《过野人家有感》、《躬耕》("莫信躬耕落蜀山"起句)、《晚兴》("老病愁趋画戟门"起句)、《野外剧饮示座中》、《百岁》("百岁纷纷易白头"起句)、《和范待制秋兴》之一三、《岁晚》("岁晚城隅车马稀"起句)、《城东马上作》二首、《晚步江上》、《病酒述怀》("闲处天教着放翁"起句)、《醉中出西门偶书》、《华发》("华发萧萧老蜀关"起句)《书叹》("历尽危涂井与参"起句)、《次韵季长见示》、《客愁》("骑马出门无所见"起句)、《倚楼》("减尽朱颜白发新"起句)、《寄王季夷》、《初春遣兴》三首之二三("大隐悠悠未弃官"起句)、《初发夷陵》、《南楼》、《将至金陵先寄献刘留守》、《大雨中离三山宿天章寺》、《夜行宿湖头寺》、《得京书或怪久不通问》、《遣兴》("小麦登场雨熟梅"起句)、《雨后独登拟岘台》、《秋思》("黄落梧桐覆井床"起句)、《别杨秀才》、《雨村醉归》、《闲中颇有四方之志偶得长句》、《冬暖颇有春意追忆成都昔游怅然有作》、《冬夜不寐至四鼓起作此诗》、《夜饮示坐中》、《独孤生策字景略河中人工文善射喜击剑死于忠涪间感涕赋诗》、《久雨小饮》、《有怀独孤景略》、《雨夜》（"急雨如河泻瓦沟"起句）、《秋兴》二首（"白发萧萧欲满头"起句）、《浪迹》（"浪迹人间四十年"起句）、《夜步庭下有感》、《幽居书事》二首之一（"莫叹人间苦不谐"起句）、《感愤》（"今皇神武是周宣"起句）、《蓬户》（"蓬户真堪设爵罗"起句）、《夏日小宴》、《醉中夜自村市归》、《悲秋》（"病中支离不自持"起句）、《得所亲广州书》、《野饮》（"青山千载老英雄"起句）、《独酌有怀南郑》、《秋日泛镜湖憩千秋观》、《病中久废游览怅然有感》、《新年》、《因王给事回使奉寄》、《灯下阅吏牍有感》、《纵笔》二首之二（"东都宫阙郁嵯峨"起句）、《夜登千峰榭》（"夷甫诸人骨作尘"起句）、《登千峰榭》（"纵观危栏缥缈中"起句）、《自嘲》（"贪禄忘归只自羞"起句）、《衰病》（"衰病龙钟已要扶"起句）《累日文符沓至怅然有感》三首之二三、《寓叹》（"江上霜风透皮袍"起句）、《寒夜移疾》二首、《到严十五晦朔郡酿不佳殊悒悒也》、《闭阁》（"闭阁孤城剩放佣"起句）、《感愤秋夜作》、《反感愤》、《闲中戏书》三首之三（"钓竿风月起沧洲"起句）、《舟中大醉偶赋长句》、《有感》（"温洛荣河感旧京"起句）、《幽居》三首之二三（"百顷蔌蒲古泽中"起句）、《遣怀》）"秋风策策冷吹衣"起句）、《寓叹》（"荷戈常记壮游时"起句）、《冬夜读书忽闻鸡唱》（"龌龊常谈笑老生"起句）、《沽埭西酒小酌》、《遣兴》（"勋业如今莫系怀"起句）、《狂夫》（"狂夫与世本难谐"起句）、《春社有感》（"憔悴前朝白发郎"起句）、《溪上作》二首（"落日溪边杖白头"起句）、《忧国》（"恩许还山已六年"起句）《舟中戏书》（"平生万事付之天"起句）、

《蜀僧宗荣来乞诗三日不去作长句送之》、《老学庵》("穷冬短景苦匆匆"起句)、《枕上偶成》("放臣不复望修门"起句)、《忆昔》("忆昔轻装万里行"起句)、《吴体寄张季长》、《对酒》("老子不堪尘世劳"起句)、《春思》("兀兀沿聋酒未醒"起句)、《陈阜卿先生为两浙转运司考试官得予文卷擢置第一追感平昔作长句》《五鼓起坐待旦》《元儿子》("禄食无功我自知"起句)、《北望感怀》("荣河温洛帝王州"起句)、《养生》("受廛故里老为氓"起句)、《观画山水》、《枕上作》二首之一("萧萧白发卧扁舟"起句)、《风雨》("七十年来乐太平"起句)、《秋思》("利欲驱人万火牛"起句)、《自述》二首之一("意望天公本自怜"起句)、《纵笔》四首之四("未说无功爵位叨"起句)、《不寐》("丽谯听尽短长更"起句)、《遣怀》("宽袂新裁大布裘"起句)、《冬夜对书卷有感》、《书感》("老荷宽恩许退耕"起句)、《梦中作甲子十月二日夜》、《有所感》("世事真成风马牛"起句)、《自规》("忿欲俱生一念中"起句)、《枕上作》("一室幽幽梦不成"起句)、《衰疾》("衰疾支离负圣时"起句)、《蜀汉》、《唐虞》、《秦皇酒瓮下垂钓偶赋》《记梦》("久住人间岂自期"起句)《秋晚》("鸡声喔喔频催晓"起句)、《绍兴辛未至丙子六年间予年方壮每遇重九多与一时名士登高于戢山宇泰阁距开禧丁卯六十年追数同游诸公无一人在赋诗识之》、《北窗》("半世蝉嘶坐北窗"起句)、《遁迹》("遁迹荒村惯忍贫"起句)、《寓叹》二首之二("忆昔建炎南渡时"起句)、《感旧》("莫惜山翁老欲僵"起句)、《梅村夜人家小憩》、《偶思蜀道有赋》,五言绝如《秋兴》五首("秋风吹我衣"起句),七言绝如《越王楼》二首、《夜坐》("大风横吹斗柄折"起句)、《十一月三日过升仙桥作》、《过灵石三峰》二首、《灌园野兴》("玉门关外何妨死"起句)、《题四仙像之蓟子训》一首、《文章》("文章在眼每森然"起句)、《杂赋》十二首之六七("昔人莽莽荒丘里"起句)、《杂感》六首之一四(自古文章与命仇"起句)、《感事》四首("鸡犬相闻三万里"起句)、《白露前一日已如深秋有感》二首《醉中信笔作》五首之四五("老觉人间足畏途"起句)、《观诸将除书》《扪腹》,此原本杜甫,旁参李白岑参,而下概梅圣俞者也。

陆游诗有抑扬爽朗而出以闲适者,五言古如《舟中咏孟浩然耶溪泛舟诗"落景余清晖,轻桡弄溪渚"之句因以为韵赋诗》之景余桡三韵曰:

维舟入谷口,信步造异境。隔篱鸡犬声,满地梧楸影;瓦甑炊香稻,石泉及新井。人间苦逼仄,爱此须臾景。

老圃发如霜,见客能废锄。与坐使之年,自云八十余,老身六朝民,草舍数世居;力守远祖言,一字不学书。

朝发云根寺,暮宿烟际桥。冷萤湿不飞,潜鱼惊自跳。菱船歌袅袅,荻蒲风萧萧。平明宿鸟起,我亦理归桡。

七言律如《临安春雨初霁》曰:

世味年来薄似纱,谁令骑马客京华?小楼一夜听春雨,深巷明朝卖杏花。矮纸斜行闲作草,晴窗细乳戏分茶。素衣莫起风尘叹,犹及清明可到家。

又《出游归鞍上口占》曰:

渺渺烟波飞桨去,迢迢桑野策驴还。寄怀楚水吴山外,得意唐诗晋帖间。每惜好春如我老,谁能长日伴人闲?世间自是无兼得,勋业元非造物悭。

其他五言古如《朱子云园中观花》、《航海》、《金山观日出》、《将离江陵》、《系舟下牢溪游三游洞二十八韵》、《自兴元赴官成都》、《初入西州境述怀》、《十月十四日夜月终夜如昼》、《醉书》("似闲有俸钱"起句)、《寓居小庵偕袤丈戏作》、《登域望西崦》、《晚步》("院荒有古意"起句)、《寺居凤兴》、《游学射山遇景道人》、《秋日登仙游阁》、《大醉归南禅弄影月下有作》、《白鹤馆夜坐》、《南津胜因院亭子》、《登邛州谯门门三重其西偏有神仙张四郎画像》、《幽居院》、《中溪》、《心太平庵》、《宿龙华山中梅花盛开月夜独观》、《中夜对月小酌》、《月夕》("醉从东郭归"起句)、《月夕》("开户满庭雪"起句)、《寓怀》("脱粟未为饥"起句)、《夜汲井水煮茶》、《盟云》、《冬夜》("百钱买菅席"起句)、《群儿》、《与子坦子聿游明觉十二韵》、《春晚书斋壁》、《牧牛儿》、《读何斯举黄州秋居杂咏次其韵》十首之一七、《书志》("著书汗马牛"起句)、《闲适》二首("饮酒不至狂"起句)、《秋夜读书》("门前客三千"起句)、《过邻家》、《杂兴十首以"贫坚志士节病长高人情"为韵》之士病长三韵、《记东村父老言》、《小饭赏菊》、《若耶村老人》、《哺猿》、《山行》("山光秀可餐"起句)、《齿落》、《感遇》六首("仕宦五十年"起句)《东斋杂书》十二首之三九、《杂兴》四首("锄草春愈茂"起句)、《书戒》("我幼事父师"起句)、《自诘》("修行力量浅"起句)、《近村》("家居每思出"起句)、《修居室赋诗自警》、《病戒》、《人寿至耄期》、《晚闻庭树鸦鸣有感》、《闲行至西山民家》、《冬日斋中即事》六首、《闻吴中米价二十韵》、《夜坐戏作短歌》、《瓮池》、《文章》("文章本天成"起句),七言古如《题阎郎中溧水东皋园亭》、《闰二月二十日游西湖》、《醉中歌》、《上巳临川道中》、《雨霁出游书事》、《岳池农家》、《木山》、《瑞草桥道中作》、《初春出游》、《八月十四夜三叉市对月》、《二月十六日赏海棠》、《步虚》四首、《吴娘曲》、《秋夜歌》、《雪晴游香山》、《东吴女儿曲》、《故山葛仙翁丹井有偃松夭矫寄题》《示儿》("舍东已种百本桑"起句)、《醉卧松下短歌》、《镜湖女》、《病起游近村》、《三山卜居今三十有三年作诗以示后人》、《薪米偶不继戏书》、《西湖春游》、《醉歌》("不痴不聋不作翁"起句)、《对镜》。

五律如《溪行》二首("篷弱鸣春雨"起句)、《幽居》("翳翳桑麻巷"起句)、《秋风》("秋风吹客樯"起句)、《白塔院》《作雨不成终夜极凉井研道中》、《夜登小南门城上》、《月夜江渎池纳凉》、《睡起》、《峡州甘泉寺》、《抚州上元》、《一室》("九万笑鹏抟"起句)、《初夏夜赋》、《小垒》、《晨起》("倦枕廉纤雨"起句)、《游石帆玉笥石旗诸山》、《用短》("用短定非痴"起句)、《泛舟》("去去泛轻舠"起句)、《雨夕排闷》二首之二("烟雨暗郊墟"起句)、《春晚杂兴》六首之三六《暮春》("季子黄金尽"起句)、《露坐》("星稀避月明"起句)、《泛舟至东村》(《野水如天远"起句)、《野兴》("荷锄通北涧"起句)、《晨起》("鸡已参差唱"起句)、《山园书触目》《秋晚寓叹》五首之二四("野处仍多病"起句)、《九月十八日至山园是日颇有春意》、《遂初》、《壬戌正月十四日》、《衰疾》("衰疾怜新鬼"起句)、《初秋》四首之二三("藉草沾衣露"起句)、《初秋夜赋》之二("北斗垂欲尽"起句)、《秋怀》四首之二("苦雨无时止"起句)、《秋日次前辈新年韵》五首之五("残年垂九十"起句)、《小江》。

七言律如《二月二十四日作》《雨晴游洞宫山天庆寺坐间复雨》、《望江道中》、《秋夜读书每以二鼓尽为节》、《寒食临川道中》、《家园小酌》二首之一、《晚泊》、《初寒》("船尾寒风不满旗"起句)、《长木晚兴》、《赴成都泛舟自三泉至益昌谋以明年下三峡》、《深居》("作吏难堪簿领迷"起句)、《独坐》("巾帽欹倾短发稀"起句)、《游修觉寺》、《湖上笋盛出戏作长句》、《东湖新竹》、《寓驿舍》、《月中归驿舍》、《次韵周辅雾中作》、《平云亭》、《客多福院晨起》、《秋夜怀吴中》、《将之荣州取道青城》、《喜雨》("黄尘赤日欲忘生"起句)、《寓舍书怀》、《成都书事》二首之一、《明日午睡至暮复次前韵》《对酒》("扇边生怕庾公尘"起句)、《卜居》二首("历尽人间行路难"起句)、《闲中偶题》二首《感事》("青鬓当时映绿衣"起句)、《十日夜月中马上作》、《幽居》二首("殊方漂泊向谁论"起句)、《自咏》("华发萧萧居士身"起句)、《访昭觉老》、《昼卧》("秋暑侵人气力微"起句)、《夜行》("红藤拄杖扶衰病"起句),《暇日行城上同行追不能及》、《书寓舍壁》二首("天与痴顽不解愁"起句)、《闲意》("柴门虽设不曾开"起句)、《忠州醉归舟中作》、《客怀》("客怀耿耿向谁语"起句)《寓馆晚兴》("随牒人间不自怜"起句)、《春晚》("五十六翁身百忧"起句)、《新作山亭戏作》、《感秋》("南山射虎漫豪雄"起句)《泛舟》("女墙齾齾带斜晖"起句)、《庄器之作招隐阁》、《春夏雨旸调适喜而有作》、《秋夜》("老病龙钟不入城"起句)、《夜步》("市人莫笑雪蒙头"起句)、《作六十二翁吟》、《新霁城南舟中夜兴》、《自咏》("钝似窗间十月蝇"起句)、《病起小饮》("病起新霜满鬓蓬"起句)《冬夜读书》("莫笑灯檠二尺余"起句)、《灯下阅吏牍有感》、《园中归戏作》、《地僻》、《吏责》、《晚游东园》、《自笑》、《秋光》("年年最爱秋光好"起句)、《故山》二首、《寒食省九里大墓》、《自东泾度小岭闻有地可卜庵》《暮秋书事》("暮秋风雨卷茆茨"起句)、《闭户》("箪瓢虚道不堪忧"起句)、《山园》("山园寂寂闭春风"起句)、《寄宇文成州》《春日》("节节足足雀噪檐"起句)、《闲趣》

("老子即今双白鬓"起句)、《正月二十日晨起弄笔》、《新辟小园》六首之四五、《闲中》("闲中高趣傲羲皇"起句)、《晨起》("晨起梳头拂面丝"起句)、《书室明暖终日婆娑戏作长句》二首之二、《闲中富贵》、《醉中自赠之明日自和》、《夏雨初霁题斋题》、《六月二十四日夜分梦范至能诸公请予赋诗记江湖之乐诗成而觉》、《浮生》("浮生真是寄邮亭"起句)、《闲居自适》("自书山翁懒是真"起句)、《秋雨初霁试笔》("墨入红丝点漆浓"起句)、《暮春》("数间茅屋镜湖滨"起句)、《七十三吟》、《春近山中即事》三首、《初春欲散步畏寒而归》、《东窗小酌》二首之一、《夏日》四首之三("吴中五月暑犹微"起句)、《秋思》四首之一二("秋毫不受俗尘侵"起句)、《自遣》("踽踽人间未死身"起句)、《新作火阁》二首之二、《祠禄满不敢复请作口号》二首之一、《春日园中作》("杏花开过尚轻寒"起句)、《寒食日九里平水道中》、《五月七日拜致仕敕口号》二首之二、《题庵壁》二首、《晓赋》("八月江湖风露秋"起句)、《八月九日晚赋游近山》("羸病知难赋远游"起句)、《梦题驿壁》、《十二月二十七日夜》、《东园小饮》四首之一四("少年万里走尘埃"起句)、《龟堂晚兴》《五月十一日睡起》、《述怀》("宦游轻用不赀身"起句)、《道室书事》、《立夏前二日作》、《西村》("乱山深处小桃源"起句)、《题斋壁》("镜水西头破茅屋"起句)、《偶作夜雨诗明日读而自笑别赋一首》、《舍西晚眺示子聿》、《自颂》("年少宁知道废兴"起句)、《秋晓书感》、《出游暮归戏作》、《纵笔》四首之四("未说无功爵位叨"起句)、《枕上》("呼儿初夜上门关"起句)、《冬日》("室中恰受一蒲团"起句)、《野兴》("晨炊畬粟荐园蔬"起句)、《闲游》("已破梅花一两枝"起句)、《有道流过门与之语颇异口占赠之》、《连阴欲雪排闷》、《春晚雨中作》、《东窗遣兴》、《闲游》四首之三四("过尽僧家到店家"起句)、《遣兴》("聒聒鸣鸠莫笑渠"起句)、《湖塘夜归》、《睡起已亭午终日凉甚有赋》、《自扁门归》、《舟中口占》("养生妙理本平平"起句)、《出游》五首之三五("山有蓝舆步有舟"起句)、《贫中自戏》、《风雨夜坐》、《月夕幽居有感》、《舟中坐》("一叶轻舟一破裘"起句)、《闭门》二首之二("衰疾厌厌不易医"起句)、《书叹》("无能自号痴顽老"起句)、《寄子虡子聿》、《读赵昌甫诗卷》、《小雨》("赤日炎熇势未回"起句)、《纵游》("人事元知不可谐"起句)、《戏遣老怀》("本意归来老故丘"起句)、《梅市暮归三山》、《春晚》("门巷萧条老病侵"起句)、《舟行鲁墟梅市之间感赋》、《闭户》("乞身林下养衰残"起句)、《出游归鞍上口占》、《幽居遣怀》三首之三("习气深知要删除"起句)、《山房》("扰扰人间岁月移"起句)、《草亭独坐》("扫地垂帘坐草亭"起句)、《春晴登小台》、《鲁墟舟中作》、《题苏虞叟岩壑隐居》、《浴罢闲步门外而归访村老》("强健如翁举世稀"起句)、《书意》二首之二("秋江蔌米喜新尝"起句)、《秋夜斋中》("木落烟深江上村"起句)、《书剑》("书剑当年遍两川"起句)、《梅村野人家小憩》、《书叹》二首之二("尺椽不改结茅初"起句)、《书意》("养得山林气粗全"起句)、《晚兴》("并檐幽鸟语璁珑"起句)。

　　五言绝如《夏日》三首之一("微风过中庭"起句)、《夜归》("疏钟度水来"起句)、《北窗偶题》四首之二("晓晴林鹊喜"起句)、《柳桥晚眺》("小浦闻鱼跃"起句)、《日用》四首之一三("旧好疏毛颖"起句)。七言绝如《看山》("小葺茆茨紫翠间"起句)、《剑门道中遇微雨》、《迓益帅马上作》、《秋夜池上作》、《高秋亭》、《花时遍游诸家园十绝》、《海棠》二首、

《华亭院僧房》二首之二、《杂咏》四首之一（"青羊宫中竹暗天"起句）、《江上散步寻梅偶得三绝句》、《看梅归马上戏作》五首之一三五、《道上见梅花》、《梅花绝句》十首、《雪中寻梅》二首之二、《感旧绝句》七首之四五六（"十月新霜兔正肥"起句）、《夜意》二首之一（"幌外灯青见鼠行"起句）、《小舟航湖夜归书触目》三首之一二、《闰月三夜舍西观新月》、《过杜浦桥》、《柯桥客亭》二首、《晓枕》、《马上作》、《还舍》、《社日小饮》二首之二、《小舟自红桥之南过吉泽归三山》、《题剡溪莹上人梅花小轴》、《起晚》、《欲出遇雨》、《春晚怀山南》四首、《山茶一树自冬至清明后著花不已》、《斋中杂题》四首之一三、《东窗》、《梅花》六首之三（"一花两花春信回"起句）、《园中偶题》四首之二（"春深无处不春风"起句）、《沈园》二首、《闲中自咏》二首、《恩赐龟紫》二首、《秋日杂咏》八首、《客去》、《对酒戏作》二首、《夏初湖村杂题》八首、《春日绝句》八首之一三四五六、《杂兴》十首之二四五六七九（"南山手自劚苍苔"起句）、《昔感》五首之二五、《暮秋》六首之四、《出游至僧舍及逆旅戏赠绝句》二首《村居书事》六首之一四六《东窗》四首（"九折危途寸步艰"起句）、《春游》四首（"方舟冲破湖波绿"起句）、《初冬杂咏》八首之七八、《自法云归》、《春日杂兴》十二首之六七九十一十二（"更事多来见物情"起句）、《窗下戏咏》三首之二三《夏日》十二首之三四（"竹根断作眠云枕"起句）。此原本白居易，上参王维孟浩然，而下概梅圣俞苏轼者也。时朱熹不慊于诗人之为江西派者，独称"放翁诗，读之爽然，近代惟见此人为有诗人风致"。大抵其诗出入宛陵东坡，上溯香山以学少陵，而以苏之谐畅，化梅之促数，而归于曲达；以杜之沉郁，参白之容易，而发其感激。

陆游诗隽语络绎,不绝于篇。写景,五言如"浪蹴半空白,天浮无尽青","月碎知流急,风高觉笛清","山形寒渐瘦,雪意暮方酣","荷空湖面阔,叶脱树枝劲","江迮滩声壮,云停雪意酣","地瘦竹无叶,风干茅有声","侵云千嶂合,披草一僧迎","市灯疏欲尽,楼月淡初生","拂天松盖偃,入水山脚插","秋灯依壁暗,夜雨挟风豪","开户满庭雪,徐看知月明。微风入丛竹,复作雪来声","向人灯欲语,绕舍露如倾","四邻悄无语,灯火正凄凉。山童亦睡熟,汲水自煎茗","雾收山淡碧,云漏日微红","孤灯如秋萤,清夜自开合","春光向客淡,夜漏为愁长","湖水绿于染,野花红欲燃","藤络将颓石,松号不断风","风声初卷野,雨气已吞山","天阔三更月,篷低一尺窗","奇云去人近,淡月傍檐低","叶凋山寺出,溪瘦石桥高","林深栗鼠健,屋老瓦松长","无情五更雨,便送一年春","木落山尽出,钟鸣僧独归","乱云俄卷尽,孤月却徐行","闲云不成雨,故傍碧山飞","幽禽窥户语,落日傍窗妍","萤孤无远照,蝉断有遗声","悲蛩草根语,孤磷竹间流","暮云如泼墨,春雪不成花","溪添半篙绿,山可一窗青","鸦翻半天黑,鹭起一川明","草生三径绿,花发一窗红","夕霭山常淡,山芜路欲迷","山深云满屋,夜静月当门","云生半岩润,麝过一林香"。

七言如"卷地黑风吹惨澹,半天朱阁插虚无","断桥烟雨梅花瘦,绝涧风霜槲叶深","山晴更觉云含态,风定闲看水弄姿","月明何与浮云事,正向圆时故故生","老柏干霄如许寿,幽花泣露为谁妍","溪鸟孤飞寒霭外,野人耦语夕阳中","烟柳不遮楼角断,风花时傍马头飞","月似有情迎马见,莺如相识向人鸣","妍日渐催春意动,好风时卷市声来","山平水远苍茫外，地辟天开指顾中"，"丹枫断岸秋来早，淡日孤村客到稀"，"云如山坏长空黑，风似潮回万木倾"，"溪桥烟淡偏宜晚，野寺花迟未觉春"，"目穷落日横千嶂，肠断春风把一枝"，"月当三五初盈夜，河直西南欲落时"，"山川惨澹秋多感，灯火青荧夜少眠"，"木叶经霜浑欲尽，人家近水自相依"，"一窗萝月禁春瘦，万壑松风撼昼眠"，"遥看渔火两三点，已过暮山千万峰"，"未霜村舍秋先冷，无月江天夜自明"，"风递钟声云外寺，水摇灯影酒家楼"，"残红犹有数枝在，涨绿真成一倍深"，"浮云尽敛出青嶂，孤月徐升行碧天"，"雨余涧落双虹白，云合山余一发青"，"杨柳不遮春色断，一枝红杏出墙头"，"水落才余半篙绿，霜高初染一林丹"，"庭空日暖花自舞，帘卷巢干燕新乳"，"傍水断云含暮色，拂檐高竹借秋声"，"月昏当户树突兀，风恶满天云往来"，"墙头杨柳知秋早，窗外芭蕉受雨多"，"傍水无家无好竹，卷帘是处是青山"，"枫叶欲丹先惨澹，菊丛半倒不支持"，"闲随戏蝶忘形久，细听啼莺得意同"，"半颗鸦残墙外杏，一枝鹊袅涧边藤"，"草根萤堕久开合，云际月行时吐吞"，"乍飞乳燕低无力，自落来禽静有声"，"幽禽叶底吟风久，残雨枝间照日明"，"露浓双鹊移枝宿，风急孤萤堕草明"，"山衔落日青横野，鸦起平沙黑蔽空"，"雨声欲与梦相入，春意不随人共衰"，"山禽乍暖殷勤语，野花无风自在香"，"林暖墙头双鹊语，水清池面小鱼行"，"花睡柳眠春自懒，谁知我更懒于春"，"风高木叶危将脱，月上天河淡欲无"，"重帘不卷留香久，古砚微凹聚墨多"，"霜野草枯鹰欲下，江天云湿雁相呼"，"晓树好风莺独语，夜窗细雨燕相依"，"惜花委去常遮日，待燕归来始下帘"，"燕低去地不盈尺，鹊喜傍檐时数声"，"急雨声酣战丛竹，孤灯焰短伴残书"，"白菡萏香初过雨，红蜻蜓弱不禁风","雨声已断时闻滴,云气将归别起峰","意行舍北三差路,闲看桥西一片秋","一溪水浅梅枝瘦,四野云酣雪意骄","中庭日正花无影,曲沼风生水有纹","断虹千尺卷残雨,新月一钩生暮天","地偏幽草为谁绿,雨霁新花如许红","北临积水风来壮,东恨长林月上迟","天际挂虹初断雨,云头翳日又成阴","天高月破残云出,野旷风惊蛰叶飞","夜静月惊林鹊起,水凉风飐露荷倾","东窗换纸明初日,南圃移花及小春","木槁不知年自往,云闲已与世相忘","夜雨长深三尺水,晓寒留得一分花","小鱼出水圆纹见,轻燕穿帘折势成","帘栊无影觉云起,草树有声知雨来","月色横分窗一半,秋声正在树中间","寒雨似从心上滴,孤灯偏向枕边明","枫叶欲残看愈好,梅花未动意先香","取将月去辟娱客,携得云归远寄人","花气袭人知骤暖,鹊声穿树喜新晴","倚天青嶂迎船出,扑马红尘转眼空","花气袭人浑欲醉,鸟声唤客又成愁","涧深松老忘荣谢,天阔云闲任卷舒","钓收鹭下虚舟立,桥断僧寻别径归","绿叶忽低知鸟立,青萍微动觉鱼行","鸭冲细雨桥阴出,蝶弄微风草际来","孤灯无焰穴鼠出,枯叶有声邻犬行","横林露塔犹远见,暮霭笼山淡欲无","水生溪面大鱼跃,风定草头双蝶飞","出谷钟声知过寺,隔林人语喜逢村","人家远火林间见,船底微波枕上闻","山口正衔初出月,渡头未散欲归云","南临大泽风来远,东限连山月出迟","静爱白云归远岫,时邀明月下层峦","满洞晓云春酿雨,一池秋水夜涵星","寻深巧被闲云到,破静时闻幽鸟啼","水边更觉梅花瘦,云外谁怜雁影孤"。

抒慨,五言如"安知花无情,不解替人愁","抚事惊年往,怀人有梦知","乡遥归梦短,酒落客愁浓","阅世易成古,刳心不复春","老态人未觉,孤愁心自知","畏客常称疾,耽书不出门","心虽了是非,口不给唯诺","如今老且病,鬓秃牙齿落。仰天少吐气,饿死实差乐","世事粗能识,吾生安用长","相法无侯骨,生年直酒星","处世已如客,伤春无复心","转喉畏或触,唾面敢自拭","马以鸣当斥,龟缘久不灵","用可重九鼎,穷宁直一钱","生涯数畦菜,心事一溪云","旧交故剑在,壮志短檠知","饭香贫始觉,睡味老偏知","醉嫌天地迮,老觉岁时公"。

　　七言如"幽居不负秋来睡,末路偏谙世上情","岂是天公无皂白,独悲世俗异酸咸","吾道将为天下裂,此心难与俗人言","万事可怜随日出,一生常是伴人忙","自信前缘与人薄,每求宽地寄吾狂","痴顽直为多更事,莫怪胸怀抵死宽","但恨见疑非节侠,岂忘小忍就功名","道废尚书犹乞米,时来校尉亦封侯","老病已全惟欠死,贪嗔虽断尚余痴","青山是处可埋骨,白发向人羞折腰","平生不可俗子眼,后世谁知吾辈心","一樽何处无风月,自是人生苦欠闲","纷纷万事反乎覆,落落一身淹此留","已因积毁成高卧,更借阳狂护散才","人情静处看方见,诗句穷来得最多","万事看山差入眼,百年把酒独关身","志士凄凉闲处老,名花零落雨中看","扫榻欲招贫与语,杜门聊以醉为乡","衰容病后如添岁,遥夜冬来抵过年","镜明不为人藏老,酒薄难供客散愁","薄俗更堪开眼看,老翁宁办折腰趋","强颜懒复看人面,何地真堪着此身","世味老来无奈薄,土思病后不胜浓","人情正可付一笑,生世元知无百年","得闲要及身安日,到死应无睡足时","壮心自笑老犹在,狂态极知人不容","太阿匣藏不见用,孤愤书成空自哀","衰迟更觉岁时速,疏贱空先天下忧","壮心无复在千里,老气尚能横九州","世事熟看无一可,古人不作与谁评","痴腹何由有鳞甲,俗情自未去皮毛","屈子所悲人尽醉,郦生常谓我非狂","绝世本来希独立,刺天不复计群飞","纵旷劫来俱有死,出青天外始无愁","神仙不死成何事,只向西风感慨多","寸心未与年俱老,万事惟凭酒暂忘","戆愚酷信纸上语,老病犹先天下忧","天下可忧非一事,书生无地效孤忠","议论孰能忘忌讳,人才正要越拘挛","正令未死有几日,那得残年丛百忧","英雄到底是痴绝,富贵但能妨醉眠","吾心本自同天地,俗学何知溺秕糠","睡少始知愁有力,病深方叹药无灵","发无可白方为老,酒不能赊始觉贫","此身幸已免虎口,有手但能持蟹螯","钱多孰谓可使鬼,人定何尝能胜天","大事竟为朋党误,遗民空叹岁时遒","万事已随春枕断,故人何啻晓星疏","十事真成九败意,一春知复几衔杯","交情最向病中见,世事常于醉后齐","四海故人强半死,一襟清泪对谁倾","人生十事九堪叹,春色三分二已空","浩歌纵酒愁仍在,作意观书睡已来","造物偶容穷不死,众人共养老无能","欲寻共语人难得,却是封侯印易求","旧交只有青山在,壮志旨因白发休","上策莫如扃户坐,苦闲犹复取书看","方书无药医治老,风雨何心断送春","大道岂容私学裂,专门常怪世儒非","每惜好春如我老,谁能长日伴人闲","古人亦自逢时少,吾辈何疑忤俗多","静觉此身犹外物,懒思与世永相忘","细看高人忘宠辱,始知吾辈可怜伤","只知闲味如茶永,不放羁愁似草长","安乐本因无事得,功名常忌有心求","门无客至惟风月,案有书存但《老》《庄》","花如解笑还多事,石不能言最可人","一生忧患如山重,此日安闲抵蜜甜","太空不碍云舒卷,高枕宁论梦短长","万卷虽多当具眼,一言惟恕可铭膺","止足极知于道近,痴顽更喜与人疏","党祸本从名辈出,弊端常向盛时生","欹枕旧游来眼底,掩书余味在胸中","闲知睡味甜如蜜,老觉羁怀淡似秋","此心少忍便无事,吾道力行方有功","无意诗方近平淡,绝交梦亦觉清闲","身游与世相忘地,诗到令人不爱时","诗才适意宁求好,醉即成眠不暇狂","花开款款宁为晚,诗出迟迟却是晴","正使老来无老伴,未妨闲处作闲人","是非无定言何益?穷达徐观得孰多","客散茶甘留舌本,睡余书味在胸中",则尤练达人情,洞明世故,矜平躁释,味之无穷。大抵托物抒兴,因事见道,称心而出,振笔以书;而不以铔钉成语,融裁古人为功;此亦所以异于黄庭坚而不欲逐其后尘。

黄庭坚言:"老杜作诗,退之作文,无一字无来处。盖后人读书少,故谓韩杜自作此语耳。古之能为文章者,真能陶冶万物,虽取古人之陈言,入于翰墨,如灵丹一粒,点铁成金者也。"此庭坚之所以告其外甥洪刍。而陆游则曰:"今人解杜诗,但寻出处;不知少陵之意,初不如是。且如《岳阳楼》诗:'昔闻洞庭水,今上岳阳楼。吴楚东南坼,乾坤日夜浮。亲朋无一字,老病有孤舟。戎马关山北,凭轩涕泗流。'此岂可以出处求哉?纵使字字寻得出处,去少陵之意益远矣。盖后人元不知杜诗所以妙绝古今者在何处,但以一字亦有出处为工。如《西昆酬倡集》中诗,何曾有一字无出处者,便以为追配少陵可乎?且今人作诗,未尝无出处;若为之笺注,亦字字有出处,但不妨其为恶诗耳。"不知所谓"今人作诗"者何指,傥亦可玩味耶?

陆游以诗名一代,而文章不甚著,有诗《与儿辈论李杜韩柳文章偶成》曰:"吏部仪曹体不同,拾遗供奉各家风。未言看到无同处,看得同时已有功。"则知用力于韩柳者深,然而不为韩柳。议论疏快同苏轼，而意尽则言止，差逊轼之澜翻不竭。碑传清省似欧阳修，而语宕则气舒，差有修之情韵不匮。不大声色，此所以为宋人之文，而不同于韩柳。不极驰骋，此所以为陆子之文，而亦异于轼辙。大抵古人之所难言者，而游抒之以容易；古人之所直言者，而游出之以深婉；于诗然，于文亦然。其咏《文章》一诗，有曰："文章本天成，妙手偶得之。粹然无瑕疵，岂复须人为？君看古彝器，巧拙两无施；汉最近先秦，固已殊淳漓。胡部何为者？豪竹杂哀丝。后夔不复作，千载谁与期。"则固以随时为义，而不以敩古为高。自言："某少之时，学文而不工；及其老，妄意于道，亦未敢为得也。虽然，科举之文，固亦尊王而贱霸，推明六艺而诵说古今，虽小出入，要其归，亦何负于道哉。若言之而弗践，区区于口耳而不自得于心，则非独科举之文为无益也。近时颇有不利于场屋者，退而组织古语，剽裂奇字，大书深刻以眩世俗；考其实，更出科举下远甚，读之使人面热，果可言文章乎？故自科举取士以来，如唐韩氏、柳氏，吾宋欧氏、王氏、苏氏，以文章擅天下，莫非科举之士也。此无他，徒以在场屋时，苦心耗力，凡陈言浅说之可病者，已知厌弃，如都市之玉工，珉玉杂治，积日既久，望而识之矣；一旦取荆山之璞，以为黄琮苍璧，万乘之宝，珉其可复欺耶？今不利场屋，而名古之文者，往往未尝识珉者也，安知玉哉？"乃至不以科举之文为非文；而组织古语，剽裂奇字，大书深刻以眩世俗而名古之文者，且訾之谓未尝识珉焉。则其不以拟古剽窃为文，意尤明白。而跋《前汉通用古字韵编》，则曰："古人读书多，故作文时偶用一二古字，初不以为工；亦不自知孰为古，孰为今也。近时乃或钞缀《史》、《汉》中字入文辞中，自谓工妙；不知有笑之者。偶见此书，为之太息，书以为后生戒。"

不屑发声征色。故其自为文，以自然省净为美，而祛拟古剽窃之病。

序跋如《容斋燕集诗序》、《云安集序》、《持老语录序》、《师伯浑文集序》、《晁伯咎诗集序》、《徐大容乐府序》、《吕居仁集序》、《会稽志序》、《跋真庙赐冯侍中诗》、《跋武威先生语录》、《跋周茂叔通书》、《跋唐修撰手简》、《跋历代陵名》、《跋晁百谷字叙》、《陵阳先生诗草》、《跋东坡诗草》、《跋傅正议至乐庵记》、《跋李庄简公家书》、《跋兰亭乐毅论并赵岐王帖》、《跋刘凝之陈令举骑牛图》、《跋张监丞云庄诗集》、《跋巴东集》、《跋吕侍讲岁时杂记》、《跋范巨山家训》、《跋张安国家问》、《跋居家杂议》、《跋朱新仲舍人自作墓志》、《跋乐毅论》、《跋东方朔画赞》、《跋王右丞集》、《跋韩晋公牛》、《跋画橙》、《跋范元卿舍人书陈公实长短句后》、《跋韩幹马》、《跋林和靖帖》、《跋松陵倡和集》、《跋花间集二首》、《跋韩晋公子母犊》、《跋韩立道所藏兰亭序》、《跋曾文清公奏议稿》、《跋曾文清公诗稿》、《跋周侍郎奏稿》、《跋张魏公与刘察院帖》、《跋唐昭宗赐钱武肃铁券文》、《跋司马端衡画传灯图》、《跋秦淮海诗》、《跋柳书苏夫人墓志》、《跋傅给事竹友诗稿》、《跋陈予所藏乐毅论》、《跋詹仲信所藏诗稿》、《跋陈伯予所藏兰亭帖》、《跋程正伯所藏山谷帖》，辞赋如《禹庙赋》、《丰城剑赋》，书启如《贺谢提举启》、《贺汤丞相启》、《贺叶枢密启》、《贺龚参政启》、《知严州谢王丞相启》、《贺留枢密启》、《贺贾大谏启》、《贺周丞相启》、《上虞丞相书》、《答邢司户书》、《答陆伯政上舍书》，奏议如《论选用西北士大夫札子》、《壬午十一月上殿札子》三首之二、《上二府论都邑札子》、《己酉四月十二日上殿札子》二首之一。

碑传、杂记、铭赞，如《南唐书》宋齐丘、周宗、徐锴、查文徽、边镐、周本、柴克宏、何敬洙、王会、刁彦能、徐玠、高审思、钟谟、常梦锡、史虚白、沈彬、陈曙、陈陶、江梦孙、毛炳、刘彦贞、陈觉、李德诚建勋父子、皇甫晖、冯延巳延鲁兄弟、孙忌、韩熙载、朱元、刘仁赡、张易、郭廷谓、张彦卿、林仁肇、卢绛、陈乔、萧俨、卢郢诸传，及《姚平仲小传》、《陈君墓志铭》、《曾文清公墓志铭》、《青阳夫人墓志铭》、《陆孺人墓志铭》、《浙东安抚司参议陆公墓志铭》、《山阴陆氏女女墓铭》、《尚书王公墓志铭》、《杨夫人墓志铭》、《陆郎中墓志铭》、《中丞蒋公墓志铭》、《吕从事夫人方氏墓志铭》、《夫人陈氏墓志铭》、《方伯謩墓志铭》、《程君墓志铭》、《夫人樊氏墓志铭》、《求志居士彭君墓志铭》、《孙君墓表》、《何君墓表》、《祖山主塔铭》、《定法师塔铭》、《良禅师塔铭》、《高僧猷公塔铭》、《别峰禅师塔铭》、《海净大师塔铭》、《松源禅师塔铭》、《退谷云禅师塔铭》，杂记如《书浮屠事》、《书杜觉笔》、《书二公事》、《云门寿圣院记》、《灊亭记》、《烟艇记》、《复斋记》、《王侍御生祠记》、《东屯高斋记》、《乐郊记》、《对云堂记》、《静镇堂记》、《藏丹洞记》、《筹边楼记》、《铜壶阁记》、《抚州广寿禅院经藏记》、《成都犀浦国宁观古楠记》、《书巢记》、《景迂先生祠堂记》、《建宁府尊胜院佛殿记》、《严州重修南山报恩光孝祠记》、《会稽县重建社坛记》、《广德军放生池记》、《镇江府驻札御前诸军副都统厅壁记》、《居室记》、《智者寺兴造记》、《常州奔牛闸记》、《盱眙军翠屏堂记》、《上天竺复庵记》、《东离记》、《南园记》、《桥南书院记》、《天彭牡丹记》，铭赞如《梅子真泉铭》、《司马温公布被铭》、《蛮溪砚铭》、《王仲信画水石赞》、《大洪禅师赞》，咸可诵览，根柢不必其深厚而修洁有余，波澜不必其壮阔而尺寸不失，论者以士龙清省为比，固其宜也。然碑传含铿訇于渟蓄，饶有欧味；短题小记，以谈言为微中，尤擅苏笔；盖欧韵而苏笔，余味有在清省之外，特笔意之得于苏者为多。

深通禅乘，能传其人，所为《别峰禅师塔铭》、《松源禅师塔铭》、《大洪禅师赞》，一声棒喝，触处洞然，辞指精诣，欧阳未有也。如《别峰禅师塔铭》曰：

> 南山自长安秦中西南驰，为嶓为岷。岷东行，纡余起伏，历蛮夷中，跨轶且千里，然后秀伟特起，为三峰，摩星辰，蓄雷雨，龙蟠凤翥，是名峨眉山。通义、犍为二郡，实在其下。人钟其气，为秀民杰士，出而仕者，固多以功业文章擅名古今；至于厌薄纷华，弃捐衣冠，木食涧饮，自放于尘垢声利之外，而不幸为人知，不能遂其隐操，亦卒至于光显荣耀者，如别峰禅师是也。
>
> 师，名宝印，字坦叔，生为龙游李氏子，世居峨眉之麓。少而奇警，日诵千言，然不喜在家，乃从德山院清远道人得度。自成童时，已博通六经及百家之说，至是复从华严起信诸名师，穷源探赜，不高出同学不止；论说云兴泉涌。众请主讲席，谢不可。圜悟克勤禅师有嗣法上首安民号密印禅师，说法于中峰道场；乃挈一笠，往从之。一日，密印举僧问："岩头起灭不停时，如何岩头？"叱曰："是谁起灭！"师豁然大悟。自是室中锋不可触。密印恨相得之晚。会圜悟自南归成都昭觉，乃遣师往省；因随众入室。圜悟举从上诸圣以何法接人，师举起拳。圜悟曰："此是老僧用者；孰为从上诸圣用者？"师即挥拳。圜悟亦举拳相交，大笑而罢。圜悟难异之曰："是子他日必类我。"师留昭觉三年，密印犹在中峰，以堂中第一座致师。师辞。密印大

怒曰:"我以法得人;人不我传,尚何以说法为!"欲弃众去。众皇恐,亟趋昭觉,罗拜恳请。圜悟亦助之请,始行。道望日隆,学者争归之!虽圜悟、密印不能掩也。久之,南游,见沩山佛性泰、福严月庵果、疏山草堂清,皆目击而契。或以第一座留之,师潜遁以免。

最后至径山,见大慧杲。大慧问曰:"上座从何处来?"师曰:"西川来。"大慧曰:"未出剑门关,与汝三十棒了也。"师曰:"不合起动和尚。"时径山众千七百,虽耆宿名衲,以得栖笠地为幸;顾为师独扫一室。堂中皆惊。大慧南迁,师亦西归,始住临邛凤凰山,举香嗣密印;历往广汉崇庆、武信东禅、成都龙华、眉山中岩,复还成都住正法。道既盛行,士大夫亦喜从之游;筑都不会庵,松竹幽邃。暇日,名胜毕集,闻师一言,皆自谓意消;稍或间阔,辄相语曰:"吾辈鄙吝萌矣。"其道德服人如此。

俄复下硖,抵金陵。应庵华方住蒋山,馆师于上方,白留守张公焘,举以代己。师闻,即日发去。会陈丞相俊卿来为金陵,以保宁延师;俄徙京口金山,学者倾诸方。金山自兵乱后,虽屡葺,莫能成;至是始复大兴,如承平时而有加焉。异时居此山,鲜逾三年者。师独安坐十五夏。潭帅张公孝祥尝延以大沩山,师与张公雅故,念未有以却,而京口之人,自郡守以降,力争之,卒返潭使。魏惠宪王牧四明,虚雪窦来请。师度不可辞,乃入东,凡住四年,乐其山林,有终老之意。而名益重,被敕住径山,淳熙七年五月也。

七月,至行在所。至尊寿皇圣帝降中使召入禁中,以老病足蹇,赐肩舆于东华门内,赐食于观堂,引对于选德殿,特赐坐,劳问良渥。师因举古宿云:"透得见闻觉知,受用见闻觉知,不堕见闻觉知。"上悦曰:"此谁语?"师曰:"祖师皆如此提倡,亦非别人语。"上为微笑。时秋暑方炽,师再欲起;上再留,使毕其说,乃退。后十余日,又命开堂于灵隐山,中使赍赐御香,恩礼备至。十年二月,上制《圆觉经注》,遣使驰赐,且命作序。师乃筑大阁秘奉以侈上恩。师老,益厌住持事。门人惧其远游不返,相与筑庵于山北,俟其归。今上在东宫,书"别峰"二大字,榜之。十五年冬,奏乞养疾于别峰,得请。明年,上受内禅,取向所赐宸翰,识以御宝,复赐焉。绍熙元年冬十一月,忽往见今住山智策,告别。策问行日。师曰:"水到渠成。"归取幅纸,大书曰:"十二月七日夜鸡鸣时。"如期而化。奉蜕质返寺之法堂,留七日,颜色精明,须发皆长,顶温如沃汤。是月十四日,葬于别峰之西冈。寿八十有二,腊六十有四。得法弟子:梵年、宗性、道奇、智周、慧海、宗璨等,得度弟子:智穆、慧崇等,百四十有七人。有慧绰者,山阴陆氏子,当以荫得官,辞之;从师祝发,又得记莂,遁迹岩岫,终身不出。师既示寂,上为敕有司定谥曰慈辩,且名其塔曰智光,庵曰别峰,极方外之宠。

师说法数十年。所至,门人集为语录。晚际遇寿皇,被宸翰咨询法要,皆对使者具奏。将化,说偈尤奇伟,已别行于世,此不悉著。三年三月,法孙宗愿走山阴镜湖,属某铭师之塔。某与师交最久,尝相约还蜀结茅青衣唤鱼潭上。今虽老病,义不可辞。铭曰:

圜悟再传,是为别峰。坐十道场,心法之宗。渊识雄辩,震惊一世,矫乎人中龙也。海口电目,旄期称道,卓乎涧鏗鞳也。叩而能应,应已能默,浑乎金钟大镛也。师之出世,如日在空。升于旸谷,不为生;隐于崦嵫,其可以为终乎?

唐僧多律,宋释多禅。柳宗元、刘禹锡善志律师,而陆游及鄞人楼钥导扬禅宗,亦各以其时也。

楼钥自明非学佛者,而深得禅意,所为《径山涂毒禅师塔铭》、《天童大休禅师塔铭》、《瑞岩石窗禅师塔铭》、《雪窦足庵禅师塔铭》、《瑞岩谷庵禅师塔铭》、《延庆月堂讲师塔铭》,抉幽发隐,左右逢源,如可挹酌;而取舍廉肉,辞义可诵。如《雪窦足庵禅师塔铭》曰:

> 师,讳智鉴,滁之全椒人,俗姓吴。自儿时,已喜佛书,每以白纸为经,跏趺端坐诵之,琅琅然。母尝与洗手疡,因曰:"是什么手?"忽对曰:"我手是佛手。"遂视母大笑。少长,日记经文千余言;连遭亲丧,决意出家,誓修苦行以报罔极之恩。真歇禅师方住长芦,径往依投。一见异之。师勤苦精进,终岁胁不至席。大休小珏禅师领千七百众,为首座,独指师为法器,曰:"汝当振吾宗。"已而侍真歇来四明,至补陀山,遇群盗蜂起,避地之马秦,骇浪翻空,举舟惊惧。师坐篷外,独不沾湿。真歇益异之。会京城三藏道法师讲菩萨戒。师受戒已,背若负万金然。道曰:"汝真得上乘戒之证也。"徐即身轻。真歇住雪峰,服勤三载,虽日亲示诲,终未超彻。复回四明,遁于象山县之郑行山,乃海岸孤绝之处,相传山有怪妖不可入,人亦多以惊异逃归。师曰:"吾为法忘形,何惧耶?"乃即山中盘石,缚茅为庵。地高无泉脉。师祷曰:"吾办道来此,山神其惠吾泉!"因锄小坎,移时而水溢。食不继,则啖松枝以疗饥。时绍

兴二年也。一日,有巨蟒入庵,矫首怒视;越数日,复旋绕于床。师不顾而去。夜闻庵后岩谷震响如霆击。旦起视之,有巨石飞坠,越庵而立于门;并庵大木,皆为之摧拉。变怪百出,略可记者如此。师不为动,终不能害也。

明年正月十四夜,于深定中豁然开悟。师自念云:"威音王以前,无师自证。威音王以后,无师自证者,皆天魔外道。"遂下山,见延寿然曰:"日来肚大无物可餐,庵小无床可卧。若能与食展庵,则住;不然,则去。"然与师反复问答,不能屈,因叩师见地。师云:"一坐四旬,身心莹彻,忽尔古镜现前,非由天降,不从地出,自是本有垢净光通,不劳心力自照也。昔真歇尝于室中举问'一物上拄天,下拄地,常在动用中;动用中,收不得,是什么物得怎么?'而今照破,方知天盖不及,地载不起;唤作古镜,亦是谤他。遂有颂云:'个镜光流遍刹尘,鉴照无碍体难分。群灵巨德皆称妙,凡圣无非里许身。'"然云:"不易到者田地。"师至陈山,欲航海。或指曰:"此郑行山中肉身菩萨也。"人皆环绕求偈。时天大风不可渡。师谓篙人曰:"吾为汝借风。"洎登舟,俄顷而济。抵岸,则逆风如故。径至岳林,见大休云:"久违尊颜。即不无悟。如何是同风不间底人?"珏云:"井底虾蟆吞却月。"师云:"宾主不立,报化平吞。"珏云:"向宾主不立处道。"师云:"不辞道,恐涉唇吻。"珏云:"只今将什么抵对?"师云:"不借。"珏云:"佛祖不奈尔何。"师礼拜,遂令受具。闻翠山宗白头机锋峻峭,往叩焉。时师方为岳林行句,担二布囊,随得即受,备历艰勤,人所不堪。宗云:"为众竭力,不无其劳。"师云:"须知有不劳者。"宗云:"尊贵位中收不得时何如?"

师云:"触处相逢不相识。"宗云:"犹是途中宾主,作么生是主中主?"师曰:"丙丁吹灭火。"宗以手掩师口。师拂袖出。宗迁雪窦,挽师偕行,荷负众事,会法新饬,且命为师众普说。宗叹曰:"吾生有耳未尝闻也!"丛林愈加敬焉。宗乃宏智高第,师因造宏智室,动辄深契。二十四年,遂举住栖真,隆兴二年,移定水。

侍郎赵公子潚闻师名,属侍御王公伯庠制疏,备开堂礼,嗣法大休,实曹洞十一世孙也。乾道五年,退席,遂之天台。八年,嗣秀王来镇,请住广慧。淳熙四年,皇子魏惠宪王请住香山。七年,参政范公移主报恩。十年,遂归西山,为终焉计。十一年,雪窦虚席,众皆以师为请。师念明觉知觉场,勉为起废,一住八载。所在遵俗归仰,至是尤盛;随力葺理,内外一新。绍熙二年,谢事,止于寺之东庵。太守林公枅稔闻道价,命师再住;不从,必欲识面。既见,问道终日,致请益坚,力辞而归。三年七月乙未,示疾。己亥,亲笔遗书晦日以道具抄录。八月哉生魄夜分,戒其徒曰:"吾行矣。送终,其务简约,勿用素服哀恸。"言讫,书偈趺坐而化。时暴雨疾风,震动山谷,人尤嗟异。四远闻者,奔赴尽哀;于是相与建塔于山之左,戊午,奉全身以葬。寿八十八,腊五十三。嗣法及受度三十余人。

师素与余厚。在雪窦,作锦镜以蓄飞雪上流,为一山奇观,尝为之记。师且死,手书遗余告别,以大休塔铭为属。余既铭之。师之徒又以此请,不忍拒也。余不习释氏学。然闻古德相与传授之际,多藉导师有以启发之;惟师根器过绝人,自誓不悟不为僧,则识趣已不凡。操心如铁石,视身犹土芥，又有人所不能及者。初虽久依真歇，郑行之居，略无怖畏，非有师传而遂得道，禅门少见其比。是时自觉般若有灵，真有饥则一与之食，寒则一与之衣之验。夜行深雪，自然得路，若有阴相，自以为大千世界，无如我者。一见大休，诵言所历。休徐曰："但尽凡心，勿为异解。"师为之灌然意消而归心焉。师天资朴厚，见地真实，业履孤峻，苦行坚密，至死不少变。等慈接物，法施不吝。具大辩才，浩博无碍。为人说法，或自晓至暮，或自昏达旦，至连日，亦无倦色，音吐洪畅，晚亦不衰，闻者耸服。学徒每出衣资，请师演说，此尤禅林所未有也。云深火冷，尸居渊默，有召之者，虽祁寒隆暑，不拒。一毫施利，悉为公用，丈室萧然；故六主废刹，积逋动数千缗，不过期月，百废具举。若祷雨旸，救疾苦，其应如响。神祠烹宰物命，辄为易以素馔。有藏其须发而得舍利者，地皆世俗所创见，师不欲人言之，以为非此道之极致，使其有之，亦皆师之余也。师既亡，太师史文惠公祭之以文，有曰："了悟圆通，如观音大士。随机化俗，如善导和尚。"人不以为过也。师生于淮南，而化缘独在四明。屡易法席，名震江湖，而终不越境。自号足庵；人以古佛称之，惟师可以无愧云。铭曰：

祖师西来，乃始有禅。灯灯相续，皆有师传。师之得道，几于神曜，心镜孤圆，大千俱照。曹洞正宗，实艰其承。十有一传，至师中兴。蛇虺之宅，闻者怖恐，惟师宴坐，曾不为动。振锡出山，据大道场，四众归仰，广为津梁。生于淮壖，缘在甬东。名震江湖，卒老吾邦。法施不吝，辩才无碍。行实坚苦，而大自在。人称古佛，师则无愧。

铭以表之,用诏末世。

楼钥,字大防,自号攻媿主人,鄞人。历仕孝宗、光宗、宁宗三朝,至吏部尚书兼翰林侍讲。年过七十,精力绝人,词头下,立进草,院吏惊诧。累拜参知政事,卒谥宣献。博极群书,尤精许慎《说文》,识古今奇字。而文备众体,传有《攻媿集》一百十二卷。其诗抑扬爽朗而不为僻涩,文则曲折明鬯而时有潆洄,皆出苏轼。援据该洽,辞理明白,虽意境欠开拓,风骨未遒上;然序跋散朗而出以典核,碑状详尽而不害体要,尤多资于考证,而补史家所未备。特善志释,以附于陆游云。

杨万里,字廷秀,吉州吉水人。南宋诗集传于今者,惟杨万里及陆游最富。游清新刻露而出以圆润,为媲于苏。万里清新刻露而特为生拗,则原出黄。万里,绍兴二十四年进士,为永州零陵丞。时张浚以故相谪永州,勉以正心诚意,万里服膺终身,乃名读书之室曰诚斋。历仕孝宗、光宗,至秘书监兼实录院检讨官,乞祠归。宁宗嗣位,一再收召不起,即家除为焕章阁待制。韩侂胄用事,网罗四方知名士相羽翼。尝筑南园,属万里为记,许以掖垣。万里曰:"官可弃,记不可作也。"侂胄恚,起陆游为之,得除从官。万里寄诗规之,有"不应李杜翻鲸海,更羡夔龙集凤池"之句。卒谥文节,传有《诚斋集》一百三十二卷。其为文章,含危仄于爽朗,以白俗为生拗,避熟而不避俗,涵今而亦茹古,以故为新,以俗为雅,由黄庭坚以攀韩愈,诗如是,文亦如是。然诗特擅名。其诗有《江湖集》、《荆溪集》、《西归集》、《南海集》、《朝天集》、《江西道院集》、《朝天续集》、《江东集》、《退休集》,不仅一官一集。五言古如《明发陈公径过摩舍那滩石峰下》曰:

遥松烟未销，近竹露犹滴。石峰矜孤锐，喜以江自隔。清潭涵曦紫，碧岫过云白。回瞻宿处堤，路转不可觅。

　　地迥人绝影，山僻虎留迹；下有无底潭，上有欲落石。是间一径横，夹以万松直。树从何时有？陈公所手植。陈公今焉在？径松自寒碧。

　　昨宵望石峰，相去无一尺。今日行终朝，只绕石峰侧。石峰何曾远，江路自不直。仰瞻碧屏颜，清峻如立壁。反覆得细看，何必更登陟。

　　危峰莹无土，平地岌孤石。如何半岩间，亦有小树碧？走空根苦辛，倚险干寒瘠。芳兰间丛生，紫薇濯幽色。近香许世闻，远秀绝人摘。而我云外身，方兹喟行役。

七言古如《惠山云开复合》曰：

　　二年常州不识山，惠山一见开心颜。只嫌雨里不子细，仿佛隔帘青玉鬟。天风忽吹白云坼，翡翠屏间倚南极；政缘一雨染山色，未必雨前如此碧。看山未了云复还，云与诗人偏作难。我船自向苏州去，白云稳向山头住。

五言律如《灵山》曰：

　　饶水回回转，灵山面面逢。展成青步障，敛作碧芙蓉。变态百千样，尖新三两峰。远看方更好，还隔翠云重。

七言律如《明发周村湾》曰：

　　不住宽乡住瓮门，那知世上有乾坤。环将峻岭包深谷，围出余天与别村。茅屋相挨无著处，花溪百折不教奔。江淮地迥寒无价，宣歙山寒更莫论。

七言绝如《闲居初夏午睡起》曰：

梅子留酸软齿牙，芭蕉分绿与窗纱。日长睡起无情思，闲看儿童捉柳花。

又《过宁国县》曰：

晴明风日雨干时，草满花堤水满溪。童子柳阴眠正著，一牛吃过柳阴西。

以生拗立格，以渊永出味；而才思健拔，趣味澄复。白居易以文言道俗，万里则以俚语生新，而硬语说得适，韵语不害俚。

其他五言古如《戊子正月六日雷雨感叹示寿仁子》、《人日诘朝从昌英叔出谒》、《暮宿半涂》、《次日醉归》、《至鹧鸪洞》、《晚步南溪弄水》、《读书》、《卧治斋晚坐》、《休日清晓读书多稼亭》、《夜雨》、《宿湖甫山》、《四月十三日度鄱阳湖》、《晚出郡城往值夏谒胡端明泛舟夜归》、《得寿仁寿俊二子中涂家书》三首、《寒食对酒》《明发白沙滩闻布谷有感》《正月三日宿范氏庄》四首、《九月十日同尤延之观净慈新殿》、《看刘寺芙蓉》、《柴步滩》、《东碛滩》、《将至地黄滩》、《苏木滩》、《辽卓滩》、《舟中新暑止酒》、《秋暑》、《感秋》五首之二三四、《筠庵》、《筠庵午憩》、《玉井亭观荷花》、《后圃散策》、《雨后晓登碧落堂》、《碧落堂晓望荷山》、《午憩筠庵》、《题无讼堂屏上袁安卧雪图》、《微雨玉井亭观荷》、《观书》、《观水叹》二首之二、《轿中看山》、《宿鸡林坊》、《初晓明朗忽然雾起已而日出光景奇怪》、《题栖贤寺三峡桥》、《读唐人于濆刘驾诗》、《观鱼》、《六月十六日夜南溪望月》、《岁暮归自城中一病垂死病起遭闷》四首、《东园醉望暮山》、《读白氏长庆集》、《夏夜玩月》、《病中止酒》。七言古如《除夕前一日归舟夜泊曲涡市宿治平寺》、《迓新守值雨》、《题唐德明秀才玉立斋》、《题潘彦政叔侄濯缨斋》、《赠蜀中相士范思斋往全州见范先之教授》、《罢丞零陵忽病伤寒谒医两旬如负担者目远日重改谒唐医公亮九日而无病矣谢以长句》、《送张倅》、《跋马公弼省干出示山谷草堂浣花醉图歌》、《都下和同舍客李元老承信赠诗之韵》、《三辰砚屏歌》、《上元夜里俗粉米为茧丝书古语以占福祸谓之茧卜戏作长句》、《送邹元升归安福》、《和昌英叔雪中春酌》、《登乌石寺》、《夜宿杨溪晓起见雪》、《送蜀士张之源二子维焘中童子科西归》、《题张兴伯主簿经训堂》、《瓶中梅杏二花》、《重九前五日再游翟园》、《醉吟》、《胡达孝水墨为余作枯松孙枝石间老柏谢以长句》、《太平寺水郡人徐friends画》、《梅花下遇小雨》、《书莫读》、《过雪川大溪》、《插秧歌》、《中秋月长句》、《西斋旧无竹予归自毗陵斋前忽有竹喜而赋之》、《题赵昌父思隐堂》、《谢吴德华送东坡新集》、《春晴怀故园海棠》、《过乌沙望大塘石峰》、《竹鱼》、《题兴宁县文岭瀑泉》、《题瘦牛岭》、《正月十二日游东坡白鹤峰故居》、《题南海东庙》、《舟人吹笛》、《光口夜雨》、《正月晦日自英州舍舟出陆北风大作》、《英石铺道中》、《圣笔石湖大字歌》、《晓泊兰溪》、《题曹仲本出示谯国公迎请太后图》、《云龙歌调陆务观》、《再和云龙歌》、《醉卧海棠歌赠陆务观》、《赠都下写真叶德明》、《初秋玩月》、《光尧御书歌》、《跋京仲远所藏杨补之红绫上所作著色掀篷梅》、《行路》五首之二三四五、《和姜邦杰续丽人行》、《买菊》、《经和宁门外卖花市见菊》、《张功甫请祠得之简以长句》、《题毕少董翻经图》、《谢谭德称国丘惠诗》、《跋王顺伯藏欧公集古录序真迹》、《跋袁起岩藏后湖帖并遗像一轴》、《谢曹宗臣惠双溪集》、《过查濑》、《龟峰》、《初二日苦热》、《贺必远叔四月八日洗儿》、《七月二十三日南极老人星歌上叔父十三致政》、《送曾无逸入为掌故》、《暖热两生行》、《雪晓舟中生火》、《雪霁晓登金山》、《题金山妙高堂》、《再并赋瑞香水仙兰三花》、《谢王恭父赠梁杲墨》、《回望惠山》、《渎头阻风》、《瓜州遇风》、《跋吴箕秀才诗》、《记丘宗卿语绍兴府学前景》、《跋眉山程仁万言书草》、《跋丘宗卿侍郎见赠使北诗一轴》、《赠写真永鉴处士王温叔》、《秋浦登舟阻风泊池口》、《舟中排闷》、《晨炊杜迁市煮笋》、《嘲道旁枫松相倚》、《雨中春山》、《过白土岭望见芙蓉峰七八峰最东一峰特奇名为芙蓉尖》、《宿庐山栖贤寺示如清长老》、《过江岸回望庐山》、《大孤山》、《过湖口县上下石钟山是夕宿其下》、《小孤山》、《小螳螂歌》、《十月四日同诸弟访三十二叔祖于小蓬莱成长句》、《重九后二日同徐克章登万花川谷月下传觞》、《题曾无愧月窗》、《题李子立知县问月台》、《送安成罗茂忠》、《寄王用之判府监簿》、《族人同诸友问疾送吉州解魁左人杰》、《寄题永新昊天观贺知宫方外轩》、《题王晋辅专春亭》、《送药者陈国器》。

五言律如《自音声岩泛小舟下高溪》、《龚令国英约小集感冷暴下归卧感而赋焉》、《仲良见和再和谢焉》四首之一、《和仲良春晚即事》五首之一三五、《早行见萤》、《和周仲觉》三首、《夜雨不寐》、《山居》、《饭罢登山》、《病后觉衰》、《过皂口》、《晨炊皂径》、《步过分水岭》、《晓晴过猿藤径》、《晨炊浦村》、《清猿峡》四首、《北风》、《瑞香花新开》五首之二、《宿兰溪水驿前》三首之三、《睡觉》。七言律如《送文黼叔主簿之官松溪》、《苦热登多稼亭》二首、《社日南康道中》、《三月一日过摩舍那滩阻雨泊清溪镇》二首、《真阳峡》、《泉声》、《十五日明发石口遇顺风》、《早炊童家店》、《过谢家湾》、《中秋前一夕雨中登双溪叠嶂已而月出》、《过主岭》。

五言绝如《宿长岭》、《春日》六绝之一三。七言绝如《再病书怀呈仲良》四首之二、《又题寺后竹亭》、《醉后题壁》、《同君俞季永步至普济寺晚泛西湖以归得四绝句》、《小雨》、《分宜逆旅逢同郡客子》、《晚过黄洲铺》二绝、《立秋后一日雨天欲暮小立问月亭》、《南溪山居秋日睡起》、《初夏》三绝句、《小池》、《秋雨叹》十解之三四七、《宿小沙溪》两首、《春寒》、《春晓》三绝之二三、《寒食相将诸子游翟园得十诗》之二三七、《晚步追凉》二绝、《雨后晚步郡圃》二绝、《暮热游荷池上》五绝之四、《晓坐多稼亭》、《桧径晓步》二绝、《晚衙夜望》、《晚坐卧治斋》、《晚风寒林》二绝、《晴望》、《冬日归自天庆观》二绝、《苦寒》三绝之二三、《城头晓步》二绝、《游翟园》三绝、《舟过望亭》三绝之三、《舟中晚酌》二绝、《小舟晚兴》四绝之一四、《午憩》二绝、《宿灵鹫禅寺》二绝之二、《晨炊玉田闻莺》、《二月一日晓渡太和江》三绝、《明发海智寺遇雨》二绝之一、《万安道中书事》三绝、《道旁小桃》、《小溪至新田》四绝之一四、《过鼓鸣寺小雨》二绝、《明发韶州过赤水渴尾滩》、《小泊英州》二绝、《过真阳峡》六绝之二五、《晚登连天观望越台山》、《新晴西园散步》四绝之一三、《岭云》、《憩楹塘驿》二绝之一、《明发泷头》、《明发曲坑》二绝之一、《过五里径》三绝之二三、《明发房溪》二绝之一、《宿南岭驿》二绝、《出真阳峡》十绝之一二三八九、《山云》、《正月二十八日峡外见燕子》二绝之一、《跋尤延之山水》二绝、《雪中送客过清水闸》二绝之二、《上巳同沈虞卿尤延之王顺伯林景思游湖上》得十绝句之六七八、《和张功甫梅诗》十绝句之一二、《将赴高安出吉水报谒县官宿五峰寺》二绝之二、《郡圃晓步因登披仙阁》四绝之一二、《嘲报春花》、《晓过丹阳县》四绝之二、《瓦店雨作》四绝之二、《过宝应县新开湖》十绝之八、《金陵官舍后圃散策》二绝、《昼倦》、《发孔镇晨炊漆桥道中纪行》十绝之七八、《宿新市徐公店》二绝之一、《过杨二渡》三绝之三、《题青山市汪家店》、《桑茶坑道中》八绝之七、《过松源晨炊漆公店》六绝之三五、《和王道父山歌》二绝之一、《题东西二梁山》三绝、《东园社日》、《夏至雨霁与陈履常暮行溪上》二绝之二、《壬戌人日南溪暮景》三绝之二。大章短篇，意趣横生，以俗为雅，以故为新。

夫"以俗为雅"，其说始于苏轼，而盛于黄庭坚；但苏以谐畅，黄以生拗，万里则异于苏而媲于黄。然万里谓："诗固有以俗为雅，然亦须曾经前辈取镕，乃可因承尔。如李之'耐可'，杜之'遮莫'，唐人之'里许''若个'之类是也。昔唐人寒食诗有不敢用'饧'字，重九诗有不敢用'糕'字，半山老人不敢作郑花；'以俗为雅'，彼固未肯引里母田妇而坐之于平王之子、卫侯之妻之列也；何也？彼固有所甚靳而不轻也。"至"以故为新"，其说亦出苏轼，而衍于黄庭坚，然不详所以。至万里则详研于字法句法而明"以故为新"之所以；谓："初学诗者，须用古人好语，或两字，或三字。如山谷猩猩毛笔'平生几两屐，身后五车书'，'平生'二字，出《论语》；'身后'二字，晋张翰云'使我有身后名'；'几两屐'，阮孚语；'五车书'，庄子言惠施；此两句乃四处合来。又'春风春雨花经眼，江北江南水拍天'，'春风春雨'、'江北江南'，诗家常用。杜云'且看欲尽花经眼'，退之云'海气昏昏水拍天'，此以四字合三字，入口便成诗句，不至生硬。要之诵诗之多，择字之精，始乎摘用，久而自出肺腑，纵横出没，用亦可，不用亦可。"融铸古人语如己出，此"以故为新"之一法也。

又谓："诗家借用古人语而不用其意，最为妙法。如山谷猩猩毛笔,猩猩善着屐,故用阮孚事;其毛作笔用之抄书,故用惠施事,二事皆借人以咏物,初非猩猩毛笔事也。《左传》云:'深山大泽,实生龙蛇。'而山谷中秋月诗云:'寒藤老木被光景,深山大泽皆龙蛇。'《周礼·考工记·车人》:'盖圆以象天,轸方以象地。'而山谷云:'丈夫要弘毅,天地为盖轸。'《孟子》云:'《武成》取二三策。'而山谷称东坡云:'平生五车书,未吐二三策。'"借用古人语而不用其意,此"以故为新"之又一法也。又谓:"庾信《月诗》云:'渡河光不湿。'杜云:'入河蟾不没。'唐人云:'因过竹院逢僧话,又得浮生半日闲。'坡云:'殷勤昨夜三更雨,又得浮生一日凉。'杜《梦李白》云:'落月满屋梁,犹疑照颜色。'山谷《簟诗》云:'落日映江波,依稀比颜色。'退之云:'如何连晓语,只是说家乡。'吕居仁云:'如何今夜雨,只是滴芭蕉。'此皆用古人句律而不用其意,以故为新,夺胎换骨。"用古人句律而不用其句意,此"以故为新"之又一法也。

又曰:"孔子老子相见倾盖;邹阳云:'倾盖如故。'孙侔与东坡不相识,以诗寄,东坡和云:'与君盖亦不须倾。'刘宽为吏,以蒲为鞭,宽厚至矣,东坡云:'有鞭不使安用蒲。'杜诗云:'忽忆往时秋井塌,古人白骨生苍苔,如何不饮令心哀。'东坡云:'何须更待秋井塌,见人白骨方衔杯。'此皆翻案法也。唐律七言八句,一篇之中,句句皆奇;一句之中,字字皆奇;古今作者皆难之。余尝与林谦之论此事。谦之慨然曰:'但吾辈诗集中,不可不作数篇耳。'如杜《九日》诗:'老去悲秋强自宽,兴来今日尽君欢。'不待入句便字字对属。又第一句顷刻变化,才说'悲秋',便又'自宽',以'自'对'君','自'者我也。'羞将短发见吹帽,笑倩旁人为正冠。'将一事翻腾作一联;又孟嘉以落帽为风流,少陵以不落为风流,翻尽古人公案,最为妙法。'蓝水远从千涧落,玉山高并两峰寒。'诗人至此笔力多衰;今方且雄桀挺拔,唤起一篇精神,非笔力拔山,不至于此。'明年此会知谁健,且把茱萸子细看。'则意味深长,幽然无穷矣。友人安福刘浚字景明《重阳诗》云:'不用茱萸子细看,管取明年各强健。'盖翻杜九日诗案也。东坡《煎茶诗》云:'枯肠未易禁三碗,卧听山城长短更。'翻却卢同公案;同吃到七碗,坡不禁三碗。"翻古人句案,亦"以故为新"之又一法也。

又曰:"诗有实字,而善用之者以实为虚。杜云:'弟子贫原宪,诸生老伏虔。''老'字盖用'赵充国请行,上老之。'"实字虚用",亦"以故为新"之一法也。又曰:"诗句固难用经语,然善用者,不胜其韵。李师中云:'夜如何其斗欲落,岁云暮矣天无晴。'又:'山如仁者寿,风似圣之清。'又:'诗成白也知无敌,花落虞兮可奈何。'"亦融铸古人语之例也。又曰:"句有偶似古人者,亦有述之者。杜子美《武侯庙》诗云:'映阶碧草自春色,隔叶黄鹂空好音。'此何逊《行孙氏陵》云'山莺空树响,陇月自秋晖'也。杜云:'薄云岩际宿,孤月浪中翻。'此庾信'白云岩际出,清月波中上'也。'出''上'二字胜矣。阴铿云:'莺随入户树,花逐下山风。'杜云:'月明垂叶露,云逐度溪风。'又云:'水流行地日,江入度山云。'此一联胜。庾信云:'永韬三尺剑,长卷一戎衣。'杜云:'风尘三尺剑,社稷一戎衣。'亦胜庾矣。苏子卿《梅诗》云:'只言花是雪,不悟有香来。'介甫云:'遥知不是雪,为有暗香来。'述者不及作者。陆龟蒙云:'殷勤与解丁香结,纵放繁枝散诞春。'介甫云:'殷勤为解丁香结,放出枝头自在春。'作者不及述者。"亦用古人句律之例也。此万里之明"以故为新"也。

尝论："'八句律诗，落句要如高山转石，一去无回。'盖金针法云尔。余以为不然。诗已尽而味方永，乃善之善也。子美《重阳诗》云：'明年此会知谁健，醉把茱萸子细看。'《夏日李尚书期不赴》云：'不是尚书期不顾，山阴野雪兴难乘。'诗有一句七言而三意者；杜云：'对食暂餐还不能。'退之云：'欲去未到先思回。'有一句五言而两意；陈后山云：'更病无可醉，犹寒已自和。'诗有句中无其辞，而句外有其意；杜云：'遣人向市赊香粳，唤妇出房亲自馔。'上言其食贫，故曰'赊'；下言其无使令，故曰'亲'。又：'东归贫路自觉难，欲别上马身无力。'上有相干之意而不言；下有恋别之意而不忍。又'朋酒日劝会，老夫今始知。'嘲其独遗己而不招也。"

五言古诗，句雅淡而味深长者，陶渊明、柳子厚也。如少陵《羌村》，后山《送内》，皆有一唱三叹之致。五言长韵古诗，如白乐天《游悟真寺》一百韵，真绝唱也。七言长韵古诗，如杜少陵《丹青引》曹将军画马、《奉先县》、《刘少府山水障歌》等篇，皆雄伟宏放，不可捕捉。学诗者于李、杜、苏、黄诗中，求此等篇诵读沉酣，深得其意味，则落笔自绝矣。夫诗何为者也？尚其词而已矣。曰善诗者去词。然则尚其意而已矣，曰善诗者去意。然则去词去意，则诗安在乎？曰：去词去意而诗有在矣。然则诗果安在？曰：尝食夫饴与荼乎？人孰不饴之嗜也？初而甘，卒而酸。至于荼也，人病其苦也；然苦未既而不胜其甘。诗亦如是而已矣。昔者暴公潜苏公，而苏公刺之；今求其诗无刺之之词，亦不见刺之之意也，乃曰："二人纵行，谁为此祸？"使暴公闻之，未尝指我也；然非我其谁哉？外不敢怒而其中愧死矣。三百篇之后，此味绝矣！惟晚唐诸子差近之。寄边衣曰："寄到玉关应万里，戍人犹在玉关西。"吊战场曰："可怜无定河边骨，犹是春闺梦里人。"折杨柳曰："羌笛何须怨杨柳，春光不度玉门关。"三百篇之遗味，黯然犹存也；读之，使人发融冶之欢，于荒寒无聊之中；动惨戚之感，于笑谈方怿之初。近世惟半山老人得之。江西宗派诗者，诗，江西也，人非皆江西也。人非皆江西，而诗曰江西者，系之也；系之者何？以味不以形也。形焉而已矣，高子勉不似二谢，二谢不似三洪，三洪不似徐师川，师川不似陈后山，而况似山谷乎？味焉而已矣，酸咸异和，山海异珍，而调脭之妙，出乎一手也。似与不似，求之可也，遗之亦可也。读双桂老人冯子长诗，其清丽奔绝处，已优入江西宗派；至于惨淡深长，则浸淫乎唐人矣。近世此道之盛者，莫盛于江西。然知有江西者，不知有唐人；或者左唐人以右江西，是不惟不知唐人，亦不可谓之知江西者。"观其绝句有《读笠泽丛书》曰：

> 笠泽诗名千载香，一回一读断人肠。晚唐异味同谁赏？近日诗人轻晚唐。

《答徐子材谈绝句》曰：

> 受业初参且半山，终须投换晚唐间。国风此去无多子，关捩挑来只等闲。

综其所说，论字，论句，而归之于"味"，称江西，称半山，而归之于晚唐；固不仅为江西之直致所得，以格为奇；其字，其句，"以俗为雅"，"以故为新"；而其味则以苦出甘，所贵"发融冶之欢于荒寒无聊之中，动惨戚之感于笑谈方怿之初"，味美于回，语不害质，欲以西江"清丽奔绝"之句，而发晚唐"惨淡深长"之味；司空图所谓"辨于味"，所谓"韵外之致"，盖万里之所斷斷；而以晚唐韵外深搜之致，救江西末流粗犷之弊者也。自言："少作诗千余篇，至绍兴壬午七月，皆焚之，大概江西体也。今所存曰《江湖集》者，盖学后山、半山及唐人者也。予之诗始学江西诸君子，既又学后山五字律，既又学半山老人七字绝句，晚乃学绝句于唐人；学之愈力，忽若有悟，于是辞谢唐人及王陈江西诸君子，皆不敢学，而后欣如也。"盖以西江入，而以晚唐化：其始也，生拗以立格，由黄庭坚以仿佛韩愈，而上欲攀杜甫；其变也，渊永以出味，参王安石以学晚唐，而浸淫于柳宗元、刘禹锡；所以气格清迥，意度闲远，味幽而格瘦，外枯而中膏。《四库提要》称"其诗沿江西末派，不免粗厉颓唐"，而不知语粗而致韵，气厉而脉细，宋面唐骨，于西江为转手；正不得以江西末派一笔抹之已。

杨万里之古文则以涩出拗，以蹇佐利，得韩愈欹崎峻重之体，抒苏轼抑扬爽朗之笔。意到笔随，辞能条达，苏之意也；体峻势蹇，句有生拗，韩之体也。非不能为容易，而特出以蹇难，字字如履危崖而下，落纸迟重绝伦。碑志之作，尤多樵韩。陆游苏文而欧韵，万里苏笔而韩格；盖游神愉而体轻，万里机利而语蹇也。

杨万里之四六文。万里顾独自喜其四六文，集中《与张严州敬夫书》曰："鄙性好为文，而尤喜四六，近世此作，直阁独步四海。其竭力以效体裁，或者谓其似吾南书，不自知似犹未也？"其辞若有谦焉，其实乃深喜之。今诵所作：属联切而不束，词气肆而能拗，融铸成语，浑如己出，特用心于生造，岂苟以为爽朗；盖衍欧苏四六一脉，而震荡陵厉以造极诣者。如《贺张丞相判建康启》曰："人仰傅岩之雨，天开衡岳之云。帝亟召之，已恨不早；公其来止，勿徐其驱。"《贺张魏公少傅宣抚启》曰：

"太上皇非不知耆德之深，留遗嗣圣；新天子欲尽复中原之旧，首擢我公。于皇彼天，将降是任；必有所试，使大其成。彰之于大夫破斧之时，凛其不折；启之于族庖更刀之后，用则无前。厥惟相之，夫岂人只。"又曰："一饭不忘于君尊，四海复愁于公老。今而复起，时正可为。"又曰："得一韩以在军中，倚而须庆历之捷；卷三秦而取天下，当不使汉高之淹。"《贺张丞相除枢密使都督》曰："盖欲倾海以洗乾坤，公之始愿；则不以贼而遗君父，誓不俱生。"《贺陈应求右相启》曰："非难得宰相之位，进贤则其国尊；不必问太平之期，用公则其效敏。天有所待，世或未知。"又曰："动容貌以肃天下，已皆趋风；举夷夏而置胸中，了如观火。召来两地，亦既三年。所挟愈大而合愈难，求去者艰而留者众。深观其守道之如许，不付之大事而其谁。用之小迟，是以国人怀不满之意；试之既效，然后圣主有必信之心。"《贺陈丞相拜左相启》曰："亲其恢张万化之意，固非卤莽一切之图。民亦有言，得无委付之未尽；上既历试，是用尊信而愈隆。"又曰："置乾坤一掷之中，世岂不为之快？然帝王万全之举，公必有处于斯。"《贺虞枢密还朝启》曰："当旌旆欲东之初，国威已壮；举关河以北之外，敌氛自销。如何四海之轻重，止在一贤之出处。恭惟某官所学自得于圣，非天不知其忠。三顾隆中，此岂有求于斯世；一匡天下，其来盖为于生民。"又曰："见则尽欢，去乃太息。退而矜国士之遇，闻者犹疑；虽未拜知己之恩，此已不浅。"《贺虞右相启》曰："只召自西，爰立在右。何国人喜极而继以恨，不曰大用之迟？当天下将合而未有形，庸非今日之俟。"又曰："足居首上，病惟贾生之能医；兵在胸中，贼见范老而破胆。畴昔之役，殄歼彼渠；于是时而相之，则中兴之久矣。小人何怨而愿其去，君子欲留而莫之能。

上非不知,天则未定。"又曰:"今孰非相国之人,惟我所用;而况于门下之士,当忧其遗。"《代何运使贺史参政启》曰:"光尧之托以子,不待致商山之老人;嗣皇之选于朝,无以易甘盘之旧学。望重,故人不以为骤;功高,故位必极其酬。凛然风生,闻者心服。"又曰:"天之欲平治也,时则可为;学焉而后臣之,政将焉往?"《贺周子充察院》曰:"士之未用,志亦甚高。环而顾天下之无人,为之太息;及乎受主知于当世,竟以无闻。众皆艳于公荣,愚独知其任重。责备者四面而毕至,过时则多悔而弗追。他人处之,辄以作仕途之嵩少;贤者得此,定知为群枉之鹰鹯。"《贺周子充参政启》曰:"当众正缀旒之日,倚一贤砥柱之功。欲今延登,或谓皋缓。抑尝历选于贤圣,未始轻试于进为。顾其道显晦之如何,岂其身淹速之是计?故莘渭布衣而涉三事,莫之或非;若夷夔终身而效一官,则又谁怼?季世寖薄,古风不归。至于一游说之间,便萌取卿相之意。岂有平日不为当世之所许,乃欲任人之事权;彼其初心惟以无位而为忧,不思既得之愧怍。今执事致身于台斗,而旷怀寄梦于江湖。半生两禁之徘徊,五载六官之濡滞。逮其望磅礴郁积而极其盛,维岳峻天;举斯民咨嗟叹息而屈其淹,如防止水。上心雪释,涣号雷行,酌彼公言,置诸近弼。然后谈者,罔不翕如。"《贺王宣子舍人知吉州启》曰:"又屈云霄之步,何足为君子而喜之;独念父母之邦,今乃得大夫之贤者。"又曰:"人谓非久而大用,叹其不可及之年;公乃特立而径行,耻为无甚高之论。"又曰:"知鲰生旧出于门阑,皆寄声问讯于治状。虽愧周昌之吃,口不能言;为赋少陵之诗,眼未见有。"又曰:"然无疾其驱,士方惜陆君之去;而最宜为诰,帝且思王某之文。正恐未开府之间,既有不俟驾之召。"《贺黄侍御启》曰:"士有攸挟,恨无所施。

靖而观流涕太息之书,孰不以古人而自诡;起而当君子小人之会,其无负所学者几希。"《与洪帅吴明可启》曰:"提孤身而进门下,将何从而信之;恃我公之如古人,盖有望而来者。不然以县令之贱,而仰望大帅之光;以言自鸣,于分则僭。非旷度脱拘挛之表,敢尽情写归依之诚。"《代李省干直卿通长沙帅刘舍人恭父启》曰:"掌制西垣,寓直内阁;人皆以为公喜,公岂以为己荣。盖其所期,有不在是。以中兴未成为大戚,以生民尚困为深辜。今非无人,谁有此意?置之于湖山之远,了不闻知;倚之以边疆之宁,是则谈笑。"《与郑惠叔签判启》曰:"举首子大夫之中,盖今日之董相;诵言诸宦寺之辈,乃登第之刘蕡。奏篇一传,纸价十倍。何上意骤用而不可,犹旧章相袭之或拘。翩然斜飞,来此外补。民岂无瘳,正恐非在位之敢陈;公于是时,力行其所言而孰御。"又曰:"六月之息鹏背,未必云然;十年而到凤池;故应无晚。"《通问广西漕梁次张寺丞启》曰:"少而怪怪,老矣休休。诵北山之移文,长惭夜鹤之见怨;登东皋而舒啸,自怜倦鸟而犹飞。"《与吉州守王弱翁启》曰:"就荒三径,喜渊明松菊之犹存;愿受一廛,效许子衣冠之自织。"《谢张丞相荐举启》曰:"上既起公,将属之大事;公初荐士,宜简于异能。何误及于羁单,雅不缘于造请。众皆歆艳,己则惧思。窃以士有常言,每病于时之无遇;古之炯戒,又叹知人之甚难。且如门下之旁招,前此人材之岂少?不负所举,于今几何?或卖知己以进身,居之罔怍;或自毁节以求合,秽不忍闻。谓惩羹而吹齑,听悬榻之挂壁。而大丞相好贤之诚意,终不少衰;视小丈夫败类之深情,付诸一莞。惟忠义专图于报国,凡荐延本务于灭私。觊得其真,以裨于治。"又曰:"为老聃之役,亦既数年;于相国之恩,了无半语。此其所向,夫岂自他。盖身在于鸿钧,何忧不达；恐名浮于实行，以累所知。"《除国子博士谢虞丞相启》曰："士自有吾相以为之师，如周公者；愚当与诸生而激于义，独何蕃欤。"《谢胡侍郎作先人墓铭启》曰："昔昌黎独擅碑版之任，未免刘叉之讥；至东坡不作铭志之辞，乃为陈慥之传。岂要人有卖文之瓜李？而匹士无点人之埃尘。并韩之文而去其贪，践苏之戒而兼其妙。是惟具美，不在我公；岂翳寒门，独彰潜德。兹盖伏遇某公古遗爱直，志在《春秋》。观其请剑以断佞臣，夫谁或恕；今也纳石而铭处士，独得曰私。"《代罗武冈得祠禄谢蒋右相启》曰："作吏而信所学，众方尊城旦之书；干时而售以文，彼焉用毛锥之子。晚得小垒，邈在三湘。方汉宣帝循名责实之秋，此其时矣；诵孟浩然多病不才之句，其如命何。退无族亲朋友之依，进无蚍蜉蚁子之援；方将四顾，聊复一鸣。人皆谓愚，公独怜我。"又曰："颂圣主贤臣之盛，虽曰未能；当门人小子之勤，则从此始。"《代李直卿谢漕司发解启》曰："扁舟径下，颇欲快秋水落霞之观；破砚久荒，岂复作春草生池之梦。"又曰："题于淡墨，岂以为士君子之荣；造在彤庭，庶少吐子大夫之对。"《谢曾主簿启》曰："恭承车辙，肯顾田庐。识异人于山林幽独之中，偶然不后于众；称弟子于科第光华之始，意者其近于欺。礼有逾于其情，世久无于此事。"《入城回周丞相远迎》曰："市有虎以杀人，久不梦碧瓦朱甍之城郭；门登龙而为御，愿再瞻青天白日之清明。"又曰："头白眼暗，安得拜北平王于马前；意豁神倾，即当候庞德公之林下。"《答周监丞馈贺冬启时周益公冬启同至》曰："方与南北院之族，小语竹林；忽报东西周之师，并攻杨邑。云合雾集，车驰卒奔，焉敢仰关而攻，分甘曳兵而走。尚蒙榼酒，以饮子反；先以乘韦，而犒孟明。既效却至之趋风，即出檀公之上策。左支伯兮，伟节之怒；右梧仲氏，丞相之嗔。纷纭之间，应接不暇。"《答本路陈漕宝谟大卿启》曰："谭子贺齐，已幸逃不至之伐；李白道甫，乃首寄何如之声。"《回谭提举启》曰："载惟南溟抟扶之地，未远中州清淑之气。山有龙眼离支之实，水有夜光明月之珍。盖地产不足以当其奇，故人物间出而蔚其杰。曲江振开元天宝之烈，余襄起嘉祐庆历之名，今兹复见于一贤，吾亦何畏于二老。"《回二广谭提举贺新除秘书少监启》曰："伏以作橡西曹，安得将无同之对；校文东观，俾读所未见之书。可能下笔之有神，自笑上车而不落。"又曰："远所不如，故应举韩泰而自代；佩之无斁，应勿忘王粲之好音。"《回郴州丁端叔直阁谢到任启》曰："御板舆，升轻轩，不妨将母而行乐；凌太虚，横碧落，即看奋翼而怒飞。"《答吉州余倅启》曰："有若欧阳詹之文行，再秀全闽；岂使余襄公之功名，独高吾宋。"《回施少才谢漕司发解第一名启》曰："文之勍者，不应无以异于人；举以哀然，抑或足以当其价。翳外台之论秀，任一路之拔尤。私忧无瑰奇杰出之英，以塞属望；竟得此简古天成之作，更益光华。"又曰："方当新天子太息愿治之初，敷求剀切；行上子大夫悉意正议之对，愿毕忠精。"《回黄监库谢解》曰："说经之宏以肆，得臣与寓目焉；论秀之抑以扬，士燮有何力也。"观其议论澜翻，辞笔山卓，成语融铸而臻老横，长句生拗而能盘屈，倚天拔地，叠浪层波，硬语盘空，强对峙峡；固不欲以隶事精切，制语宏润，与汪藻、綦崇礼、洪迈抗手；而特以风格遒上，思力沉鸷，自辟蹊径。汪藻、綦崇礼之伦，开合动宕，而未破四六之体；至万里则力破余地，谓"四六有作华润语，而重大者最不可多得"，所以辞笔务为重大，妥帖而出排奡，古事古语，剪裁镕铸，如诗家之有西江，词宗之有苏辛乎？固天下之健也。

杨万里之经义。经义始于王安石,清空辨析,惟苏辙与抗手,而陆九渊颇衍其体。独杨万里则以藻耀高翔,自树一格,而合秦汉雄峭、齐梁缛丽而效之风檐寸晷,而为一手。如《至于治国家则曰姑舍汝所欲而从我》曰:

> 时君为国家图治,不为国家惜才。国家需才甚急,摈贤能而不用,曰欲治,得乎?孟子借玉论治,谓齐王曰:"至于治国家,则曰姑舍汝所学而从我!"谓国家与璞孰重?爱国与爱玉孰急?王知用玉人以治玉。至贤人也者,金玉其相,追琢其章,是诚治国大匠良工也。擢之鸾坡凤阁,必能骋调燮之才;置之蓬山德海,必能展判花之手;置之郡邑,必能坐啸黄堂而鸣琴花县;任之按察,必能气摇山岳而威耸鹰鹯。吾意王且大其所用,尽究其施矣;奈何不曰弃吾所短,用彼所长,乃曰舍汝所学,从吾所好。德足以肩袂伊吕,名期于奴婢管晏,英词可以润金石,高义可以薄云天;王皆不顾,惟欲其家修庭坏,而弃之如敝屣也。勇足以逆龙鳞,辨足以劙虎牙,直气吐而星斗寒,忠言进而天颜动;王皆不恤,惟欲其穷养达违,而付之若罔闻也。
>
> 王治国家,必赖此种学绩文之士,坐致太平;然后日转棠阴,风清榆塞耳。今已有怀莫吐,足将进而咨趑。王治国家,必赖此龙奋鹭集之朋,立登三五;然后边亭不鼓,烽燧不烟耳;今已有才莫用,技虽工而莫好。豪杰林立,英俊纷至,不可谓齐无人,而目为平平,不使其枉道徇己不已也。貂珰满座,朱紫盈朝,不可谓齐乏士;而视为卑卑,不使其贬道徇人不已也。治璞玉,玉人得显削剧之余能;治国家,贤才不倒胸中之圭璧;何尊玉人而轻幼学壮行者

哉？夫梁惠、齐宣，固皆弃士之君；而时髦名彦，又皆自弃之士。上不以所学求下，下不以所学事上；君曰姑舍汝所学从我，士曰吾舍吾所学从君；固非有君无臣，亦非有臣无君；君臣上下，相率为乱如此。此仁义道德之士，尧舜汤武之佐，最得所学之正者，略无一人黽饵经网以立其朝也。夫小人进，君子退，天下纷纷，何时定乎？可慨也，噫！

恺切而足才藻，如范晔《后汉书》诸传论。其他如《国家将兴必有祯祥》一义，则又揄扬而为雍容，如王褒《圣主得贤臣颂》也。惜所传不多。然王安石、苏辙笔皆单驶，而万里则成排比之体；王安石、苏辙语必己出，而万里则开代言之风。明代制义文破承起讲股对大结之具体而微，当以万里为大辂椎轮也。顾特以弘润发藻，与诗之以生拗立格者不同。

范成大，字致能，吴郡人。绍兴擢进士第，历仕孝宗，累拜参知政事。以诗人荐陆游。所居石湖，在太湖之滨，孝宗宸翰扁之，因以题集；传有《石湖诗集》三十四卷。其诗与陆游、尤袤及万里，号南宋四大家。异陆游之圆润，同万里之清迥，以故万里极推重之，而序其集，以谓："大篇决流，短章敛芒，缛而不酿，缩而不窘，清新妩丽，掩有鲍谢；奔逸隽伟，穷追太白。予之于诗，岂以千里畏人者？而于范公独敛衽焉。"然"清新妩丽"，似欲追参鲍谢，而未"掩有"、"奔逸隽伟"，如曰"穷追太白"，夫岂其然？"缛而不酿"，"短章敛芒"，则诚有之；"缩而不窘"，"大篇决流"，非曰能焉。今诵其句：五言如"涧声穿竹去，云影过山来"，"天高月徘徊，野旷山突兀，暗蛩泣草露，怨乱语还咽，凉萤不复举，点缀稻花末，惟余络纬豪，悲壮殷林樾，小虫亦何情，孤客心断绝"，"稻穗黄欲卧，槿花红未落,秋莺尚娇姹,晚蝶成飘泊,犬骇逐车马,鸡惊扑篱落","宿云拂树过,飞泉劈山响","人稀山木寿,土瘦水泉香","未熟灯前梦,闲寻道上诗","尽日风长籁,无时地不梅","山外江水黄,江外满城绿,城外杳无际,天低到平陆","晓梦孤灯见,春阴病骨知","束江崖欲合,漱石水多漩","云头隤铁山,日脚迸金瀑","泥干马蹄松,路坦亭堠速","云薄竟悭雪,酒泼先受春","雁声凌急雨,灯影战斜风","瘦比中年甚,寒惟病骨知,羡渠儿女健,绕屋探南枝","退闲惊客至,衰懒怕书来"。七言如"百尺西楼十二阑,日迟花影对人闲,春风已入片时梦,寒食从今数日间","事如梦断寻无处,人似春归挽不留","无风杨柳漫天絮,不雨棠梨满地花","飞絮著人春共老,片云将梦晚俱还","叶底青梅无数子,梢头红杏不多花","随风片叶乡心动,过雨千峰病眼明","草色有无春最好,客心去住水长东","雨脚远连山脚暗,杏梢斜倚竹梢红","幽禽不见但闻语,野草无名都著花","江头一尺稻花雨,窗外三更蕉叶风","残更未尽鸦先起,虚幌无声鼠自惊","节物何曾欺老病,书生自惯说悲辛","偶问客年惊我老,忽闻莺语叹春深","身闲一日似两日,春浅南枝如北枝","牡丹破萼樱桃熟,未许飞花减却春","云堆不动山深碧,星出无多月淡黄",亦皆风趣幽隽,音节清脆。大抵得笔之峭秀于西江,得味之幽隽于晚唐,味幽而格瘦,与杨万里略似。惟万里以西江入,而以晚唐化;成大则以晚唐始,而以西江终。《四库提要》著录称:"初年吟咏,实沿溯中唐以下。观第三卷《夜宴曲》下注'以下二首效李贺',《乐神曲》下注'以下四首效王建',已明明言之。其他如西江有《单鹄行》《河豚叹》,则杂长庆之体;《嘲里人新婚诗》《春晚》三首、《隆师四图》诸作,则全为晚唐五代之音;其门径皆可覆按。自官新安掾以后，骨力乃以渐而遒；盖追溯苏黄遗法，而约以婉峭，自为一家。"似矣而未尽。其实得山谷之遒炼，而不为捃摭；逊东坡之豪放，而约以婉峭；异陆游之熟易，而同其清新；有万里之幽瘦，而避其俗俚。万里善用其长，肆意有作；成大则避所短，敛手勿犯。陆游语多乐易；万里、成大意含怅惘。皆出入江西，而欲有所变以自名家者也。

永嘉四灵为徐玑号灵渊，徐照字灵晖，翁卷字灵舒，赵师秀号灵秀。自江西诗兴而唐诗废，永嘉徐玑与同郡徐照、翁卷、赵师秀议曰："昔人以浮声切响，单字只句计巧拙；盖风骚之至精也。近世乃连篇累牍，汗漫而无禁，岂能名家哉？"四人者，皆游叶适之门。而适欲振唐诗以挽江西；四人受其学，而诗功所至，刻意瘦炼，不为硬语之盘空，而为秀语之出幽。玑有《二薇亭诗》，照有《芳兰轩集》，卷有《西岩集》，师秀有《清苑斋集》，各一卷，传于世。其原出于贾岛姚合。惟贾岛姚合之为瘦炼者，不能为韩愈之妥帖力排奡，避所短而不犯；四人之为瘦炼者，则有见西江之恣睢流猖狂，矫其枉而相救；一为元和之余波，一则西江之转手，瘦炼同，而所以为瘦炼者不同；不同其指而同其格，尤尚五言律体，师秀曰："一篇幸止有四十字，更增一字，吾末如之何矣。"其精苦如此。然有幽韵而无深致，语尽秀而笔或率，取径太狭，可惋在碎；但当其得机得神，融情入景，清便宛转，自然韵流；而七言不如五言；七言以绝为胜，五言之律尤秀。五言律如赵师秀《雁荡宝冠寺》曰：

行向石栏立，清寒不可云。流来桥下水，半是洞中云。
欲住逢年尽，因吟过夜分。荡阴当绝顶，一雁未曾闻。

又《刘隐君山居》曰：

>   嫌在城中住，全家入翠微。开松通月过，接竹引泉归。
>   虑淡头无白，诗清貌不肥。必无车马至，犹掩向岩扉。

翁卷《处州苍岭》曰：

>   步步蹑飞云，初疑梦里身。村鸡数声远，山舍几家邻。
>   不雨溪长急，非春树亦新。自从开此岭，便有客行人。

徐照《石门庵》曰：

>   庵是何年作？其中住一僧。苍崖从古险，白日少人登。
>   众物清相映，吾生隐未能。夜来新过虎，抓折树根藤。

徐玑《山居》曰：

>   柳竹藏花坞，茅茨接草池。开门惊燕子，汲水得鱼儿。
>   地僻春犹静，人闲日更迟。山禽啼忽住，飞起又相随。

七言绝如赵师秀《数日》曰：

>   数日秋风欺病夫，尽吹黄叶下庭芜。林疏放得遥山出，又被云遮一半无。

又《玉清夜归》曰：

>   岩前未有桂花开，观里闲寻道士来。微雨过时松路黑，野萤飞出照青苔。

徐照《舟上》曰：

>   小船停桨逐潮还，四五人家住一湾。贪看晓光侵月色，不知云气失前山。

徐玑《建剑道中》曰：

> 云麓烟峦知几层，一湾溪转一湾清。行人只在清湾里，尽日松声杂水声。

又《新秋》曰：

> 新秋一雨洗林关，晚色清澄满望间。风静白云横不断，山前又叠一重山。

幽秀窈折。其他摘句：五言如赵师秀"瀑近春风湿，松多晓日青"，"诗好逢人诵，琴清只自弹"，"一片叶初落，数联诗已清"，"水禽多雪色，野笛忽秋声，必有新诗句，溪流合让清"，"雁落遥渺小，人登废垒闲，因怜一州景，皆在夕阳间"，"地静微泉响，天寒落日红"，"莺啼声出树，花落片随波"，"野水多于地，春山半是云"，"忙是僧相过，闲惟雨可听"，翁卷"果落群猿拾，林昏独虎行"，"幽鹭窥泉立，闲童跨犊眠"，"一阶春草碧，几片落花轻"，"乱山秋雨后，一路野蝉鸣"，"一片太湖色，远涵秋气空"，"石老苔为貌，松寒薜作衣"，"巷湿人行少，空寒雁叫多"，徐照"千岑经雨后，一雁带秋来"，"水边山出月，松上雨沾衣"，"殿高灯焰短，山合磬声圆"，徐玑"江迥风来急，山低月落迟"。

七言如赵师秀"有约不来过夜半，闲敲棋子落灯花"，"岩竹倒添秋水碧，渚莲平接夕阳红"，"笋从坏砌砖中出，山在邻家树上青"，徐照"扫地就凉松日少，煮茶消困石泉新"，"叶著地飞随步履，鹤于人熟听吟哦"，徐玑"眼看别峰云雾起，不知身也在云间"，"溪流偶到门前合，山色偏来竹里青"。如晓钟疏响，尘襟自清。叶适为照志墓，称："其诗数百，琢思尤奇；

横绝欸起，冰悬雪跨，使读者变掉慄栗，肯首吟叹，不能自已。然无异语，皆人所知也，人不能道耳。"所以奖许之者甚至。然《跋刘潜夫诗卷》，则又曰："谢显道称不如流连光景之诗，此论既行，而诗因以废矣。潜夫能以谢公所薄者自鉴，而进于古人不已，参雅颂，轶风骚，而及乎开元元和之盛，可也；何必四灵哉。"盖四灵之诗，止于"流连光景"而已；无胸襟，故无抱负；无寄托，故无比兴；斯所以不能"参雅颂，轶风骚，而及乎开元元和之盛"也；要其清隽者在此，而其卑薄者亦在此。于是进而益上，严羽出，而标举盛唐以为说焉。

严羽，字仪卿，福建邵武人。见南渡以来，江西诗派盛行，始而捃摭饾饤以矜出处，继则肤粗浅俚以为雄肆；而矫之者如永嘉四灵，又落晚唐江湖破碎尖巧之习。因标举盛唐之兴象，补偏救弊，而著《沧浪诗话》一卷；欲以运实于虚，药西江之捃摭粗俚；化零为整，救四灵之破碎尖巧。首《诗辨》，次《诗体》，次《诗法》，次《诗评》，次《考证》。括囊古今，而主于妙悟，以禅为喻。

其《诗辨》曰："禅家者流，乘有小大，宗有南北，道有邪正。学者须从最上乘，具正法眼，悟第一义。若小乘禅，声闻辟支果，皆非正也。论诗如论禅。汉、魏、晋与盛唐之诗，则第一义也。大历以还之诗，则小乘禅也；已落第二义矣。晚唐之诗，则声闻辟支果也。大抵禅道惟在妙悟，诗道亦在妙悟。且孟襄阳学力，下韩退之远甚；而其诗独出退之之上者，一味妙悟而已；惟悟乃为当行，乃为本色。然悟有浅深，有分限，有透彻之悟，有但得一知半解之悟。汉魏尚矣，不假悟也。谢灵运至盛唐，透彻之悟也。他虽有悟，皆非第一义也。夫学诗者以识为主，入门须正，立志须高。以汉、魏、晋、盛唐为师，不作开元天宝以下人物；若自退屈，即有下劣诗魔，入其肺腑之间，由立志之不高也。行有未至，可加工力；路头一差，愈骛愈远，由入门之不正也。工夫须从上做下，不可从下做上。先须熟读《楚词》，朝夕讽咏以为之本；及读《古诗十九首》，乐府四篇，李陵、苏武，汉魏五言，皆须熟读；即以李杜二集枕藉观之，如今人之治经；然后博取盛唐名家，酝酿胸中，久之，自然悟入。虽学之不至，亦不失正路，此乃从顶门上做来，谓之向上一路，谓之直截根源，谓之顿门，谓之单刀直入也。夫诗有别材，非关书也；诗有别趣，非关理也；然非多读书，多穷理，则不能极其至。所谓不涉理路，不落言诠者上也。诗者，吟咏情性也。盛唐诸人，惟在兴趣，羚羊挂角，无迹可求，故其妙处，透彻玲珑，不可凑泊，如空中之音，相中之色，水中之月，镜中之象，言有尽而意无穷。近代诸公，乃作奇特解会，遂以文字为诗，以才学为诗，以议论为诗，夫岂不工？终非古人之诗也，盖于一唱三叹之音有歉焉。且其作多务使事，不问兴致。用字必有来历，押韵必有出处，读之反覆终篇，不知著到何在。其末流甚者，叫噪怒张，殊乖忠厚之风，殆以骂詈为诗。诗而至此，可谓一厄也。国初之诗，尚沿袭唐人。王黄州学白乐天，杨文公、刘中山学李商隐，盛文肃学韦苏州，欧阳公学韩退之古诗，梅圣俞学唐人平淡处。至东坡、山谷，始自出己意以为诗，唐人之风变矣。山谷用功，尤为深刻，其后法席盛行，海内称为江西宗派。近世赵紫芝、翁灵舒辈，独喜贾岛、姚合之诗，稍稍复就清苦之风。江湖诗人，多效其体，谓之唐宗，不知止入声闻辟支之果，岂盛唐诸公正法眼哉？嗟乎，正法眼之无传久矣！唐诗之说未唱，唐诗之道，或有时而明也。今既唱其体曰唐诗矣，则学者谓唐诗诚止于是耳，得非诗道之重不幸耶？故予不自长度，定诗之宗旨，借禅以为喻，推原汉魏以来，而截然谓当以盛唐为法。"

论《诗评》曰："看诗须著金刚眼睛，庶不眩于旁门小法。辨家数，如辨苍白，方可言诗。诗有词理意兴。南朝人尚词而病于理，本朝人尚理而病于意，唐人尚意兴而理在其中。汉魏之诗，词理意兴，无迹可求。汉魏古诗，气象混沌，难以句摘。晋以还，方有佳句，如渊明'采菊东篱下，悠然见南山'，谢灵运'池塘生春草'之类。谢所以不及陶者，康乐之诗精工，渊明之诗质而自然耳。建安之作，全在气象，不可寻枝摘叶。灵运之诗，已是彻首尾成对句矣，是以不及建安也。黄初之后，惟阮籍《咏怀》之作，极为高古，有建安风骨。晋人舍陶渊明、阮嗣宗外，惟左太冲高出一时。陆士衡独在诸公之下。颜不如鲍，鲍不如谢。谢灵运之诗，无一篇不佳。谢朓之诗，已有全篇似唐人者。《拟古》惟江文通最长；拟渊明似渊明，拟康乐似康乐，拟左思似左思，拟郭璞似郭璞，独拟李都尉一首，不似西汉耳。虽谢康乐拟邺中诸子之诗，亦气象不类。至于刘玄休《拟行行重行行》等篇，鲍明远《代君子有所思》之作，仍是其自体耳。盛唐人有似粗而非粗处，有似拙而非拙处。李杜二公，正不当优劣。子美不能为太白之飘逸，太白不能为子美之沉郁。太白《梦游天姥吟》、《远离别》等，子美不能道；子美《北征》、《兵车行》、《垂老别》等，太白不能作。论诗以李杜为准。少陵诗法如孙吴，太白诗法如李广。少陵如节制之师。少陵诗，宪章汉魏，而取材于六朝；至其自得之妙，则所谓集大成者也。观太白诗者，要识真太白处。太白天材豪逸，语多卒然而成者；学者于每篇中，要识其安身立命处可也。太白发句，谓之开门见山。李杜数公，如金鸣擘海，香象渡河；下视郊岛辈，直虫吟草间耳。人言太白仙才，长吉鬼才，不然。太白，天仙之词；长吉，鬼仙之词耳。玉川之怪，长吉之瑰诡，天地间自欠此体不得。孟浩然之诗，讽咏之久，有金石宫商之声。高岑之诗悲壮，读之使人感慨。孟郊之诗刻苦，读之使人不欢。孟郊之诗，憔悴枯槁，其气局促不伸，退之许之，何耶？盛唐人诗，亦有一二滥觞晚唐者；晚唐人诗，亦有可入盛唐者；要当论其大概耳。戎昱在盛唐为最下，已滥觞晚唐矣。戎昱之诗，有绝似晚唐者；权德舆之诗，却有绝似盛唐者。权德舆，或有似韦苏州、刘长卿处。冷朝阳在大历才子中为最下。马戴在晚唐诸人之上。刘沧、吕温，亦胜诸人。李濒不全是晚唐，间有似刘随州处。大历之诗，高者尚未识盛唐，下者渐入晚唐矣。大历以后，吾所深取，李长吉、柳子厚、刘言史、权德舆、李涉、李益耳。大历后，刘梦得之绝句，张籍王建之乐府，吾所深取耳。柳子厚五言古诗，尚在韦苏州之上；岂元白同时诸公所可望耶？唐人惟柳子厚深得骚学，退之、李观皆所不及。退之《琴操》极高古，正是本色，非唐贤所及。唐人七言律诗，以崔颢《黄鹤楼》为第一。和韵最害人诗，古人酬唱不次韵，此风始盛于元白皮陆；本朝诸贤，乃以此而斗工，遂至往复有八九和者。唐人好诗，多是征戍、迁谪、行旅、离别之作，往往能感动激发人意。唐人与本朝人诗，未论工拙，直是气象不同。雄深雅健四字，但可评文，于诗用健字不得。坡谷诸公之诗，如米元章之字，虽笔力劲健，终有子路事夫子时气象。盛唐诸公之诗，如颜鲁公之书，既笔力雄壮，又气象浑厚，不同如此。唐人命题言语，亦是不同。杂古人之集而观之，不必见诗，望其题引，而知为唐人今人矣。"

论《诗法》曰："诗之品有九：曰高，曰古，曰深，曰远，曰长，曰雄浑，曰飘逸，曰悲壮，曰凄婉。诗之法有五：曰体制，曰格力，曰气象，曰兴趣，曰音节。其用功有三：曰起结，曰句法，曰字眼。其大概有二：曰优游不迫，曰沉着痛快。诗之极致有一，曰入神，至矣尽矣，蔑以加矣；惟李杜得之，他人得之盖寡也。学诗先除五俗：一曰俗体，二曰俗意，三曰俗句，四曰俗字，五曰俗韵。须是本色，须是当行。对句好可得，结句好难得，发句好尤难得。发端忌作举止，收拾贵在出场。不必太著题，不必多使事。押韵不必有出处，用字不必拘来历。下字贵响，造语贵圆。意贵透彻，不可隔靴搔痒；语贵脱洒，不可拖泥带水。最忌骨董，最忌趁贴。语忌直，意忌浅，脉忌露，味忌短。音韵忌缓散，亦忌迫促。诗难处在结裹；譬如番刀须用北人结裹，若南人便非本色。须参活句，勿参死句。词气可颉颃，不可乖戾。试以己诗置之古人诗中，与识者观之而不能辨，则真古人矣。律诗难于古诗，绝句难于八句。七言律诗难于五言律诗，五言绝句难于七言绝句。学诗有三节：其初不识好恶，连篇累牍，肆笔而成。既识羞愧，始生畏缩，成之极难。及其透彻，则七纵八横，信手拈来，头头是道矣。"自谓："断千百年公案，至当归一之论。其间说江西诗病，真取心肝刽子手。"又曰："仆于作诗不敢自负；至识则自谓有一日之长，于古今体制，若辨苍素。"及自为诗，纯任性灵，清音独袅，切响遂稀，传有《沧浪集》二卷。然承西江叫嚣之余，变以兴象，如词家苏辛之后有姜夔；要其选言新秀，吐属天然，盖清初王士祯诗派之所自出云。

第四节　张孝祥　辛弃疾附刘过　刘克庄　蒋捷　姜夔　吴文英　周密　史达祖　高观国　王沂孙　张炎

张孝祥，字安国，号于湖，蜀之简州人也，徙居历阳。绍兴二十四年廷对第一，出高宗亲擢；秦桧孙埙居其下，为桧所忌，以事傅致于狱。桧死，益以是得高宗知，擢中书舍人，直学士院，知潭州。因宴客，妓歌陈济翁《蓦山溪》词，至"金杯酒，君王劝，头上宫花颤"，首为摇动者数四。坐客忍笑指目，而孝祥不觉也。其诗文皆追摹苏轼；而平昔为词，未尝著稿，笔酣兴健，得苏轼之浩怀逸气，襟抱开朗，仍是含蓄不尽。如《念奴娇·过洞庭》曰：

> 洞庭青草，近中秋更无一点风色。玉界琼田三万顷，著我扁舟一叶。素月分辉，明河共影，表里俱澄澈。怡然心会，妙处难与君说。　应念岭海经年，孤光自照，肝肺皆冰雪。短发萧骚襟袖冷，稳泛沧浪空阔。尽吸西江，细斟北斗，万象为宾客。扣舷一笑，不知今夕何夕。

又《六州歌头》曰：

> 长淮望断，关塞莽然平。征尘暗，霜风劲，悄边声，黯销凝。追想当年事，殆天数，非人力。洙泗上，弦歌地，亦膻腥。隔水毡乡，落日牛羊下，区脱纵横。看名王宵猎，骑火一川明。笳鼓悲鸣，遣人惊。　念腰间箭，匣中剑，空埃蠹，竟何成！时易失，心徒壮，岁将零，渺神京。干羽方怀远，静烽燧，且休兵。冠盖使，纷驰骛，若为情。

闻道中原遗老，常南望翠葆霓旌。使行人到此，愤气填膺，有泪如倾。

在建康留守席，赋此阕，感慨淋漓，主人为之罢席。传有《于湖词》一卷。其词与辛弃疾同出苏轼。然弃疾恣意横溢，简直文势；孝祥则抗首高歌，犹有诗情；所以发扬蹈厉之中，犹有宛转悠扬之致也。至弃疾则张脉偾兴，而粗厉猛起奋末广贲之音作矣。

辛弃疾，字幼安，历城人。耿京聚兵山东以抗金，留掌书记。绍兴中，令奉表南归。高宗大喜，授承务郎，累官浙东安抚使，进枢密都承旨。先是蔡元工于词，靖康中，陷金。弃疾以诗词谒。元曰："子之诗则未也；当以词名家。"传有《稼轩词》四卷。抚时感事，慨当以慷，其源出于苏轼，而异军突起。苏轼抗首高歌，以诗之歌行为词；弃疾则横放杰出，直以文之议论为词。苏轼之词，雄矫而臻浑成，其笔圆；弃疾之词，恣肆而为槎枒，其势横。词之弃疾学苏，犹诗之昌黎学杜也。周邦彦隐括唐诗入词，弃疾则隐括经子语、史语、文语入词，纵横跳荡，如勒新驹，如捕长蛇，不可捉摸。如《霜天晓角·旅兴》曰：

吴头楚尾，一棹人千里。休说旧愁新恨，长亭今如此。宦游吾倦矣，玉人留我醉。明日落花寒食，得且住为佳耳。

又《品令·庆族姑八十》曰：

更休说便是个住世观音菩萨。甚今年容貌八十岁，见底道才十八。　莫献寿星香烛，莫祝灵椿龟鹤；只消得轻轻去"十"字上添一撇。

又《卜算子·齿落》曰：

刚者不坚牢，柔的难摧挫。不信张开口角看，舌在牙先堕。

已阙两边厢，又豁中间个。说与儿曹莫笑翁，狗窦从君过。

又《西江月·遣兴》曰：

醉里且贪欢笑，要愁那得工夫。近来始觉古人书，信著全无是处。　昨夜松边醉倒，问松"我醉何如？"只疑松动要来扶，以手推松曰"去"！

又《鹊桥仙·赠鹭鸶》曰：

溪边白鹭，来吾告汝：溪里鱼儿堪数。主怜汝，汝又怜鱼，要物我欣然一处。　白沙远浦，青泥别渚，剩有虾跳鳅舞。听君飞去，饱时来，看头上风吹一缕。

又《玉楼春·戏赋云山》曰：

何人半夜推山去？四面浮云猜是汝。当时相对两山峰，走遍溪头无觅处。　西风瞥起云横度，忽见东南天一柱。老僧拍手笑相夸："且喜青山依旧住！"

又《南乡子·登京口北固亭有怀》曰：

何处望神州？满眼风光北固楼。千古兴亡多少事，悠悠，不尽长江滚滚流。　年少万兜鍪，坐断东南战未休。天下英雄谁敌手？曹刘。生子当如孙仲谋。

又《归朝欢·题赵晋臣敷文积翠岩》曰：

> 我笑共工缘底怒，触断峨峨天一柱。补天又笑女娲忙，却将此石投闲处，野烟荒草路。先生拄杖来看汝，倚苍苔摩娑，试问千古几风雨。　长被儿童敲火苦，时有牛羊磨角去。霍然千丈翠岩屏，锵然一点甘泉乳。结亭三四五。会相暖热携歌舞。细思量，古来寒士不遇有时遇。

又《贺新郎》曰：

> 甚矣吾衰也！怅平生交游零落，只今余几？白发空垂三千丈，一笑人间万事，问何物能令公喜？我见青山多妩媚，料青山见我应如是。情与貌，略相似。　一尊搔首东窗里，想渊明《停云》诗就，此时风味。江左沉酣求名者，岂识浊醪妙理？回首叫云飞风起。不恨古人吾不见，恨古人不见吾狂耳！知我者，二三子。

奋笔为之，直是以文为词；篇章腾跃，糅杂经语、子语、史语、俚俗语，动荡蟠屈，如黄河九曲，挟泥沙俱下，不害浑灏流转，苏轼之所无也。其中抗首高歌，如苏轼之以歌行为词者，则《南乡子·登京口北固亭有怀》一阕，是也。又如《摸鱼儿·淳熙己亥自湖北漕移湖南同官王正之置酒小山亭赋》曰：

> 更能消几番风雨，匆匆春又归去。惜春长怕花开早，何况落红无数！春且住，见说道天涯芳草无归路。怨春不语。算只有殷勤画檐蛛网，尽日惹飞絮。　长门事，准拟佳期又误。蛾眉曾有人妒。千金纵买相如赋，脉脉此情谁诉？君莫舞！君不见玉环飞燕皆尘土，闲愁最苦。休去

倚危栏,斜阳正在烟柳断肠处。

又《贺新郎·别茂秦十二弟》曰:

> 绿树听鹈鴂,更那堪鹧鸪声住,杜鹃声切。啼到春归无尽处,苦恨芳菲都歇。算未抵人间离别。马上琵琶关塞黑,更长门翠辇辞金阙。看燕燕,送归妾。　将军百战身名烈。向河梁回头万里,故人长绝。易水萧萧西风冷,满座衣冠似雪。正壮士悲歌未彻。啼鸟还知如许恨,料不啼清泪长啼血。谁共我,醉明月。

绸缪宛转之情,沉郁顿挫之笔,逸怀浩气,贯注乎绮罗香泽,慷慨悲歌,一笔驶转,亦以歌行为词,而原出苏轼者也。欲知辛之所以为辛,当知辛之所以异苏。时论以东坡为词诗,稼轩为词论,罕譬而喻;而观诸家词选之于辛,皆以其为苏者为辛也。然弃疾亦有清切婉丽,儿女喁喁,衍花间之余韵者,如《祝英台近·晚春》曰:

> 宝钗分,桃叶渡,烟柳暗南浦。怕上层楼,十日九风雨。断肠点点飞红,都无人管,更谁劝流莺声住?　鬓边觑,试把花卜归期,才簪又重数。罗帐灯昏,哽咽梦中语:"是他春带愁来。春归何处,却不解带将愁去。"

又《小重山·舟中记梦》曰:

> 欹枕舻声边,贪听咿哑舴醉眠。梦里笙歌花底去,依然翠;袖盈盈在眼前。　别后两眉尖,欲说还休梦已阑。只记埋冤前夜月,相看;不管人愁独自圆。

特寓深婉于疏俊，以妍媚出沉郁，与晏幾道、秦观同工；而与晏殊、欧阳修异趣。盖晏殊、欧阳修，衍南唐之绵丽；晏幾道、秦观，出花间之疏俊；深婉同，而所以为深婉者不同。晏殊、欧阳修，深婉而出以舒徐，晏幾道、秦观，深婉而发以灵警；而弃疾，则承晏幾道、秦观一脉者也。弃疾有艳歌闺情，而清空辨折，一洗绮罗香泽者，如《丑奴儿》曰：

> 少年不识愁滋味，爱上层楼，爱上层楼，为赋新词强说愁。
> 而今识尽愁滋味，欲说还休，欲说还休，却道"天凉好个秋"。

又《武陵春》曰：

> 走来走去三百里，五日以为期。六日归时已是疑，应是望多时。　鞭个马儿归去也，心急马行迟。不免相烦喜鹊儿，先报那人知。

运笔灵警，笔曲而机利，直似花间之韦庄焉。大抵弃疾之词，得灵警松秀之笔于花间，得浑灏排荡之气于东坡；而镕经铸史，糅杂俚俗，发以粗大，溢为奇恣；此所以异军突起，而名一家言也。

刘过，字改之，太和人；放浪湖海，而家于西昌，自号龙洲道人。传有《龙洲词》一卷；疏狂不羁，独辛弃疾客之；故其为词生拗盘屈，得法弃疾，亦不以粗重为嫌。弃疾之为浙东安抚使也，以书招；而过不应，答以《沁园春》曰：

> 斗酒彘肩，风雨渡江，岂不快哉！被香山居士，约林

和靖，与东坡老，驾勒吾回。坡谓："西湖正如西子，浓抹淡妆临照台。"二人者俱掉头不顾，只管传杯。　白云："天竺去来！看金碧峥嵘图画开；更纵横一涧东西水，绕两山南北，高下云堆。"逋曰："不然！暗香疏影，何似孤山先探梅？"须晴去，访稼轩未晚，且此徘徊。

弃疾以议论为词；而过此作直以传记之笔，而为设想之词，与三贤游，固可睨视稼轩；然视香山和靖之清风高致，则东坡所谓"淡妆浓抹"，尚且掉头不顾；稼轩富贵，更焉能相浼哉！磊落英多，盘空硬语，直欲推倒一时豪杰，开拓万古心胸矣。稍后出，而宗弃疾以称健笔者，曰刘克庄。

刘克庄，字潜夫，号后村，莆田人。以荫仕，累官仙都令。而咏落梅，有"东君谬掌花权柄，却忌孤高不主张"句，得罪宰相史弥远，罢仕。及弥远死而起废，累官龙图阁直学士。传有《后村别调》一卷。其为词原出弃疾，如论说，如传记，以文为词，才力雄放，议论澜翻。如《沁园春·梦方孚若》曰：

何处相逢，登宝钗楼，访铜雀台。唤厨人斫就，东溟鲸鲙；圉人呈罢，西极龙媒。天下英雄，使君与操，余子谁堪共酒杯！车千乘，载燕南代北，剑客奇材。　饮酣鼻息如雷。谁信被晨鸡催唤回。叹年光过尽，功名未立；书生老去，机会方来。使李将军遇高皇帝，万户侯何足道哉！推衣起，但凄凉感旧，慷慨生哀。

又《寄九华叶贤良》曰：

一卷阴符，二石硬弓，百斤宝刀。更玉花骢喷，鸣鞭电抹；乌丝栏展，醉墨龙跳。牛角书生，虬须豪客，谈笑皆从折简招。依稀记曾请缨系粤，草檄征辽。　　当年自视云霄。谁信道凄凉今折腰。怅燕然未勒，南归草草；长安不见，北望迢迢。老去胸中有些磊块，歌罢犹须著酒浇。休休也，但帽边鬓减，镜里颜凋。

又《赠孙季蕃》曰：

岁暮天寒，一见飘然，幅巾布裘。尽侵云鸟道，跻攀绝顶；拍天鲸浸，笑傲中流。畴昔期君紫髯铁面，生子当如孙仲谋。谁知道、到中年，犹未建节封侯。　　南来万里何来，因感慨乔公成远游。怅名姬骏马，都如昨梦；只鸡斗酒，难到新丘。天地无情，功名有数，千古英雄只么休！平生独羊昙一个，泪洒西州。

笔酣墨饱，慷慨悲歌，壮语足以立懦，雄力足以排奡。但宋代词人，柳永、周邦彦，调情卖俏，无一念关怀君国；固是浪子行径，而见惑溺之深。刘克庄伤时忧乱，无一词不感沧桑，亦是文士张致，而非性情之真。柳永、秦观，秽言不忌，读之羞口。辛弃疾、刘克庄，大言不惭，亦为赧颜。柳永、周邦彦无胸襟，无抱负，所以不知比兴，不知寄托。辛弃疾、刘克庄有胸襟，有抱负，而亦不知比兴，不知寄托。事著而文不微，言外而意无内，一览无余，其病只在直写。

蒋捷，字胜欲，宜兴人。德祐进士。传有《竹山词》一卷，亦原出辛弃疾者也。其词横放杰出，以生拗见笔力；如《霜天晓角·折花》曰：

人影窗纱，是谁来折花？折则从他折去，知折去，向谁家？

檐牙枝最佳,折时高折些。说与折花人,道须插向鬓
边斜。

又《贺新郎·兵后寓吴》曰:

深阁帘垂绣。记家人软语灯边,笑涡红透。万叠城头
哀怨角,吹落霜花满袖。影厮伴东奔西走。望断乡关知何处,
羡寒鸦到著黄昏后。一点点,归杨柳。　　相看只有山如
旧。叹浮云本是无心,也成苍狗。明日枯荷包冷饭,又过
前头小阜。趁未发且尝村酒。醉探枵囊毛锥在,问邻翁:"要
写牛经否?"翁不应,但摇手。

以粗为朴,以俗为雅,涉笔成趣,别饶诙诡;而《贺新郎》一阕,
沉郁苍凉,以辛参苏。唐太宗云"人言魏徵举止疏慢,我视之
更觉妩媚",正不必绮妮风光以矜姿致也。然捷亦有风情绰约,
而尽脱畦径者;如《虞美人·梳楼》曰:

丝丝杨柳丝丝雨,春在溟蒙处。楼儿忒小不藏愁,几
度和云飞去觅归舟。　　天怜客子乡关远,借与花消遣。
海棠红近绿阑干,才卷珠帘,却又晚风寒。

辞笔生动,意境深婉,亦正不减秦观。大抵捷之词,其豪健者
出辛弃疾,其清丽者出秦观,然有余于疏快,不足于沉郁;而
宛转悠扬,词品固当在刘过之上尔。

姜夔,字尧章,鄱阳人,寓居吴兴之武康,与白石洞天为邻,
自号白石道人。庆元中,上书乞正太常雅乐,得免解,迄不第也。
传有《白石道人歌曲》四卷,绵密而不为浓丽,深婉而出以空灵,
于南宋特为词宗。苏轼、辛弃疾,逸怀浩气,腾跃于行墨之间;

夔则深情密意，宛委于篇章以外。苏轼、辛弃疾，发之尽而肆有余劲；夔则敛为不尽而婉有余味。如《点绛唇·丁未冬过吴淞》曰：

燕雁无心，太湖西畔随云去。数峰辛苦，商略黄昏雨。第四桥边，拟共天随住。今何许？凭阑怀古。残柳参差舞。

又《少年游·戏张斗甫》曰：

双螺未合，双蛾先敛，家在碧云西。别母情怀，随郎滋味，桃叶渡江时。　扁舟载了匆匆去，今夜泊前溪。杨柳津头，梨花墙外，心事两人知。

又《淡黄柳·客合肥》曰：

空城晓角，吹入垂杨陌。马上单衣寒恻恻。看尽鹅黄嫩绿，都是江南旧相识。正岑寂。　明朝又寒食。强携酒小桥宅。怕梨花落尽成秋色。燕燕飞来，问春何在？惟有池塘自碧。

风流婉约，原出晏殊；清便流易，亦参秦观；然婉而不丽，此所以异于《珠玉》也；清而不切，此所以异于《淮海》也。顾一时论者谓"其精妙不减清真，而高处有美成所不能及"。则拟之不尽于伦。不知周邦彦精而不妙，夔则妙而未精。盖邦彦有余于功力，夔则或伤于滑易。邦彦笔之沉着，语之华艳，远过于夔；而辞之清，境之真，则不如夔。邦彦特工造语，而夔则能造境；夔意余于词，味美于回，邦彦则极意作艳词耳。邦彦浓妆，夔则淡抹。邦彦之后有夔，犹古文韩之后有欧乎？及其蔽也，虚神摇曳，空而伤泛，清而不切；亦犹欧归之流为桐城末派已。独张炎以为：" 词要清空，不要质实；姜白石如野云孤飞，去留无迹。"则可谓知夔之深者也。

南宋词人，罕兼能诗。独夔则词宗，而诗亦别出江西以欲自名家。夔少学诗于萧斅字东夫；斅爱而妻以兄子。杨万里，斅之诗友也，因折节与夔交；而范成大更相友善。传有《白石道人诗集》二卷。其诗力渊肤廓，格老而韵高，视万里为和雅；比成大尤峻洁，冥心独往。五言古如《夏日寄朴翁朴翁时在灵隐》、《春日书怀》四首、《箜篌引》、《昔游诗》十五首，七言古如《送王孟玉归山阴》、《乌夜啼》、《送陈敬甫》、《生韵轩》、《契丹歌》，五言绝如《同潘德久作明妃诗》三首之一，七言绝如《沪上寓居杂咏》十四首之一至一四、《平甫见招不欲往》二首、《登乌石寺观张魏公刘安成岳武穆留题》、《访费山人》、《武康丞宅同朴翁咏牵牛》、《下菰城》、《萧山》，咸为一集之胜。大抵古胜于近，律不如绝。

姜夔尝著《诗说》，以谓："僻事实用，熟事虚用，学有余而约以用之，善用事者也。意有余而约以尽之，善措词者也。句中无余字，篇外无剩语，非善之善者也；句中有余味，篇中有余意，善之善者也。始于意格，成于句字。"盖承西江之极盛，而欲以优游救西江之迫切，以精约救西江之滥漫，以高秀救西江之伧俗者也。《自序》称："三薰三沐师黄太史氏，居数年，一语不敢吐。始大悟学即病，顾不若无所学之为得；作者求与古人合，不若求与古人异；求与古人异，不若不求与古人合而不能不合，不求与古人异而不能不异。彼其有见乎诗也，故向也求与古人合，今也求与古人异；及其无见乎诗已，故不求与古人合而不能不合，不求与古人异而不能不异。"则其自负不浅已。其实清拔之笔，不出西江，而敛之为约，以蕴藉救其尽；

幽隽之味，只是晚唐，而发之以永，以优游博其趣。所以西江入而晚唐出，蹊径与万里略同。特是万里才大而气粗，夔则语约而趣博。《四库提要》称"夔拔于宋人之外，傲视诸家"，亦未深究本末而为知言也。

吴文英，字君特，号梦窗，四明人。尝与辛弃疾、姜夔游，以词唱和，为时所宗，传有《梦窗甲、乙、丙、丁四稿》。同时尹焕曰："求词于吾宋，前有清真，后有梦窗。此非焕之言，天下之公言也。"然周邦彦工于造语，而特未融于境；尚有驱迈之气，运遣之笔，撮得事切，炼得意警。文英丽于缀字，而并未适于语；又无驱迈之气，运遣之笔，砌得词多，讲得意晦。沈泰称其"深得清真之妙，但用事下语太晦处，人不易知"。而张炎比之"七宝楼台，炫人眼目，拆碎下来，不成片段"。当日固有定论。然亦有缀得词丽，而不害炼得意警者，如《如梦令》曰：

> 秋千争闹粉墙。闲看燕紫莺黄。啼到绿阴处，唤回浪子闲忙。春光春光，正是拾翠寻芳。

又《如梦令》曰：

> 春在绿窗杨柳，人与流莺俱瘦。眉底暮寒生，帘额时翻波皱。风骤风骤，花径啼红满袖。

又《点绛唇·和吴见山韵》曰：

> 金井空阴，枕痕历尽秋声闹。梦长难晓，月树愁鸦悄。梅压檐梢，寒蝶寻香到窗黏了。翠池春小，波冷鸳鸯觉。

又《唐多令·惜别》曰：

> 何处合成愁？离人心上秋。纵芭蕉不雨也飕飕。都道晚凉天气好，有明月，怕登楼。　年事梦中休。花空烟水流。燕辞归、客尚淹留。垂柳不萦裙带住，谩长是，系行舟。

又《双双燕》赋题曰：

> 小桃谢后双双燕，飞来几家庭户。轻烟晓暝，湘水暮雨。遥度。帘外余寒未卷，共斜入红楼深处。相将占得雕梁，似约韶光留住。　堪举翩翩翠羽。杨柳岸，泥香半和梅雨。落花风软，戏从乱红飞舞。多少呢喃意绪，尽日向流莺分诉。还过半墙，谁会万千言语。

以沉郁顿挫之笔，写绮丽绵密之词，片段亦尽浑成，楼台何害七宝。然而世之选梦窗者，只见其雕缋满眼，炫于七宝，而不见楼台；而不知楼台乃成气象，七宝岂漫灿璀。而七宝之所以成楼台，可组织而不可拆碎；镕铸以精心，运遣以遒笔，化零为整，以成片段；此藻采之所以组织，而七宝之所以楼台。就词论词，所以见作者之技巧，而供文学之吟玩者，在楼台弹指，而不在七宝拆碎。如云拆碎，岂惟七宝楼台，零珠碎玑，不成片段；即非七宝楼台，颓砖碎瓦，亦同零落。其故不在七宝而在拆碎，当为张炎进一解也。昔钟嵘品诗，谓："任昉博物，动辄用事，所以诗不得奇。"文英多文，亦辄用事，所以词不得奇；而名章俊语，转有在不用事者。如《瑞鹤仙》曰："掩庭扉蛛网黏花，细草静摇春碧。"《玉烛新》曰："嫩篁细掐相思字，堕粉轻黏练袖。"《点绛唇》曰："嫩阴绿树，政是春留处。"又一阕曰："雁将秋去，天远青山暮。"《诉衷情》曰："东风不管燕子初来，一夜春寒。"《醉桃源》曰:"凭阑人但觉秋肥,花愁人不知。"《西江月》曰:"绿阴青子老溪桥,羞见东邻娇小。"《朝中措》曰:"木落秦山清瘦,西风几许工夫。"《一剪梅》曰:"萼绿灯前,酒带香温。风情谁道不因春,春到一分,花瘦一分。"《探芳信》曰:"为春瘦,更瘦如梅花,花应知否。"《杏花天》曰:"东风入户先情薄,吹老灯花半萼。"《菩萨蛮》曰:"人瘦绿阴浓。"风流蕴藉,自然清丽。而梦窗之所以为梦窗者,固在字句之精深华艳,七宝庄严;然其化堆垛为烟云者,却以有神来之笔,运实于虚,羌无故实,而后血脉跳荡,神情传合也。

周密,字公谨,号草窗,济南人,流寓吴兴,与吴文英过从,以词唱和,一时有二窗之目,传有《蘋洲笛渔谱》二卷。独标清丽,不为堆垛,视梦窗松秀过之,比白石深婉差似。如《好事近》曰:

秋水浸芙蓉,清晓绮窗临镜。柳弱不胜愁重,染兰膏微沁。

下阶微折紫玫瑰,蜂蝶扑云鬟。回首见郎羞走,胃绣裙微褪。

又《明月引》曰:

雁霜苔雪冷飘萧,断魂潮,送轻桡。翠袖珠楼清夜梦琼箫。江北江南云自碧,人不见,泪花寒,随雨飘。　愁多病多腰素销。倚清琴,调大招。江空年晚凄凉句,远意难描。月冷花阴,心事负春宵。几度问春,春不语,春又到,到西湖,第几桥。

其他摘句如《解语花》曰:"睡起折花无意绪,斜倚秋千立。"《桃源忆故人》曰:"相思谩寄流红杏,人瘦花枝多少。"《唐多令》

曰:"门外绿阴深似海,应未比旧愁多。"《瑶花慢》曰:"叹轻别;一襟幽事,砌蛩能说。"《曲游春》曰:"看湖船尽入西泠,闲却半湖春色。"又曰:"良宵岑寂,正满湖碎月摇花,怎生去得。"《忆旧游》曰:"撚残枝重嗅,似徐娘虽老,犹有风情。"《玲珑四犯》曰:"凭问柳陌旧莺,人比似垂杨谁瘦?"《谒金门》曰:"日迟帘幕静。"《齐天乐》曰:"花自多情,看花人自老。"《大酺》曰:"一池萍碎,半檐花落。"《浣溪纱》曰:"石床闲卧看秋云。"《清平乐》曰:"人与杏花俱醉,春风一路闻莺。"眼前事,心头感,自然馨逸,固不必如梦窗之敷陈华藻。然饶韵致而乏意境,颇婉秀而未沉郁;所以味不厚,焰不长也。

史达祖,字邦卿,号梅溪,汴人,流寓于浙,以词唱和,与姜夔相得。而韩侂胄为平章,用为堂吏;赋《满江红·书怀》曰:

> 好领青衫,全不向诗书中得。还也费区区造物许多心力。未暇买田清颍尾,尚须索米长安陌。有当时,黄卷满前头,多惭德。　　思往事,嗟儿剧;怜牛后,怀鸡肋。奈棱棱虎豹,九重九隔。三径就荒秋自好,一钱不直贫相逼。对黄花,常待不成诗,诗成癖。

盖自伤也。然专权用事,奉行文字,拟帖拟旨,俱出一手。赋《满江红·九月二十一日出京怀古》,有云:"老子岂无经世术,诗人不预平戎策;办一襟风月看升平,吟春色。"盖讥士大夫风月吟弄,不如己之图匡复,有经世术也。及侂胄用兵而败,遂黥焉。其人品至不足道,而词则抗手作者,传有《梅溪词》一卷,名章俊句,出入苏、秦,而有笔仗,有韵致;婉秀处似淮海,俊迈处似东坡;不为黄庭坚、辛弃疾之粗硬,亦无柳永、秦观之亵诨。如《双双燕》曰:

> 过春社了，度帘幕中间，去年尘冷。差池欲住，试入旧巢相并。还相雕梁藻井，又软语商量不定。飘然快拂花梢，翠尾分开红影。　　芳径。芹泥雨润。爱贴地争飞，竞夸轻俊。红楼归晚，看足柳昏花暝。应自栖香正稳。便忘了天涯芳信。愁损翠黛双蛾，日日画栏独凭。

姜夔诵其词，极赏"柳昏花暝"之句。其他摘句如《绮罗香》曰："临断岸新绿生时，是落红带愁流处。记当日门掩梨花，剪灯深夜语。"《杏花天》曰："栖莺未觉花梢颤，踏损残红几片。"《三姝媚》曰："讳道相思，偷理绡裙，自惊腰衩。"《祝英台》曰："多少莺声，不敢寄愁与。"《钗头凤》曰："莺声晓，箫声短，落花不许春拘管。"《点绛唇》曰："独卧甀甀，明月知人瘦。"又一阕曰："多少荷花，不盖鸳鸯冷。"《青玉案》曰："绿染遍江头树。日午酒消听骤雨。青榆钱小，碧苔茵古，难买东君住。"《过龙门》曰："夜来风雨晓来收。几点落花饶柳絮，同为春愁。"姜夔谓其"能融情景于一家，会句意于两得"。而张镃序其词，则曰："有瑰奇、警迈、清新、闲婉之长，而无讹荡污淫之失。"是已。然镃序又言："分镳清真。"而近人陈廷焯《白雨斋词话》，遂谓其祖清真。不知清真辞精而情或掩，不如达祖之情深而文明，语俊而韵秀；于淮海词近，而与清真异趣。

高观国，字宾王，山阴人。与史达祖交谊极挚，而词之疏俊相似，亦出秦观。惟达祖参以东坡，笔仗较豪放；观国则参以清真，铺叙较华藻。传有《竹屋痴语》一卷，其中婉秀可诵者，皆敩秦观者也。如《菩萨蛮·春思》曰：

> 春风吹绿湖边草，春光依旧湖边道。玉勒锦障泥，少年游冶时。　　烟明花似绣，且醉旗亭酒。斜日照花西，

归鸦花外啼。

又《醉落魄》曰：

> 钩帘翠湿；寒江上雨晴风急。乱峰低处明残日。雁字成行,界破暮天碧。　故人天外长为客,倚栏一望情何极。新来得个归消息；去棹归舟,数过几千只。

融情于景,极疏俊,极含蓄。其他摘句,如《金人捧露盘》曰:"新愁万斛,为春瘦,却怕春知。"《杏花天》曰:"一春多少相思意,说与新来燕子。"《清平乐》曰:"云压前山群翠失,烟水满湖轻碧。"《更漏子》曰:"云恼月,月羞云,半溪梅影昏。"《兰陵王》曰:"斑驳止还作。听点点檐声,沉沉春酌。只愁入夜东风恶,怕催教花放,趁将花落。"《思佳客》曰:"断云万一成疏雨,却向湖边看晚阴。"又一阕曰:"春思俏,画窗深。谁能拘束少年心？莺来惊碎风流胆,踏动樱桃叶底铃。"《玲珑四犯》曰:"驻马桥西,还系旧时芳树。不见翠陌寻春,问著小桃无语。恨燕莺不识闲情,却隔乱红飞去。"《霜天晓角》曰:"春云粉色,春水和云湿。试问西湖杨柳,东风外几丝碧？"《卜算子》曰:"屈指数春来,弹指惊春去。檐外蛛丝网落花,也要留春住。"朗而为丽,秀而不滞。

陈恺序其词曰:"高竹屋与史梅溪,皆出周秦之词,所作要是不经人道语。其妙处,少游、美成亦未及也。"人谓推崇过当,我嫌流别欠明。秦观自为史达祖与观国之所宗,而观国特润泽以周邦彦之华藻,达祖则与邦彦异趣。而论词者好揭举清真以绳墨诸家,不知清真词剪裁古语,镕铸己出,而神情未尽傅合,特如诗家之有黄庭坚耳。"惟古于词必己出,降而不能乃剽贼"，山谷之诗，清真之词，皆所谓"降而不能"者也。陈师道学山谷而不至，遂成硬砌。吴文英学清真而不至，亦为堆垛。陈师道生吞活剥，而病未嚼碎；吴文英碎珠零玑，而苦无片段；所蔽不同，而失之饾饤，一也。若论思路之隽，能出新意，化堆垛为烟云，梅溪竹屋之视清真，自较后来居上耳。南宋词家，如张孝祥，如辛弃疾，则学苏轼；如刘过，如刘克庄，又学辛弃疾；由俊迈而粗豪，由感慨而叫嚣，变本加厉。物极攸反，至姜夔、周密、史达祖、高观国之伦，则以叫嚣非敦厚，粗豪非温柔，继迹秦七，上攀晏欧；未能敦厚，且先温柔；蕴藉而不为柳永、秦观之亵诨，朗丽而亦异周邦彦、吴文英之饾饤；风流婉约，自然隽致，以易张脉偾兴之叫嚣；一张一弛，势之自然也。乃论者动以清真相誉，求形似于字句，而昧于大体。如陈廷焯《白雨斋词话》，至谓"白石，梅溪，皆祖清真"。又云"周公谨词，刻意学清真"。不知名家后出，多识前言；一字一句，偶相形似；而神色气味，或别有会。苟非好学深思，心知其意，固难为浅见寡闻道也。

　　王沂孙，字圣与，号碧山，会稽人，以工词与张炎唱和。及宋之亡，而两人身更沧桑，陶写以词。然张炎空灵而近泛，不如沂孙之沉郁以耐思。传有《碧山乐府》一卷。炎为题《琐窗寒》《洞仙歌》两词以冠卷端，而称"琢语峭拔，有白石意度"。然白石意度，造语空灵，超乎象外；而非"琢语峭拔"之谓。沂孙同白石之灵而异其空，以其有精意也；得清真之艳而益为妍，以其能造境也。看似粉怯珠愁，其实麦秀黍离；感喟苍凉之意，而托之风花雪月，秀采照人，沉哀入骨。辛弃疾有其感慨，而亡其深婉；张先同其深婉，而逊其沉郁；盖深得清真语之艳、律之浑，而兼有白石词之清、境之真；以此为宋代词人之殿，可谓深美闳约，而集诸家之大成者也。但其词有直抒所怀者；如《绮罗香·秋思》曰：

> 屋角疏星，庭阴暗水，犹记藏鸦新树。试折梨花，行入小阑深处，听粉片簌簌飘阶，有人在夜窗无语。料如今门掩孤灯，画屏尘满断肠句。　佳期浑似流水，还见梧桐几叶，轻敲朱户。一片秋声，应做两边愁绪。江路远归雁无凭，写绣笺倩谁将去？谩无聊犹掩芳樽，醉听深夜雨。

又《扫花游·秋声》曰：

> 商飙乍发，渐淅淅初闻，萧萧还住。顿惊倦旅。背青灯吊影，起吟愁赋。断续无凭，试立荒庭，听取在何许？但落叶满阶，惟有高树。　迢递归梦阻。正老耳难禁，病怀凄楚，故山院宇。想边鸿孤唳，砌蛩私语。数点相和，更著芭蕉细雨。避无处，这闲愁夜深尤苦。

史载元巴延入临安，以全太后、幼帝㬎、两宫宫人、百官及三学生等北去，宋亡。而沂孙在行，两阕皆羁北而思南之作也。又《齐天乐·赠秋崖道人西归》曰：

> 冷烟残水山阴道，家家拥门黄叶。故里鱼肥，初寒雁落，孤艇将归时节。江南恨切，问还与何人共歌新阕。换尽秋芳，想渠西子更愁绝。　当时无限旧事，叹繁华似梦，如今休说。短褐临流，幽怀倚石，山色重逢都别。江云冻结；算只有梅花尚堪攀折。寄取相思，一枝和夜雪。

"冷烟残水"十三字，一起已令人魂销。"国破山河在，城春草木深。"杜甫写春感，此写秋怀。"江南恨切，问还与何人共歌新閟",真如丁令威化鹤而归,城郭犹是,人民已非。"算只有梅花"云云,乃以寄怀遗民贞士之隐遁不仕元者。又《醉蓬莱·归故山》曰:

> 扫西风门径,黄叶凋零,白云萧散。柳换枯阴,赋归来何晚。爽气霏霏,翠娥眉妩,聊慰登临眼。故国如尘,故人如梦,登高还懒。　数寒英为谁零落,楚魂难招,暮寒堪揽。步屧荒篱,谁念幽芳远。一室秋灯,一庭秋雨,更一声秋雁;试引芳樽,不知消得几多依黯。

风景不殊,举目有山河之异;"登高还懒","几多依黯",此皆以赋出之。笔情婉秀而出以低徊,不为叫嚣,此所以异于辛弃疾之慷慨悲歌也,有托物寄兴者,如《齐天乐·蝉》曰:

> 绿槐千树西窗悄,厌厌昼眠惊起。饮露身轻,吟风翅薄,半剪冰笺谁寄。凄凉倦耳,漫重拂琴丝,怕寻冠珥。短梦深宫,向人犹自诉憔悴。　残虹收尽过雨,晚来频断续,都是秋意。病叶难留,纤柯易老,空忆斜阳身世。窗明月碎,甚已绝余音,尚遗枯蜕。鬓影参差,断魂青镜里。

此托蝉以喻全太后祝发为尼也。"短梦深宫,向人犹自诉憔悴",身分已见。史称宋太后全氏至京,不习风土;世祖皇后翁吉喇特氏屡奏乞令回江南。意全太后必有诉苦于世祖皇后而托代奏之事;"向人"之人,疑即世祖皇后也。"病叶难留,纤柯易老,空忆斜阳身世。窗明月碎,甚已绝余音,尚遗枯蜕",自恨老病不死也。"鬓影参差,断魂青镜里",则祝发矣。又《齐天乐·蝉》曰:

> 一襟余恨宫魂断,年年翠阴庭树。乍咽凉柯,还移暗叶,重把离愁深诉。西窗过雨,怪瑶珮流空,玉筝调柱。镜暗妆残,为谁娇鬓尚如许。　铜仙铅泪似洗,叹移盘去远,难贮零露。病翼惊秋,枯形阅世,消得斜阳几度。余音更苦,甚独抱清高,顿成凄楚。谩想薰风,柳丝千万缕。

此托蝉以喻王昭仪改装女冠也。曰"乍咽凉柯,还移暗叶",言宋亡而北徙也。"镜暗妆残,为谁娇鬓尚如许",言国破身虏,不欲为容也。"余音更苦,甚独抱清高,顿成凄楚。谩想薰风,柳丝千万缕",则矢艰贞以自洁,而不欲为杨柳之随风作舞,趋炎想薰矣。又《水龙吟·白莲》曰:

> 翠云遥拥环妃,夜深按彻霓裳舞。铅华净洗,涓涓出浴,盈盈解语。太液荒寒,海山依约,断魂何许?甚人间别有冰肌雪艳,娇无那,频相顾。　三十六陂烟雨,旧凄凉向谁堪诉?如今谩说,仙姿自洁,芳心更苦。罗袜初停,玉珰还解,早凌波去。试乘风一叶,重来月底,与修花谱。

此借白莲以喻贞臣遗老,如谢枋得一流人也。"海山依约,断魂何许",明指崖山之难,主臣蹈海。"甚人间别有冰肌雪艳,娇无那,频相顾",言世间别有才士,而我何频相顾。史称世祖诏程文海以集贤学士拜侍御史,行御史台事,往江南博采知名之士。帝素闻赵孟頫、叶李名,谕必致此二人。文海复荐宋宗室赵孟頫及遗民三十人。谢枋得与焉,遗书文海,谓:"自今无意人间事矣。亡国之大夫,不可与图存。"辞甚激抗。留梦炎,宋宰相也;既降元贵仕,尤力荐之。枋得贻书辩论数千言,卒不出;所谓"仙姿自洁,芳心更苦,罗袜初停,玉珰还解,早凌波去"也。以叶李、赵孟頫文采风流，亦宋遗民之铮佼者；故以"甚人间别有冰肌雪艳"称之，"别有"者，谓不同于"仙姿自洁芳心更苦"之"早凌波去"者也。又《无闷·雪意》曰：

> 阴积龙芳，寒度雁门，西北高楼独倚。怅短景无多，乱山如此。欲唤飞琼起舞，怕搅碎纷纷银河水。冻云一片，藏花护玉，未敢轻坠。　清致，悄无似。有照水南枝，已换春意。误几度凭栏，莫愁凝睇。应是梨花梦好，未肯放东风来人世。待翠管吹破苍茫，看取玉壶天地。

雪取其洁，亦以喻宋遗民之洁己以遁，而不应征辟者。曰"欲唤飞琼起舞，怕搅碎纷纷银河水"，言世祖搜采纷纭以征江南遗民也。"冻云一片，藏花护玉，未敢轻坠"，言隐姓埋名以不降志辱身也。"有照水南枝，已换春意"，则以讽叶李、赵孟頫辈之弹冠欲起耳。《一萼红·石屋探梅》曰：

> 思飘飘，拥仙姝独步，明月照苍翘。花候犹迟，庭阴不扫，门掩山意萧条。抱芳恨佳人分薄，似未许芳魄化春娇。雨涩风悭，雾轻波细，湘梦迢迢。　谁伴碧樽雕俎，笑琼肌皎皎，绿鬓萧萧。青凤啼空，玉龙舞夜，遥睇河汉光摇。未须赋疏香淡影，且同倚枯藓听吹箫。听久余昔欲绝，寒透鲛绡。

此以梅喻谢枋得之孤芳独抱，屡荐不起，而继之以死也。曰"花候犹迟，庭阴不扫，门掩山意萧条"，入山惟恐不深。史称程文海荐枋得，枋得遗书，有云"稍知诗书，识义理，不可以辱召命"，所谓"抱芳恨佳人分薄，似未许芳魄化春娇"者也。"倚枯藓听吹箫"，"疏香淡影"之"未须赋"，遁世无闷何疑焉。

及魏天祐为参知政事，欲起枋得为功，遣使诱之入城，与之言，坐而不对，或嫚言无礼。天祐怒，逼之北行。枋得以死自誓，上道即不食；二十余日不死，乃复少茹蔬果，积数月，困殆。至燕，问全太后欑所及瀛国公所在，再拜恸哭。疾甚，留梦炎使医持药杂米饮进之。枋得怒，掷诸地，不食五日死。则所谓"听久余音欲绝，寒透鲛绡"矣。"久"者，言其死之难；"余音"，谓恸哭也。《疏影·咏梅影》曰：

> 琼妃卧月。任素裳瘦损，罗带重结。石径春寒，碧藓参差，相思曾步芳屧。离魂分破东风恨，又梦入水孤云阔。算如今也厌娉婷，带了一痕残雪。　犹记冰奁半掩，冷枝画未就，归棹轻折。几度黄昏，忽到窗前，重想故人初别。苍虬欲卷涟漪去，慢蜕却连环香骨。早翠荫蒙茸，不似一枝清绝。

此以梅为两喻；如谢枋得其人者，"梦入水孤云阔，算如今也厌娉婷"，自恨为才名所误，以不安于遁世无闷也；如叶李、赵孟頫之流，不能洁己，而高冠华盖以食元禄，则所谓"慢蜕却连环香骨，早翠荫蒙茸，不似一枝清绝"矣！"一枝清绝"，以喻谢枋得之孤芳独抱也。《一萼红·丙午春赤城山中题花光卷》曰：

> 玉婵娟。甚春余雪尽，犹未跨青鸾。疏萼无香，柔条独秀，应恨流落人间。记曾照黄昏淡月，渐瘦影，移上小栏杆。一点清魂，半枝空色，芳意班班。　重省嫩寒清晓，过断桥流水，问计孤山。冰粟微销，尘衣不浣，相见还误轻攀。未许讶东南倦客，掩铅泪看了又重看。故国吴天树老，雨过风残。

此亦为谢枋得作。起"玉婵娟"十三字,言世人惊怪枋得如此才华,而元之景运维新,不应征辟也;"玉婵娟",以喻枋得之芳洁。"疏萼无香,柔条独秀,应恨流落人间",乃枋得自明所以不应征辟之由。枋得遗程文海书,引"亡国之大夫,不可与图存",所谓"疏萼无香"也。又曰"某自今无意人间事矣",所谓"柔条独秀,应恨流落人间"也。"记曾照黄昏淡月",言曾仕宋也;"黄昏淡月",以象征宋末国势之陵夷。而"冰粟微销,尘衣不浣,相见还误轻攀",则以自明降志辱身,不堪世用;而程文海、留梦炎之伦,则所谓"相见还误轻攀"者也。结"故国吴天"十字,低徊欲绝,柔厚之至。《一萼红·红梅》曰:

占芳菲。趁东风妩媚,重拂淡燕支。青凤衔丹,琼奴试酒,惊换玉质冰姿。甚春色江南太早,有人怪和雪杏花飞。藓珮萧疏,茜裙零乱,山意霏霏。　空惹别愁无数,照珊瑚海影,冷月枯枝。吴艳离魂,蜀妖浥泪,辜负多少心期。岁寒事无人共省,破丹雾应有鹤归时。可惜鲛绡碎剪,不寄相思。

此以梅而红,喻宋遗民而仕元也。曰"惊换玉质冰姿,甚春色江南太早,有人怪和雪杏花飞",明讥江南遗民,如叶李、赵孟𫖯辈,不知亡国之恨,不能淡泊明志,薰心富贵以应元征。曰"辜负多少心期,岁寒事无人共省",几乎发声征色。而《庆清朝·榴花》阕末有曰:"颠倒绛英满径,想无车马到山中。西风后尚余数点,还胜春浓。"榴红照眼明,而不引车马以"余数点"于"西风后",正与此"玉质冰姿"之梅而红、"岁寒事无人共省"者激映;而以喻少数遗民之隐遁不仕元者。"还胜春浓"之"春浓",即指起而膴仕之叶李、赵孟𫖯辈也。"春浓"

与《齐天乐·蝉》第二阕"谩想薰风,柳丝千万缕"之语相发;彼著一"想"字,此用一"浓"字,描写热中心事,绘影绘声。又《水龙吟·牡丹》曰:

> 晓寒慵揭珠帘,牡丹院落花开未?玉栏干畔,柳丝一把,和风半倚。国色微酡,天香乍染,扶春不起。自真妃舞罢,谪仙赋后,繁华梦如流水。　池馆家家芳事,记当时买栽无地。争如一朵,幽人独对,水边竹际?把酒花前,剩拼醉了,醒来还醉。惟洛中春色匆匆,又入杜鹃声里。

此以牡丹喻留梦炎也。梦炎以状元宰相,显仕于宋,如牡丹之为富贵花;而相业无称,如随风杨柳,依违取容,不能扶衰以当大事,所谓"玉阑干畔,柳丝一把,和风半倚,国色微酡,天香乍染,扶春不起"者也。"争如一朵,幽人独对,水边竹际",则借宾定主,而形谢枋得之幽贞,以愧留梦炎之富贵焉。"扶春不起"之"春"以喻宋;与"春浓"之"春"以喻新朝者不同。《扫花游·绿阴》曰:

> 卷帘翠湿,过几阵残寒,几番风雨。问春住否,但匆匆暗里,换将花去。乱碧迷人,总是江南旧树。谩凝伫,念昔日采香,今更何许。　芳径携酒处,又荫得青青嫩苔无数。故林晚步,想参差渐满,野塘山路。倦枕闲妆,正好微曛院宇。送凄楚,怕凉声又催秋暮。

又《摸鱼儿》曰:

> 洗芳林夜来风雨,匆匆还送春去。方才送得春归了,那又送君南浦。君听取,怕此际春归也过吴中路。君行到处,

便快折湖边千条翠柳,为我系春住。　春还住。休索吟春伴侣,残花今已尘土。姑苏台下烟波远,西子近来何许?能唤否?又恐怕残春到了无凭据。烦君妙语,更为我将春连花带柳,写入翠微句。

两阕皆以"春住"为言,"春"亦喻宋;春欲去而系之住,犹之国将亡而延其绪也。前阕曰"过几阵残寒,几番风雨,问春住否";后阕曰"千条翠柳,为我系春住";其殆有望于厓山将相,排万难,历百险,同心戮力以延宋一脉乎?而无如"匆匆暗里,换将花去",春终不住,宋亦不延也。"乱碧迷人,总是江南旧树",言元用以前驱伐宋,而勘定江南者,如范文虎、吕文焕、夏贵之徒,皆宋之降将耳。此皆以比兴为寄托。白石灵而或空;沂孙则运笔轻灵,而字字如抛砖落地,无一语无着落;所贵好学深思,心知其意,而证之以史,会之于词耳。自有沂孙而词乃尊,以风花雪月之词,而有家国沧桑之感,意内言外,真得《离骚》之意;否则以为诗之余事,游戏之作耳。必读沂孙词,乃知词所以补诗之阙,非诗之余也。惟周密《绝妙好词》,录沂孙词十阕,多采其似白石者,虽会清空婉秀之妙,而未极沉郁顿挫之致。张惠言《词选》,录沂孙词四阕,多采其似美成者,差得华美浑雅之致,而未尽感喟苍凉之意。《词选》每阕下注,亦多望文凿空,漫为大言,而未贯串史实,以得其意也。

张炎字叔夏,南渡大将循王张俊之后。居杭,号玉田,又号乐笑翁。有《词源》二卷,《山中白云词》八卷。舒岳祥序称:"玉田张君,自社稷变置,凌烟废堕,落魄纵饮。""扁舟浙水东西,为漫浪游。"仇远序称:"《山中白云词》意度超玄,律吕协洽,方之古人,当与白石老仙相鼓吹。"刘熙载《艺概》卷四,称："张玉田词，清远蕴藉，凄怆缠绵，大段瓣香白石，亦未尝不转益多师。""如玉田《高阳台》之'接叶巢莺'，与碧山（王沂孙）《高阳台》之'残萼梅酸'，尤同鼻息。"又称："玉田论词曰：'莲子熟时衣自落。'予更益以太白诗二句，曰：'清水出芙蓉，天然去雕饰。'"张炎词绵密深婉，出以空灵，与姜夔先后齐名，号姜张，盖以姜夔为宗云。刘熙载所称张炎《高阳台·西湖春感》云：

> 接叶巢莺，平波卷絮，断桥斜日归船。能几番游，看花又是明年。东风且伴蔷薇住，到蔷薇、春已堪怜。更凄然，万绿西泠，一抹荒烟。　　当年燕子知何处，但苔深韦曲，草暗斜川。见说新愁，如今也到鸥边。无心再续笙歌梦，掩重门、浅醉闲眠。莫开帘，怕见飞花，怕听啼鹃。

此词"万绿西泠，一抹荒烟"，有《黍离》《麦秀》之悲。"东风"两句，有才人遘末造之悲。"新愁"两句有王孙泣路歧意。词意深婉。

张炎《八声甘州》，题称："辛卯岁，沈秋江同余北归，秋江处杭，余处越。越岁，秋江来访寂寞，晤语数日，又复别去。赋此饯行，并寄曾心传。"

> 记玉关、踏雪事清游，寒气脆貂裘。遍枯林古道，长河饮马，此意悠悠。短梦依然江表，老泪洒西州。一字无题处，落叶都愁。　　载取白云归去，问谁留楚珮，弄影中洲。折芦花赠远，零落一身秋。向寻常、野桥流水，待招来、不是旧沙鸥。空怀感、有斜阳处，却怕登楼。

按元世祖二十七年（一二九〇）庚寅，征发张炎等赴大都缮写金字藏经，次年辛卯，张炎事毕南归，沈秋江名尧道与张炎同归。词记北行事，"寒气脆貂裘"，北行苦寒。"短梦依然江表"，梦想南归，不愿仕元，"老泪洒西州"，感念南宋人物而洒泪。"载取白云归去"，表达归隐心情。"零落一身秋"，甘于漂泊清苦生涯。此词足见其志事。清邓廷桢《双砚斋词话》称张炎词，"论者以为堪与白石老仙相鼓吹，要其登堂拔帜，又自壁垒一新。盖白石硬语盘空，时露锋锃，玉田则返虚入浑，不啻嚼蕊吹香。如《长亭怨慢》之'恨西风不庇寒蝉，便扫尽一林黄叶'；《西子妆慢》之'杨花点点是春心，替风前万花吹泪'；《木兰花慢》之'流光惯欺病酒，问杨花过了有花无'；《渡江云》之'空自觉围羞带减，影怯灯孤。常疑即见桃花面，甚近来翻致无书。书纵远，如何梦也都无'；《探春慢》之'才放些晴意，便瘦了梅花一半'；《解连环》咏《孤雁》云'写不成书，只寄得相思一点。料因循误了餐毡拥雪，故人心眼'。类皆遣声赴节，好句如仙。"深得清代浙派词人之称赏。

第五节　金党怀英　赵秉文　王若虚　元好问

女真以骑射起东北，灭辽伐宋，划江淮以北，而奄有中原，国号曰金，兵力莫强焉。特文学则宋之余波所沾溉尔，故以附于宋之末云。

金初未有文字，而太宗嗣位，因辽宋之旧，以词赋经义取士。及伐宋，得宋文臣宇文虚中、蔡松年辈，草创典礼，润色书命。而汴京经籍，满载以归，于是伧荒之俗，泽以诗书。熙宗瞻拜孔子庙，北面伏谒如弟子礼。更世宗、章宗，历世承平，文物彬彬，庠序日盛，而士之得与科举者，选曹以为贵科；荣路所在，人争趋之。然经义则王学之唾余，词赋则西昆之末光，固已占高爵而钓厚禄，无当于大雅也。若其名高一代，而以诗古文为儒宗者，当首推党怀英。

党怀英，字世杰，泰安人。以世宗大定十年举进士，事章宗为翰林学士承旨。章宗称之曰："近日制诏，惟党怀英最善。"始生及长，仪观若神。儒道释诸子百家之说，乃至图纬篆籀之学，无不讨求。而文章字画盖天性。文宗欧阳，诗仿陶谢。而工篆籀八分，尝谓"唐人韩蔡不通字学，八分自篆籀中来"。欲以上轨钟蔡；而小楷如虞褚，大书宗颜真卿，士论称第一。独赵秉文推本欧阳以论定其文，谓："文章非能为之为工，乃不能不为之为工也；非要之必奇，要之不得不然之为奇也。韩文公之文，汪洋大肆，如长江大河，浑浩运转，不见涯涘，使人愕然不敢睨视。欧阳公之文，如春风和气，鼓舞动荡，了无痕迹，使读之亹亹不厌。凡此皆文章之正也。文以意为主，辞以达意而已。古之文，不尚虚饰，因事遣辞，形吾心之所欲言者；间有心之所不能言者，而能形之于文，斯亦文之至乎。亡宋三百余年间，惟欧阳公之文不为尖新艰险之语，而有从容闲雅之态，丰而不余一言，约而不失一辞，读之亹亹；盖非务奇之为尚，而其势不得不然之为尚也。翰林党公天资既高，辅以博学，文章冲粹，如其为人。当明昌间，以高文大册主盟一世。自公之未第时，已以文名天下。然公自谓入馆阁接诸公游，始知为文法，而以欧阳公得其正；则信乎公之文，有似乎欧阳公也。"顾其集不传。间得读其遗文，抑扬爽朗，失之于尽；盖得欧之笔，而失欧之韵；有欧之朗，而逊欧之茹；行百里者半九十，傥学欧而得苏者乎。赵秉文稍后出，而声名过之。

赵秉义，字周臣，号闲闲老人，磁州滏阳人。登大定二十年进士第，历世宗、章宗、卫绍王、宣宗、哀宗五朝，累拜礼部尚书，改翰林学士。乐平杨云翼与秉文迭主文柄，高文大册，多出二人；而秉文名尤重。传有《滏水集》二十卷，而云翼序其端，推"为斯文主盟，天下学者景附风靡，有如李之尊韩，苏之景欧"焉；盖为当代所重如此。特其门人元好问为志墓，亦以唐昌黎、宋欧阳为况，历叙宋辽金文学盛衰之迹，而归重于秉文；以谓："沉潜乎六经，从容乎百家，其文出于义理之学，故长于辨析，极所欲言者，不以绳墨自拘。七言长诗，笔势自放，不守一律。诗壮丽。小诗精绝，多以近体为之。至于五言古诗，则沉郁顿挫似阮嗣宗，真淳简淡似陶渊明。"褒大师门，不免阿其所好。而《四库提要》谓"才高学博，一世之雄"。抑亦寻声逐响之谈。今观其文，主于浩浩直达，而畅所欲言，其原出于苏轼。然辞为爽朗，而无警切之论，徒见其肤，而未得为"才高"。学主义理，而无深沉之思，斯伤于浅，而未征其"学博"。义理之学，欲以自外于宋儒，而未能有独见；条畅之文，不过依稀于苏笔，而未能以自发；不拘绳墨，徒失体要。诗则为顿挫而欠沉郁，欲真淳而流浅率，亦是东坡之格调，参以香山之容易，而无其理趣，失其波澜。有时七言古学李太白，五言古拟陶渊明、拟韦苏州，亦东坡之学太白、学陶韦也；"唐昌黎，宋欧阳"云乎哉！集中《双溪记》之摹韩愈《送李愿归盘谷序》，《涌云楼记》之摹范仲淹《岳阳楼记》，《寓乐亭记》之摹苏轼《超然台记》，如小儿仿红，字摹句拟，未足语于大方家也。至撰《党怀英神道碑》，谓"文章非能为之为工"云云，则袭苏轼《南行唱和诗序》语尔。然党怀英、赵秉文，名曰宗欧祖韩而实为苏。而王若虚，则更排韩轻欧以言宗苏。

王若虚，字从之，藁城人。以章宗承安二年经义进士，历仕宣宗、哀宗，官直学士，秉史笔十五年。新进入馆，日有记录之课；书吏以呈宰相，"必问王学士曾点窜否？"为文不事雕琢，惟求当理；传有《滹南遗老集》四十五卷，其中文仅五卷；而自卷一之四十，皆以辨证经史，考论诗文，褒弹古人，累千百条。

　　论史不取司马迁、宋祁，以谓："司马迁之法最疏，开卷令人不乐；然千古推尊，莫有攻其短者。惟东坡不甚好之；而陈无己、黄鲁直怪叹以为异事。呜呼！吾亦以千古雷同者为不可晓也。晋张辅评迁固史云：'迁叙三千年事，止五十万言；固叙二百年事，乃八十万言；繁省不同，优劣可知。'此儿童之见！迁之所叙，虽号三千年，其所列者几人，所载者几事，寂寥残缺，首尾不完，往往不能成传。或止有其名氏。至秦汉乃始稍详，此正获疏略之讥者，而反以为优乎？且论文者求其当否而已；繁省岂所计哉！抑余尝考之：迁记事疏略而剩语甚多，固记事详备而删削精当；然则迁似简而实繁，固似繁而实简也；安得以是为优劣哉？迁之胜固者，独其辞气近古，有战国之风耳。迁虽气质近古，以绳准律之，殆百孔千疮；而世家最无谓。颜师古曰：'世家者，子孙为大官不绝也。诸侯有国称君，降天子一等耳；虽不可同乎帝纪，亦岂可谓之世家！且既以诸侯为世家，则孔子、陈涉、将相、宗室、外戚等复何预也！'抑又有大不安者：曰纪，曰传，曰表，曰书，皆篇籍之目也；世家特门第之称，犹强族大姓云尔；乌得与纪、传字为类也！语世家往往随年附见他国大事；至于列传，亦或有之；徒乱其文，无关义理。夫《左氏》编年，本纪诸国之事，或先经以始事，或后经以终义，互相发明，故可也。如迁史者，各有传记，足以自见，何必尔耶！

"迁采摭异闻小说，习陋传疑，无所不有；亦多抵牾而不合。《周本纪》云：'成王既迁殷遗民，周公以王命告。作《多士》《无逸》。'《鲁世家》云：'周公恐成王有所淫佚，乃作《多士》、《无逸》。'自今考之：《多士》为殷民而作，《无逸》为成王而作者也；在《周本纪》，则并《无逸》为告殷民；在《鲁世家》，则并《多士》为戒成王；混淆差误一至于此。盖不惟抵牾于经，抑亦自相矛盾甚矣。《史记》载伍员父子语言，本传与世家参差不同。或云此变文也。予谓不然：言出于一人之口，书出于一人之手，而自变其文，人何以取信哉？凡称某王，类加国号；凡举人名，每连姓氏，冗复芜秽。《律书》之首以为：'律为万事根本，而其于兵械尤重。武王伐纣，吹律听声，推孟春以至于季冬，杀气相并而音尚宫。同声相从，乃物之自然。'此固可矣。乃复备论帝王以来用兵之事，而终于汉文厌兵，百姓乐业，几七百言，何关于律意哉？斯实无谓之甚。而邵氏极称之，以为'此其高古雄深，非他人拘窘所能到'，呜呼！文章必有规矩准绳，虽六经不能废；顾乃以疏阔为高深，以致密为拘窘，何等谬论！伍被谏淮南王，'王于是气怨结而不扬，涕满匡而横流'，其词似赋，岂史记实录之体哉。"

"欧公与宋子京分修唐史，文体不同，犹冰炭也。初书成将进；吏白旧例止署官高者一人姓名，云某等撰；而欧公官高当书。公曰：'宋公列传，用功深而为日久，岂可掩其名？'于是纪、志书公，而列传书子京。以予观之：欧公正不肯承当耳。作史与他文不同，宁失之质，不可至于华靡而无实；宁失之繁，不可至于疏略而不尽。宋子京不识文章正理，而惟异之求，肆意雕镂，无所顾忌，至于字语诡癖，殆不可读，其事实则往往不明，或乖本意。自古史书之弊，未有如是之甚者。呜呼！笔力如韩退之，而《顺宗实录》不慊众论。或劝东坡重修《三国志》，而坡自谓非当行家，不敢当也。子京讥旧史猥酿不纲，而以传远自许；今之学者类皆欣艳以为新奇，旧史几废。以愚观之：旧史虽陋，犹为本分，且不失当时之实，宁无《新书》可也。子京于文字，其实处不及古人，而专以易置字语为新。人皆言'利病'，而子京每云'病利'；人皆言'可否'，而子京或云'否可'；虽义理无异，而读之不明矣。此犹求异于人，不已甚乎？古人文字中，时有涉俗语者，正以文之则失真，是以宁存而不去；而子京直要句句变常，此其所以多戾也。《魏氏春秋》好用《左传》语以易旧文；裴松之讥弹甚当。凡人文体，固不必拘，至于记录他人之言，岂可过加润色而失其本真？子京《唐书》，虽诏敕章疏，类皆变乱以从己意；至于诗句谚语，古今成言，亦或芟改，不已甚乎！刘器之尝曰：'《新唐书》好简略其辞，故其事多郁而不明。迁固载相如文君事几五百字，而读之不觉其烦；使子京记之，必曰"少尝窃卓氏以逃"而已！'文章岂有烦简？要当如风行水上，出于自然；不出于自然而有意于烦简，则失之矣。《唐书》进表曰：'其事则增于前，其文则省于旧。'《新唐》所以不及两汉文章者，正在此；而反以为工，何哉？"

论文不取韩愈、柳宗元、欧阳修，以为："凡文章须是典实过于浮华，平易多于奇险，始知本末。世之作者，往往致力于其末，而终身不返；其颠倒亦甚矣。陈后山曰：'扬子云之文，好奇而卒不能奇，故思苦而辞艰。善为文者，因事出奇。江河之行，顺下而已；至其触山赴谷，风抟物激，然后尽天下之变。子云惟好奇，故不能奇也。'此论甚佳，可以为后学之法。退之《盘谷序》云'友人李愿居之'，称友人，则便知为己之友；

其后但当云'予闻而壮之',何必用'昌黎韩愈'字?柳子厚《凌准墓志》,既称'孤某以先人善予,以志为请',而终云'河东柳宗元哭以为志'。山谷《刘明仲墨竹赋》,既称'故以归我',而断以'黄庭坚曰',其病亦同。盖'予''我'者自述,而姓名则从旁言之耳。退之《送李愿序》'粉白黛绿'一节,病在太多,且过于浮艳;余事皆略言,而此独说出如许情状,不惟为雅正之颣,而于文势亦滞矣。退之《送温处士赴河阳军序》云:'洛之北涯曰石生,其南涯曰温生。'全篇皆从旁记录之词;而其末云'生既至,其为吾以前所称为天下贺,以后所称,为吾致私怨于尽取',此乃方与他人言,而遽与本人语。亦有方与本人语,而却与他人言者。自古诗文如此者,何可胜数哉?'伯乐一过冀北之野而马群遂空。夫冀北马多天下,伯乐虽善知马,安能遂空其群耶?解之者曰:吾所谓空,非无马也,无良马也。'此一'吾'字害事。夫言群空及解之者,自是两人;而云'吾所谓空',却是言之者自解也;若作'彼'字,或云'所谓空者'可矣。退之评伯夷,止是议论散文,而以颂名之,非其体也。陈后山云:'退之作记,记其事耳;今之记,乃论也。'予谓不然。唐人本短于议论,故每如此。议论虽多,何害为记?盖文之大体,固有不同,而其理则一;殆后山妄为分别,正犹评东坡以诗为词也。且宋文视汉唐,百体皆异;其开廓横放,自一代之变,而后山独怪其一二,何耶?子厚才识不减退之;然而令人不爱,恶语多而和气少耳!"

"欧公《昼锦堂记》大体固佳,然辞困而气短,颇有争张妆饰之态;且名堂之意,不能出脱,几于骂题。或曰'记言魏公之诗,以快恩雠,矜多誉为可薄,而以昔人所夸者为戒',意者魏公自述甚详,故记不复及,但推广而言之耳。惜未见魏公之诗也。然记自记，诗自诗，后世安能常并见而参考哉？《史记》用'而'字多不安；用'于是''乃''遂'等字，冗而不当者十有七八。而欧公多错下'其'字。如《唐书·艺文志》云：'六经之道，简严易直而天人备，故其愈久而益明。'《德宗赞》云；'耻见屈于正论，而忘受欺于奸谀，故其疑萧复之轻己，谓姜公辅为卖直，而不能容。'《薛奎墓志》云：'遭时之士，功烈显于朝廷，名誉光于竹帛，故其常视文章为末事。'《苏子美墓志》云：'时发愤闷于歌诗，又喜行草书，皆可爱，故其虽短章醉墨落笔，争为人所传。'《尹师鲁墓志》云：'所以见称于世者，亦所以取嫉于人，故其卒穷以死。'此等'其'字皆当去之。《五代史·蜀世家论》云：'龙之为物，以不见为神。今不上于天，而下见于水中，是失职也，然其一何多欤。''然其'二字，尤乖戾也。欧公散文，自为一代之祖；而所不足者，精洁峻健耳。《五代史》论，曲折太过，往往支离蹉跌，或至涣散而不收；助词虚字，亦多不惬；如《吴越世家》尤甚也。张九成云：'欧公《五代史》论，多感叹，又多设疑。盖感叹则动人，设疑则意广；此作文之法也。'欧公之论，则信熟矣；而作文之法，不必如是也。邵公济云：'欧公之文，和气多，英气少。东坡之文，英气多，和气少。'其论欧公，似矣；若东坡，岂少和气者哉？文至东坡，无遗恨矣。赵周臣曰：'党世杰尝言文当以欧阳子为正；东坡虽出奇，非文之正。'定是谬语。欧文信妙，讵可及坡？坡冠绝古今，吾未见其过正也。东坡自言：'其文如万斛泉源，不择地而出，滔滔汩汩，一日千里无难；及其与山石曲折，随物赋形而不自知所之者，常行于所当行，而止于所不可不止。'论者讥其太夸，予谓惟坡可以当之。夫以一日千里之势，随物赋形之态；而理尽辄止，未尝以驰骋自喜，此其横放超迈而不失为精纯也耶。东坡之文具万变，而一以贯之者也；为四六，而无俳谐偶俪之弊；为小词，而无脂粉纤艳之失；楚辞则略依仿其步骤，而不以夺机杼为工；禅语则姑为谈笑之资，而不以穷葛藤为胜；此所以独兼众作，莫可端倪。而世或谓四六不精于汪藻，小词不工于少游，禅语楚辞不深于鲁直，岂知东坡也哉。或问文章有体乎？曰：'无。'又问无体乎？曰：'有。'然则果何如？曰：'定体则无，大体须有。'扬雄之经，宋祁之史，江西诸子之诗，皆斯文之蠹也。散文至宋人，始是真文字；诗则反是矣。"

论四六不取杨忆、刘筠，以谓："邵氏云：'杨刘四六之体，必谨四字六字律令，故曰四六；然其弊类俳可鄙。欧苏力挽天河以涤之，偶俪甚恶之气一除，而四六之法则亡矣！'夫杨刘惟谨于四六，故其弊至此；思欲反之，则必当为欧苏之横放。既恶彼之类俳，而又以此为坏四六法，非梦中颠倒语乎？且四六之法亦何足惜也？四六，文章之病也；而近世以来，制诰表章，率皆用之。君臣上下之相告语，欲其诚意交孚；而骈俪浮辞不啻如俳优之鄙，无乃失体耶！"

论诗不取黄庭坚，以谓："东坡，文中龙也，理妙万物，气吞九州，纵横奔放，若游戏然，莫可测其端倪。鲁直区区持斤斧准绳之说，随其后而与之争，至谓未知句法。东坡而未知句法，世岂复有诗人？而渠所谓法者，果安出哉！老苏论扬雄以为'使有孟轲之书，必不作《太玄》'。鲁直欲为东坡之迈往而不能；于是高谈句律，旁出样度，务以自立而相抗，然不免居其下也。古之诗人，虽趣尚不同，体制不一，要其出于自得；至其辞达理顺，皆足以名家，何尝有以句法绳人者？鲁直开口论句法，此便是不及古人处。而门徒亲党以衣钵相传，号称法嗣，岂诗之真理也哉！鲁直于诗，成得一句而终无好对，或得一联而终不能成篇，或偶有得而未知可以赠谁；何尝见古之作者如是哉？

"鲁直论诗，有夺胎换骨、点铁成金之喻；世以为名言。以予观之，特剽窃之黠者耳！鲁直好胜而耻其出于前人，故为此强辞而私立名字。夫既已出于前人，纵复加工，要不足贵。虽然，物有同然之理，人有同然之见，语意之间，岂容全不见犯哉。盖昔之作者，初不校此；同者不以为嫌，异者不以为夸；随其所自得，而尽其所当然而已；至于妙处，不专在于是也。故皆不害为名家，而各传后世，何必如鲁直之措意耶。山谷自谓得法于少陵，而不许东坡。以予观之：少陵，典谟也；东坡，孟子之流；山谷，则扬雄《法言》而已。吾舅儿时便学工部，而终身不喜山谷也。若虚尝乘间问之，则曰：'鲁直雄豪奇险，善为新样，固有过人者；然于少陵初无关涉。前辈以为得法者，皆未能深见耳。'山谷之诗，有奇而无妙，有斩绝而无横放；铺张学问以为富，点化陈腐以为新，而浑然天成，如肺肝中流出者，不足也。善乎吾舅周君之论也，曰：'宋之文章，至鲁直已是逼仄处。陈后山而后，不胜其弊矣。人能中道而立，以巨眼观之，是非真伪可望而见也。'若虚虽不解诗，颇以为然。朱少章论江西诗律，以为'用昆体工夫，而造老杜浑全之地'。予谓用昆体工夫，必不能造老杜之浑全；而至老杜之地，亦无事乎昆体工夫；盖二者不能相兼耳。"

若虚论诗论文，一以苏轼为宗，而主于条达疏畅，意到笔随。顾诵所作，未能相副；笔势缓懦，疏而不快；辞意肤浅，率而无味；以视赵秉文，尤为每况愈下。特其辨章述作，褒弹古今，虽多寻章摘句，尽有惬心贵当者焉。其他金人文集之仅见者，土寂有《拙轩集》六卷，李俊民有《庄靖集》十卷；而观其诗主清新，文必疏达，要不出苏门范围，而为时所囿，未能以别树一帜也。独元好问力追杜韩以变苏格，而欲挽宋弛以张唐风云。

元好问，字裕之，太原秀容人。七岁能诗。年十有四，从陵川郝天挺学，淹贯经史百家，六年而业成。下太行，渡河而南，赋《箕山琴台》等诗。赵秉文方官礼部，见之，以为少陵以后无此作也。名震京师，目为元才子。遂出秉文之门，以登兴定五年进士；历官尚书省左司员外郎，入翰林，知制诰。金亡，东平路行军万户严实辟置于幕，遂依居而锐意著述。以金有天下，典章法度，几及汉唐，国亡史兴，己所当为，而国史实录在顺天道万户张某所。乃言于章，使之闻奏，愿为撰述。奏可，欲开馆，而为人所沮。好问曰："不可遂令一代之美，泯而不闻。"乃为《中州集》百余卷。又为《金源君臣言行录》，往来四方，采摭遗逸；有所得，辄以寸纸，细字记录，积百余万言，委积塞屋，名之曰野史亭。元世祖在藩邸，闻其名，召见；及即位，欲征修辽金二史，未及下命而卒。传有《遗山先生文集》四十卷。一时称者以其诗直配苏黄；而文则不使奇字，新之又新；不用晦事，深之又深；但见其巧，不见其拙；但见其易，不见其难。东坡之后，继以元子，可也。然好问诗文，非东坡之流亚也；盖志不在东坡之快利，而出以重缓；又不为山谷之生拗，而力求弘润；沉着痛快，固不仅浩浩直达，如赵秉文、王若虚之为苏轼者也。文为韩愈之排奡，而无其妥帖。诗得杜甫之沉郁，而逊其渊永。而《论诗绝句》三十首，欲挽江西诗派而反之于正；录二十一首，辞曰：

汉谣魏什久纷纭，正体无人与细论。谁是诗中疏凿手？暂教泾渭各清浑。

曹刘坐啸虎生风，四海无人角两雄。可惜并州刘越石，不教横槊建安中。

邺下风流在晋多，壮怀犹见缺壶歌。风云若恨张华少，温李新声奈尔何。

一语天然万古新，豪华落尽见真淳；南窗白日羲皇上，未害渊明是晋人。（自注：柳子厚，唐之谢灵运。陶渊明，晋之白乐天。）

纵横诗笔见高情，何物能浇块磊平。老阮不狂谁会得，出门一笑大江横。

慷慨歌谣绝不传，穹庐一曲本天然。中州万古英雄气，也到阴山敕勒川。

沈宋横驰翰墨场，风流初不废齐梁。论功若准平吴例，合著黄金铸子昂。

排比铺张特一途，藩篱如此亦区区。少陵自有连城璧，争奈微之识碔砆。

望帝春心托杜鹃，佳人锦瑟怨华年。诗家总爱西昆好，独恨无人作郑笺。

万古文章有坦途，纵横谁似玉川卢。真书不入今人眼，儿辈从教鬼画符。

东野穷愁死不休，高天厚地一诗囚。江山万古潮阳笔，合在元龙百尺楼。

谢客风流映古今，发源谁似柳州深？朱弦一拂遗音在，却是当年寂寞心。

窘步相仍死不前，唱酬无复见前贤。纵横正有凌云笔，俯仰随人亦可怜。

奇外无奇更出奇，一波才动万波随。只知诗到苏黄尽，沧海横流却是谁？

曲学虚荒小说欺，俳谐怒骂岂诗宜；今人合笑古人拙，除却雅言都不知。

有情芍药含春泪，无力蔷薇卧晚枝。拈出退之山石句，始知渠是女郎诗。

金入洪炉不厌频，精真那计受纤尘。苏门果有忠臣在，肯放坡诗百态新！

百年才觉古风回，元祐诸人次第来。讳学金陵犹有说，竟将何罪废欧梅。

古雅难将子美亲，精纯全失义山真。论诗宁下涪翁拜，未作江西社里人。

池塘春草谢家春，万古千秋五字新。传语闭门陈正字，可怜无补费精神。

撼树蚍蜉自觉狂，书生技痒爱论量。老来留得诗千首，却被何人较短长。

玩其词意，殊不慊于苏黄；而门人弟子乃谀以直配苏黄。王若虚不满于黄，而好问则并不慊于苏。苏轼吐言天拔，黄庭坚锻炼辛苦；苏为其熟，而黄为其生。好问则生熟难易之间，大概以脱弃凡近，澡雪尘翳，驱驾声势，破碎阵敌，囚锁怪变，轩豁幽秘，笼络今古，移夺造化为工；钝滞、僻涩、浅露、浮躁、狂纵、淫靡、诡诞、琐碎、陈腐为病。五言古如《颍亭留别》《澼亭》《送钦叔内翰并寄刘达卿郎中白文举编修五言》之三四五、《饮酒》五首、《后饮酒》五首、《龙潭》《北邙》《龙门杂诗》二首、《丰山怀古》、《乙酉六月十一日雨》、《种松》、《杂诗》四首之一二、《观浙江涨》、《五松平》、《阻雨张主簿草堂》、《送诗人李正甫》、《万化如大路》、《放言》、《李道人崧阳归隐图》、《学东坡移居》八首、《历下亭怀古分韵得南字》、《别李周卿》三首、《九日读书山用陶诗"露凄喧风息，气清天旷明"为韵赋十诗》之一二三四六、《赵吉甫西园》、《临汾李氏任连堂》二首之二、《题张左丞家范宽秋山横幅》、《宿张靖田家》、《曲阜纪行》一首、《宝严纪行》，七言古如《秋蚕》、《范宽秦川图》、《西园》、《西窗》、《游黄华山》、《荆棘中杏花》、《萧仲植长史斋》、《读书山雪中》、《蟾池》、《天涯山》、《过刘子中新居》，杂言古如《去岁君远游送仲梁出山》、《此日不足惜》、《饮酒》、《送高信卿》、《寄赵宜之》、《段志坚画龙为刘邓州赋》、《纪子正杏园燕集》、《送李参军北上》、《王黄华墨竹》、《泛舟大明湖》、《赋邢州鹊山》、《送王亚夫举家归许昌》、《涌金亭示同游诸君》、《癸卯岁杏花》、《赠答赵仁甫》、《水帘记异》、《禠谷圣灯》、《李峪园亭看雨》、《游龙山》、《游泰山》，乐府如《天门引》、《蛟龙引》、《孤剑咏》、《芳华怨》、《后芳华怨》、《结杨柳怨》、《秋风怨》、《归舟怨》、《西楼曲》、《后平湖曲》、《洧川行》、《解剑行》、《望归吟》，五言律如《老树》、《少林雨中》、《十二月六日》二首、《短日》，五言长律如《怀益之兄》，七言律如《岐阳》三首之二、《玄都观桃花》、《汴梁除夜》，五言绝如《山居杂诗》六首，七言绝如《惠崇芦雁》三首《梁县道中》、《俳体雪香亭杂咏》十五首《春夕》、《内乡杂诗》，绝去雕琢，自然新丽，巧缛而干以风力；抚时感事，闲婉浏亮，而无乖律切；自学杜尔。尝谓："唐人之幽忧憔悴，寒饥困悫，一寓于诗；而其厄穷而不悯，遗佚而不怨者故在也。至于伤谗疾恶，不平之气，不能自掩；责之愈深，其旨愈婉；怨之愈深，其辞愈缓；优柔餍饫，使人涵泳于先王之泽；情性之外，不知有文字。幸矣，学者之得唐人为指归也！文字以来，诗为难。魏晋以来，复古为难。唐以来，合规矩准绳尤难。夫因事以陈辞，辞不迫切而意独至，初不为难；后世以不得不难为难耳。初予学诗以十数条自警，云：'无怨怼'，'无谑浪'，'无傲狠'，'无崖异'，'无狡讦'，'无嫋阿'，'无傅会'，'无笼络'，'无衒鬻'，'无矫饰'，'无为坚白辩'，'无为贤圣癫'，'无为妾妇妒'，'无为仇敌谤伤'，'无为聋俗哄传'，'无为瞽师皮相'，'无为黥卒醉横'，'无为黠儿白捻'，'无为田舍翁木强'，'无为法家丑诋'，'无为牙郎转贩'，'无为市倡怨恩'，'无为琵琶娘魂黯词'，'无为村夫子兔园册'，'无为算沙僧困义学'，'无为桃梗治禁词'，'无为天地一我，古今一我'，'无为薄恶所移'，'无为正人端士所不道'。信斯言也，诗其庶几乎？虽然，方外之学，有'为道日损'之说，又有'学至于无学'之说；诗家亦有之。子美夔州以后，乐天香山以后，东坡海南以后，皆不烦绳削而自合；非技进于道者能之乎？诗家所以异于方外者：渠辈谈道，不在文字，不离文字；诗家圣处，不离文字，不在文字；唐人所谓情性之外，不知有文字云尔。"

古文尤擅碑志，一时之铭功德者，咸趋其门。有例有法，有宗有趣，而根柢盘深，雄浑挺拔，不可以绳墨拘。及其世涉沧桑，人有殄瘁，慨当以慷，则尤沉郁顿挫，令人读之神往。如《雷希颜墓志铭》曰：

南渡以来，天下称宏杰之士三人：曰高廷玉献臣，李纯甫之纯，雷渊希颜。献臣雅以奇节自负，名士喜从之游，有衣冠龙门之目。卫绍王时，公卿大臣多言献臣可任大事者。绍王方重吏员,轻进士,至谓:"高廷玉人才非不佳,恨其出身不正耳。"大安末,自左右司郎官,出为河南府治中,卒以高材为尹所忌,瘐死洛阳狱中。之纯以蓟州军事判官,上书论天下事。道陵奇之,诏参淮上军,仍驿遣之。泰和中,朝廷无事,士大夫以宴饮为常。之纯于朋会中,或坚坐深念,咄咄嗟唶,若有旦夕忧者。或问之故。之纯曰:"中原以一部族待朔方兵;然竟不知其牙帐所在;吾见华人为所鱼肉去矣。"闻者讪笑之曰:"四方承平余五六十年,百姓无狗吠之警;渠不以时自娱乐,乃妖言耶?"未几,北方兵动。之纯从军还,知大事已去,无复仕进意,荡然一放于酒;未尝一日不饮,亦未尝一饮不醉,谈笑此世,若不足玩者。贞祐末,尝召为右司都事,已而摈不用。希颜,正大初,拜监察御史。时主上新即位,宵衣旰食,思所以宏济艰难者为甚力。希颜以为天子富于春秋,有能致之资,乃拜章言五事,大略谓:"精神为可养。初心为可保。人君以进贤退不肖为职,不宜妄费日力以亲有司之事。"上嘉纳焉。庚寅之冬,朔方兵突入倒回谷,势甚张,平章芮公逆击之。突骑退走,填压溪谷间,不可胜算,乘势席卷,则当有谢玄淝水之胜。诸将相异同,欲释勿追。奏至,廷议亦以为勿追便。希颜上书以破朝臣孤注之论,谓:"机不可失。小胜不足保。天所予,不得不取。"引援深切,灼然易见;而主兵者沮之,策为不行。后京兆凤翔报北兵狼狈而西,马多不暇入衔;数日后知无追兵,乃聚而攻凤翔。朝廷始悔之,至今以一日纵敌为当国者之恨。凡此三人者,行辈相及,交甚欢,气质亦略相同;而希颜以名义自检,强行而必致之,则与二子为绝异也。盖自近朝士大夫,始知有经济之学，一时有重名者非不多，独以献臣为称首。献臣之后，士论在之纯；之纯之后在希颜。希颜死，有人物渺然之叹。三人者，皆无所遇合，独于希颜尤嗟惜之云。

希颜，别字季默，浑源人。考讳思，大定末，仕为同知北京路转运使事。希颜，其暮子也。崇庆二年，中黄裳榜进士乙科，释褐泾州录事。不赴，换东平府录事，以劳绩遥领东阿县令，调徐州观察判官，召为荆王府文学兼记室参军，转应奉翰林文字，同知制诰，兼国史院编修官，考满再任；俄拜监察御史，以公事免。用宰相侯莘卿荐，除太学博士，还应奉，终于翰林修撰，累官太中大夫。娶侯氏，子男二人：公孙八岁，宜翁四岁。女二人：长嫁进士陈某，其幼在室。

初希颜在东平；东平，河朔重兵处也，骄将悍卒，倚外寇为重，自行台以下，皆务为摩拊之。希颜莅官，所以自律者甚严。出入军中，偃然不为屈，故颇有喧哗者。不数月，间巷间，家有希颜画像，虽大将，亦不敢以新进书生遇之。尝为户部高尚书唐卿所辟，权遂平县事。时年少气锐，击豪右，发奸伏，一县畏之，称为神明。及以御史巡行河南，得赃吏尤不法者，榜掠之，有至四五百者。道出遂平，百姓相传雷御史至，豪猾望风遁去。蔡下一兵，与权贵有连，脱役遁田间，时以药毒杀民家马牛，而以小直胁取之。希颜捕得，数以前后罪，立杖杀之。老幼聚观，万口称快，马为不得行。然亦坐是失官。

希颜三岁丧父，七岁养于诸兄，年十四五，贫无以为资，乃以胄子入国学，便能自树立如成人。不二十，游公卿间，太学诸人莫敢与之齿。渡河后，学益博，文益奇，名益重。

为人躯干雄伟,髯张口哆,颜渥丹,眼如望羊。遇不平,则疾恶之气,见于颜间,或嚼齿大骂不休,虽痛自摧折,猝亦不能变也。食兼三四人,饮至数斗不乱,征酒淋漓,谈谑间作,辞气纵横,如战国游士;歌谣慷慨,如关中豪杰;料事成败如宿将;能得小人根株窟穴,如古能吏;其操心危,虑患深,则又似夫所谓孤臣孽子者。平生慕孔融、田畴、陈元龙之为人,而人亦以古人期之。故虽其文章,号一代不数人,而在希颜,仍亦余事耳。希颜年四十六,以正大八年辛卯八月二十有三日,暴卒。后二日,葬戴楼门外三王寺之西若干步。好问与太原王仲泽哭之,因谓仲泽言:"星殒有占,山石崩有占,水断流有占,斯人已矣。瞻乌爰止,不知于谁之屋耳!"其十月,北兵由汉中道袭荆襄,京师戒严。铭曰:

维季默父起营平,弱龄飞骞振厥声。备具文武任公卿,百出其一世已惊。紫髯八尺倾汉庭,前有赵张耻自名。目中中敌无遁情,太息流涕请进兵。掩聪不及驰迅霆,一日可复齐百城。天网四面开鲵鲸,砥柱不救洪涛倾。望君佐王正邦经,或当著言垂日星;一偾不起谁使令。如秦而帝宁勿生,不然亦当蹈东溟。玄精炯炯赋子形,滃焉宁与一物并。千年紫气郁上征,知有龙剑留泉扃。何以验之石有铭。

志雷希颜,而一时豪俊以类见,此太史公附传之法。而笔势奇纵,兔起鹘落。其他赋如《秋望赋》,序跋如《章宗皇帝铁券行引》、《琴辨引》、《太原昭禅师语录引》、《跋国朝名公书》、《跋松庵冯丈书》、《跋紫微刘尊师山水》、《跋韵嵩书柳子厚独觉一诗》,

赠序如《送秦中诸人引》,赞如《手植桧圣像赞》《赵闲闲真赞》二首、《写真自赞》,碑志如《平章政事寿国张文贞公神道碑》、《王黄华墓碑》、《闲闲公墓志铭》、《寄庵先生墓碑》、《朝列大夫同知河间府事张公墓表》、《内相文献杨公神道碑铭》、《内翰王公墓表》、《通奉大夫钧州刺史行尚书省参议张君神道碑铭》、《资善大夫集庆军节度蒲察公神道碑铭》、《御史程君墓表》、《平叔墓志铭》、《聂元吉墓志铭》、《太中大夫刘公墓碑》、《奉直赵君墓碣铭》、《御史孙公墓表》、《刘景玄墓志铭》、《南峰先生墓表》、《蓬然子墓碣铭》、《族祖处士墓志铭》、《敏之兄墓志铭》、《顺天万户张公勋德第二碑》、《赠镇南军节度使良佐碑》、《千户乔公神道碑铭》、《千户赵侯神道碑铭》、《故帅阎侯墓表》、《冠氏赵侯先茔碑》、《西宁州同知张公之碑》、《五翼郡总领豪士信公之碑》、《清凉相禅师墓志铭》、《华严寂大士墓志铭》、《坟云墓志铭》、《孙伯英墓志铭》、《紫虚大师于公墓碑》、《天庆王尊师墓表》、《圆明李先生墓表》、《通玄大师李君墓碑》、《藏云先生袁君墓表》,杂记如《市隐斋记》、《临锦堂记》、《王无竞题名记》、《济南行记》、《成然院功德记》、《竹林禅院记》、《紫微观记》、《朝元观记》,咸可诵览。大抵省净不如欧,唱叹而出以宏赡;疏快亦逊苏,徐重而能为峻健。复体单语,杂厕奔进,而飞腾瑰玮,仿佛韩愈;盖不为宋文而力追唐格者也。于是唐风振,而元之诗文渐变,则好问为之枢也。

好问既搜金人诗以成《中州集》,而又采金人词以为《中州乐府》。其词以豪俊出生拗,亦衍苏辛一脉,而与姜张异趣。或谓好问之选,皆取其近己者;然王寂《拙轩集》、李俊民《庄靖集》两家之词皆不入《中州乐府》,而清雄顿挫,以视《中州乐府》,格调亦无二致。宋词深致能入骨;金词清劲能树骨;

宋或失之绮靡，近于雕文刻镂之技；金或失之伧荒，无解深裘大马之讥。独白朴幼育于好问家，学有端绪，而词则清婉秀逸，亦如南宋之有姜张云。传有《天籁集》二卷。

第五章 元

第一节 发凡

元以蒙古起朔方，牧马南下，吞金灭宋而抚有中国；然元能兼并金宋之土地，而未统一南北之文学。北方文学，衍金之元好问一脉，文宗韩以矫苏，诗反黄以为唐，蕲于积健为雄，反宋入唐；而姚燧元明善为之宗盟。南士则承南宋，文格不变，而诗格变，以唐矫宋，以晋参唐，意趣冲旷，语参游仙，一祛西江粗犷之弊而趋于和雅；虞集、揭傒斯、黄溍、柳贯，联翩起东南，号为儒林四杰，亦一时之盛也。北学作色张之，以奇崛作气势。南文坦迤出焉，以婉惬为真率。独袁桷濡染北学，文笔拗强，南风以竞，浸欲争长。及吴莱、杨维桢继踵浙东西，所为诗文磊落而英多，欲以生气勃发，出奇制胜。南方之强，北方之强，矜才使气，孰为高下。然而北人之语句佶屈，不如南文之篇章浑成也。独吾诵元人诗文集，其中碑传所志勋臣元僚，克城数十百，莫非我汉族暴霜露、斩荆棘之所垦辟以世世长子孙者也。杀贼几百万，莫非我汉族同仇敌忾之为国干城者也。于时杀其壮佼，系累孱倪，子女玉帛，惟所有之；迁我重器，载宝而朝；在彼之丰功伟烈，在我汉族则奇冤大愤；而誉凶人以为元勋，侈屠僇以张德威，执简以书，非异人任；其人则刘因、姚燧、元明善、赵孟頫、袁桷、虞集、揭傒斯、黄溍、柳贯；其邑里有南北，而其人为汉族，一也；顾认贼作父，歌功颂德，如不容口；而不知其颡之有泚焉。呜呼！哀莫大于心死，而丧心病狂以为盛德形容，斯诚民族之奇耻，斯文之败类已！然丧心病狂，而有征其不病不狂者；心死而有明其不死者。独其吟咏情性，见于诗什；虽以赵孟頫之盛宠极显，虞集、揭傒斯之世久情迁，抑亦不无沧桑之感，悲凉之音焉。元之季也，吴莱以《春秋》举于乡；而题《春秋通指》后，内中国而外夷狄，欲树之坊，大义凛然矣。况其为遗民贞士谢翱、方凤之俦者乎！或者几希之仅存，以明人心之终不死，而萌吾民族复兴之新运耶。

第二节　耶律楚材　郝经 附阎复　刘秉忠　刘因 附安熙　姚燧 附张养浩　元明善 附马祖常　苏天爵

元与辽金同出游牧；金之盛也，元为臣仆，及金之衰，而元太祖举兵以叛，克燕京，得耶律楚材。耶律楚材，字晋卿，辽东丹王托云八世孙也。父履，仕金，终尚书右丞。楚材生三岁而孤，母杨教之学。及长，博极群书，旁通天文、地理、律历、术数，及释老医卜之说。下笔文成如宿构。金制，宰相子例试补省掾，楚材欲试进士科。章宗诏如旧制，问以疑狱数事。问试十七人，楚材第一，遂辟为掾。既而元兵逼，宣宗徙汴，完颜复兴行中书省事，留守燕，辟为左右司员外郎。太祖定燕，闻其名，召见。楚材身长八尺，美髯弘声。帝伟之，曰："辽金世雠，朕为雪之。"对曰："臣父祖委质事之，君臣分定，不敢雠也。"帝重其言，处之左右，遂呼曰"长髯人"而不名，日见亲用。事太宗，拜中书令；遂宪章宋金，立法定制，以润色鸿业，为开国文臣之首，卒谥文正。传有《湛然居士集》十四卷。其中诗多而文少。惟第十三卷、第十四卷，以书序碑记与诗杂编。其诗不甚修辞，多参禅悦。万松野老行秀序其端曰："湛然居士年二十有七，受显诀于万松，尽弃宿学，冒寒暑，无昼夜者三年；以至扈从西征六万余里，历艰险，困行役，而志不少沮；跨昆仑，瞰瀚海，而志不加大。客问其故。曰：'汪洋法海，涵养之力也。'片言只字，皆出于万化之原；而肤浅未臻其奥者，方索诸声偶锻炼之余；正如检指蒙学对句之牧竖，望涯于少陵诗史者矣。"盖明其有得于禅以抒为诗；而肆笔顿挫，不乖悭适，盖学杜甫以矫江西之拗体者也。摘句如"瀚海月明千里雪，天山风吼万林丹"，"昆仑碧耸日落处，渤海西倾天尽头"，塞外景色，描写如绘，雄丽得未曾有。然气调差肆而骨力不坚，辞意太尽而识趣不永；遂成浮响，而无茂意。

耶律楚材，诗欲为唐而未跻于熟者也。独陵川郝经，奉手于元好问而得其指授；其文丰蔚豪宕，其诗苍凉沉郁，不安为宋，而差跻唐。

郝经，字伯常；其先潞州人，徙泽州之陵川；家世业儒。祖天挺，元好问所从受学也。金亡，而经奉母徙顺天，负米读书，为守帅张柔、贾辅所知，延为子师。二家藏书皆万卷，恣其搜览。元好问语之曰："子貌类汝祖，才器非常。"与论作诗作文之法。宪宗元年，世祖以皇弟开邸，召经，谘以经国安民之道；

遂从世祖总师南伐,屡陈大计。及世祖即位,以为翰林侍读学士,充国信使,入宋通好,盖用经之议也。然为宋所拘,馆之真州者十六年,愤闷无聊,益肆力于文章。至元十一年,丞相伯颜奉诏讨宋,问执行人之罪;乃得释归。先是汴中民射雁金明池,得系帛书诗云:"霜落风高恣所如,归期回首是春初。上林天子援弓缴,穷海累臣有帛书。"后题曰:"中统十五年九月一日放雁,获者勿杀。国信大使郝经书于真州忠勇军营新馆。"是时南北隔绝,但知纪元为中统也。诗奏,遂致讨焉。既归而卒,谥文忠。传有《陵川集》三十九卷。其中《遗山先生墓志铭》,阐扬师法,明其流变,笔力健举,沛然出之若有余,几欲追好问而肩及之。而称好问之诗,以谓:"沉郁太和,力出意外,巧缛而不见斧凿,新丽而绝去浮靡,造微而神采粲发。杂弄金碧,粉饰丹素,奇芬异秀,动荡心魄。看花把酒,歌谣跌宕,挟幽并之气,高视一世。以五言雅为正,出奇于长句杂言。"所以心维力摹,盖经之所以志师,抑经之所自为力。今诵其诗,可覆按也。

金之亡也,元好问依东平路行军万户严实以居。而实招诸生,以付好问校试其文,而与选者四人焉,高唐阎复其首也。

阎复,字子靖,美风仪,七岁读书,颖悟绝人。弱冠,入东平学,及是为实掌书记。至元八年,以荐为翰林应奉,扈驾上京,赋诗应制。世祖顾宰相曰:"有才如此,何可不用?"遂掌诏命。历世祖、成宗、武宗,出纳王言,久官翰林,卒谥文康。有《靖轩集》五十卷。所为文章,力矫平易,以茂藻为雄文,而或失之缛;以飞腾振块玮,而不免于踬;抑固得法好问,而欲以希韩者也。

邢州刘秉忠,初名侃,字仲晦;亦事世祖皇弟潜邸。及欲正位，郝经定策以班师，而刘侃显庸于创制；累官光禄大夫、太保、参领中书省事。早岁为僧，游云中，居南堂寺。世祖开邸，海云禅师被召，过云中，闻其博学于文，邀与俱；应对称旨，屡承顾问，论天下事如指诸掌；遂辅世祖以缵大统，而犹不改僧服。及是赐名秉忠。诏以翰林学士窦默之女妻之，赐第奉先坊；而斋居蔬食，终日淡然，不异平昔。自号藏春山人。每以吟咏自适。经歌谣跌宕，挟幽并之气，出奇于长句杂言；而秉忠巧缛新丽，尤工七言律绝；其风力不如经之腾骧，而雕缋满眼，才亦足以发藻。传有《藏春集》六卷，盖振唐风之朗丽，而救宋诗之伧野者也。

刘秉忠以释能诗，刘因以儒有文；刘秉忠诗嗣唐音，而刘因学承宋儒。

刘因，字梦吉，保定容城人。父述，刻意问学，邃性理之说，好长啸。年四十未有子，因梦有神人马载一儿至其家，曰："善抚之。"后果得子，乃名曰骃，字梦骥，后改今名及字。三岁受书，过目成诵。六岁赋诗，七岁属文，落笔惊人。才器超迈，日阅方册。初为经学，究训诂疏释之说，辄叹曰："圣人精义殆不止此。"及读宋儒周、程、张、邵、朱、吕之书，一见能发其微，曰："我固谓当有是也。"既而深究得失，曰："邵，至大也；周，至精也；程，至正也；朱子极其大，尽其精，而贯之以正也。"顾家居教授，以发六经皆史之义；而诏学者，亦不废汉唐训诂之说，旁推交通，著有《叙学》一篇。大旨主博学于文，读书穷理。其学原出朱熹之道问学，而参以吕祖谦之经世读史，亦不尽用朱子。弟子数百人，而得其传者曰真定安熙。

安熙，字敬仲，有《默庵集》五卷。其学汪洋而静深，谓文以载道，不胜，不足以穷理，故言修道以立文。于诗章幽而不伤，慕贞洁之实。教人也，持敬为本。解经必毫缕以析，果知之，必验其所行。弟子相从常百余人，出入闾巷，佩矩带规，望而知为安门弟子。其于刘因也，未尝一见；盖执读其书，默焉以求其通者也。世祖初即位，姚枢、许衡，咸在中朝，号大儒。既而两人相继告老。士大夫多属意于刘因，丞相不忽木尤力荐之。至元十九年，征拜右赞善大夫，以母疾请归。二十八年，召为集贤学士，固辞不起，寻卒。生平爱诸葛亮"静以修身"之语，表所居曰静修；因以题集，传有《静修集》三十卷。其中诗五卷，号《丁亥集》，因所自定，余皆门人所掇拾也。诗抑扬爽朗，得苏之笔，而理趣稍逊。文则由宋攀唐，以自出机杼，如《田景延写真诗序》曰：

清苑田景延善写真，不惟极其形似，并与夫东坡所谓"意思"，朱子所谓"风神气之天者"而得之。夫画形似，可以力求；而意思与天者，必至于形似之极而后可以心会焉；非形似之外，又有所谓意思与天者也；亦下学而上达也。予尝题一画卷云："烟影天机灭没边，谁从毫末出清妍？画家也有清谈弊，到处南华一嗒然。"此又可为学景延不至者之戒也。

又《新安王生墓志铭》曰：

新安王纲居母丧，以哀毁致疾；既而其父病作，而纲竟以忧终。其师容城先生为铭其墓。其辞曰：

礼之未制也，人或径情。人之未知也，礼有失平。生制礼之后，为学礼之人；不俯就之，而夭祸是婴。如九原之可作，将声言以责生。虽然，出继有嗣，终养有兄。入土而安,勿震以惊。吾当作铭。

遒宕拗兀,不为危仄。其他序跋如《庄周梦蝶图序》、《赐杖诗序》,赠序如《李公勉初名序》,碑志如《中顺大夫彰德路总管源孙公先茔碑铭》、《怀宁万户刘公先茔碑铭》、《明威将军后卫亲军总管李公先茔碑铭》、《正议大夫礼部尚书王公神道碑铭》、《泽州长官段公墓碑铭》、《清苑尹耶律公遗爱碑》、《武强尉孙君墓志铭》;杂记如《驯鼠记》、《退斋记》,咸为一集之胜。议论醇粹明白,不激不随,而出以坦迤;碑志遒宕排奡,不蹇不拗,而能为高迈;笔有裁制,语无冗絮,简括有法,胜于朱熹。盖有元一代,义理而擅文章,北方之学者,莫之或先也。先是许衡之应召也,道过因。因曰:"一聘而起,得无遽乎?"衡曰:"不如此,则道不行。"及因不就集贤之召;人或问之,乃曰:"不如此,则道不尊!"然因制行之峻过于衡,博学有文过于衡,而高尚其志,遁世无闷,位不如衡之显,名不如衡之高,徒从亦不如衡之众。学统不在焉,文统亦不系焉。北方之学统,系许衡;北方之文统,系衡之弟子姚燧。

姚燧,字端甫,号牧庵,河南人,姚枢之从子也。北学之开,实大以衡而自于枢。元初建国,无汉人士大夫;及破许州,而枢以金军资库使见获,太祖甚喜。既而太宗遣其从子库腾南下伐宋,俾枢从,即军中求儒释道医卜之人。及拔德安,以尝逆战,其民数十万,皆俘戮无遗;而枢力拯拔儒生之在俘者,于其中得江汉先生赵复,见枢戎服而髯,以为蒙古人也。及之帐中,见案有琴书,骇曰:"胡人乃解此乎?"枢为一笑,而与之言,信奇士。出所为文数十篇付枢,自以九族殚残,得死为幸。枢慰藉百端,留共宿。中宵而寤,月皓而盈,索复不得,惟寝衣存，遽驰马周号积尸间，而得之水滨，则见被发仰天，号而欲投水。枢晓以："徒死无益。汝存，则子孙或可传绪百世。吾保而北，无他也。"遂引之燕，谒世祖。问曰："吾欲取宋，卿可导之。"复应曰："宋，吾父母国也，义不为。"世祖亦不强之，而以付枢。枢建大极书院，请复讲授。复以所记程朱所著诸经传注，尽录以授枢，北方道学自此始。郝经、刘因、许衡，转相传录，而枢亦以精研性理之学，历任太宗、定宗、宪宗、世祖，累拜中书左丞、昭文馆大学士、翰林学士承旨，卒谥文献，以儒学为元朝开国名臣。

姚燧三岁丧父而依于枢，自幼服教，而随枢隐苏门讲学，耳目濡染。堂龛孔子容，傍垂周、两程、张、邵、司马六人像，读书其间，衣冠庄肃。后生薄夫，或造庭除，出语人曰："几褫吾魄。"枢汲汲以化民成俗为心，自版《小学书》、《论孟或问》、《家礼》《近思录》与东莱经史说，散之四方。时河内许衡在魏，诏学者出入经传子史，泛滥释老，下至医药卜筮兵刑货殖水利算数，靡所不究。而枢过相见，诵说所学。衡遂造苏门，尽录程朱氏书以归，谓其徒曰："曩所授受皆非。"今始闻进学之序。若必欲相从，当尽弃前习，以从事于小学、四书为进德基。不然，当求他师。"众皆曰："惟先生命。"既而衡尽室来辉，相依以居。而燧出拜焉，时年十三岁也；迨十八岁而从学于衡。衡以讲学受知世祖，累官进集贤大学士兼国子祭酒，亲为择蒙古贵姓子弟，俾教之，而道大行。顾不以文章为事，亦未诏燧学为文也。及燧二十四岁，始取韩文读之，走笔试为，或谓有作者风；而就正于衡，衡亦赏其辞。以荐为秦王府文学，历世祖、成宗、武宗、仁宗，官至翰林学士承旨，集贤大学士；卒谥曰文，时论以韩愈待之，故与同谥。传有《牧庵集》三十六卷。宋濂撰

《元史》，称："其文闳肆赅洽，豪而不宕，刚而不厉，舂容盛大，有西汉风；宋末弊习为之一变。"而《四库提要》亦谓："燧学出许衡，而文章出衡远甚；雄深雅健，绰有古风。碑志尤足补史阙。有元一代，自虞集之外，罕能旗鼓相当也。"无不推崇备至。其实燧为碑志，叙述详尽，其中多名臣大僚，如《湖广行省左丞（阿尔哈雅）神道碑》《平章政事蒙古公（博啰罕）神道碑》、《平章政事徐国公（伊札吉台彻尔）神道碑》《中书左丞姚文献公（枢）神道碑》、《董文忠公神道碑》《平章政事史公（格）神道碑》、《福建等处行中书省平章政事大司农史公（燿）神道碑》、《便宜副总帅汪公（忠臣）神道碑》《兴元行省瓜尔佳公（隆古岱）神道碑》《封雍国公谥忠贞贺公（仁杰）神道碑》《领太史院事杨公（恭懿）神道碑》《参知政事贾文正公神道碑》、《叙州等处行中书省平章政事游公（显）神道碑》《真定新军万户张公（兴祖）神道碑》《中书左丞李忠宣公（德辉）行状》，信足以辅《元史》诸传之缺，而搜其佚闻。然文章欲学韩愈之生聂，而以救宋金诸家之滑易。盖宋金诸家，习于苏文，条达疏畅，而不免滑易；流风所靡，独燧以韩文自振拔，见者遂以为高不可攀耳。此实苏文盛极而衰之机，而非燧之文真能"雄深雅健"也。其实以蹇涩支离之笔，抒广末猛贲之调，而无大力控抟，无豪气运贯，欲为"盛大"而未见"舂容"。议论好为矜张而无精识，"雄"而不"深"；抑非"雄"也，肤也，廓也。辞笔特为拗强而疏脉理，"健"而不"雅"，抑非"健"也，犷也，伧也。"闳"而不"肆"，则成擘积；"该"而不"洽"，徒见虚憍。叫嚣而无所见，拉杂而不知裁。至于"无恙"必曰"不恙"，"呜呼天乎"则曰"呜呼哉天乎"，有意立异以为学韩；不惮支离其辞，增减其字；其原出于韩愈《曹成王碑》、《试大理评事王君墓志铭》、《贞曜先生墓志铭》、《郓州谿堂诗序》、《汴州东西水门记》、《送穷文》、《祭河南张员外文》；生字拗语，怪怪奇奇，在愈文章犹犷，以备集中之一格，而中有精识，运以逸气。乃后之学者，不知知言养气为何事；而顾字句剽拟，好奇矜诞。皇甫湜学之以矜气夸调，则为生吞；宋祁《新唐书》教之以省字改语，则为活剥；无当奥奇，徒成拙累。而燧则以皇甫矜气夸调之生吞，兼有宋祁省字改语之活剥，刺口棘舌，风斯为下。而披沙拣金，差为可诵；则有序跋如《书米元晖画山水》，赠序如《送郭肃政安道序》、《梁氏三子名说》，传如《太华真隐褚君传》，碑志如《湖广行省左丞相神道碑》、《平章政事蒙古公神道碑》、《平章政事徐国公神道碑》、《便宜副总帅汪公神道碑》、《兴元行省瓜尔佳公神道碑》、《百夫长赠中大夫轻车都尉曹南郡侯坤都岱公神道碑》、《邓州长宜赵公神道碑》、《真定新军万户张公神道碑》、《招抚使李君阡表》、《河东检察李公墓志铭》；杂记如《序牡丹》、《康瓠亭记》、《赫羲亭记》，皆辞笔较省净，文字较从顺。诗笔疏快，不如文之涩蹇，苦乏意境。独《易天地交泰后以裁成天地之道辅相天地之宜》经义一首，条达疏畅，意到笔随。辞曰：

> 造化之奠位，必合两而成其和；圣人之成能，必参两以用其中。盖和者致泰之极功，中者致和之大本也。徒知保合太和，而气化之流行者，固所以通乎两间之天地；乃不知允执厥中，而道化之运行者，实有以位乎一身之天地。吾恐道化之中，有时而偏；则气化之和，亦有时而郁矣。圣人之宗主是泰，岂其然哉？天秉阳而居上，确乎其体也，而气则下交乎地；地秉阴而居下，陨然其形也，而气则上

交乎天。气化交感，絪缊旁薄，至和流通，在在无间。造化之泰，何其盛也，其必有致此者矣。

曰有元后焉。天地之道，或太过也，而元后则以此之中而财成之；天地之宜，有不及也，而元后则以此之中而辅相之。道化潜通，无过不及，一中懋建，天地不悖。圣人之泰，不亦溥乎！合两以致化者，造化之泰，此泰之蟠际也；参两以赞化者，圣人之泰，此泰之宗主也。有圣人以宗主是泰，则成位乎上下者，无非中；而奠位乎上下者，无非和矣。《泰》之《象》云云，其意如此。或者昧之，往往谓高明博厚，天地之体也；下降上腾，天地之气也。体立而气行，交通而旁达，则形和气和，而天地之和应矣，于圣人奚赖焉？吁！是未知天地之化，而范围者圣人也；天地化育，而参赞者圣人也。圣人者，拟天地而参诸身，以一身而赞化育，阴阳阖辟，我转其机；寒暑推迁，我总其运。此精神之感召，和气之流通，使之三光全而日月无薄蚀之虞，五纪协而风雨无凄苦之变。财之成之，辅之相之，而无过不及之偏；太和之应，何莫非大中之感？呜呼！和在天地，则天地一圣人之应也；中在圣人，则圣人一天地之感也。要其所应，则太和所播，上际下蟠，无彼此也，无间断也。天地之泰，天地之气化所由通也；而位天地，育万物，元后之于天地，实有功焉。太过，其财成之；不及，其辅相之。以斯中也，致斯和也，气化之和，即道化之所由验也。原其所感，则大中一建，万物咸睹，无偏党也，无反侧也。圣人之泰，圣人之道化所由通也；而亶聪明，作父母，天地之于元后，实有赖焉！寒暑，其教化之；日月，其顺动之；以斯和也，验斯中也；道化之中，即气化之所由基也。然则中和无二致，感应无二机，在天地者非有余，在圣人者非不足，浑浑乎一中和之盛，此其所以为泰治之极欤。

今夫成气化之泰者在天地，而开道化之泰者在圣人。圣人者出，父乾母坤，而巍然中处，则成位乎天地矣。大生广生，而大宝曰位，则成能乎天地矣。聪明作元后也，而有道以运焉；两仪同流，一中不逾。阴惨而阳舒，天地之道也，过则不能和。春生而秋敛，天地之宜也，不及不能和。一喜怒，有同乎阴阳之惨舒；惟皇作极而财成之，则无愆阳，无伏阴，而天地之道所由泰。一赏罚，有同乎春秋之生杀；惟皇作极而辅相之，则无暑雨，无祁寒，而天地之宜所由泰。协施中矣，中斯泰矣。将见王道正直，荡荡平平，会其有极，是行是训。吾之道，无非天地之道。吾之宜，无非天地之宜。鼓元气，雷域中，天地之《豫》也，即圣人之中也。腾百川，雨天下，天地之《解》也，即圣人之中也。由此中而推之，其平秩平在，寅饯寅宾，其在璇玑玉衡，无非此中之弥纶曲成也。

大抵有气化之泰，有道化之泰。气化之泰，一天地之和也；道化之泰，一圣人之中也。若不相关也，而实相为因；若不相与也，而实相为用；其殆一道气之相为贯通者乎。何者？有道，斯有气。道降而气，其在天地，则为阴阳之运；其在圣人，则为中节之和。气通于道，其在天地，则为阴阳之粹；其在圣人，则为未发之中。天地以气运，则有上下交通之妙，气即道之流行焉耳。圣人以道运，则有财成辅相之功，道即气之主宰焉耳。融道气，致中和，天地大造化也，圣人权造化也；天地，圣人，同一中和之泰也。使天地徒以气化之泰奠位乎上下,而不有圣人以道化之泰成位乎其中,则阴阳失其道,寒暑失其宜,日月失其经,和者流矣,其何泰也哉?

抑尝考《泰》之为卦而有疑焉?天尊地卑而乾坤以定,皇极建中而彝伦以叙。今而象《泰》之卦,则有取于乾下而坤上;元后之任,则有反于天地之道与宜。何也?盖天地以形言,乾坤以气言。天地奠位,而乾下坤上者,气也;天地之交,以气而交,是之谓《泰》。乾坤,其父母也;元后,其宗子也。乾坤以气化而赋形赋色于元后,元后其可不存吾顺事而财成辅相之以尽其宗子之职哉?是知乾下坤上,气化以交而成和矣,而乾坤以定,则和者未有不中。曰道曰宜,元后财成辅相之以中矣,而彝伦攸叙,则中者未有不和。虽然,圣人之用中,其应在天地,其感在民心,民心罔中,惟尔之中,则人和,而天时地利无不应矣。古之圣人,端居乎宥密之中,而尸财成辅相之职;岂必曰夏则天地之阳气而导行之,冬则闭藏之欤?又岂必曰秋则取天地之阴气而施用之,春则闭止之欤?夫乖气致异,和之反也。和气致祥,泰之极也。

礼乐所以合天地之化,中和所以致万物之育。吾之于民,苟能以礼乐导其中和之教,以中和行其左右之道;则吾民之中,即天地之中也;吾民之和,即天地之和也。地天象泰,以财成辅相之任,属之圣人;而必以左右民继言之,厥旨深矣。昔之言泰和者,必曰唐虞,则唐虞之时,地天交泰之时也。以言其治,则地平天成也;以言其道,则精一执中也;以言其化,则黎民于变也。中和之应,未有盛于此时也。然要其所以致中和,无非用中于民;始之作讹成易有其时，析因夷隩有其序，六府则孔修，三事则元治。彼其潜通天地之和，默制造化之机，固有左右尔民之治存焉。如日舍斯民而他有所谓财成辅相之事，特阴阳固闭之学，聋瞽巫史之为，尧舜其然乎？不然也。春秋以来，日蚀有书，地震有书，不雨又有书，是何阴阳缪戾如是耶？得非治不唐虞，世则春秋，大中之治不建，而太和之治不复乎？吁！是必有瘄寐尧舜于千百载之上，而为天地立极，为万世开太平者。

以《中庸》补《易》义，以中致和，吃紧做"以"字，以天地之中和归之于我民之中和，惜未能如《荀子》之以人定胜天行，而深切喜往复，排比之中，饶能辨折，足以追攀宋之王安石、苏辙，而笔有余爽，义无剩蕴，胜为古文也。特济南张养浩以奉手于燧，而序其集曰：

> 皇元宅天下百许年，倡明古文，才牧庵姚公一人而已。盖常人之文，多剽陈袭故，窘于识趣，弗克振拔。惟公才驱气驾，纵横开阖，纪律惟意。其大略如古劲将率市人战，彼虽素不我习，一号令之，则鼓行六合，所向风从，无敌不北。虽起绝海岳，亦莫不迎锐而开，犹度平衍；视彼选兵而阵，择地而途，才一再敌，辄衰焉且老者相万矣。
>
> 走年二十四，见公于京师。时公直学士院，每有所述，于宴酣后，岸然瞑坐，词致砰隐，书者或不能供；章成，则雄刚古邃，读者或不能句。尤能约要于繁，出奇于腐，江海驶而蛟龙拿，风霆薄而元气溢，森乎其茫寒，皓乎其辉煜。一时名胜，靡不鳃鳃焉自闷所有，伏避其路。而将相鼎族，辇金筐币，托铭先世勋德者，路谒门趋，如水赴

壑，厥问之崇，学者仰之山斗矣。每往来江湖间，赆饯宴劳，月无虚朝。二千石趋翼下风，吟啸自若，巷陌观者谓君神仙人。尝谓唐三百年，文为世所珍者，李邕、韩愈二人，或所暨若市，或酬金牣门。最其凡论之，公盖兼有。至其外荣达，喜施与，宏逸高朗，中表惟一，年愈艾而气节愈隆，顾有前人所未备者；然则公之奇佹瑰异者，独文乎哉。

公殁之十一年，当泰定改元，江西省臣求所述于家，凡如干篇，将板行世。郎中贾焕华甫走书济南，以文序请。窃惟韩昌黎文，李汉氏序。欧阳公文，苏辙氏序。公与二子，代虽不同，要皆间气所钟，斯文宗匠，振古之人豪也。走何人，敢于焉置喙？辞不获，因纪平昔所尝得诸心目者，姑副所恳。公，讳燧，字端甫，仕至翰林学士承旨，荣禄大夫，集贤大学士，太子宾客。牧庵其自号云。

可谓推崇备至。其实燧之为文，只是"剽陈袭故"，不过时人因袭苏调，而燧据摭韩语；"窘于识趣"，何尝"振拔"？"才"不"驱"，"气"不"驾"，何色张之？欲为"纵横开阖"而未能"纪律惟意"；"刚"而不"雄"，则为傲狠；"古"而不"邃"，则见堆垛；拉杂成章，敫齿佶屈，宜"读者或不能句"也；更何"约要于繁"，"出奇于腐"之有哉？养浩之言，未免阿私所好也。

张养浩，字希孟，自幼以才行名。游京师，献书平章不忽木，大奇之，辟为掾。历武宗、仁宗、英宗，累拜礼部尚书陕西行御史台中丞，卒谥文忠，别号云庄，有《云庄类稿》二十四卷。江浙行省参政字术鲁翀为之序曰："本朝牧庵姚文公以古文雄天下。天下英才振奋而宗之，卓然有成，如云庄张公，其魁杰也。其文渊奥昭朗，豪宕妥帖，辞必己出，凛有生气。"抑亦北学之宗匠，而以嗣响于牧庵。虽豪宕而未妥帖，不免与燧为同病，然昭朗而免僻塞，抑亦祛燧之一蔽焉。然养浩一代名臣，不以词章工拙为重轻。独元明善早以文章自豪，务为雄丽以矫滑易，体气与燧同，而年辈视燧后，遂以继燧为北学所宗云。

元明善，字复初，大名清河人。童而过目成诵。稍长游吴，以古文有声，用荐为安丰建康两路学正，辟掾行枢密院。金院事董士选钦重而宾待焉。名达中朝，历转中书左曹掾。仁宗居东宫，召为太子文学。及即位，改翰林侍制，累升翰林侍讲学士。延祐二年，始会试天下进士，明善首充考试官。及廷试，又为读卷官，所取士后多名臣，而马祖常尤擅文学之誉焉。英宗嗣位，尤眷遇之，授翰林学士，卒谥文敏。有文集行世，而不多见。苏天爵《元文类》所录碑传序记之文，如《大兴府学孔子庙碑》、《太师淇阳忠武王碑》、《丞相东平忠宪王碑》、《丞相淮安忠武王碑》、《平章政事廉文正王神道碑》、《河南行省左丞相高公神道碑》、《藁城令董府君神道碑》、《藁城董氏家传》、《张淳传》、《杈槎亭记》、《顺州仪门记》、《武昌路学记》、《虚室记》、《万竹亭记》、《吴幼清先生南归序》、《送马翰林南归序》诸篇；大抵以才发藻，以茂求雄，大声以色，而抒以排宕；则固衍韩文之一体，而以嗣响于燧者也。如《杈槎亭记》曰：

汲人张君锡氏作杈槎之亭。志怪者云：海与天河通，盖有人乘槎至斗牛间；征而慕之，故以名亭。昔君锡挟能放游，浮河达淮，乱江而南，历吴越，西至鄂衡，又至于沅澧，逾洞庭，下彭蠡，内赟刻中，息于水腹，夺品于覆，袡渐于镈，或再月不得抵所止；舟师候祥，盲风焱作，水与风争，舻舳崩倾，樯折柂败，淼无底戾，又雨且暮。游二十年,不知几此遭矣。急而北归,有官留中。意必夜悸于梦,朝怵于见。犹事于槎,亦何谓耶?

曰:"怖吾之南,信如子言。今吾完然我也。不亦有不水死者众乎?环燕千里,无湖江浸也,依龙光,被休风之人也,耇寿昌嗣,终不逢不若,宜也。尝试征余二十年间,或者服食百忌,步乘有择,武导昼兵卫,夜临避而吻动又噤,见获则声功亟诧,非不牢自谋也。一旦若轻尘惊风,漠无踪响者,何也?其所居甚海涛,所乘甚胶舟,风水不争,立将解剥;彼且安之,固亦危我矣。虽然,世所共安而不之危者,非大地乎?然载万物者地也,载地者水也;火水石土,合为地体,并水而载之者,天也。地不为大舟乎?天不为大水乎?实大舟,运大水,其不有大危乎?道虽无泯,器当有敝;十二万年之后,又谁知果不并大舟大水而趋于大坏也欤?槎本无也,无又何待于权?亭亦无也,有亭必基于土;地且不能自有,何有于物?虽然,寄吾于槎,犹万物之寄于地;同寄也,又奚安奚危哉!"

余曰:"子之号达矣旷矣,其情盍求夫称也?夫槎者,沟中断也,利小涉,不大受也;胡不虚其中,使无不容;牢诸外,使无不载;道为之楫,时为之帆,泊之于义渚,系之于德渊?若然,效大舟之实而不泄,托大水之运而不覆;汎汎乎,浟浟乎,槎之进乎是也至矣。"

诙诡雄骛,自诩出入秦汉。初佐董士选为江西省掾,随转南京行御史台掾,而临川虞集,亦为士选礼延以教子弟。二人者,议论以相切劘。明善言:"君治诸经,惟朱子所定者耳。自汉以来,先儒所尝尽心者,考之殊未博。"集则曰:"凡为文辞,得所欲言而止；必如复初言，若雷霆之震惊，鬼神之灵变，然后可；岂性情之正耶？"盖集承宋学以为宋文，而明善不安于宋，则欲矫以变也。二人之讼议，抑以征南北之异学。初相得甚欢，而官京朝，乃更不能相下。董士选之自中台行省江浙也，二人者，俱送出都门外。士选曰："伯生，国子官，以教导为职，宜早还。复初，掾我者也，可更送我。"集还；明善送至二十里外。士选下马入邸舍中，为席，出橐中肴，酌酒同饮；乃举杯属明善曰："我以功臣子出入台省，无补国家，惟求得佳士数人，为朝廷用之。如复初与伯生，他日必皆光显；然恐不免为人构间。复初，中原人也，仕必当道；伯生南人，将为复初摧折。今为我饮此酒，慎勿如是！"明善受卮酒，踧而釂之，起立言曰："诚如公言。无论他日，今隙已开矣。请公再赐二卮，明善终身不敢忘公言。"乃再饮而别。真人吴全节，亦江西人也，与明善交亲，乞为文。既成，明善谓曰："伯生见吾文，必有讥弹。吾所欲知。成季为我治具，招伯生来观之。若已入石，则无及矣。"明日，集至；明善出其文，问何如？集曰："公能从集言，去百余字，则可传矣。"明善即泚笔属集，凡删百二十字，而文益精当。明善大喜，乃欢好如初。集每见明经之士，亦以明善之言告之。

马祖常，字伯庸。光州人。才力富健，以博赡鸿丽之文，见赏明善，而为考试所取士。明善之殁也，祖常为《翰林学士元公神道碑》曰：

> 有元古文之宗，曰翰林学士清河元公，以至治二年壬戌二月七日，薨于位。葬而墓碑未刻。其长子奉议大夫同知峡州路事晦又死，次子嚚七岁，一女病而未嫁，一孙尚乳也。夫人，清河郡夫人李氏，累然抱其孙，僦船归清河，

织纴以居。宾客僚隶皆四散,无一顾之者。独其友玄教大宗师吴全节谓马祖常曰:"清河公以文起家,可谓贵显光荣矣,而既葬之后,无碑以载其官阀世次行事之实。尔宜为文,我求善楷书者砻石以刻焉。"祖常曰:"嗟乎!世之士,一得志,则攘袂于所亲;一不得志,则褫魄若不能生者,比比也。今子托迹老氏,而以礼义之事振吾徒,何能哆言以饰愧哉?"

谨按公,讳明善,字复初。资颖悟绝出,读书,目所过即记。诸经皆有师法,尤深于《春秋》。弱冠游吴中,奋宋金季世之习,已名能古文,流转江淮间。浙东部使者荐之行省,辟正安丰路学,再正建康路学。居岁余,行枢密院辟充令史。故辨章董公士选实佥院事,敬之如宾,不以曹属御之也。董公迁江西行省左丞,复罗致之省中。会赣贼刘贵反,从左丞将兵讨之,擒贼三百人;议缓诖误,得全活者百三十人。又将斩一贼,命公临斩。左丞曰:"掾儒生,能临斩乎?当震怖矣。"终刑已,色不变。将佐曰:"宜多戮人,及尸一切死者,用张军声。"公固争,以为:"王者之师,恭行天罚。若等小贼跳梁,杀其渠魁耳,余何辜焉?"贼贵盗书民丁十万于籍;有司喜,欲发之。公夜置火籍稿中,焚之以灭迹,赣吉遂安。南行台闻之,亦辟为掾。未几,进登仕佐郎枢密院照磨,转中书省左曹掾,曹无留事。坐诬免,不辨。侨寓淮南,文学益肆。既而诬白,复掾省曹。

至大戊申,我仁宗皇帝养德东朝,左右文化,选天下髦俊之士,列在宫臣。公首被简拔,授以直郎,太子文学。仁宗即皇帝位,迁翰林待制,承直郎,兼国史院编修官,与修《成庙实录》。明年,与修《顺庙实录》,加奉议大夫。

是年，升翰林直学士，朝列大夫，知直诰，同修国史。有诏命节书文，译其关政要者以进。公请与宋忠臣子集贤直学士文陞同译润。书成，每奏读一篇，上必善之曰："二帝三王之道，非卿莫闻也。"太皇太后既受尊号，朝堂集议宜赦。公曰："数赦非善人福。宥过可也。"乘传出赈山东河南饥，彭城下邳诸州，连数十驿，保马民饥，官无文书。公专以钞万二千定分给之，民免死徙。皇庆壬子，修《武宗皇帝实录》。明年，迁翰林侍讲学士，中奉大夫，预议科举服色。延祐乙卯，国家始策试士子，选充考官。廷对，又充读卷官，迅笔详定试卷，数语，辞义咸委曲详尽，他人抒思者不及也。改礼部尚书，正孔氏宗法，以五十四世孙思晦袭封衍圣公。事上，制可之。参议中书省事，毗赞良多。知戊午贡举，复入翰林，为侍读学士，通奉大夫。岁中，拜湖广行省参知政事。便道过家上冢，乡之父老子弟迎谒劳问，礼意周洽。庚申，英宗践阼，征入为集贤侍讲学士，召至上都，议广庙制。授翰林学士，资善大夫，修《仁庙实录》。百官迎仁庙圣容，云有庆云见，承诏为文以纪之，赐酒嘉赏。英宗亲祼太室，礼官进祝册，奏请署御名。上命代署者三，眷遇褒优，近世无有之。

既薨之三月，归葬于清河生家原之先茔西三里。泰定间，得请于朝，赠资善大夫，河南江北等处行中书省左丞，追封清河郡公，谥文敏。曾祖讳兴，不仕。曾祖妣杨氏。二世以下，皆以公贵。祖讳海，赠嘉议大夫，秘书卿，上车轻都尉，追封清河郡侯，谥贞惠。祖妣高氏，追封清河郡夫人。考讳贡，将仕佐郎，同管句芦盐场，赠中奉大夫，吏部尚书，护军，追封清河郡公，谥孝靖。妣弭氏，追封清河郡夫人。元氏，盖拓跋魏之苗，南北转徙，不知所系，家清河者，至公四世矣。享年五十有四。

其文有赋五，诗凡一百六十三，铭赞传记五十九，序三十，杂著十五，碑志一百三十，出入秦汉之间，本之于六经以涵泳其膏泽，参之于诸子百家以骋其辩。刻而不见其迹，新而必自己出，蔚乎其华敷，锵乎其古声。倡古学于当世，为一代之文宗者，柳城姚燧暨公而已，信乎其必传也。虽然，才用而未尽，积厚而施寡，征之于天，其祚后也无疑。祖常曩从公游；及公考士，又辱第下列，义当铭。铭曰：

于维公文并古立，大沛厥辞世莫踬，震聋瞽聩力不克，蜚声天衢名巍巍。位臻公卿发轫迹。蕴而不施用弗极，神椸其驰学乃硕。天藻掞缛琢圭璧，五十四年返玄宅。

其叙次颇能寓雄骛于平实，而不为支蔓，盖《元史》取材以为《元明善传》者也。马祖常，世为雍古部，居靖州之天山。其高祖锡里吉思，金末，为凤翔兵马判官，子孙因号马氏。曾祖月合乃投元，从元世祖南伐，留汴。父润，监光州，乃家焉。祖常七岁知学，长而工诗能文，问业于明善，得其指授。仁宗延祐初，始行科举法。祖常乡贡会试皆第一，而会试出明善门。及廷对，明善读卷，列祖常第二，授应奉翰林文字。历英宗、文宗，至顺帝，累拜御中丞，转枢密副使，卒谥文贞。文宗尝驻跸龙虎台，祖常应制赋诗，尤被叹赏，曰："孰谓中原无硕儒乎！"盖北学之健者。辞笔宏赡，才力富健，其文生戛而排宕，原本韩柳。其诗藻丽而遒举，出入晋唐，殆不安于为宋。而文以唐矫宋，诗以晋参唐，然无精实之思，渊永之味，外嚣中枵，不免赝格。观其序周刚善文稿,谓:"六经之文,尚已。先秦古文虽淳驳庞杂,时戾于圣人,然亦浑噩勿雕,无后世诞诡觥觫不经之辞。"因举司马迁而下,于唐称韩愈、柳宗元,于本朝推姚燧、元明善;而合之此《明善神道碑》,则其师承可知已。盖承姚燧、元明善一脉,以力湔南宋之滑易冗沓,而欲积健以为雄,返古以为茂,别出于南学以为北宗。然祖常之跌宕昭彰,气盛则言宜,胜于姚燧之堆垛襞积,字謇而语趦也。其《石田集》十五卷,苏天爵为浙东廉访,请于朝,刻以行世,而序其端,谓:"后生争效慕之,文章为之一变"云。

苏天爵,字伯修,真定人。在顺帝至元之末,累拜江浙行省参知政事。于是中原文献,凋谢殆尽;天爵独身任一代文献之寄,讨论讲辩,纂有《元文类》七十卷,所录诸作,自元初讫延祐,正元文极盛之日。而天爵妙解文章,工于鉴别,其去取又极精审;故与宋姚铉《唐文粹》、吕祖谦《宋文鉴》,鼎立而三。其学出安熙;而词章淹雅,根柢深厚,波澜意度,出入欧苏,乃过安熙。其为文长于叙事,碑版诸作尤足补史阙;盖自从沉酣典籍,练习掌故而来,非得之于安熙也。学者因其所居,称之为滋溪先生。传有《滋溪文稿》二十卷。

第三节　方回　戴表元　谢翱附方凤　牟巘　赵孟𫖯附邓文原　袁桷

北方之学,承朱熹以化于南;北方之文,沿元好问以殊于南。而文摹韩,积健为雄,以救东坡之滑易;诗学杜,以悭为浑而矫西江之生硬。而南宋遗献一脉相绳,文史自娱戏以偷生视息;

方回扬西江之余波,而称诗伯;戴表元擅东坡之机趣,以为古文;风流照映,其尤焯焯者已。

方回,字万里,晚以所居别署虚谷,徽州歙县人也。宋度宗景定壬戌别省登第,已以诗古文有声京朝。而戴表元以童子从父兄得其文词,诵之。沾沾然喜也。及表元年二十六入太学,而回为国子师,遂奉手焉。于时,士大夫贤者高谈性命;其次不过驰骛于竿牍俳谐场屋破碎之文以哗众取宠列;无有以诗为事者。惟夫山林之退士,江湖之羁客,乃仅为之;而馆阁名成艺达者,亦往往以余力及。回魁然其间,外兼江湖山林清切之能,内收馆阁优游之望,而一时归能焉。越二年,表元亦成进士,欲捐俗学以从为诗,而元兵南下矣。回出知严州,元兵至,迎降,即以为建德路总管,寻罢,徜徉杭歙间以老。回傲睨自高,不修边幅。贾似道师溃江上,抗疏陈十可斩,而不能见危授命,以州降元,卒放废不用,乃益肆意于诗,有《桐江续集》三十七卷,自序谓:"予自桐江休官闲居,万事废放,独于读书作诗,未之或辍。"有《秋晚杂诗》十首以见意,曰:

> 昔闻有烈士,哀歌缺唾壶。衰暮心不已,徇名殆忘躯。我老讵复尔,一壑不愿余。外物百无嗜,唯喜读我书。空樽已绝沥,寒庖仅微蔬。儿啼得非馁,尘编聊自娱。弊庐匪无山,犹兹寄城隅。车马不至处,愿言迁林居。

> 赋诗学渊明,诗故未易及;饮酒慕渊明,酒复罕所得。荒凉数亩园,卜筑未成宅。此或类陶家,秋菊亦可摘。古群士希贤,将无肖厥德?如我于柴桑,往往似其迹。储粟既以瓶,子尤不胜责。有时醉欲吟,坌集索逋客。

> 堂堂陈去非,中兴以诗鸣;吕曾两从槖,残月配长庚;

尤萧范陆杨，复振乾淳声。尔后顿寂寥，草虫何甍甍。永嘉有四灵，词工格乃平。上饶有二泉，旨淡骨独清。学子孰取舍，吾非私重轻。极玄虽有集，岂得如渊明。

吾家一何奇，奇峰照南窗。是为紫阳山，万木青拟拟。上有出岫云，下有见底江。江清云无心，伴此眉宇庞。诗思忽飞来，时有白鸟双。落日澹秋色，寒沟度枯杠。归欤书屋夜，昏灯剔幽釭。怀人良未远，遁翁生是邦。

窃尝评少陵，使生太宗时，岂独魏郑公，论谏垂至兹。天宝得一官，主昏事已危。脱命走在所，穷老拜拾遗；卒坐鲠直去，漂落西南垂。处处苦战斗，言言悲乱离。其间至痛者，莫若《八哀诗》。我无此笔力，怀抱颇似之。

人言太白豪，其诗丽以富；乐府信皆尔，一扫梁隋腐。余编细读之，要自有朴处。最于赠答篇，肺腑露情愫。何至昌谷生，一一雕丽句？亦焉用玉溪，纂组失天趣？沈宋非不工，子昂独高步。画肉不画骨，乃以帝闲故！

六经天日月，诸子如四时。史自班以上，语奇文亦奇。踵武蔚宗辈，语有文无之。小宋刊《新唐》，不瘠宵寐规。以艺传李杜，待之无乃卑？他人有遗集，一览不再窥。惟此与韩柳，咀嚼无厌期。侪彼枫落生，吾欲镌此疵。

道自汉魏降，裂为文与诗。工诗或拙文，文高诗或卑。香瓯《假山序》，不妨自一奇。鲥橘多骨核，乃至肆诋訾。恭惟陈无己，此事独兼之；五七掩杜集，千百臻秦碑。四海紫阳翁，归美岂其私；所以此虚叟，取为晚节师。

世称陶谢诗，陶岂谢可比？池草故未涠，阶药已颇绮。如唐号元白，白岂元可拟？中有不同处，要与分朴诡。郑圃赵昌父，颍川韩仲止，二泉岂不高，顾必四灵美？咸潮生姜门，蚍蜉以为旨。未若玉山雪，空铛煮荒荠。

　　三月三十日，唐有穷诗人，惜春不肯舍，共坐夜达晨。此得守岁意，事愚意已神。寸阴以分计，一分直千囷。窃虑假寐顷，倏忽失我春，今此九月晦，虚叟尤酸辛。摇落始云悲，回首忽复陈。讵忍弃菊旧，遽喜迎梅新。

格力苍坚，意兴婉惬，殆不以西江为囿。而戴表元序其诗，以谓："平生于诗无所不学；盖于陶谢学其纡徐，于韩白学其条达，于黄陈学其沉鸷；大篇清新散朗，天趣流洽，如晋宋间人醉语，虽甚亵不及声利；小篇沉鸷峻整，如李将军游骑远击，自成部伍。"盖亦不仅以西江推之。顾方回尝选唐宋以来近体诗评论之，名曰《瀛奎律髓》，于情景虚实之间，三致意焉，又多标字眼之说，而一以西江为衡；序于端曰：

　　宋铲五代旧习，诗有白体、昆体、晚唐体。白体如李文正、徐常侍昆仲、王元之、王汉谋。昆体则有杨、刘《西昆集》传世；二宋、张乖崖、钱僖公、丁崖州，皆是。晚唐体则九僧最逼真；寇莱公、鲁三交、林和靖、魏仲先父子、潘逍遥、赵清献之徒，凡数十家。深涵茂育，气极势盛，欧阳公出焉，一变为李太白、韩昌黎之诗；苏子美二难相为颉颃。梅圣俞，则唐体之出类者也；晚唐于是退舍。苏长公踵欧阳公而起。王半山备众体，精绝句，五言或三谢。独黄双井专尚少陵，秦、晁莫窥其藩。张文潜自然有唐风，别成一宗；惟吕居仁克肖。陈后山弃所学学双井；黄致广大，陈极精微，天下诗人北面矣。立为江西派之说者，铨取或不尽。然陈简斋、曾文清为渡江之巨擘。乾淳以来，尤、范、杨、陆、萧其尤也。高古清劲，尽扫余子，又有一朱文公。

嘉定而降，稍厌江西，永嘉四灵，复为九僧晚唐体，日浅日下。然尚有余杭二赵，上饶二泉，典型未泯。今学诗者不于三千年间上溯下沿，穷探邃索，而徒追逐近世六七十年间之所偏，非区区所敢知也。

其大旨则跻西江而祧晚唐。然方回为律绝，体物写怀，以愁苦出清新，以瘦炼臻幽秀，则有不期而比于四灵以攀晚唐者。五言律如《出马家坞》曰：

野迥夏无暑，坞深朝更凉。路随流水转，山背古城荒。县宇欹红阁，僧庵缺粉墙。暗惊兵乱后，犹有数莲塘。

又《虚谷志归》之四首曰：

闻我解征鞍，相看喜复叹。主贫奴仆傲，兵起道途艰。药许分钟乳，花先问牡丹。亲朋聊共醉，老幼幸俱安。

浪走千山外，乾忙四月余。隔篱分沮蚁，共座擘枯鱼。婢瘦慵施粉，儿顽失寄书。少陵亦曾尔，来往浣花居。

共道归何晚，犹能喜欲狂。幼儿初拜揖，痴女仅梳妆。有笔修花谱，无钱辟草堂。新添竹逾百，风径细寻香。

衰晚真当戒，疏慵竟未能。病专从酒得，谤辄为诗兴。每悔居城市，常思绝友朋。谁来敲竹户，又见醉吟僧。

七言绝如《过长安市》曰：

算橘租菱小市哗，堰头桥尾约千家。人家已尽无人处，时见芙蓉一岸花。

又《过崇德县》曰：

枯柳无风影不摇，败墙颓屋意萧萧。忽然唤醒承平梦，犹有红阑夹画桥。

流连光景，同于四灵；感喟身世，则似司空图、方干；而瘦炼出秀，澄复发趣，此固晚唐之所以开宗，而禅永嘉之清音者已。

戴表元奉手于方回，而诗与回不同。回张江西，而表元则颇薄江西而不欲为，尝以蜜为喻，谓："酿诗如酿蜜，酿诗法如酿蜜法。山蜂穷日之力，营营村廛薮泽间，杂采众草木之芳腴，若惟恐一失；然必使酸咸甘苦之味，无可定名，而后成蜜；若偏主一卉，人得咀嚼其所从来，则不为蜜矣。诗，三四百年来，大抵并缘唐人数家：豁达者主乐天，精赡者主蒙山，刻苦者主阆仙，古澹者主子昂，整健者主许浑。惟豫章黄太史主子美。子美之于唐为大家。豫章之于子美，又亢其大宗者也；故一时名人大老，举倾下之，无问诸子。自是以后，学豫章之徒一以为豫章支流余裔；复自分别标置，专其名为江西派，规标音节，岂不甚似？似而伤于似矣。"观其所作，五言古如《大名元复初郎中携示感遇五言八章次韵》、《次韵答朱侠招游海山》、《书叹》七首、《山中玩物杂言》十首之一四五九十五首，《辛巳之秋山田可拟上熟乃和渊明贫士》七首之一二三四六五首、《丁巳厚德堂》、《老树》、《伯收东冈麦》、《陈晦父赴铨十三韵》、《朱使君家诸郎将别十二韵》、《掩篚》、《信府同知黄侯名其读书之堂曰广居》、《宿福海寺》、《六月十三日寿陈子徽太傅》十首之官一身三韵、《春风》、《九日与儿辈游中溪》、《古诗十五韵送胡天放西游》、《舟中望紫岩》、《秋虫叹》，七言古如《听琴行赠沈秀才》、《赤泥岭行》、《建溪精舍得本字》、《夜寒行》、《昨日行》、《少年行赠袁养直》、《坐隐辞》、《飞花行赠马衢州》、《题李伯时画五马图》、《看花曲》,五言律如《茗溪》、《道桐川欲访梅右司不知其处》、《证道寺》、《客言刘樗翁事》,七言律如《乙亥岁毗陵道中》、《丙子除夜》、《过应浩然先生墓》、《过清凉寺王参预墓下》、《己卯岁初葺刹居》、《秋尽》、《王丞自鄞城归又许入刹》,清深雅道,其中七言古,五七言律,律切而能健爽,跌宕以为沉郁,犹是杜陵矩镬,不为西江之生拗,亦异东坡之容易,已为返宋入唐。而五言古则以高朗为古淡,体物入微,寓兴于旷,由陈子昂、李白以出入阮籍、陶潜,抑更以晋参唐。如《书叹》曰:

　　王生困缧绁,刘子急征追。舒叟挈家走,几遭鞭与笞。我无三人辱,阖门但穷饥。饱死世更多,徒忧何以为?敢作小夫叹,聊为才士悲。

　　舒子高品藻,王生怪衣冠。处世那得尔,诶诶真自残。刘子最多爱,逢人倾肺肝。劝我学其道,缩身可泥蟠。胡为亦不免?念此坐长叹。

　　英英天上星,落落涧中石,升沉虽不同,精爽或相激。我有知名交,四海邯郸躄。赵子昂遭逢不自网,颇为谈者惜。谈者自不知,斯人宁易得?

　　结友何用多,管鲍无三人。读者何用多,得少全其身。君有徇名子,扰扰起风尘。朝逐富儿餐,暮联豪士茵。归来反如客,鱼鸟亦相嗔。

　　苏州米空熟,越州人不来。缓急托远婚,不如傍蒿莱。蒿莱在篱落,为我障浮埃。生女属他人,生男尚婴孩。从何得馈粥?作此聊自咍。

又《山中玩物杂言》曰:

见狗须不走,见蛇须拱手。不走尔非偷,拱手亦相厚。
无欺物自信,能忍谁肯负?不见吴山虎,郭文探其口。
蚯蚓食土壤,蚩蚩何所为?蜩蝉饮风露,蜕上高高枝。
卑者慕其仙,飘摇安可追?倘令智相及,无羡亦无悲。

又《六月十三日寿陈子徽太傅》曰:

青青泽中蒲,九夏气凄寒。翾翾翠碧羽,照影苍溪间。
巢由薄天下,俗士营一官。小大各有适,自全良独难。
穷居无公忧,私此长夏日。蚊蝇如俗子,正尔相妒嫉。
麾驱非吾任,遁避亦无术;惟当俟其定,静坐万虑一。
流萤出草莽,空飞乱星辰。蜻蜓水虫质,一变能轻身。
物情羡速化,过眼异新陈。嗟嗟白屋士,吾方保吾真。

又《古诗十五韵送胡天放西游》曰:

有铁莫妄镕,镕作侠士锥。有帛莫妄缝,缝作山人衣。
君看天放翁,气貌绝清羸;濩落七尺身,仁义充肤肌。无
家救人穷,无田恤人饥。江湖三十秋,白头转岖崎。余情
尚洒洒,不吐酸寒辞。事慕古豪杰,诸儿那得知。或云有
仙骨,深中愈难窥。矫腾华陀戏,偃蹇梁鸿噫。世态贵反
复,口语澜翻飞;夫子顾之笑,百触不发机。宁当待沟壑,
西山古谁悲。佩君珊瑚钩,酌以玻璃卮。相知岂云无,去
去勿复疑。

又《次韵答朱侯招游海山》曰:

江南春草黄,江北秋燕飞。穷居念还往,故物悉已非。
我有青云交,山林可同归。十年学抚琴,对客辄累欷。岂

不愿和悦？调苦心则为。青天无古今，白日相因依。向来炎炎人，所得一何微。成者化埃尘，不成翻祸机。玉美受雕镌，马良遭绊靮。所以旷达士，但贵知我希。请休接舆歌，且急梁鸿噫。名微少士责，身闲免官饥。宁无一日力，相寻尽崎岖？霜鱼碧玉鲙，冰菊食金辉。君歌我按筑，我舞君揽衣。此日为君欢，醉游敞船扉。

力祛雕琢凡近之气，而亦不为犷伧驰骤之语，吐属婉惬，寄趣旷真，庶几晋宋之遗音乎？

戴表元，字帅初，一字曾伯，庆元奉化人。宋度宗咸淳中登进士乙科，除建康教授，迁临安，又迁行户部掌故，国子主簿，皆以兵乱，不就。至元成宗大德八年，年六十余矣，以荐除信州教授，调婺州，移疾归。翰林集贤以修撰撰士交荐，不起，叹曰："老矣。"然性好山水，每杖策东游西眺不十里，近才数百步，不及劳，意倦辄止。以所居自号曰剡源先生，有《剡源集》三十卷，自序称："五岁知读书，六岁为诗，七岁习古文，十五学词赋。十七试郡校，连优。游杭，作书言时政，激摩公卿大人，无所避。中乙科，赐进士及第。会兵起。及丁丑兵定，三十四岁矣，乃始专意读书，授徒为文。"诗格变宋，而文则得宋之趣。

及明洪武初，宋濂修《元史》，搜访得其集，为刊而序之，以谓："新而不刊，清而不露，如青峦出云，姿态横逸，而连翩弗断；如通川萦纡，十步九折，而无直泻怒奔之失。"其中序跋如《先天图义序》、《桐江诗集序》、《周公谨弁阳诗序》、《张仲实文编序》、《李时可诗序》、《张君信诗序》、《洪潜甫诗序》、《长汀和渔歌序》、《牡丹宴集诗序》、《游两岩诗序》、《王敬叔诗序》、《题徐可与诗卷》、《题吕复初所藏大父放翁二诗卷》、《题姚秀实家藏陈所翁画龙》、《题子昂作画》、《题吴兴钱选画》、《题卢鸿草堂图》、《题画卷》、《题胡瑰报尘图》、《题温上人心经》、《书张浮休郴行录后》、《题梅庵柴君自书所作诗后》、《题赵郎中诗卷》、《题汤仲友诗卷》、《题万竹王君诗后》、《题袁通父词卷》、《题赵子昂摹龙眠飞骑习射图》、《题明皇听乐图》、《题李端叔帖》、《题茅生刻字后》、《题唐师善谈乘》、《跋宋元献韩献肃二公流杯小饮倡和诗帖》,赠序如《袁氏子字说序》、《史昭父字序》、《陈景惠诸子名字序》、《陈氏三子字序》、《凌氏二子字序》、《送屠存博之婺州教序》、《送白廷玉赴常州教授序》、《送盛元仁赴吉水教授序》、《送杜子问赴学官序》、《送赵生游吴序》、《送陈养晦远游序》、《送郑若晦游建业序》、《送张叔夏西游序》、《送王月友游华阳涧序》、《送邓善之序》、《送曹士宏序》,《送李公度归三茅序》、《送郭以南为道士北游序》、《送铅山王亦诜归乡序》、《送郑南仲赴昌化主簿序》,碑志如《故礼部进士徐君墓志铭》、《徐耕道迁葬碣》,杂记如《秀野堂记》、《清华堂记》、《居清堂记》、《水心云意楼记》、《困学斋记》、《学古斋记》、《爱日斋记》、《清崎轩记》、《容膝轩记》、《余轩记》、《省轩记》、《清茂轩记》、《充安阁记》、《拂云阁记》、《玉林记》、《蕺隐记》、《计筹山升元报德观记》、《邢州秀野堂记》、《蓼莪二氏诫》,理趣洋溢,出入庄周;辞笔爽朗,依稀苏轼;意存牢落而抒以放旷,语涉诙嘲而不废法戒。叙事少平,议论明通;而题跋、赠序、杂记,随事抒论,尤为集中之胜。如《送屠存博之婺州教序》曰:

  古之君子,可以仕乎?曰:可以仕而可以不仕者也。今之君子,不可以仕乎?曰:不可以仕而不可以不仕者也。可以仕而可以不仕,何也?其材与学可以仕,而其身可以不仕者也。不可以仕而不可以不仕，何也？其材与学不可以仕，而其身不可以不仕者也。古之君子，其得材也亦厚矣；其师良，其学之之法备。上之人时其可仕也，然后仕之，然而不必皆仕也。不必皆仕，而为民则亦无不乐也。今之君子，其材不及古矣，师不必皆良也，学之之法不必皆备也。其可仕也，上之人不必皆仕之也。然而皆有欲仕之心焉，以为不仕而为民，则其身将不免于劳辱也。故古之君子，可以仕而仕，则为仕者皆为贤公卿大夫；可以不仕而不仕，则不仕者皆为良民。今之君子，其仕者既无以心服不仕之民；而不仕者，至于无以自容其身。今古之不齐，与其俗之静躁，人之治乱，如斯而已矣。

然余犹有欲言焉：夫人之生于世劳矣，其不劳者非人道也。古之为民，无刑狱猝至之忧，无赋役淹久之苦，人知其可羡如彼也。然其筋骸肤体，疲于田畴而拘于耒耜，狎习于风寒暑湿之事，与今之农夫正等耳。居之久也，以百里奚、宁越之贤，不免于叩角而嗟，释锄而起；他可知已。今之民一名为士，则其处也唾壶而麈尾，其出也高车而驷马，乃有古时已仕在官者之所不及。呜呼！古之君子，自孩童以上，粪除趋走、弦歌舞蹈、弓矢羽籥之类，及诸贱事，无不娴熟。故平居多劳而少疾，一旦驱之临烦而处剧，则亦无趑趄畏懦之色者，余于身也。齐民之伦，莫贵于士。士之为言事也，士而不识其事，愦焉与凡民何异？岂独不异，仕而縻之，则反以为贼；不仕而侪之，则反以为蠹。

存博，士而得仕，仕而教士矣。将何以仕，抑何以教乎？于其行也，盍为吾一言之？

又《题温上人心经》曰：

> 温上人面目严冷，人欲求一笑不可得，亦不肯轻诒人。而遇其性所喜悦，欢然自留。得钱，出户即散施贫者；或多，则袖携以访失职贤士大夫而与之。布袍葛裾，放浪啸傲于西湖三竺间五十年。吾观其人，视策名货利为何等物。故其翰墨流落人间，足堪把玩。又善以意写蒲萄游戏，遇物立成。至有气力者具纸素邀之，辄又一笔不与。闻东昌徐仲彬云："时时过其家，倾怀尽兴，淋漓挥洒，不求而作。"此卷心经，乃其行书，尤难得也。徐氏幸宝藏之。

又《题吴兴钱选画》曰：

> 吴兴钱选能画嗜酒，酒不醉不能画，然绝醉不能画矣，惟将醉醺醺然，心手调和时，是其画趣。画成，亦不暇计较，往往为好事者持去。今人有图记精明，又旁附缪诗猥札者，盖赝本，非亲作；设亲作，亦非得意画也。此卷烟林水屿，伸纸数尺，自非须臾可就；想见经营布置时累醉不一醉。祝提学云："有人仕吴，诣钱生，值醉得之。"良是。

又《题姚秀实家藏陈所翁画龙》曰：

> 所翁画龙虽近出，真者世不多有！其法当欲画时，游戏取人缣素，取墨澜泼，有及有不及，乘快隐隐数笔，龙藏其中矣。凭陵傲兀，恍惚变灭，盖君自以寄意为乐。龙成，傍附题述，辞翰散朗，与画相入，真奇物也。世人见其易就，辄亦造次拟为之，不满一笑。此卷微澜细霭，弥漫通幅，前冲后拥，略具鳞鬣，点染精致，殆非一时信手之作。

姚氏谨藏之。

又《题子昂作画》曰：

> 子昂作画，初不经意，对客取纸墨游戏点染，欲树即树，欲石即石。然才得少许便足，未尝见从容宛转如此卷十余尺者。昔有送长缣于郭恕先；恕先意所不乐，而不得已，为作小手轮，牵一丝，劲直终幅，系以纸鸢；还之。其人愠不敢言，然不害为奇笔。子昂才气不减恕先，乃能为求者委曲至此，殆其人有得之耶？

随笔挥洒，逸趣横生，阿堵传神，其原出于苏轼。是时宋之遗民故老，伊忧抑郁，每托诗篇以自放，大抵得趣于苏轼，学恬于陶潜。然戴表元辈犹不免出为师儒，以升斗自给。独谢翱矍然不滓，行吟踯躅，念念不忘故宋。顾诗文则力铲宋调以变唐格，亦一反也。

谢翱，字皋羽，福建福安人，后徙浦城。宋咸淳初，试进士不第。元兵下临安，宋丞相文天祥亡命之闽，檄州郡勤王，署翱咨事参军。天祥兵败被执，而先遣翱以获免。翱只身走浙东，遇山川台榭，云岚草木，与天祥别处偶似者，则悲不自禁，低回顾盼，失声哭，如是者数。及登严子陵钓台，设天祥木主于荒亭隅，酹酒，以竹如意击石，歌招魂之辞曰："魂朝往兮何极，暮归兮关山黑。化为朱鸟兮，有咮焉食？"歌阕，竹石俱碎；哭失声曰："阮步兵死，空山无哭声，且千年矣。"闻者伤之。意有所郁结不得摅，则陶情于山水，搜奇抉秘，寻隐者方凤，以诗文陶写胸中郁勃。当其执笔时，瞑目遐思，身与天地俱忘，每语曰："用志不分，鬼神将避。"其苦索类此。白云村者，在严子陵钓台南,唐玄英处士方干旧隐处也。翱与凤游而乐焉,"愿即此为葬地"。作《许剑录》。已而去之杭,访佚老,咸诧相见晚。有刘氏者,妻以女,病肺,将死,属其妻曰:"吾去乡千里,交游惟方韶卿最亲,不啻兄弟。好收吾文并吾骨授之,必葬我许剑之地。"

方凤,字韶卿;宋末,以太学生授容州教授,治《毛诗》。陈宜中为宰相,礼下之,命二子受业焉。有《存雅堂遗稿》五卷,其诗文皆嶔崎磊落,语无凡近,然意象方圆,自有法度。其门人黄溍、柳贯、吴莱,皆得其绪论,而以文章自振于一代者也。及翱之死,而凤果至,葬翱子陵台南,伐石表墓,而以文稿殉,从翱志也。后人哀其志而为搜刻,有《晞发集》十卷,《晞发遗集》二卷,《遗集补》一卷。凤为翱行状,称:"慕屈原怀郢都,托兴远游,以晞发自命。为诗厌近代,一意溯盛唐而上;文规柳及韩。"

谢翱诗,五言古如《结客行》曰:

结客卫京师,弃家南斗陲。相看各意气,欲取辽阳归。事左脱身去,岂为无所为?家藏楚王子,手执五陵儿;泣奉先主令,白旗向天挥。鞭尸雠必报,函首捷终驰。力尽志不遂,以死谢渐离。

又《池上萍》曰:

浮萍随涨水,上到荷叶端;水退不得下,犹黏花萼间。花殷青已见,叶翠枯始斑。何如根在水,根蒂相团圞?人生慕高远,风云事跻攀。绝臂尚号叫,化为鹤与猿。幸未及枯槁,万里吾当还。

七言古如《望蓬莱》曰：

> 青枝啼鸟波延延，方士指海谈神仙。五云垂天光属夜，老父相传说车驾。千官此地佩宛宛，舟发黄门止供顿。绕樯赤日护龙旗，西北驿书驰羽箭。百年尘空沧海晚，月落无人度灞浐。鸡鸣白石烂如银，蓬莱不见夷州远。

又《古别离》曰：

> 仙人别母母哭啼，遗以神药乃醉之，醒来哭定记儿语，食此庭前双橘树。叶能御饥病能愈，岂似当时逐儿去。邻翁有女立我前，取刀剖腹尔勿怜。但尔嫁夫能治田，生子不愿生神仙。

又《觅紫芝》曰：

> 少微昏见觜觿中，山深夜气光流虹。青芝独产林下石，染根湿云如紫漆。天门梦断路初回，山鬼守根不敢食。银泥彻锁守者疲，老翁持咒取夜归。明当食之闻鬼哭，对尔洗肠还入腹。

敩诡丽于李贺，得幽悄于孟郊，取顿挫于张籍，而参以汉魏乐府之铿锵，泽以齐梁绮体之藻采；只是取径中唐，何尝一意盛唐。他如《宋铙歌鼓吹曲·日离海》《母思悲》，五言古《落梅词》《夏日游玉几山中》《翠锁亭避雨》《铁蛇岭长耳僧》《九日黎明发新昌望天姥峰》《铁如意》，七言古《赋得北府酒》《折杨柳》《赵安天北游求诗》《种葵蒲萄下》，五言律《暮春感兴》《无题》《沙岸登舟》，七言绝《过杭州故宫》二首、《舣舟江心寺》，意主怨悱，词参游仙。然宋之诗人，我见三反：寇准显达而诗多恻怆,林逋肥遁而语为赶热,至翱则好为仙语而饶有鬼气,凄神寒景,悄怆幽邃,乃鬼才,非仙才也。文则山水陶情,游必有记,峭洁幽怆,其原出于柳宗元。然气不舒,句不茂,得柳之廉而无其悍,有柳之俊而逊其杰;规柳之不尽,更何论韩之浑灏流转,万怪惶惑。而方凤乃曰:"文规柳及韩"乎?特有厌于近代而欲反宋为唐,文以幽峭刮宋文之冗絮,诗以奇丽药宋诗之狙犷尔。戴表元诗格变宋,而文不变;翱则诗文并变。

牟𪩘,字献之,井研人,徙吴兴,为大理少卿。宋亡不出。学者称陵阳杨先生。以文章见推东南,而志节皭然,抑翱之亚,尝有《仲九和陶》以见志曰:

> 惊飙举落叶,意气何轩轩。秋高百卉尽,寂寞但空阑。何异富与贵,变灭随云烟。缅怀陶彭泽,平生极几研。
> 好恶岂不察?凿垣植蒿蓬;而此庭前菊,锄灌少人工。此物抱至洁,有似楚两龚。留香待严凛,意与烈士同。

又《赠俞山月》曰:

> 童奴从长耳,万里声萧骚。归从半山路,问字良亦劳。卧闻饿虎啸,唤醒平生豪。前山忽涌月,始觉所见高。欣然有远孙,载酒江湖敖,胸中湛水镜,邂逅得所遭。古月还相照,了不隔秋毫。但怜露草湿,时复暮虫号。

又《赠厉白云上人》曰:

> 双径闻钟罢,而今但熟眠。事须红日上,身在白云边。古貌应违俗,高吟不碍禅。炉头煨芋火,相对各欣然。

恬澹夷犹,清音独远,不务奇气兀傲,而尚气韵冲澹;有《陵阳集》二十四卷,其诗以苏学陶,而出入唐之王维、韦应物,一扫江西之伧音;则亦以唐变宋,以晋参唐,轨辙略与表元同。顾表元论文学,于侪辈,必推赵孟𫖯,尤称其诗"古体沉潜鲍谢,自余诸作,犹傲睨高适李翱。"盖亦以晋参唐为孟𫖯誉云。

元平江南,而士大夫未为所用也。建昌程巨夫者,叔父飞卿为宋建昌通判,元兵至,以城降,而入巨夫为质子。巨夫文章典雅,有北宋馆阁余风,而为古诗落落遒警,有《雪楼集》三十卷。其入质也,世祖召见,给笔札,千言缅缅,遂大爱幸,累官翰林集贤学士。陈乞遣使江南搜访遗逸,帝嘉纳,拜侍御史,行御史台事。奉诏求贤于江南,儒林文苑罔不毕进,而东南遗献为网罗以尽,东南士节亦扫地以尽矣。而儒者得吴澄,文士则赵孟𫖯,尤一时之秀,众望所归。

赵孟𫖯,字子昂,宋太祖子秦王德芳之后。五世祖秀王子偁,实生孝宗,高宗立以为嗣,赐第于湖州,故孟𫖯为湖州人。年十四,以荫补官。宋亡,家居,益自力于学。既为巨夫所罗致,以入见。孟𫖯才气英迈,神气焕发,如神仙中人。世祖顾之喜,使坐。会立尚书省,命以草诏,览之,喜曰:"得朕心之所欲言。"欲大用之,贵臣不可,授兵部郎中。历成宗、武宗、仁宗,累拜翰林学士承旨。初,孟𫖯以程巨夫荐,起家为郎,及巨夫为翰林学士承旨,致仕,孟𫖯代之,先往拜其门而后入院。封魏国公。仁宗眷之甚厚,以字呼之而不名。尝与侍臣论文学之士,以孟𫖯比唐李太白、宋苏子瞻。四方万里重其诗文,所至车马填咽。画入神品,尤以书法称雄一世。妻管,名道昇,生子雍、奕,咸能书工画。仁宗命管书千文,敕玉工磨玉轴,送秘书监装池收藏。因又命孟𫖯书六体为六卷,雍亦书一卷,且曰:"令后世知我朝有善书妇人,且一家皆能书,亦奇事也。"管又尝画墨竹及设色竹图以进，诏奖赐内府上尊酒。风流儒雅，与孟𫖯称佳偶。孟𫖯自号松雪道人。有《松雪斋诗文集》十一卷。其诗则戴表元论定而为之序曰：

> 吴兴赵子昂与余友十五年，凡五见，必以诗相振激。子昂才极高，气极爽，余跂之不能及，然而未尝不为余尽也。最后又见于杭，始大出其平生之作曰《松雪斋集》者若干卷，属余评之。余惟人之各以其才自致于世，必能相及也，而后相知；必相知也，而后能相为言。余于子昂不相及，而何以知，何以言乎？子昂曰："虽然，必言之。"余曰："必言之，则就吾二人之今所历者，请以杭喻。"
>
> "浙东西之山水，莫美于杭，虽儿童妇女，未尝至杭者，知其美也。使之言杭，亦不敢不以为美也，而不如吾二人之能言。何者？吾二人身历而知之，而彼未尝至也。他日试以其说问居杭之人，则言之不能以皆一，彼所取于杭者异也。今人之于诗，之于文，未尝身历而知之，而欲言者皆是也。幸尝历而知之，而言之同者，亦未之有也。子昂未弱冠时，出语已惊其里中儒先。稍长大，而四方万里重购以求其文，车马所至，填门倾郭，得片纸只字，人人心惬意满而去。此非可以声色致也，而子昂岂谓其皆知我哉？故古之相知，必若韩、孟、欧、梅，同声一迹，绸缪倾吐而后为遇；而后世乃欲望此于道途邂逅之间，则又过矣。余评子昂古赋陵厉顿迅，在楚汉之间；古诗沉潜鲍谢；自余诸作，犹傲睨高适李翱云。子昂自知之，以为何如？"

盖所以称其诗者如此。其实孟𫖯书，喜临智永千文以窥二王，欲以晋化唐；而孟𫖯诗则出入陈子昂、李白，以攀郭璞、陶潜，亦以晋化唐；盖宋之诗格与书势并尽，不得不反本修古；然谓"沉潜鲍谢"，诚所未喻，盖视谢，则秀朗而无其滞闷；于鲍，则婉惬而逊其劲挺也。五言古如《古风》十首之二三四七十五首、《有所思》、《咏怀》六首之一、《咏逸民》十一首、《岁暮和刚父杂诗》之四、《游南山憩山下人家和人韵》、《罪出》、《拟古》、《新秋》、《述怀》、《赠恢上人》、《露坐》；七言古如《赠相士》、《赠相者》《秋夜曲》二首《赋张秋泉真人所藏研山》；五言律如《春寒》、《大都遇平江龙兴寺僧闲上座话唐綦毋潜宿龙兴寺诗因次其韵》；七言律如《和姚子敬秋怀》五首《闻捣衣》《岳鄂王墓》、《次韵信仲晚兴》、《多景楼》、《东阳八咏楼》，五言绝如《天冠山题咏》二十八首之《长廊岩》《玉帘泉》二绝、《玄洲十咏寄张贞居之隐居松》，七言绝如《次韵刚父即事绝句》四首《东城》、《湖上暮归》；清才逸调，读之有飘飘出尘之想。然孟𫖯以宋王孙仕元为显官，而不无沧桑之感，悲凉之音。五言古如《有所思》曰：

思与君别来，几见夫容花。盈盈隔秋水，若在天一涯。欲涉不得去，茫茫足烟雾。汀洲多芳草，何心采蘅杜。青鸟翱云间，锦书何时还。君心虽匪石，只恐凋朱颜。朱颜不可仗，那能不惆怅？何如双翡翠，飞去兰苕上。

又《露坐》曰：

露坐夜将半，澹然无所为。草根虫鸣歇，松梢萤度迟。城市多尘杂，令人心不怡。兹丘亦可老，已与白云期。

七言律如《和姚子敬秋怀》曰：

搔首风尘双短鬓，侧身天地一儒冠。中原人物思王猛，江左功名愧谢安。苜蓿秋高戎马健，江湖日短白鸥寒。金尊渌酒无钱共，安得愁中却暂欢。

野旷天高木叶疏，水清沙白鸟相呼。胡笳处处戎尘满，鬼哭村村汉月孤。新亭举目山河异，故国伤神梦寐俱。黄菊欲开人卧病，可怜三径已荒芜。

又《闻捣衣》曰：

露下碧梧秋满天，砧声不断思绵绵。北来风俗犹存古，南度衣冠不及前。苜蓿总肥宛腰褭，枇杷曾泣汉婵娟。人间俯仰成今古，何待他年始惘然。

憔悴行吟，刻意唐音，而参晋韵；笔性柔和，虽未雄浑；然一唱再叹，开阖动宕，宋人粗犷之习，盖知免矣。文则纡馀委备，而辞尚体要，不矜才气，言尽则意止，有宋人之条达而无其冗絮；为学戒于速成，论文必宗六经；序跋如《古今历代启蒙序》《叶氏经疑序》《阁帖跋》《洛神赋跋》；碑志如《大元追封赵国公谥文定全公神道碑》《追封鲁国公谥文贞康里公碑》《田氏贤母之碑》《有元故征士王公墓志铭》《任叔实墓志铭》；杂记如《吴兴山水清远图记》；其可诵者也。风流文采，照映一世，诗变宋格，而文不变，亦与戴表元同。

元兴，承宋金之季；元好问以金遗老轶宕俊迈，大笔淋漓以振声中州；而郝经、刘因之徒继之；故北方之文，至中统至元而大盛。及孟頫以宋王孙征起，风流儒雅，天子侧席；邓文原、袁桷连茹接踵，而南风亦竞，于是虞、杨、范、揭，南州之秀，一时并起；而大德延祐之际，雍容揄扬，继中统至元而为元文之极盛，则邓文原有以倡之也。

邓文原字善之，杭州人。成宗在位，以儒学教授用荐擢应奉翰林文字。承旨阎复，北学之健，于寮友少所假借；独重袁桷及文原，凡大撰著，必属焉。文原由应奉升修撰。成宗崩，预修《实录》。东平王构与姚燧并以北学耆英而为承旨，持见不同；阅文原所具稿，互有指摘；文原不与辩也，椟藏以俟后数日，二人自草，莫适当也，然后取视，卒不易一字。累官翰林侍讲学士，知制诰，同修国史。文原于经史百氏之书，无不究极根柢，而发于文章；东南遗老，凋落既尽，士论归重焉。及在朝廷，典著作，施于训诰，温润而有体；志于简册，确实而有征。诗则变宋格以臻简古丽逸，而遗文零落，传有《巴西文集》一卷，仅杂文七十余首，未尽所长也。尤工书，与孟𫖯齐名。而袁桷者，尝奉手戴表元，称弟子，而文章不尽用师法。表元抒以疏快，依旧苏统；而桷矫为迟重，欲变宋格，盖以南学而染北风者乎？

袁桷，字伯长，庆元鄞县人也，宋同知枢密院事资政殿大学士韶之曾孙也。生长富贵，而为学清苦，自言："少读书，有五失焉：雅观而无择，滥阅而少思，其失也博而寡要。考古人之言行，意常退缩不敢望，其失也儒而无立。纂录史籍之故实，一未终而屡更端，其失也劳而无功。闻人之长，惟恐不及，将疾趋从之而转出其后，其失也欲速而过高。好学为文，未能蓄其本，经术隐奥，茫乎其无所适从，泛然而无所关决，是又失之甚者也。夫为学之道，用志不能不一，用力不能不专。农夫莽而广种，不如狭垦之为实也；工人泛而杂学，不如一艺之为精也。"

宋末，父洪通判建康府，而戴表元为建康府教授，既而俱罢官归，遂使桷受业。表元则为言："后宋百五十余年，理学兴而文艺绝。永嘉之学，志非不勤也，挚之而不至，其失也萎。江西诸贤，力肆于辞，断章近语，杂然陈列，体益新而变日多；故言浩漫者荡而倨，极援证者广而颡。俳谐之词，获绝于近世，而一切直致，弃坏绳墨，棼烂不可举。文不在兹，其何以传后？"既而从同邑王应麟讲求典故制度之学，从天台舒岳祥习词章。家故多藏书，又接见南宋文献之渊懿，于近代礼乐之因革、官阀之迁次、朝士大夫之族系、九流诸子之略录，悉能推本原委而言其归趣。

大德初，朝官交章荐举，征为翰林院国史院检阅官。承旨阎复，色庄慎许可；待院属必面质其长，犹以为疑；卒询于尝往还以考其词学焉。袁桷入院五日，阎复召堂上曰："子能为制诰乎？"出片纸令试草制；即具以进，阅一月，召撰《庙学诏》，云"如汉诏令体"。寻大会院属，令拟进《五朝实录表》；独奖桷，即署为应奉翰林文字。自此践历清华，历成宗、武宗、仁宗、英宗，再入集贤，八登翰苑，官至翰林直学士。在词林几三十年，朝廷制册、公卿碑传，多出其手。所撰《柱国封播国公谥忠宣杨公汉英神道碑铭》、《上柱国永国公谥文康阎公复神道碑铭》、《戴先生表元墓志铭》、《赠大司徒鲁国王文肃公构墓志铭》、《真定安敬仲熙墓表》、《翰林学士赵公与票行状》、《翰林承旨王公构请谥行状》、《泽国公谥忠宣郑公制宜行状》、《肃御史泰登家传》、《玄教大宗师张公留孙家传》、《通真观徐君懋昭墓志铭》、《空山雷道士思齐墓志铭》、《定水源禅师塔铭》、《延庆良法师塔铭》、《拜住元帅出使事实》，皆可以参证《元史》列传而搜其佚闻。右丞相拜住礼重桷宿学，欲委桷撰宋、辽、金史；而桷奋然以《宋史》自任，条列事状，以为必从搜访遗书入手。及顺帝诏修宋、辽、金史，遣使者分行郡国，网罗旧文，而江南旧家尚多畏忌，秘其所藏。而桷已卒，其孙同知诸暨州事俨乃以家书数千卷来上，桷之志也。有宋文物，萃于东南，而流风不坠，得垂于后，盖桷实有力焉。卒谥文清。传有《清容居士集》五十卷。

袁桷诗格俊迈而出以茂典，文笔拗强而不为疏快，皆欲以力矫宋风。其论谓："渡江以来，诸贤蹈袭苏学，以雄快直致为夸，诗与文相率成风。《诗》有经纬焉，诗之正也。有正变焉，后人阐益之说也。伤时之失，溢于风刺者，果皆变乎？乐府基于汉，实本于《诗》，考其言，皆非愉悦之语，若是则谓之"变"矣乎？建安黄初之作，婉而平，羁而不怨，拟《诗》之正，可乎？滥觞于唐，以文为诗者，韩吏部始；然而春容激昂，于其近体，犹规规然守绳墨；《诗》之法犹在也。宋世瞆儒一切直致，谓理即诗也，取乎平近者为贵；禅人偈语似之矣。拟诸采诗之官，诚不若是浅。苏黄杰出，遂悉取历代言诗者之法而变焉，音节陵厉，阐幽揭明，智析于秋毫，数弹于章亥，故今世学诗者咸宗之。风雅异义，今言诗者一之！然则曷为风？黄初建安得之。雅之体，乐府诸诗近之。萧统之集，雅未之见也。诗近于风，情性之自然；齐梁而降，风其熄矣。由宋以来，有三变焉：梅欧以纤徐写其材，高者陵山岳，幽者穿岩窦，而其反复蹈厉，有不能已于言者，而风之变尽矣。黄陈取其奇以为言；言过于奇，奇有所不通焉。苏公以其词超于情，嗒然以为正，颓然以为近，后之言诗者争慕之。音与政通，因之以复古，则必于盛明平治之时，唐之元和，宋之庆历，斯近矣。感昔时流离兵尘之冲，言不能以宣其愁，而责之以合乎古，难矣。夫诗之言风，悲愤怨刺之所由始，去古未远，则其道犹在。越千百年以日趋于近，是不知《国风》之作，出于不得已之言也。李商隐诗，号为中唐警丽之作,其原出于杜拾遗;晚自以不及,故别为一体;然命意深切,用事精远,非止于浮声切响而已也。自西昆体盛,襞积组错;梅欧诸公,发为自然之声,穷极幽隐,而诗有三宗焉:夫律正不拘,语腴意赡者,是为临川之宗。气盛而力夸,穷抉变化,浩浩焉沧海之来碣石也,为眉山之宗。神清骨爽,声振金石,有穿云裂竹之势,为江西之宗。二宗为盛,惟临川莫有继者,于是唐声绝矣。至乾淳间诸老,以道德性命为宗,其发为声诗,不过若释氏辈条达明朗,而眉山江西之宗亦绝。永嘉叶正则,始取徐翁赵氏为四灵,而唐声渐复。至于末造,号为诗人,极凄切于风云花月之描写,力屡气消,规规晚唐之音调,而三宗泯然无余矣。余尝以为声诗述作之盛;四方语谚若不相似,考其音节,则未有不同焉者。诗盛于周,稍变于建安黄初,下及于唐,其声犹同也。豫章黄太史出,感比物联事之冗,于是谓声由心生,因声以求,几逐于外,清浊高下,语必先之,于声何病焉。法立则弊生,骤相摹仿,豪宕怪奇,而诗益浸淫矣。临川王文公语规于唐:其自高者始宗师之,拘焉若不能以广;较而论之,其病亦相似也。"则其不慊于宋贤而别有蕲尚,可知矣。

袁桷所为诗,五言古如《舟中杂咏》十首之二七八三首、《钱王参议以"风帆自力短,江空岁年晚"为韵》、《鞭马图为狄诚父作》、《再次韵答仲章仲宝》十首之三四六、《次韵仲章蔡村阻风》、《次韵陈畲斋七首"明月明年何处看为韵》、《集廉园》、《次韵杂诗》五之二五、《别仲章》、《赠昌上人》二首、《宿竹院次珙横川韵》、《送马伯唐御史奉使河西》八首、《天师留公返真空洞步虚词》十章、《大名刘节妇吟》、《饮酒杂诗》十二首,《述郭楚望步月秋雨琴调》二首、《次韵盘山黄伯玉东汉名士十咏》、

《次韵元复春思》三首之一二、《节妇吟为蒙氏作》、《有感》、《忆昔》三首,七言古如《赋广帅平寇还》、《谢王参议送练春红二枝》、《燕吴闲闲冰雪相看》、《仲章与余连舟而行夜泊夹马营余舟适先至仲章有诗因以奉戏》、《雪污斋》、《赠钱唐吴月湖》、《送赵君佐茶使》、《次韵段惟德右司》、《张氏女》、《近有善书僧日温妙明遂各为一章美之》、《善之携酒招游西湖值雷雨分韵得杯字》、《赋金华方君双鱼砚》、《送马季权之官平江州》、《宋诚甫押送交趾使之武昌》、《过高邮湖》、《赵昌荷花》、《乘鸾吹箫图》、《与相土王月屋》、《次韵蒋远静》二首、《题黄居采苍鹰击雉图》、《赠番阳刘生振》、《吴船行》、《淮船行》、《越船行》、《清明行》、《河船行》、《天禄砚滴歌》、《新安芍药歌》、《晋宁丁节妇歌》、《哀牢夷》、《李宫人琵琶行》、《渝州老人歌》、《龙尾歌送文子方著作》、《敬亭歌送郑子真》、《安南行》、《秋江钓月图歌》、《行路难》五首;五言律如《次韵善之杂兴》七首《赠瑛上人住洞林》,五言长律如《次韵仲章过陈氏城南书隐十韵》、《入南城遇老医言山阳旧事因成十六韵》、《寿李承旨四十韵》,七言律如《过扬州忆昔》六首、《宜远楼》、《寄城南友人》、《题郝伯常雁足诗》、《伯庸关平书事次韵》四首;五言绝如《鬼谷岩钓台》、《一线天》、《寒月泉》、《凤山》、《逍遥岩》、《墨兰》、《题应德茂游吴纪事二绝》、《古寺垂虹》、《朱窝杨柳青》三首,七言绝如《童时侍先人泊京口旅楼一月追忆旧事因成绝句》十首、《送吴成季五绝》、《静芳亭》、《次韵马伯庸应奉绝句》一十八首、《次韵继学夫宝宫祷雨见怀》四首,铺陈藻丽,气调振拔。其中五言古如《集廉园》曰:

芳菲廉家园,换我尘中春。古树不受采,白云为之宾。

中列万宝枝，夭娜瑶池里。背立饮清露，耿耿猩红新。幽蜂集佳吹，炯鹭摇精银。层台团松盖，其下疑有人，弈罢忽仙去，飞花点枰茵。高藤水苍佩，再摘谁为纫。濯缨及吾足，照映须眉真。暝色起孤鸟，寒光荡青蘋。信美非吾土，整马来城阉。

七言古如《李宫人琵琶行》曰：

先皇金舆时驻跸，李氏琵琶称第一。素指推却春风深，行云停空驻晴日。居庸旧流水，浩浩汤汤乱人耳。龙冈古松声，寂寂历历不足听。天鹅夜度孤雁响，露鹤月唉哀猿惊。鹍弦水晶丝，龙柱珊瑚枝。愿上千万寿，复言长相思。广寒殿冷芙蕖秋，簇金雕袍香不留。望瀛风翻浪波急，兴圣宫前敛容立。花枝羞啼蝶旋舞，别调分明如欲语。

忆昔从驾三十年，宫闱法锦红茸毡；驼峰马潼不知数，前部声催檀板传。长乐画浓云五色，侍宴那嫌头渐白。禁柳慈乌飞复翩，为言反哺明当还；朝进霞觞辞辇道，母子相对犹朱颜。君不闻出塞明妃恨难赎，请君换谱回乡曲。

五言绝如《朱窝杨柳青地近沧洲余爱其名雅作古调三首》曰：

朱窝杨柳青，明日是清明。地下不识醉，悲欢总人情。
朱窝杨柳青，黄河泻如注。还俟飞絮时，相同入海去。
朱窝杨柳青，自爱青青好。亦如送行客，相逢不知老。

七言绝如《次韵马伯庸应奉绝句》曰：

肥红盈盈锦步障，浅蓝深深绿油幕。绝怜旧嫁小娉婷，一曲生香泪双落。

垂髫双双白马郎，看花不语愁昼长。堂前有妇不肯守，遍看吴姬与赵娼。

　　小楼昨夜听琵琶，推手却手怨王家。不辞远嫁卢龙道，可怜长城骨如沙。

　　谁家弄玉矜少年，采莲艇子歌娟娟？转首那知颜色老，犹抹横云啼镜前。

又《静芳亭》曰：

　　帘外群山当画屏，白云如水度中庭。松花落径无人扫，失却莓苔一半青。

语多比兴，杂以游仙，其原出于陈子昂、李白，而上阐张协、郭璞，下参晚唐李商隐，以博丽救宋诗之野，以缥缈药宋诗之直者也。以唐救宋，以晋参唐，亦与戴表元同蹊径。惟表元美于回味，其意旷；而桷则才能发藻，其趣博也。

　　袁桷文则颇仿韩愈，避熟就生，而拗塞迟重，以异苏轼之快利；然阔适邕遂，亦非宋祁之苗轧。辞赋如《凝云石赋》、《九华台赋》、《墨竹赋》、《冬窝赋》、《榕轩赋》、《复庵赋》、《余轩赋》、《隐居图赋》、《愍誓》、《广招》、《七观》、《石田山房辞》；序跋如《辅汉卿先生语孟注序》、《郭好德论语义序》、《龚氏四书朱陆会同序》、《五经约说序》、《题惠崇小景》、《黄太史松风阁诗》、《王生鬼戏图》、《出山佛像》、《隆茂宗罗汉》、《唐摹钟繇贺捷表》、《王振鹏锦标图》、《题薛绍彭帖》、《书梅圣俞诗后》、《黄华帖》、《书孔子庙堂碑》、《书皇甫君碑》、《书徽宗御书诗》、《跋李时雍墨迹》、《跋蔡忠惠帖》、《题唐玉真公主六甲经》、《题唐临讲堂司州帖》、《跋郑太宰奏撰乐章》、《书唐临兰亭》、《跋齐竟陵王萧子良书》、《跋柳诚悬陇西李夫人志》、《跋欧阳询隰隩帖》、《跋蔡君谟汶岭帖》、《秘阁续帖刘无言双钩开皇兰亭》、《跋米元章书》、《题李龙眠十六罗汉象》、《题彦敬子昂兰蕙梅菊画卷》、《书汤西楼诗后》、《书余国辅诗后》、《书程君贞诗后》、《书杜东洲诗集后》、《书括苍周衡之诗编》、《书鲍仲华诗后》、《跋汪龙溪外制草》、《跋柳公权书清静经》、《跋颜真卿诰》、《书李巽伯小楷梦归赋》、《题东坡岭表书归去来辞》、《书世纶堂雅集诗卷》、《题乐生诗卷》、《题闵思齐诗卷》、《题噩上人叠秀轩赋后》、《跋亲禅师石菖蒲赋后》，赠序如《示罗道士》、《赠番阳笔工童生》、《送邓善之应聘序》、《送吴成季归省序》、《送薛景询教授常熟序》、《李庆御史饯行序》、《平章政事王公归省鲁公饯行诗序》、《王正臣浙东廉司经历饯行诗序》、《送朱君美序》，碑传如《萧御史家传》、《陈士直墓志铭》、《戴先生墓志铭》、《刘隐君墓志铭》、《河间清监使郝君墓志铭》、《宣武将军寿春副万户吴侯墓志铭》、《史景贤墓志铭》、《真定安敬仲墓表》、《周夫人墓志铭》、《方夫人墓志铭》、《卢母王夫人墓志铭》、《韩夫人墓志铭》、《定水源禅师塔铭》、《延庆良法师塔铭》、《空山雷道士墓志铭》、《通真观徐君墓志铭》，杂记如《鄞县小溪巡检司记》、《墅月观记》、《竹凤石屏记》、《小领水亭记》、《友恭堂记》、《乐善堂记》、《亦乐斋记》、《古剑记》、《昭真山水记》、《采芝亭记》、《梅亭记》、《通玄观贾道士记》、《拜住元帅出使事实》，议论则惬心贵当，叙事亦辞尚体要，谙练掌故，元元本本，尤足征文考献。姚燧谙练掌故，而文章学韩以为北学之宗；楒则谙练掌故，而文章学韩以变南宋之文。顾同一学韩也，姚燧摹其造语以病诘屈；楒则得其运笔以为矜重，虽不如元好问之雄俊，而颇胜于燧之蹇蹶矣。自楒之继赵孟頫而以文章显用也，于是临川虞集、豫章揭傒斯、义乌黄溍、浦阳柳贯联翩起东南，有声中朝，典制作，号为儒林四杰。然诗格变宋而文不变宋，与戴表元、赵孟頫同，而与桷则异。

第四节　虞集　欧阳玄　揭傒斯附范梈　杨载　黄溍　柳贯附戴良

元之有天下也，北有许衡，南有吴澄，讲明理学，相继主国子监事。并称儒宗。许衡之弟子有姚燧，以文章雄河朔，润色鸿业；而吴澄之从游有虞集，以文章起东南，领袖文苑。后先辉映，而称文宗，亦一代之盛也。

虞集，字伯生，本蜀人，宋丞相允文五世孙也。父汲，黄冈尉，宋亡，侨居临川崇仁，与吴澄为友。澄称其文清而醇。晚起家教授，于诸生中得欧阳玄而奖进之。以翰林院编修官致仕。娶杨氏，国子祭酒文仲女也；咸淳间，文仲守衡，而汲以黄冈尉奉檄湖南，在甥馆，文仲以其未有子，为祷南岳而生集。集龆龀时，常梦在高山长松间；既婚而不复梦也。宋亡，随汲避兵岭表。无书可携。杨氏口授《论语》、《孟子》、《左传》及欧苏文，过耳成诵。比还长沙，就外傅，得刻本，授之，则已烂熟胸中，尽通其大义矣。文仲世以《春秋》名家；而族弟参知政事栋，明于性理之学。杨氏在室，受其说，而集与弟槃皆受母教。既侨崇仁，则以父命从吴澄游，授受具有源委。左丞董士选自江西除南行台中丞，延集家塾。成宗大德初，以荐除大都路儒学教授，转国子助教，即以师道自任。诸生时其退，每挟策趋门下卒业。他馆生多相率诣集请益。仁宗即位，责成监学，起吴澄为司业，欲有更张以副帝意。集力赞其说。有为异论以沮之者，澄投檄去，集亦以病免也。乃发愤而为《送李扩序》以见意曰：

> 国学之置，肇自许文正公。文正以笃实之资，得朱子数书于南北未通之日，读而领会，起敬起畏；及被遇世祖皇帝，纯乎儒者之道，诸公所不及也。世祖皇帝圣明天纵，深知儒术之大，思有以变化其人而用之，以为学成于下而后进于上，或疏远未即自达，莫若先取侍御贵近之特异者使受教焉，则效用立见。故文正自中书罢政，为之师。是时风气浑厚，人材朴茂，文正故表章朱子《小学》一书以先之，勤之以洒扫应对以折其外，严之以出入游息而养其中，掇忠孝之大纲以立其本，发礼法之微权以通其用。于是数十年彬彬然，号称名卿材大夫者，皆其门人矣。呜呼！使国人知有圣贤之学，而朱子之书得行于斯世者，文正之功甚大也。文正没，国子监始立官府，刻印章如典故。其为之者，大抵踵袭文正之成迹而已。然余尝观其遗书，文正之于圣贤之道，五经之学，盖所志甚重远焉。其门人之得于文正者，犹未足以尽文正之心也。子夏曰："君子之道，孰先传焉，孰后倦焉。"程子曰："圣贤教人有序。"非是先教以近者小者，而不教之远者大者也。
>
> 夫天下之理无穷，而学亦无穷也；今日如此，明日又如此，止而不进，非学也；天下之理无由而可穷也。故使文正复生于今日，必有以发明道德之蕴，而大启夫人心之精微，天理之极致；未必止如前日之法也。而后之随声附影者，谓修词申义为玩物，而从事于文章；谓辩疑答问为

躐等，而姑困其师长；谓无所猷为为涵养德性，谓深中厚貌为变化气质。是皆假美言以深护其短，外以聋瞽天下之耳目，内以蛊晦学者之心思；此上负国家，下负天下之大者也。而谓文正之学，果出于此乎？

近者吴先生之来为监官也，见圣世休明、而人材之多美也；慨然思有以作新其人。而学者翕然归之，大小如一。于是先生之为教也，辨传注之得失，而达群经之会同；通儒先之户牖，以极先圣之闳奥；推鬼神之用以穷物理之变，察天人之际以知经纶之本，礼乐制度之具，政刑因革之文，考据援引，博极古今，各传其当，而非夸多以穿凿；灵明通变，不滞于物，而未尝析事理以为二。使学者得有所据依以为日用常行之地，得有所标指以为归宿造极之处。噫，近世以来，未能或之先也！惜夫在官未久，而竟以病归。呜呼！文正与先生，学之所至，非所敢知、所敢言也，然而皆圣贤之道则一也。时与位不同，而立教有先后者，势当然也。至若用世之久速，及人之浅深，致效之远近大小，天也，非人之所能为也。

仆之为学官，与先生先后而至。学者天资通塞不齐，闻先生言，或略解，或不解，或暂解而旋失之，或解而推去渐远，退而论集于仆，仆皆得因其材而达先生之说焉。先生虽归，祭酒刘公以端重正大临其上；监丞齐君严条约，以身先之；故仆得以致其力焉。未几，二公有他除；近臣以先生荐于上；而议者曰："吴幼清，陆氏之学也，非朱子之学也，不合于许氏之说，不得为国子。是将率先天下而为陆子静矣。"呜呼！陆子岂易言哉？彼又安知朱陆异同之所以然？直妄言以欺世拒人耳。是时，仆亦孤立不可留！

未数月，移病自免去。

邓文善之以司业召至，会科举诏行，善之请改学法，其言曰："今皇上责成成均，至切也，而因循度日，不惟疲庸者无所劝，而英俊者惧败，无以见成效。"议不合，亦投劾去。于是纷然言吴先生七不可，邓司业去而投劾为矫激，而仆之谤尤甚，悲哉！

归德李扩事吴先生最久，先生之书皆得受而读之；先生又尝使来受古文，故于仆尤亲近。去年以国子生举，今年有司用科举法依条试之，中选，将命以官。间来谒曰："比得官犹岁月间，日归故乡，治田亩，益得温其旧学，请一言以自警。"会仆将归江南，故略叙所见以授之，使时观之，亦足以有所感而兴起矣。

其文纡余委备而条达疏畅，急言竭论而容与闲易，盖得笔于欧阳修，而韵不如，言之太尽也。集自以先生长者奉手吴澄，而欲有以张大其学；澄则受学于新安程若庸，以传朱子之学，质疑问难，多出若庸意表，若庸器重之，以属于族子巨夫曰："吾未见有如此子之警问。汝年相若，可共学也。"及巨夫奉诏搜遗逸江南，遂强起澄以进于朝。中遭挫排，然卒显用，浸篡北学之统，而以代兴于许衡焉。许衡不工为文，朴实说理。而澄则词华典雅，质有其文，传有《吴文正集》一百卷。澄，字幼清，崇仁人，起家国子监，累官翰林学士，卒谥文正。

虞集既以澄去官，再起太常博士，历英宗、文宗，累迁翰林直学士，奎章阁侍书学士。文宗下诏修《经世大典》，命为总裁。御史中丞赵世安尝谓集久居京师，且病，宜假一外职就医。文宗怒曰："一虞伯生，汝辈不能容耶！"于时，宗庙朝廷之典册，公卿大夫之碑版，咸出其手；而嫉之者往往摘文词以指为讪讥。文宗察知其故，不能中伤。马祖常，故以气类相许与而文字交也，及为御史中丞，遂以语倾集而挤之，集乃谢病归。顺帝即位，屡召不起，被旨就其家撰文，卒谥文靖。传有《道园学古录》五十卷，《道园遗稿》六卷。

元文之有虞集，陶铸群材，主持风气，如金之有元好问。然好问排荡生哽，欲攀韩愈以变宋文；集则纡余委备，一本欧阳以衍宋脉。每谓："宋之将亡，士习卑陋，以诗文相同；病其陈腐，则以奇险相高；江西尤甚。识者病之。昔者庐陵欧阳公秉粹美之质，生熙洽之朝，涵淳茹和；作为文章，上接孟韩，发挥一代之盛，英华醲郁，前后千百年，人与世未有如此者也。苏子瞻以不世之材，起于西蜀，英迈雄伟，亦前世之所未有。曾子固博考经传，知道修己，伊洛之学，未显于世，而道说古今，反复世变，已不失其正，亦孰能及之哉？然苏氏之于欧公，则曰："我老归休，付子斯文；虽无以报，不辱其门！"子固之言曰："今未知公之难遇也，后千百世，思欲见公而不可得，然后知公之难遇也。"然则二君子之所以心悦诚服于公，返而观其所存。至于欧公，则暗然而无迹，渊然而有容，挹之而无尽者乎？三公之迹熄，而宋亦南渡矣。乾淳之间，东南之文，相望而起者，何啻十数：若益公之温雅，近出于庐陵。永嘉诸贤，若季宣之奇博而有得于经，正则之明丽而不失其正，彼功利之说驰骋纵横其间者，其锋亦未易婴也。文运随时而中兴概可见焉。

然余窃观之；朱子继先圣之绝学，成诸儒之遗言，固不以一艺而成名；而义精理明，德盛仁熟，出诸其口者，无所择而无不当；本治而末修，领挈而裔委，所谓立德立言者，其此之谓乎？学者出乎其后，知所从事而有得焉，则苏曾二子望欧公而不可见者，岂不安然有措足之地，超然有造极之时乎？而宋之末年，说理者鄙薄文辞之丧志；而经学文艺，判为专门。士风颓弊于科举之业。岂无豪杰之出？其能不浸淫汩没于其间，而驰骋陵厉，已为难得，而宋遂亡矣。中州隔绝，困于戎马。风声气习，多有得于苏氏之遗，其为文亦曼衍而浩博矣。

国朝广大，旷古未有，起而乘其雄浑之气以为文者，则有姚文公其人，其为言不尽同于古人，而伉健雄伟，何可及也？是时南方新附，江乡之间，逢掖缙绅之士，以其抱负之非常，幽远而未见知，则折其奇杰之气，以为高深危险之语，视彼靡靡浑浑，则有间矣。然不平之鸣，能不感愤于学者乎？而一二十年，向之闻风而仿效，亦渐以熄。循习成弊，于是执笔者肤浅则无所明于理，蹇涩则无所昌其辞，斯文斯道，所以可为长太息。集故极道夫欧阳子之所未易知，而辄及于予之所欲求知于欧阳子者。"盖有意于欧阳子之容与闲易，而不为姚燧之奇险相高。

其可诵者：序跋如《张师道文稿序》、《题杨将军往复书简后》、《题朱侯所临智永千文》、《跋鲜于伯机与严处士翰墨》、《跋鲜于伯机小篆》、《跋吴兴公书阴符经》、《跋谢太傅中郎帖》、《题申屠子迈画马图》、《题米南宫墨迹》、《子昂墨竹跋》、《题吴傅朋书并李唐山水跋》、《书赵学士经筵奏议后》、《题黄勉斋所藏醴泉铭》，赠序如《送文子方之云南序》、《送苏子宁北行诗序》、《送李亨赴广州教授诗序》、《送廉充赴浙西宪司昭磨序》、《送李榕序》、《送赵茂元序》、《送李仲渊云南廉访使序》、《送翰林编修王在中奉祠西岳序》、《送祠天妃两使者序》、《送江西行省金平章诗序》、《送李道济之官夷陵诗序》、《陈云峤省亲诗序》、《送赵茂元归乡序》、《送常伯昂序》、《送昌上人诗序》、《送吉上人序》、《李士弘二子字说》、《李克畯字说》，碑传如《赵文惠公淇神道碑》、《淮阳献武王张洪范庙堂之碑》、《知昭州秦公仲神道碑》、《牟伯成墓碑》、《洛阳杨氏先茔碑》、《御史中丞杨襄愍公朵儿只神道碑》、《大宗王府也可札鲁火赤高昌王神道碑》、《孙都思氏锁儿罕世剌及其子保世勋之碑》、《徽政院使张忠献公神道碑》、《宣徽院使贾公秃坚里不花神道碑》、《翰林学士承旨刘公赓神道碑》、《高鲁公觿神道碑》、《贺丞相胜墓志铭》、《蔡国张公珪墓志铭》、《熊与可朋来墓志铭》、《王知州墓志铭》、《曾巽初墓志铭》、《胡彦明墓志铭》、《赵曼龄墓志铭》、《王诚之墓志铭》、《王公信墓志铭》、《倪行简墓志铭》、《汪夫人墓志铭》、《周夫人李氏墓志铭》、《王伯益墓表》、《句容郡王士土哈创几儿父子世绩碑》、《曾肃王也柳干阿剌罕父子勋德碑》、《高昌王火赤哈儿的斤父子世勋之碑》、《夏国公谥襄敏杨公教化神道碑》、《断崖和尚塔铭》、《陈真人道行碑》，杂记如《吴张高风图序》、《国子监学题名序》、《知还斋记》、《刘正奉塑记》、《顾吴氏春晖堂记》；不矜张而取舍廉肉不失法，自然顺成。其中高昌王、曹南王、句容郡王、张氏淮阳献武蔡国父子、杨氏襄敏襄愍兄弟、张忠献公、高鲁公、贺丞相诸碑志，皆为《元史》列传所本；其他足以拾史遗，资考论者，亦多有之。然叙事不免冗漫，议论亦少警发。及其得意疾书，随事曲注，亦有水到渠成之乐；坦易以为宋，与黄溍、揭傒斯同一蹊径；特驽于溍而雄于傒斯。

虞集诗则自诩"如汉廷老吏"，笔老而意到，语舞枝叶，实胜文之辞繁不杀。五言古如《月出古城东》曰：

月出古城东，海气浮空濛。车骑各已息，宫阙何穹窿。牧马草上露，吹笳沙际风。帐中忽闻雁，传令彀雕弓。

七言古如《赋洛川老人九十》曰:

> 洛川老人年九十,须眉如画身玉立。锦袍金带方乌巾,手挽强弓无决拾。八月平原秋气高,闻有狡兽依蓬蒿。清晨上马薄暮返,累骑毛血悬鞬櫜。身是前朝将家子,生逢太平百无事:都将英气化高年,何物小儿堪指使!

又《吴中女子画花鸟歌》曰:

> 吴中女儿颜色好,洗面看花花为俏。调朱弄粉不自施,写作窗间雪衣鸟。绿窗沉沉春昼迟,半生心事花鸟知。花残鸟去人不归,细雨梅酸愁画眉。

七言律如《挽文山丞相》曰:

> 徒把金戈挽落晖,南冠无奈北风吹。子房本为韩仇出,诸葛宁知汉祚移。云暗鼎湖龙去远,月明华表鹤归迟。不须更上新亭望,大不如前洒泪时。

五言绝如《燕陈公子宅赠燕学士》曰:

> 落日照大堤,花间闻马嘶。城头鼓角起,相送五门西。

七言绝如《院中独坐》曰:

> 何处他年寄此生,山中江上总关情。无端绕屋长松树,尽把风声作雨声。

质实中神理绵邈,具体盛唐之气韵。其他五言古如《后续咏贫士》四首之一二、《盗发亚父冢》、《送张道士归上清》、《赠写真佟士明》、《赠藏庵道者》二首、《赋茅山道士云松巢》、《酬上清道士钞阴何诗》、《赵千里出峡图》、《滕昌祐怀香睡鹅图》、《记梦》、《次韵答袁伯长》十首之一三四八、《夜坐》二首之二、《题王眉叟真人溪居对月图》、《题天台柯东谷》、《答胡士恭》二首、《梦旧游诸友》、《记梦》二首，七言古如《张令鹿门图》、《题简生画涧松》、《题柯博士画》、《题溧阳胡氏雪溪卷》、《刘益之题其居曰云松巢赋诗与之》、《为燮元圃题鳌溪春晓图》、《题羁竹所画》、《题村田乐图》、《江贯道江山平远图》、《为汪华玉题所藏长江万鸦图》、《赠羽士费无隐》、《题渔村图》、《题韩干画马》、《天涯山歌为峥山公赋》、《金人出塞图》、《送吕教授还临川》、《三凤行赠海东之下第南归》、《戴和父归越》、《城南春晓图》、《天台图》、《桃源图》、《金马图》、《柯丹邱画松竹》二首、《陈容画龙》、《送胡士则》、《按弓图》、《汪华玉所藏李息斋古木竹石图》，五言律如《林皋亭》、《雪谷早行》、《代众仲作》、《戏作试问堂前石》五首之一二、《山水图》、《题马竹所画》、《到寺》，七言律如《安庆路双连寺得上人超然亭》、《予与亚仙自剑池观山水访自牧长老于昭福寺寺方卜门向予与亚仙皆以正对大罗为妙为赋诗》、《谢子棕雨笠》，五言绝如《京师秋夜》、《题何玉泉钱唐诗卷后》，七言绝如《子昂人马图》、《题柯敬仲画》、《次韵东山凤栖别墅四时词》之春、《癸酉岁晚留上方观》四首之二三，咸为一集之胜。其中五言古襟怀冲旷，辞笔轩爽，而出以游仙，发其逸趣，欲攀陈子昂，上参郭璞。七言古朗丽而出以驰骤，惝恍而不害现实，俊迈跌宕，具体李白。五言律意趣清真，妙能秀润，王维之遗音也。七言律格律深严，绰有变化，杜陵之矩矱也。其诗颇以唐音之柔厚，而欲湔宋诗之伧野；文则欲为欧阳之纤余，而不免南宋之庸滥。文无笔力，而诗有笔力；文无远韵，而诗有远韵；似出两手，与揭傒斯同。性好宏奖，草茅之士，知古学者，必折节下之。其为国子助教也，父汲，方分教于潭，得欧阳玄所为文，大惊，手写成帙，题寄于集曰："此子才俊，必与吾儿抗行！"于是集荐玄升朝，遂以文章显用；而声名相亚，卒如父言。

欧阳玄，字原功，其先出江西之宜春；曾祖新，以应湖南转运司试，遂徙浏阳。父龙生，以宋大学上舍生，为岳麓书院讲书。母李，颇通书史，褓褓即授《孝经》、《论语》、《小学》诸书，无不成诵。八岁，始就外傅。有黄冠至，注视久之曰："儿耳白过面，异日必以文章冠世，名满天下。"亟追与语，已失所之。经史百家，靡不研究；伊洛诸儒源委，尤所淹贯。以荐为道州路儒学教授。及为集父子所提奖，而声名彰著于朝矣。延祐二年，进士及第。历仁宗、英宗、泰定、文宗、顺帝四十余年，三任成均而两为祭酒，六入翰林而三拜承旨。修《经世大典》、《三朝实录》，及宋、辽、金三史，皆大制作。屡主文衡，两知贡举及读卷官。凡宗庙朝廷册诰制诏，多出其手；名山大川释老之宫，王公贵人墓隧之碑，必以玄撰文为荣。卒谥曰文。传有《圭斋集》十五卷。

论文主于廉静而深醇，抑亦异于北学。每语学者曰："吾江右文章名四方也久矣，以吾六一公倡为古也。窃怪近年江右士为文，间使四方学者读之，辄愕相视曰：'欧乡之文乃险劲峭厉如此！'何不舒徐和易以宗吾六一公乎？盖尝究其源焉：吾乡山水奇崛，士多负英气；然不免上人之心，足为累焉。夫文，上者载道，其次记事，其次达意；乌以上人为哉？欧阳公生平于'平心'两字用力甚多；晚始有得。人能平其心，文有不近道者乎？此其所以廉静而深醇也。夫文，廉则不夸，静则不躁，深则不肤，醇则不靡。尚愿羽翼吾欧阳公之学以模楷后生。将见江右之文章，粹然为四方师表矣。"今诵其文，虽未深醇，而颇不夸不躁以跻于廉静。如《罗舜美诗序》曰：

> 江西诗，在宋东都时宗黄太史，号江西诗派；然不皆江西人也。南渡后，杨廷秀好为新体诗，学者亦宗之。虽杨宗少于黄，然诗亦小变。宋末，须溪刘会孟出于庐陵，适科目废，士子专意学诗。会孟点校诸家甚精，而自作多奇崛，众翕然宗之，于是诗又一变矣。我元延祐以来，弥文日盛；京师诸名公咸宗魏晋唐，一去金宋季世之弊，而趣于雅正。诗丕变而近于古；江西士之游京师者，其诗亦尽改其旧习焉。
>
> 庐陵罗舜美以诗一帙属余题其端。读之，佳句叠出；诗不轻儇，则日进于雅；不锲薄，则日造于正；诗雅且正，治世之音也，太平之符也。郑笺言"诗可以观治道之盛衰"，岂不信哉？楚与吴之诗，不列《国风》；而近世江表诗什多，他日必有置诸乐府者矣。

其叙元诗之所以变宋，甚辨以析；而辞尚体要，不为冗絮。虽不如欧阳之深情流韵，而颇能湔苏文之躁气夸调。然亦有如苏文之以议论驰骋见雄快者，如《为宋濂潜溪后集序》、《江陵王阿里海涯新庙碑》是也。其他碑志之文，如《追封魏国公谥文正许先生衡神道碑》、《魏国赵文敏公孟𬱖神道碑》、《元故翰林学士中奉大夫知制诰同修国史贯公云石神道碑》、《元故奎章阁侍书学士翰林学士通奉大夫虞雍公集神道碑》，皆以儒林丈人，为名卿大僚；而玄气沛而文赡，事详而辞核，亦足以参证《元史》，搜补佚闻。揭傒斯序其文，以为："丰蔚而不繁，精密而不晦，有典有则，可讽可诵；无南方啁啾之音，无朔士暴悍之气"，盖亦钦重之至矣。与揭傒斯并命为辽、金、宋史总裁官;《辽史》成而傒斯卒,独玄老寿始终其事。而始事之日,右丞相脱脱为都总裁,问玄如何下手。玄曰:"是犹作室,在于聚材择匠;聚材则先当购书,择匠则必遴选史官。"于是遣使购书,增设史官,立三史凡例,皆元有以发之。

揭傒斯,字曼硕,占籍豫章之丰城。年十二三,读书已见古人大意。家贫自奋励,经史百氏,无不贯通,而发之为文章。年二十余,出游湘楚。程巨夫方持节使湖北,而奇其才,妻以从妹。及仁宗即位,巨夫在翰林,招之入都,而馆于家。是时东南文章巨公如赵孟𫖯、邓文原、袁桷、虞集,咸萃辇下;而傒斯与临江范椁、浦城杨载继至,以文墨议论与相颉颃,而名暴著。以荐授翰林国史院编修官。平章李孟读所撰功臣传,叹曰:"是方可名史笔;若他人,则吏牍尔。"在翰林久,文宗尤眷遇,擢授经郎,以教勋戚子弟,字呼之而不名。中书荐用儒臣,必问曰:"其才何如揭曼硕?"累进翰林侍讲学士。

顺帝至正初,诏修辽、金、宋三史,以为总裁官。而右丞相脱脱为总裁,问修史以何为本。公曰:"用人为本。有学问文章而不知史事者,不可与。有学问文章,知史事,而心术不正,尤当以心术为本也。"每与僚属言:"欲求作史之法,须知作史之意。古人作史,善虽小必录,恶虽小必记。不然,何以示劝戒乎?"毅然以笔削自任。凡政事之得失,人才之贤否,吾一切律以是非之公;至于物论之不齐,必力与之辨以归于至当而止。《辽史》成,有旨奖谕,勖以早成金、宋二史。辰入酉出,急而不休,暴得寒疾,卒。谥文安。

黄溍为撰神道碑,极推崇其诗文,称:"为文叙事严整而精核;持论一主于理,语简而洁。诗长于古乐府选体,清婉丽密,而不失性情之正;律诗伟然有盛唐风。"传有《文安集》十四卷。而《四库提要》则约其词以为论定,谓:"其文叙事严整,简而有要;诗则清丽婉转,如出二手。"其别白诗文以出二手,是也。然据黄历一诗谀墓之语,而为斯文千载之论定,则大非。僕斯名在四杰,而与黄溍相参随;然文则远逊于溍。溍警发,而僕斯则平钝。议论习见,无所警发;叙事缓散,不得体要,庸肤冗漫,如金人之学苏轼,得其率易而失其警快者也。

僕斯诗则以秀爽出婉媚,力湔浮藻而自然朗丽,不无故国之思,遗民之感。五言古如《贫交行》《春日杂言》《游麻姑山》五首《京城闲居杂言》四首《赠王朗》《赋得吴歌送人归吴中》、《寒夜作》,七言古如《李将军歌一首送李天民赴邵武军口巡检》、《寄题张齐公庙》《寄题武宽则湖山堂》,五言律如《山庄晚立有怀舍侄沅督栈临川》、《泊安庆时再北游》、《史馆独坐》;七言律如《宿梁安峡梦故室有感时还盱江》、《送蔡思敬还豫章有怀辽阳李提举》,殊为胜篇;古体尤胜近体。其中五言古如《春日杂言》曰:

> 幂历杨柳枝,蒙茸春草齐。夭夭谁家妇,采桑临路歧。零露沾其裳,蛛丝卷其衣。树高身苦弱,蚕饥行复迟。辛苦事姑嫜,宿昔减容辉。见者皆叹息,此心知独谁。良人日暮至,醉问尔何为?

又《京城闲居杂言》曰:

> 朝从猎城南,暮从猎城北。白马喻飞翰,轻裘如膏泽。尘起知兽骇,风高验鸟疾。只箭落双鹜,千金出俄刻。归来拜恩宠,乐饮过一石。僮奴增意气,宾客改颜色。常恐

文法士,轻薄多瑕摘。高门临广衢,秋风上荆棘。

朔土高且厚,民生劲而强。榆柳虽弱质,生植益繁昌。桃李大于拳,枣栗充糇粮。谁谓苦寒地,百物莫得伤。青青云梦竹,宿昔傲雪霜。移植于此庭,不如芥与杨。竹性岂有改?由来非本乡。

眇眇寒门士,客游燕蓟城。上无公卿故,下无旧友朋。裘褐不自蔽,藿食空营营。

四顾灾沴余,但闻号哭声。自负道德懿,敢怀轩冕荣。节食慎所欲,聊以厚我生。

高步览九州,谁独无与亲。同室不相喻,矧彼途路人。诱讪更驱迫,巧诈日眩真。共美为善乐,莫知与善邻。未足保厥躬,已谓贻子孙。一言易为义,一恩易为仁。世无鲁东叟,何以慰心神。

又《寒夜作》曰:

疏星冻霜空,流月湿林薄。虚馆人不眠,诗闻一叶落。

七言古如《李将军歌一首送李天民赴邵武军□巡检》曰:

李将军,材且武,儒冠挽得兜鍪去。身疑南极老人星,气食阴山雪毛虎。雕弧白马金仆姑,天地昂昂此丈夫;五十方为求盗使,人生何用苦诗书。寄言邵武诸官长:"不是寻常一腐儒!"

擅有左思之风力,发以明远之警挺,卓荦为杰。而律绝之作,亦婉秀顿挫,绰有笔意,不仅风神独绝。与虞集、杨载,范梈唱酬而以齐名,称虞、杨、范、揭。顾傒斯不快于集之高自位置以菲薄三人；乃见意于《范先生诗序》曰：

> 范先生者，讳梈，字德机，临江清江人也。少家贫力学，有文章，工诗，尤好为歌行。年三十余，辞家北游，卖卜燕市。见者皆惊异之，相语曰："此必非卖卜者。"已而为董中丞所知，召置馆下，命诸子弟皆受学焉，由是名动京师。遂荐为左卫教授，迁翰林国史院编修官，与浦城杨载仲弘、蜀郡虞集伯生齐名，而余亦与之游。伯生尝评之曰："杨仲弘诗如百战健儿。范德机如唐临晋帖。"以余为三日新妇，而自比汉廷老吏也。闻者皆大笑。余独谓范德机诗，以为唐临晋帖，终未逼真；今故改评之曰："范德机诗如秋空行云，晴雷卷雨，纵横变化，出入无朕；又如空山道者，辟谷学仙，瘦骨崚嶒，神气自若；又如豪鹰掠马，独鹤叫群，四顾无人，一碧万里，差可仿佛耳。"晚尤工篆隶。吴兴赵文敏公曰："范德机汉隶，我固当避之；若其楷法，人亦罕及。"居官廉直，门不受私谒，历佐海北、江西、闽海三宪府。而弃官养母，天下称之。尝一拜应奉翰林文字，而有闽海之命，不果行。至顺元年，年五十九，卒。其诗道之传，庐陵杨中得其骨，郡人傅若金得其神，皆有盛名。其平生交友之善，始终不变者，郡人熊钫也。杨中将刻其诗，命其子继文请序，为书其始末如此。呜呼，若德机者，可谓千载士矣！杨中，字伯允。傅若金，字与砺。熊钫，字敬舆。诗凡若干卷。

盖不欲为自己鸣不平以抒愤于虞集，而特见意于张范梈也。虞集以"三日新妇"称倪斯，尤为倪斯不悦，作《忆昨》诗，有"学士吟成每自夸"之句。虞集得诗，谓门人曰："揭公才力竭矣。"

因答以诗曰："故人不肯宿山家，夜半驱车踏月华。寄语傍人休大笑，诗成端的向谁夸！"并题其后曰："今日新妇老矣。"特一时文人相轻。其实僁斯清词，运以逸气，如太原公子轻裘缓带，顾盼自俊；非新妇诗也。文则缓散而不紧健，与诗如出两手云。

范梈诗有《燕然稿》、《东方稿》、《海康稿》、《豫章稿》、《侯官稿》、《江夏稿》、《百丈稿》，总十二卷；后人并为七卷。五言古如《送张炼师归武当山》、《九日报熊敬舆》、《赠安西王提举别》、《宿夏庄》、《赠方永叔往教重庆路》、《古干将》、《二杏》、《饶国吴氏晚香堂》，七言古如《王人能远楼》、《钱舜举画马歌》、《掘冢歌》、《怀旧游赠别杜君还益津》，五言律如《秋山图》，七言绝如《渡端州峡》、《临高阻雨》、《卧病》、《绝句》；豪宕清遒，足为高调。

其中五言古如《宿夏庄》曰：

> 阴晴知何如？开户月满地。主家种长榆，竟夕薰风至。半生朝市踪，颇负山林意。及兹登览余，亦复缠世累。疏篱临大道，嘶马骇童稚。众卧复离披，踌躇独无寐。江山转寥落，星斗亦联缀。丈夫千载间，岂独铅椠事。

萧闲之境，沉郁之意，令人味之亹亹不倦。惟律绝近体，气调警而意不新，趣不永。古体胜于近体，五言古出陈子昂，七言古效李太白，达而能敛，秀而不绮，虞集谓如"唐临晋帖，终未逼真"。僁斯作序，特不平之，则又推之过当而弥失真。其实梈诗如晓钟疏唱，清音独远，意有沉郁，语会缥缈，以魏晋之缥缈，发唐人之沉郁，此所以谓"唐临晋帖"；而不免有疏涩处，故曰"终未逼真"。然魏晋诗格，明而未融，亦尽有疏涩之笔而转饶古媚；安知集之所谓未逼真者，乃所以为逼真耶？

特嫌其五言古辞烦不杀，尚失魏晋高简之意耳。读者须知陈子昂之学魏晋，尽多明而未融，异于李杜之机杼自运；然陈似魏晋，而李杜不似，亦如唐初褚虞临王右军帖，得其萧闲之味多，而异于后来颜柳书法之雄肆，骨腾肉飞也。知陈子昂，则知"范德机如唐临晋帖"之说矣。其诗比虞集变化不如而较雅适；视杨载则惊丽少逊而特清遒。

杨载字仲弘，建之浦城人，徙家于杭。四十不仕，以布衣召为翰林国史院编修官。仁宗延祐初，行科举，乃登进士第，授饶州路同知浮梁州，迁宁国路总管府推官，卒。初赵孟頫在翰林，得载文，极称重之，由是名动京师。凡撰述有成，人争诵写。虞集推其诗法，而黄溍从论文法。及其卒也，溍为志墓，"于书无所不读，而其文益以气为主，毫端亹亹，纵横巨细，无不如意之所欲出。"然文不多见，惟以诗传，有集八卷。虞集评其诗如"百战健儿"；而范梈则序之曰："仲弘天禀旷达，气象弘朗，开口论议，直视千古。每大众广集，占纸命词，傲倪横放，尽意所止。众方拘拘，己独坦坦；众方纡余，己独驰骏马之长阪而无留行，要为一代杰作也。皇庆初，与余偕为史官，每同舍下直，回翔留署，或至见月，月尽，继烛相语。刻苦淡泊，寒暑不易者，惟余一二人耳。虞文靖公与仲弘同在京师，每载酒诣仲弘，问作诗之法焉。仲弘酒既酣，尽为倾倒。他日，见文靖诗，叹曰：'此非伯生不能作也。'三人相与切磋如此。尝谓学者曰：'诗当取材于汉魏，而音节则以唐为宗。'"今诵所作，发唱高圆，造语雅练，其原出于唐音，而意境则取材晋宋。

又如《次韵景远学士立春日》二首之二曰：

> 人事重名实，趋向尽百端。丈夫负雄气，动欲追古贤。

> 于意少不惬，自放江海边；登高望八极，云气生我前。万事何足问，所须惟酒钱。

又《遣兴偶作》曰：

> 春蔬茂前畦，蕡蕡有颜色。珍禽叫深树，过耳亦一适。用是易吾虑，毋为自襞积。放浪天地间，无今亦无昔。古人得意处，相与元不隔。如何故人心，未照我胸臆。征言及纤芥，实出左右力。岂惮决系躧？人生且为客。

沉郁之怀，而托之于冲旷；委曲之笔，而发之为高亮；词参游仙，气必为遒，盖出入陈子昂、李白，以追攀郭璞、左思，与虞集同其机杼者也。驰骤变化不如集；而风规雅赡，则过于集。宋人之伧，一洗而空；而亦不为元诗之纤。其他五言古如《塞上曲》、《偶题》、《书怀寄杜原父》二首、《赠执中允上人》，七言古如《题秋雨长吟图》、《题温日观葡萄》，五言律如《东阳十题》之《焦桐》、《奉题伯父双峰樵隐》四首，七言律如《留别京师》、《湖上》、《遣兴》、《夏夜对月》，亦皆有意有笔，词气豪迈而风调清深。虞集"百战健儿"之喻，尚为得其豪迈，而未及其风调也。

黄溍，字晋卿，婺州义乌人。童而授以诗书，不一月皆成诵。下笔顷刻数百言。尝著《吊诸葛武侯辞》，其表叔刘应龟，老儒也，见之，叹曰："此儿必以文辞鸣！"因留受业。弱冠，游杭州，宋遗老宿学萃焉，益究心南渡文献。奉手隐者方凤，请业请益而从之游，诗歌唱和，若将终身。延祐初，行科举，县官强起溍，中延祐二年进士第；殿试对策，以"用真儒，行仁义"为言，词特剀切。历仁宗、英宗、泰定帝、文宗、顺帝，累官翰林侍讲学士，知制诰，同修国史，同知经筵事，进讲经筵者三十有二年。顺帝语中书右丞朵尔直班曰："文臣年老，正宜在朕左右。"经筵无专官，曰领，曰知，咸宰执近臣；而溍以同知，有进讲，必以属稿，非有关治道之大不以陈。

其为学，博极天下之书而归于至精。有问经史疑难，古今因革，与夫制度名物之属，旁引曲证，语蝉联不休。至于剖析异同，谳决是非，一折衷于朱子。及为文章，布置谨严，援据精切，俯仰雍容，不大声色，议者谓温醇类欧阳永叔。与杨载以文章相切劘，溍谓"载之文，博而敏，直而不肆"，极推服之。而载则语于溍曰："子之文气，有未充也；然已密矣。"溍叹服其言。卒谥文献，传有《黄文献集》十卷，《补遗》一卷。

黄溍文为苏轼之疏畅，而归本欧阳修之纡徐；学则朱熹之义理，而兼擅吕祖谦之文献。承宋人之学，为宋人之文，朝掌国故，多著于篇。

其文章：议论不为矜张而有深识，叙事焯有裁制而无遁情；尽而不污，婉而章，虽无欧阳之流韵，而有欧阳之洁致。

序跋如《跋苏公父子墨迹》、《跋东坡赠巢三诗》、《书王申伯诗卷后》、《书余姚新学诗后》、《记石经》、《跋李西台书》、《跋荆公帖》、《跋吴兴赵公书洛神赋》、《题东坡临钟繇书》、《题云山图》、《跋项可立序旧》、《跋兰亭序》、《跋米元章书兰亭序》、《跋唐临王右军二帖》、《跋东坡临明远帖》、《跋李西台书》、《跋范文正书伯夷颂》、《跋范文正公与尹舍人帖》、《跋赵魏公书欧阳氏八法》、《跋钱翼之千文》、《跋褚河南书倪宽赞》、《跋唐临兰亭》、《跋晦庵先生帖》、《跋温公通鉴草》、《钱氏科名录序》、《科名总录序》、《彭克绍诗序》、《师友集序》，赠序如《送叶审言诗后序》、《送曹顺甫序》、《送郑生序》、《送王云卿教授诗序》、《送高承之诗序》、《送李子贞序》、《送饶安道序》、《送慈溪沈教谕诗序》。序跋纡余委备，婉转而远，无不尽之意。

传状如《柳立夫传》、《俞器之传》、《山南先生述》、《追封魏国公谥文忠李公行状》，碑志如《江浙行中书省左右司都事刘君墓志铭》、《深州知州致仕刘公墓志铭》、《杨仲弘墓志铭》、《黄彦实墓志铭》、《茶陵州判官许君墓志铭》、《乡贡进士项君墓志铭》、《秋江黄君墓志铭》、《信州路总管府判官谢公墓志铭》、《青田县尉郑君墓志铭》、《江浙官医提举葛公墓志铭》、《钱翼之墓志铭》、《邹府君墓志铭》、《蒋君墓碣》、《杭州富阳县尹致仕倪公墓志铭》、《程先生墓志铭》、《上海县主簿吴君墓志铭》、《追封滨国公谥文忠张公祠堂碑》、《敕赐康里氏先茔碑》、《赠太傅安庆武襄王神道碑》、《追封鲁国公札剌尔公神道碑》、《宣徽使太保定国忠亮公神道碑》、《辽阳等处行中书省左丞亦辇真公神道碑》、《陕西诸道行御史台御史中丞董公神道碑》、《御史中丞追封冀国公谥忠肃董公神道碑》、《文安揭公神道碑》、《格庵先生赵公阡表》、《故民应公碑》、《董秉彝墓碣》、《陈子中墓碣》、《蒋君墓碣》、《石先生墓表》、《盘峰先生墓表》、《翰林待制柳公墓表》、《张子长墓表》。传状碑志，同欧阳修史传之裁核，尤其所长。可以备《宋史》、《元史》列传之所取资，亦可以补列传之佚文。

杂记如《翰林国史院题名记》、《上都翰林国史院题名记》、《中书省右司题名记》、《上都御史台殿中司题名记》、《净居教寺碑记》，得苏轼之畅达，虽未得其风韵，咸可诵览。其中短跋小记，得苏轼之简隽，尤为可喜。

黄溍诗则不苏不黄，超绝町畦。五言古如《效古》五首曰：

上山见明月，下山月相随。月岂知爱我？我行自见之。

故山日以远，故人不可思；殷勤对明月，愿尔无时亏。

女美众所悦，士穷世所轻。轻重安足言，泥尽水自清。淮阴初寄食，曲腰跨下行。季子黄金多，妻嫂来相迎，自古已复然，叹息空吞声。

击石乃有火，石火光不扬。攀天亦有路，天高路何长。嵯峨万古云，下覆歌哭场。富贵诚足多，贫贱不可忘。

落花随风吹，各自东西飞。花飞既不息，水流复无极。同生不同归，能勿异颜色？木生则有枝，豹生则有皮。悠悠歧路间，多言亦奚为。

饮酒莫尽醉，尽醉无余欢。读书莫吊古，吊古多悲酸。萧艾蔽中野，白露摧芳兰。凤饥不得食，鸱枭食琅玕。去去复去去，采芝青云端。

七言律如《上岩寺访一公》曰：

> 晓色微茫尚带星，修蹊荦确断人行。独支瘦竹身犹健，高入重云地忽平。落月正当山缺处，细泉频来作雨声。上方灯火青林曲，隐隐疏钟一再鸣。

五言绝如《夜坐》曰：

> 凉风动千里，孤坐思沧州。白露洗明月，青天此夜秋。

七言绝如《宣和画木石》曰：

> 石边古木尚青枝，地老天荒石不知。故国小臣谁在者？苍梧落照不成悲。

雄茂之气，修洁之词，不专事模拟，讲格律，而卓然以自名家。

其他五言古如《人事如草木》《煌煌明月珠》《连雨杂书》五首之三五、《晚晴》《夜归》《夜兴》三首之一二、《秋夜观书作》《登钱山望菰城慨然而赋》《逸山过姚紫英别业》《金华北山纪游》八首、《雍熙僧舍偶书》《游西山同项可立宿灵隐西庵》《上京道中杂诗》十二首、《雪宝纪游》八首、《岁晏》《送陈太祝》《题松声楼》，七言古如《可怜行》《金华山赠同游者三十韵》《甲辰清明日陪诸公入南山拜胡侍郎墓回泛舟湖中作》《苕溪风雨中章德茂同泛》《番阳周节士歌》；五言律如《八咏楼》《溪南即事》《题石门净胜寺》《癸酉四月同子长至赤松》，七言律如《独立》《即事》《山中夜归》《夏日漫书》；五言绝如《山中偶题》，七言绝如《叶审言张子长同游北山智者寺既归复与子长至赤松由小桃源登炼子山谒二皇君回宿宝积观赋绝句》十首；其可诵者也。清音独远，虽律绝近体，亦主运气用意，不为雕章镂句；而五言古以坦迤出雄迈，含茂丽于简澹，卓尔大雅，足以上攀陈子昂，而远窥陶元亮已。学者经其指授，其诗文具有法度。弟子宋濂、王祎名尤著也。

柳贯，字道传，婺州浦江人。父金，以武科进士及第，官高邮军高邮县令。贯幼侍父谒神祠，得人遗金珠直万缗，默不语，伺得其人而还之。父知其器量不凡，遣受学于同郡金履祥。履祥绍述朱子之学，贯刻意问辨，即能究其旨趣。既又从乡先生方凤游，历考先秦两汉以求文章利病，大肆于文。然不以为足。出游于杭，至则谒紫阳方回、淮阴龚开、南阳仇远、奉化戴表元、永康胡之纯长孺兄弟，益咨叩其所未至。诸人皆故宋遗老，无不为之倾尽。隆山牟应龙得李心传史学统绪，谙胜朝文献渊源之懿，仪章官簿族系如指诸掌，贯又造谒，悉受其说，而发于论议，言必有征，不徒以文章惊世也。年三十一，而用察举为江山县学教谕，迁昌明州学正。考满至京师，一时名公争相延誉。翰林学士吴澄语人曰："柳君，卿云甘雨也，天下士将被其泽。"而程巨夫为翰林学士承旨，以墨一丸授之，曰："文章正印，今属子矣。"历仁宗、英宗、文宗，累官江西等处儒学提举。满秩而归，杜门不出者十余年。至顺帝至正元年，起贯翰林待制兼国史院编修官，年七十二矣，未及赴朝而死。黄溍为表其墓，盛称："其文涵肆演迤，舂容纡余，才完而气充，事详而辞核，蔚然成一家言。"传有《待制集》二十卷。

柳贯诗不为黄溍所称，贯则有句云："诗成置我江西社，兔苑梁园隔几尘"，盖不安于江西之槎丫为横恣，而蕲于为唐诗之妥贴出高浑者也。五言古如《秋晓行园览物咏苦瓠》曰：

苦瓠若悬瘿，宜瓢亦宜笙；笙将用合雅，瓢以供酌烹。吾为苦瓠谋，任力不任声。荐劳铏鼎间，自足资养生。物贱终反质，吹万岂其情。

又《月夜下通明堰》曰：

挽舟下通明，初宵落潮后。两犍才负枙，十夫齐奋肘。引重如举虚，欻过姚江口。江静不生波，月色金光走。蟹窟在芦根，西风映泽薮，开篷把微凉，众黔予白首。欲持浩浩歌，往和呜呜缶。隔云呼长星："劝汝一杯酒！"

七言古如《出北城独上秋屏阁望西山烟霭中漠无所见》曰：

北江负城沙似碛，帖岸微行谁所辟？折旋殆类蚁缘封，漫漶犹如鸿印迹。风鬃披披鞍儿兀，去马浮曦正相逆。入门平步得高层，身与危阑争几尺，缁袍年少不噗来，拂掠胡床趣敷席。钩帘意拟见西山,云亦何心故蒙幂。我疑玉女畏迎将,且惧词锋恣弹射;豹藏惜此管中斑,黛点羞渠眉上碧。不然洪崖仙者过,雾幰烟辀罗什伯;讵容左右觊昌丰,只许依微揽芳泽。我时坐定深得之,小大往来成一易。青天白日岂尝无,好怀转眼难寻绎。

以唐矫宋,以晋参唐。其他五言古如《雪霁得风径过高邮》、《宜春卢仲谟将老好游》、《岁暮杂言》四首、《郑景明载醪携饷招游左溪访朗大师遗迹归而成诗》、《旦发渔浦夕宿大浪滩上》、《晚泊贵溪游象山昭真观》、《过轻山不得留至车厩却乘小艇至门》、《中秋看月有怀僧正宗》;七言古如《为蒋仲英作颜辉画青山夜行图歌》、《题高彦敬尚书竹石图》、《三月十日观南安赵使君所藏书画古器物》、《中秋夜半起看月戏题长句调静远子安二友山长》、《寄题惠山华氏溪山胜概亭》、《题赵敬叔所藏龙眠飞骑习射图》、《题钱选画仙居图》、《松雪老人临王晋卿烟江叠嶂图歌》、《题临本捕鱼图》、《商学士画云壑招提歌》,五言律如《同杨仲礼和袁集贤上都诗》十首、《二月七日与陈新甫甘允从饮范使君亭》二首,七言律如《阅进士卷赋呈同院诸公》、《与晋卿夜坐道旧因书赠别》、《春尽日雨中宴坐次刘士干宪见贻之作》二首、《观发襄樊兵》、《送夏仲文主簿赴遂安》,七言拗律如《晨度居庸至南关门》、《送文著作奉御帛往鄂省即赐南交贡吏》,七言绝如《洪州歌》十五首,咸可诵览。五七言律,俪不犯纤,健不乖律,跌宕昭彰,大体不离于杜者近是;而七言古则以李白参杜甫,五言古则以阮籍、郭璞参陈子昂、李白。顾诗无藉藉名,独以文章有名当世而厕四杰。四杰之中,虞集最擅高名,不免缓散;其次揭傒斯,尤伤肤懦;不如黄溍及贯之才完而气充,事详而辞核，皆善学宋人而袪其蔽；而黄溍春容纡徐，以欧参苏，而态有余妍；贯则醇粹明白，以曾参苏，而文无躁气。

柳贯文序跋如《理成隐居图后序》、《上京纪行诗序》、《开元宫图后序》、《嘉溪图序》、《瀛海集序》、《跋虞司业撰岭北行省左右司郎中苏公墓碑文》、《跋鲜于伯几与仇彦中小帖》、《跋陈庆甫所藏鲜于伯几书自作饮酒诗》、《题秋池楼观图》、《书文集贤撰欧阳复初父墓志后》、《题江矶图卷后》、《跋韩魏公手帖》、《跋范贤良手帖》、《跋蔡忠惠公谈宴帖》、《题高尚画云林烟嶂》、《题唐临吴兴二帖》、《题刘原父书庄子秋水篇》、《跋赵文敏行书千文》、《跋赵文敏帖》、《题倪生兰亭二十本》、《题赵龙潭草书坡公赤壁二赋》，赠序如《送刘宣宁序》、《送王吏部签宪燕南序》、《宪幕诸公送许仲谦北上诗序》、《义乌王宰二子字序》、《送王云卿教授赴官严陵序》、《送赵永嘉序》；碑传如《故宋迪功郎史馆编校仁山先生金公行状》、《护国寺碑》、《李武愍公冲庙碑铭》、《东阳县秃满长官去思碑颂》、《嘉兴盐运分司纪惠颂》、《代赵承旨作有元福建闽海道肃政廉访副使仇君墓碑铭》、《监察御史席公墓志铭》、《亡舅故宋太学进士俞公墓志铭》、《元赠太中大夫东平路总管轻车都尉雁门郡侯出公墓碣铭》、《元故大司农史义襄公墓志铭》、《师氏先茔碑铭》、《周东扬墓志铭》、《陈母丁孺人墓碣铭》、《澹居处士马君墓碣铭》、《故平阳州判官陈君墓志铭》、《卢氏墓碣铭》、《圜一道人墓碣铭》、《夷门老人杜君行简墓碣铭》、《元故太中大夫海道都漕运元户周公碣铭》、《无为子碣铭》、《刘彦明墓志铭》、《追封静安县男靳公墓碑铭》、《马仲珍墓志铭》、《故宋孙明府碣铭》、《万寿长老佛心宝印大禅师生塔碑铭》、《婺州路浦江县君金府君阡表》、《代张公作官原墓表》、《武德将军刘公墓表》、《太康王氏扶城墓表》、《双峰先生墓表》、《金溪羽人查广居墓表》；杂记如《重修省府记》、《遗清堂记》、《退藏山居镇江路录事司题名记》，咸可诵览。其中如《马仲珍墓志铭》曰：

> 睦州诗，在唐中季，有章协律、方处士、李建州；在宋渡江后，有高师鲁、滕元秀，皆清峻简远，各自名家。仲珍袭其芳华，沐其膏润，问诗法于耆老成人，尽得肯綮；措意遣辞，初犹稍尚菹萐，晚更脱累边幅，直窥微妙；往往年自为卷，而制名述序要有深意，统曰岁迁，凡四十卷；溢之为铭、赞、记、序，杂古赋又十有二卷，亦各自名编。盖其学本之经，验之人事，而概发之于言，故能致多如是。然反而求之，见其约，不见其博。呜呼！仲珍死矣，计当得传如前数公无疑；爵位功业，孰久孰近，何足计哉。

> 仲珍，马氏，讳莹，其字仲珍，世家建德之新亭乡。族故大也，乾道淳熙间，有与徽文公仕学相上下，官至礼部尚书讳大同者，于仲珍为七世叔祖矣。曾祖讳治凤，祖讳之友，父讳维桂，皆吝德不试。母濮氏，亦里中望宗。仲珍少而颖发，长益潜深，精研经史，旁连诸子百家，下逮山经地志，谣俗方言，朝披夕揽，搴华咔英，中虽秾郁，而外实夷澹。乡邻子弟，来学往教，就其矩度，莫不卓见端绪。一时名人胜士，景响声求，邮诗愿交，争取力挽。廷祐科举兴，议者评量人材，咸谓仲珍有以自效；而有司苟知仲珍，亦望其出奇一胜以售其明，始用《春秋》举上，不利；后更开《礼记》，亦不利。人意仲珍怠矣；方益厉气贾勇，为其文，不少辍；久之汇次所著《五经大义》，《四书答疑》，及自问自答策，合若干篇，题曰《困

天集》;而其志孤矣。仲珍尝仿汉魏乐府辞,唐柳柳州新体,制《皇元铙歌鼓吹曲》十有二章,将橐之走京师,冀尘乙夜之览,而未及脱橐。又尝手选《唐五百家诗》五卷,《宋南渡诸家诗》,别有《讲义》、《读书记》各二卷,藏于家。其学横鹜捷出,如车适御、矢破的也。仲珍娶翁氏,生子男二:曰钧,曰铉。仲珍生至元庚辰,卒元统甲戌,得年五十五。闲居善自修饰,或佳客时至,情景俱胜,促觞命釂,取琴鼓一再行,自吹洞箫倚歌和之,一毫不以贫窭累心。自署号雪梦居士。天趣自得,可涯涘哉?

元统元年,予客吴下。腊将尽,仲珍扁舟款门语,夜参半,请曰:"夫子知我文,莫为有司;为则有以振我!"度岁别归,神色扬扬。予方张之,期其晚达。是冬,予东还次睦,则闻仲珍十一月五日以疾卒家。先一日,语子钧曰:"我死,必求柳先生铭。不得铭,则无以葬。"钧既卜藏域冯坞祖茔之次,惟食,将以明年某月某甲子窆,乃具行治为状,衰绖踵吾庐,泣拜道遗命请辞。呜呼,余尚忍不铭吾友也耶!铭曰:

孰昌其诗,不售于艺?亦啬其年,字卒殄瘁。得深行远,要以永世。我铭斯阡,质之无愧。

涵肆演迤而不浮夸,春容纡余而不冗絮,驰骤有度,四杰之秀也。传业弟子百十人,最著者戴良、宋濂。

戴良,字叔能,与贯同邑里,受业焉,亦游黄溍吴莱之门,而事贯尤笃。贯卒,为持心丧三年。至正末,以荐授淮南江北等处儒学提举。明太祖起兵江淮,挈家浮海,欲北投,不达。变姓名,归隐,自以居九灵山,遂号九灵山人。明太祖征起,欲官之，不肯，系狱死。传有《九灵山房集》三十卷。其诗依仿晋宋，颇得其明丽；而文则沿袭宋格，然不安于为宋，时参拗调缛语，而未能独裁一气；所以生铲而不免拗蹇，条畅而或失庸絮；知其沿宋而未安，欲以变宋而不能者也。

第五节　吴莱　杨维桢 附吴复　李孝光　张雨　顾瑛　倪瓒　王逢

　　吴莱与柳贯同邑，而同奉手于乡先生方凤。凤之弟子黄溍、柳贯，皆以文章显名中朝，而莱晚出独不遇，然文章磊落有奇气而以得凤传者，莫及莱。贯平生极慎许与，每称莱为绝世之才。而溍晚年谓人曰："吾纵操觚一世，又安敢及莱哉？莱之文崒绝雄深，类秦汉间人所作，实非今世之才也。"

　　吴莱，字立夫，初名来。父集贤大学士直方。母盛，盛颇知书。来年四岁，授以《孝经》、《论语》、《春秋穀梁传》，随口成诵。七岁善属文，有奴仆命骚之言。方凤见而奇之曰："此国器也！"取《南山有台》诗语，更今名。凡书一经目，辄成诵。族父幼敏家有藏书，莱时过与其儿敖，私挟一编以归，尽夜读竟，又复往易。一日幼敏迫而据之，乃《汉书》也；幼敏指《谷永杜邺传》，谓曰："尔窃吾书读，能记，乃贳不汝责。"莱琅然诵，无一字遗；三易卷，皆如之。貌寝陋，言语若不出诸口，而敏悟过人。凤许妻以女孙，而授《易》、《书》、《诗》三经义，暨秦汉而下诸家文章。莱一览即悉其指趣。凤每诧于人人曰："吾择婿明睿，虽汝南应世叔。政不足多也。"延祐七年，以《春秋》举于乡。试礼部，报罢。退居深袅山中。益博极群书，至于阴阳律历，兵谋术数，山经地志，字学族谱，无所不通。而尤邃于《春秋》，取《春秋》家五十余家，各随言而逆其意以为折衷，颇张皇夷夏之说，指趣殊常，见谊于《春秋通指后题》曰：

> 自宋季德安之溃，有赵先生者，北至燕，燕赵之间学徒从者殆百人。尝手出一二经传及《春秋胡氏传》，故今胡氏之说特盛。行《胡氏正传》三十卷，传外又有《总贯条例》，证据史传之文二百余章；子宁集之，名曰《春秋通旨》，辅传而行。当胡氏传《春秋》时，光尧南渡，父雠未报，国步日蹙，将相大臣去战主和，浸忘东京宫阙，西京陵寝，而安之若素以不有者，是故特假《春秋》之说，进之经筵，且见内夏外夷若是之严，主辱臣死若是之酷，冀一悟主听，则长淮不至于自画，江左不可以偏安，此固非后世学《春秋》之通论也。然而胡氏传文，大概本诸程氏；程氏门人李参所集程说，颇相出入，胡氏盖多取之。欲观正传，又必先求之《通旨》；故曰："史文如画笔，经文如化工；若一以例观，则化工与画笔何异？惟其随事而变化，则史外传心之要典，圣人时中之大权也，世之读《春秋》者自能知之；固不可以昔者歆向之学而异论矣。
>
> 赵先生者，讳复，字仁甫。国初南伐，攻德安，溃之；仁甫遭掳，遇文献公军中。文献与言，信奇士。仁甫方以国破家残，不欲北，且蕲死，会夜月出即逃。乃亟被鞍跃马号积尸间，见其解发脱履，仰天呼泣，盖欲求至水裔而未溺也。文献晓以徒死无益，乃还。然后尽出程朱性理等书及诸经传，故今文献与许文正公，遂为当代儒宗，仁甫为有以发之也。先正有云："世之去圣日远，故学者惟传经

最难。"仁甫当天下扰攘之际，乃能尽发先儒传疏而传之，不亦难乎。上在潜邸，尝召见曰："我欲取宋，卿可导之乎？"对曰："宋，父母国也；未有引他人之兵以伐父母者。"故仁甫虽在燕久，常有江汉之思；诚若是，则吾仁甫亦无愧乎《胡传》之学矣！

其文质重，自然回澜，异于黄溍、柳贯之疏畅出宋人；所以疏而不快，缓而非懦。其他为《亡友赵生哀辞》、《李仲举岑尚周哀诔辞》、《张定传》，亦复生气勃发，磊落英多。每语人曰："作文如用兵。兵法有正有奇；正是法度，要部伍分明。奇是不为法度所缚，举眼之顷，千变万化，坐作进退发刺，一时俱起。及其欲止，什伍各还其队，元不曾乱。"盖有意于为奇。传有《渊颖集》十二卷。其文寓陵厉于峭实，以汉窥秦；其诗以雄怪发才藻，以韩学杜；势崭语重，殆欲抗行北学之亢厉，而以力湔宋文之冗絮。尝客浦江郑氏；郑氏子铭，与金华胡翰，一时同受业以治古文。而莱品评严，一辞不饬，辄诟厉。二人咸以成学；而铭之文幅尺宏而体式备，翰之文意度密而波澜张。郑铭，字景彝。胡翰，字仲申，而翰入明，以大臣荐，授衢州教授。会修《元史》，以宋濂为总裁，而征起翰佐之；其文章号与濂相上下，传有《胡仲子集》十卷。而濂得莱之传，遂为明代开国文臣之首，而阐复古之风焉。宋濂亦推杨维桢文，志其墓，谓："非先秦两汉弗之学，久与俱化，见之论撰，如睹商敦周彝，云雷成文，而寒光横逸，夺人目睛。诗震荡陵厉，鬼设神施，尤号名家。"盖亦浸染北学之亢厉，而以不安宋文之冗絮者也。顾维桢尤自得意其乐府。雄杰排奡，人称铁体；及门者称铁门云！

杨维桢，字廉夫，山阴人；少时日记书数千言。父宏，筑楼铁崖山中，绕楼植梅百株，聚书数万卷，去其梯，俾维桢读楼上者五年，因自号铁崖。泰定四年成进士，署天台尹，改钱清场盐司令，狷直忤物，十年不调。会修辽、金、宋三史成，维桢著《正统辨》千余言；而总裁官欧阳玄读之，叹曰："百年后公论定于此矣！"欲荐，未果，转建德路总管府推官；擢江西儒学提举，未上；会兵乱，避地富春山，徙钱唐。张士诚据苏州，累招不赴；遣其弟士信咨访，因撰五论具书复士诚，晓以顺逆成败，士诚不能用也。又忤达识丞相，徙居松江之上，东南才俊，造门无虚日；酣酒以往，笔墨横飞；或戴华阳巾，披羽衣，坐船屋上吹铁笛，作《梅花弄》；或呼侍儿歌《白雪》之辞，自倚凤琶和之；宾客蹁跹起舞。明太祖有天下，以洪武二年召诸儒纂礼乐书；而维桢前朝老文学，必欲致之；遣翰林詹同奉币诣门。维桢谢曰："岂有老妇将就木而理嫁者耶？"明年，复遣有司敦促，赋《老客妇》一章进御，曰："皇帝竭吾之能，毋强吾所不能。否则有蹈海死耳！"太祖许之，赐安车。诣阙廷，留百有一十日，所纂叙例略定，即乞骸骨，仍给安车还山。史馆胄监之士祖帐西门外，宋濂赠之诗曰："不受君王五色诏，白衣宣至白衣还。"抵家卒，年七十五。传有《铁崖古乐府》十卷、《咏史诗》八卷，《铁崖诗古乐府逸编》八卷、《东维子文集》三十卷。名擅一代。诗尤名家。

  维桢论诗，尝谓："诗与文一技；而诗工为难；不专业，不成家，冀传于世，妄也。"闻一名能诗者，未尝不候其门，采其诗，顾未足以发，历十有余年而言："得七家：其一昆山顾瑛仲容，其一永嘉李孝光季和，其一天台项炯可立，其一东阳陈樵君采，其一无锡倪瓒元镇。其二老释氏，曰句曲外史张雨伯雨，云门师断江也。盖仲容、季和，放乎六朝而归准老杜。可立有李骑鲸之气。而君采得元和鬼仙之变，元镇轩轾二陈而造乎晋张。断江衣钵乎老谷。句曲风格，夙宗大历，而痛刮磨纤艳不逞之习。七人作备见诸体。"张雨谓："《铁崖古乐府》出入少陵二李间，有旷世金石声。"而维桢则曰："律诗不古，不作可也。"在钱唐时，为诸生请律体，始作二十首，多奇对，起兴如杜甫，用事如李商隐，江西诗体为之一变。然于律中又作放体，不拘四声八病，挥斥以出。张雨言："无老铁力者，便堕落作死大虫耳。"然其中自有张弛，而非漫破律度。诏学者曰："诗至律，诗家之一厄也！东坡尝举杜少陵曰：'五更鼓角声悲壮。三峡星河影动摇'，'五夜漏声催晓箭。九重春色辞仙桃'，是后寂寥无闻。吾亦有云：'露布朝驰玉关寨,捷书夜报甘泉宫'，'令严钟鼓三更月，野宿貔貅万灶烟'，为近之耳。余尝奇其识而韪其论；然犹以为未也。余每就律举崔颢《黄鹤》，少陵《夜归》等篇，先作其气而后论其格也。崔杜之作，虽律而有不为律缚者；惜不与老坡参讲之。"盖欲以作乐府之法，神明律意，而不为所缚。今诵其诗，乐府如《凤锵锵》曰：

　　凤锵锵，求其凰。凰既得，不复念母将。不如城头乌，日日夜夜哺母与母翔。

又宋李芾守潭州，命剑子沈忠杀一家妻子；忠亦杀其妻子而自杀也，为作《沈剑子辞》曰：

　　沈剑子，人中豪！手执法家三尺刀，誓言不食刀生毛。常拔剑匕骂荆高。首披曼胡挥孟劳，怒砟佞肉为鹅膏。潭州安抚脱战袍，身与城毙无遁逃。夜呼尔剑话白旄：上及笄珥下发髦。苍精一动扣赤绦，锋如猛将鏖兰膏。君不见大将夏（贵）吕（文焕）旌节高，犬尻羊膝朝北朝。上方之剑不使操！呜呼，上方之剑不使操！

又《傅剑子歌》曰：

祁连山人天骨奇，十五能运朱屠椎，二十报仇许人死，杀人不数武阳儿。乡里不见容，官府不见治。猛气奚所托，仗剑归京师。京师杀柄司秋官，假尔牙爪虎豹关。今日尸一逆，明日诛一奸。朝食悖臣胆，暮食凶人肝。龙蛇见血性思改，鸠隼化质身无难。寻师度关陕，弃家入嵩山。只今啖松久辟谷，剑埋三井飞精服。能联弥明石鼎句，能和商颜《紫芝曲》。客来启关不一语，但闻鼻息声满屋。

又《战城南》曰：

昨日战羊逻堡，今日战羊皮航。箪竹之丁屡鸥张，上山跳踉捷鹿獐。将军马无骒蹄跀，安能为之相陆梁？昨夜将军获生口，什什伍伍童及叟；问之半是良家儿，贼中驱来帕红首。五花刽子牛头神，五十八人同斧斤。乌鸢飞来百，成群驱不得；衔啄飞去野水滨，乃知鸦粮十字街头陈。鸦飞鹊噪，多谢将军百战身！

又《李铁枪歌》曰：

王铁枪，五代烈。李铁枪，当代杰。红巾昨夜斩关来，防关老将泣作孩。铁枪手持长丈二，铁马突出刲红魁。吸红血，嚼红骨，誓红不同生，歼红捣红窟。君不见钱唐城中十万家，十万男儿色无血。嘘枯回春有枪铁。枪不铁，鼓声绝。

又张士诚驸马潘,醉而杀姬苏氏,国色也,以金盘荐首娱客。既而国亡伏诛,投其首于溷。为赋《金盘美人》曰:

> 昨夜金床喜,喜荐美人体。今日金盘愁,愁荐美人头。美人宛转著体酥,横陈昨夜娇作羞。玉软香温春何限,壓额金盘怨凝眸。枉自红茵昵就抱,昨夜恩情今朝休。明朝使君在何处,溷中人溺血骷髅。

又《饥不从虎食行》曰:

> 西方有白额虎,东方有苍头狼。太室为尔宅,孟门为尔场。饥以人为食,渴以血为浆。人尽食万伥,自矜无对当。无数自相啖,相雄不两强。朝食其子暮食妃,而况尔汝呼弟兄。党从皆灭,身随之亡。惟有慈乌喜鹊,噪其四旁。君不见博浪椎,淮阴胯;两人未遇时,其事足悲咤。饥不从虎食,倦不息狼舍。待时以售,如藏待价。刘季得之天下王,项羽失之楚不霸。

七言律如《留别浯溪诸友》曰:

> 浯溪长揖向兰溪,偶及高秋欲半时。明月不分天远近,故人相望浙东西。青山木落千樯立,沧海潮来万马驰。倚棹歌阑离思作,今宵风树倍凄凄。

又《过沙湖书所见》曰:

> 五月落残梅子雨,沙湖水高三尺强。大风开帆作弓满,白浪触船如马狂。唱歌买鱼赤须老,打鼓踏车青苎娘。故人相忆在楼上,坐对玉山怀草堂。

又宋临海王烈妇为元兵所劫,过清风岭,乃啮指血写诗石上而投崖死;血渍入石,天阴则坟起如新;吊以诗曰:

> 天荒地老妾随兵,天地无情妾有情。沥血啮开霞峤赤,啼痕化作雪江清。能从湘瑟声中死,那忍胡笳拍里生!三月子规啼尽血,春风无泪写哀鸣。

其诗以写人所不写,道得情事出为工。乐府则拗语强调,陵纸怪发;律绝亦淫情古意,妙笔艳吐;而七律之作,直起直落,中四语排葇震荡,以生语作拗对,其原亦出杜甫。然七律《香奁八咏》,七绝《续奁集》二十首,以艳语作戏墨,不免贻人口舌。其他乐府如《别鹄操》、《眉怃词》、《大唐公主嫁匈奴行》、《湖》、《中女》、《奔月卮歌》、《李卿琵琶行》、《张猩猩胡琴行》、《邯郸美人》二首、《主家词》、《招农篇》、《南妇还》、《反顾狼》、《妾薄命》、《金盘美人首》、《老客妇谣》、《山鹿篇》、《浴官马》、《借南狸》、《洞天谣》、《谢吕敬夫红牙管歌》、《畹兰词》、《题履元陈君万松图》、《奉题子昂骢马图》,七律如《承天阁》、《挽达兼善御史》、《寄秋渊沈炼师所居号琅玕所》、《石女》,七绝如《题春江渔父图》、《题芭蕉美人图》、《续奁集·理绣》;其可诵者也。其诗以妥帖力排葇。

维桢文则寓雄鸷于明通,每谓:"言有高而弗当,义有奥而弗通,若是者后世有传焉,无有也。又况言庞而弗律,义淫而无轨者乎?姑以唐人言之:卢殷之文千余篇,李础之诗八百篇,樊绍述著《樊子书》六十卷,杂诗文九百余篇,今皆安在哉?非其文不传也,言庞义淫,非传世之器也。逮乎我朝,姚公燧、虞公集、吴公澄、李公孝光,凡此十数君子,其言皆高而当,其义皆奥而通,善言世故,综之以往史,而宿之以圣贤之理；非代之学者缪悠无边畔，芜涩险怪以为辞者之所可及也。自天历来，文章渐趋委靡，不失于搜猎破碎，则沦于剽盗灭裂。能卓然自信，不流于俗者希矣。我朝文章雄唱推鲁姚公，再变推蜀虞公，三变而为金华两先生也。"李孝光问："金华两先生则如何？"维桢曰："柳太常如东鲁杜翁，课闺阃子弟，言言有遗事。黄太史如独茧遗丝，初不谐众响，至趣往绲弦，激绝之音出于天成者，亦非众音可谐也。"孝光以为然。而黄溍之提学杭州也，谒文者填至，必取维桢笔代应，且又不掩于人曰："吾文有豪纵，不为格律囚者。此非吾文，乃杨廉夫文也。"若欲自外于黄溍以别树一帜矣。

今观其文集：序跋如《渔樵谱序》、《李经历治续序》、《两浙作者序》、《高僧诗集序》，赠序如《送三士会试京师序》、《送张宪之汴梁序》、《送倪进士中会试京师序》、《送海盐知州贾公秩满序》、《送旌德县监亦怜真公秩满序》、《送理问所知事马公序》、《送马彦远旌德教谕序》、《送朱女士桂英演史序》、《谢生君举北上序》、《送郑处士序》、《赠柳工王辅序》、《送墨生沈裕序》、《赠笔史陆颖贵序》、《送乡人韩道师归会稽序》、《赠杜彦清序》、《赠相士孙德昭序》、《送陈生彦高序》，杂记如《朱明优戏序》、《听雪舟记》、《月山记》、《借巢记》、《榆溪草堂记》、《有竹人家记》、《桂隐记》、《耕闲堂记》、《听雪斋记》、《石林茅屋记》、《吕氏楼真赏记》、《移春亭记》、《江声月色楼记》、《舒啸台记》、《读书堆记》，传如《曲生传》、《冰壶先生传》、《白咸传》、《璞隐者传》、《竹夫人传》、《小鸦传》，随事抒论，往往即小以见大，而寓感喟于诙诡，以谈笑为讽谕。如《赠柳工王辅序》曰：

  嘉定王辅，世食于柳。自幼机警，聪记强识，能诵余古歌行百十首。介其乡闻翁先生拜余草玄阁下，自陈曰："辅承周左辖公赠以'柳耕'二大字；人遂以柳耕道人呼辅。敢乞大人先生一言以发之。"先生笑曰："予以镵代耒，岂果知耕者乎？虽然，世以不耕为耕者多矣：渔以钓耕，贾以筹耕，工以斧斤耕，医以针砭耕，卜以蓍蔡耕，兵者以弓刀耕，胥者以笔牍耕，伶者以管弦耕，游说者以颊舌耕，浮屠氏以梵呗耕，老子氏以步虚耕，神仙方士以丹田耕；高至于公卿大吏，以礼乐文法耕。耕虽不一，其为不耕之耕则一也，岂止辅之柳也哉！"

然余有诘于辅曰："尔柳之耕，耕于田叟野叟之顶而已耳。亦尝耕于缙绅第一流人乎？"辅曰："辅虮虱汉，乌知第一流人乎？万一大人指教之。"余曰："代有中秉钧轴，外揽英俊，纳天下于太平之域者，发常一沐而三握之。子以吾言往拜其履，进尔柳以握其所三握者，为余祝曰：'中国有圣相，越裳氏之雉其来矣。'"辅再拜领言去。

又《赠相士孙德昭序》曰：

战国以来，圣人之道不行。士之急功利者，变而为游说，为滑稽，为刑名。然以三寸舌簧鼓天下之向背者，则莫甚于纵横捭阖之术也。汉有天下，既定于一，彼纵横捭阖者知其伎之穷；则又转而为谈天相人之术，败君误世者，往往有焉。而名昭往史以神于验者，亦不少也。唐以后，习相人术者益纷纷焉藉是以为食；则其售于人者急，而罔于人者宜无所不至；揣摩臆度，言与其术自兵而有弗计也。嘻！以相求相者，将有利于己之富贵庆祥；以相相人，尤将有利于人之富贵庆祥耳。故相人者言庆言祥，则求相者喜;言妖言祸,则求相者怒。相人者将以为利也,又安得言妖言祸以犯人之怒而绝己之利哉?毋怪其揣摩臆度之说,与其术自兵而有所弗计也。

云间孙德昭氏于金陵山中得异人相术,其授受不苟。其谈相于人也,善则云善,恶则云恶,善不善也由乎人,利不利也由乎天;而吾所明之术不售,由人由天者所改也;由于吾者,抑仰何愧,俯何怍欤?相者而若是,盖亦近乎道。以君子之论,有所不屑也,因其乞言而写以贻云。

维桢欲作色张,以雄怪发才藻,由张籍、李贺以攀韩愈,而出入李杜。文亦颇振笔书,以诙诡发识趣,由苏轼以参韩愈,而希踪秦汉;虽未反虚入浑,而差积健为雄,盖同吴莱之雄峭,而异四杰之演迤者也。顾名之所归,谤亦随之,嘉定王彝至作《文妖》一首以相诋诽,谓:"其文以淫词谲语,裂仁义,反名实,浊乱先王之道。顾乃柔曼倾衍,黛绿朱白,奄然以自媚。"亦可谓毁出于不虞者矣。观于维桢论文,以言庞义淫为大戒,而蕲于"言高而当","义奥而通","善言世故,综之以往史,而宿之于圣贤之理",岂欲"以淫词谲语,裂仁义,反名实,浊乱先王之道"者欤?其诗以雄桀之才,悯时病俗,制为乐府;而陈善闭邪之中,又时出龙鬼蛇神,以眩荡一世之耳目;亦岂徒为"柔曼倾衍,黛绿朱白,奄然以自媚"者耶?维桢少好读史,在乡里时,日课诗一首,以乐府体为之,陈古监今,出入史传,积至千余篇。晚年取而读之,忽自笑曰:"此岂有诗哉?"亟呼童焚之,不遗一篇。其弟子吴复辑录钱唐以后所作。得十卷,人称"铁雅"。

吴复,字见心,富春人。性喜吟哦,效白居易乐府,讽切时政；人欲以危法中之，不为屈。而维桢之避兵富春山也，复遗书，愿为弟子。及维桢徙钱唐，遂从之游，始持所作诗见，盛自夸也。维桢览之笑曰："子欲辈李唐，伎亦至高；欲追古，必焚灭旧语。"复色变，徐取楮笔录维桢诗二十余首去。越一月，复造谒曰："先生诗法得矣！吾旧诗亦焚矣。第出语犹吾前日诗也，奈何？"维桢曰："姑歇汝哦，静读古风雅骚及古乐府，再说。"又退而阅三月来，出所作曰："余旧语忘，新语出矣。赖先生教，幸而或驯致于古也。"遂为写定《铁崖乐府》十卷，而加以评注。维桢曰："是能道吾意所欲言也。"维桢诗有佚者，复辄补之，诵者谓可乱真；自后下笔必出人意表。尝雪夜与维桢游东西洞庭，徒步登七十二峰，其语益振拔，为维桢赏叹也。

维桢与永嘉李孝光、茅山张雨、无锡倪瓒、昆山顾瑛，为诗文友。瑛顾号玉山道人，卓然以诗画隐，工山水花卉翎毛。家有池馆宾客之盛，甲于江左；而瑛诗词语流丽，亦足与维桢相唱和。传有《玉山璞稿》一卷。张雨，字伯雨，与杨载、虞集为文字交，尝居茅山，著《茅山志》，自号句曲外史。以道士而工翰墨，有《句曲外史集》三卷，《补遗》三卷，《集外诗》一卷；其诗文豪迈洒落，结体遒逸。虽托迹黄冠，而儒林丈人，不以方外轻之。

李孝光，字季和，少居雁荡山五峰下。四方之士远来受学，名誉日闻，泰下花以师事之。至正七年，诏征隐士，以秘书监著作郎召，应诏赴京，见帝于宣文阁，进《孝经图说》，帝大悦，赐上尊。明年，升文林郎秘书监丞，卒于官。孝光以文章负名当世，其文取法古人，非先秦两汉语，弗以措辞。尤力求复古，有《五峰集》六卷；乐府古体，刻意奋厉，不作庸音；近体五言疏秀，有唐调；七言颇出江西派，而俊伟之气乃不可遏。文二十首，气调落落，亦无凡语；四人之中，才力最健，差与维桢颉颃，而维桢最相契也。东南士林为之语曰："前有虞范，后有李杨！"

倪瓒，字元镇，无锡人。家雄于赀。工诗，善书画。所居有阁曰清閟，幽迥绝尘，四时卉木萦绕其外，高木修篁，蔚然深秀，故自号云林居士。名士四方至，至日夕觞咏；求缣素者踵至，亦时应之，尤喜画竹。每曰："余之竹，聊以写胸中逸气耳；岂复较其似与非，叶之繁与疏，枝之斜与直哉？或涂抹久，他人视以为麻为芦，仆亦不能强辨为竹，真没奈览者何！"及兵兴，而瓒扁舟箬笠，往来震泽三泖间。张士诚据苏州，累欲钩致，不应。其弟士信以币乞画，瓒斥去；士信怒，然不可踪迹。一日，从宾客游湖上，闻异香出葭苇间，疑为瓒也；物色渔舟中，果得之，抶几死，终无一言。既而人问"何无一言？"曰："一言俗矣。"明太祖定天下，而瓒黄冠野服，混迹编氓，亦以隐逸有高名。传有《清閟阁集》十卷。与维桢唱和，而诗格不同：维桢以雄怪参才藻；瓒则以真率出清迥。尝曰："诗亡而为骚，至汉为五言。吟咏得性情之正，其惟陶渊明乎？韦柳冲淡萧散，皆得陶之旨趣；下此则王摩诘矣。富丽穷苦之词易工，幽深闲远之语难造。至若李、杜、韩、苏，固已烜赫焜煌，出入今古，逾前而绝后：校其情性有正始之遗风，则间然矣。"其于唐人右韦柳而抑李杜。

其五言诗如《为方厓画山就题》曰：

> 摩诘画山时，见山不见画。松雪自缠络，飞鸟亦闲暇。
> 我初学挥染，见物皆画似。
> 郊行及城游，物物归画笥。为问方厓师，孰假孰为真？

墨池挹涓滴，写我无边春。

又《蛛丝网落花》曰：

落花缀蛛网，蜀锦一规红。既映绮疏外，复照碧池中。含凄恋余景，散魄曳微风。昔人问荣悴，讵识本俱空。

又《资赠吕志学》曰：

江云昏绝巘，汀树犹斜阳。独立霜柳下，渺然怀故乡。归来茅屋底，篝灯写微茫。

又《赠惟寅》曰：

隐几方熟睡，故人来扣扉。一笑无言说，清坐澹忘机。衣上松萝雨，袖中南涧薇。相告山中来，山中无是非。

五言律如《悼项山清上人》曰：

幽旷山中乐，飘摇物外踪。梵余闲憩石，定起独哦松。花落春衣静，云垂涧户重。依依植莲处，林暝只闻钟。

五言绝如《题临水兰》曰：

兰生幽谷中，倒影还自照。无人作妍暖，春风发微笑。

适然寄意，而神思散朗，气韵自高。其他五言古如《春日云林斋居》、《冬日窗下水影》、《古诗二首奉送友仁贤良之京师》，七言古如《送徐君玉》、《醉题许空败壁》、《醉歌行次韵酬李征君春日过草堂赋赠》，五言律如《画江天晚色赠志学》、《垂虹亭》、《题渔樵友卷》、《画吴松山色赠潘以仁》，七言律如《次韵萨天锡寄张外史》、《东林隐所次韵》、《杭人有传余死者贞居闻之怆然因赋以寄》二首、《寄朱府判》、《赠周校书》、《送叶道士再用悬字韵》二首，七言绝如《村居》、《三月五日为吴溥泉画窠石平远并诗》、《雪中所折枇杷花寄吴寅夫》、《为吴处士画乔林涧石》、《秋容轩》四首，亦为可诵。其中七言不如五言。大抵抑扬爽朗，不废俪语，以澹为绮，以晋参唐；于唐则韦应物参王维，于晋则陶潜参谢灵运，而润泽以陆机，秀爽于谢朓，有余于秀韵，不足于雄才；自是南风之敷柔，不同北调之亢厉矣。然意兴婉惬，中有恻怆。不肯仕明，而亦未必忠元也。

有《西湖竹枝词》见意曰：

　　钱王墓田松柏稀，岳王祠堂在湖西。西泠桥边草春绿，飞来峰头乌夜啼。

　　湖边儿女十五余，乌纱约发浅妆梳。却怪爷娘作蛮语，能唱新声独当垆。

　　湖边女儿红粉妆，不学罗敷春采桑；学成飞燕春风舞，嫁与燕山游冶郎。

　　心许嫁郎郎不归，不及江潮不失期。踏尽白莲根无藕，打破蜘蛛网费丝。

　　阿翁闻说国兴亡，记得钱王与岳王。日暮狂风吹柳折，满湖烟雨绿茫茫。

　　辫发女儿住湖边，能唱胡歌舞踏筵。罗绮薰香回纥语，白毡蒙头如白烟。

遗民之恫，以戏谑出之；盖讽元兵下杭州，而西湖女儿胡歌胡语，胡装胡舞以得盼睐荐陈为幸也。阿翁闻说兴亡，女儿不学采桑，冶容诲淫，唱新声而蒙白毡，不羞自身之服妖，而怪爷娘之语蛮，憨态可掬;与唐人司空图诗之"汉儿尽作胡儿语,却向城头骂汉人",同一哭不得而笑。谈笑而道,沉哀在心,何异谢翱之慷慨悲歌也!斯诚西子之不洁,而贻湖山以蒙羞者已。《云汉》之诗曰:"周余黎民,靡有孑遗";非无孑遗也,遗民而犬戎化也,耗矣哀哉!

江阴王逢,字原吉,亦以诗人而不仕于明。至正中,作《河清颂》;被荐不起。避兵无锡。而张士诚据吴,其弟士德用逢策,归命于元以抗明。而明兵日迫,转徙松江,筑室上海之乌泾。士诚败,有《闻吴门消息》二律、《舟过吴门感怀》二律及《无题》诸律以哀之;又哀士诚之妻而作《刘夫人歌》,慷慨伤怀。明太祖欲辟用之,坚卧不起。而以转徙去乡之久,追惟其大母徐尝手植双梧于故居潢河之上,因自号梧溪子。传有《梧溪集》七卷。其中赋颂杂文,亦间有之,而诗为多。逢早年学诗于延陵陈汉卿;而汉卿则学诗于虞集。集具体盛唐,不主一家,而欲窥晋宋;逢则气疏而才俊,仿佛杜牧,能以豪迈发才藻,盖得杜牧之一体。五言古如《摅怀》曰:

大星动欲落,草木气含霜。惊风薄前营,步骑势翕张。美哉同心友,剑佩相徊徨;游鸿激荒微,麑兔窜云冈。旁顾阻太湖,不见舟与梁。苟容谅非道,单居念流光。寒菊已复花,蟋蟀鸣我床。结交两相厄,夙好终不忘。

征尘一何黄,征衣一何素。衣素易染尘,况复冠带具?忽忽叶变秋,瀼瀼草泻露。莽莽关山长,悒悒岁月度。岂无新相知?恋恋情如故。范叔未至寒,绨袍受良难。

又《将归》曰：

> 梧桐生朝阳，凤凰鸣高冈。嗟我羁旅人，弥年独彷徨。非不善趋走，玉飒垂双璜。君侯多车从，瞻者亦辉光。如何日同游，忽忽我鬓苍。衡茅龙江上，儿耕妻蚕桑，夜来得家书，云当奉蒸尝。去去甘贫贱，零露沾衣裳。

> 尽欢非全交，去国难洁名；中心默揆量，惟有归为荣。张翰不知幾，直待秋风生；陶潜懒束带，千世莫与京。故邑变大荒，坟隧走狐麎，杀人肆高座，噤口难为情。天末厌乱离，且从寄佣耕，安得将周处，挈我斩蛟鲸。

荐更丧乱，悲歌慷慨。其他五言古如《玉山道中》、《自乾封归省祖陇过大南岭向玉山》、《命妇词》二首、《旧衣篇喑失位者》、《无家燕》、《古从军行》七首、《青青孤生麻》、《岁旦未起宋安道税使袖至倪元镇书因述怀答倪》、《慈报寺长老南岳云画云山间松图各有诗次韵》二首，七言古如《小匕首歌》、《奉陪神保大王宴朱将军第闻弹白翎雀引》、《叹病驼》、《吏骡儿》、《辞帅幕后王左丞复以淮省都事过访且送马至以诗辞还》、《浦东女》、《刘夫人》，五言律如《梧溪有怀》二首、《天池石壁》，七言律如《登信州溪山第一亭》、《简谢性原》、《秋感》六首、《无题》五首、《后无题》五首、《书无题后》凡三首、《偶感燕太子事》、《怀故园》；亦复壮能发采，华而不靡，所以风骨警挺，音节铿锵。五言古感喟苍凉，风流条达，语丽而气遒，其源远追张协《杂诗》。七言律沉郁顿挫，不害用事，干以风力，臻于刘亮，则杜牧、李商隐之学杜也。其诗发潜阐幽，尤致意于宋元之际，表章忠贞。杨维桢序其诗，比之杜陵诗史。而逢自撰圹铭，有曰："首西正丘狂斐士，诗旌忠孝节义鬼。"盖自道其实也。每作一诗，必系小序以具本末，尤补史传所未及。亦与倪瓒唱和，而诗格不同：瓒以幽澹，逢以警丽。